Foglia
l'Insolent

Révision : Céline Hostiou
Correction : Élyse-Andrée Héroux
Infographie : Chantal Landry
Photo de Pierre Foglia : Alain Roberge, *La Presse*
Illustration de couverture : Julien Alday

Les chroniques de Pierre Foglia citées dans cet ouvrage
sont reproduites avec l'autorisation de *La Presse*.

ISBN : 978-2-924402-54-2
Dépôt légal – Bibliothèque et Archives nationales du Québec, 2015
Dépôt légal – Bibliothèque et Archives Canada, 2015

© Gallimard ltée – Édito, 2015

Marc-François Bernier

Foglia l'Insolent

édito

Du même auteur

Éthique et déontologie du journalisme, 3ᵉ édition, Québec, Presses de l'Université Laval, 2014.

Jean-Pierre Ferland : Un peu plus haut, un peu plus loin, Montréal, Éditions de l'Homme, 2012.

Journalistes au pays de la convergence : sérénité, malaise et détresse dans la profession, Québec, Presses de l'Université Laval, 2008.

L'Ombudsman de Radio-Canada, protecteur du public ou des journalistes ?, Sainte-Foy, Presses de l'Université Laval, 2005.

Les Fantômes du Parlement : Étude de l'utilité des sources anonymes chez les courriéristes parlementaires, Sainte-Foy, Presses de l'Université Laval, 2000.

Pour Manon
Ma compagne de vie et de vélo
Vents de dos
Comme vents de trop

Introduction

Il y a dans l'insolence un manque de respect, de l'effronterie, de l'insulte et parfois du mépris. Il y a l'insolence gratuite et vulgaire. Parole du premier degré. Celle qui conforte les préjugés et aveuglements, sans espoir d'émancipation. Comme une muraille dressée devant l'intelligence, qui barre la vue et condamne à vivre dans l'ombre du discernement, au gré de passions populistes.

Et il y a, heureusement, Foglia l'Insolent. Chez lui, l'insolence révèle ses indignations, ses dégoûts, ses oppositions et ses convictions. Le langage se fait tremplin pour sauter la muraille, montrer que la vulgarité n'est pas dans le mot mais dans la réalité qu'il dénonce. Insolent, car nous dévoilant tels que nous préférerions ne pas nous voir. Sans complaisance.

Toujours à mettre en doute et à confronter les idées reçues comme les individus qui les colportent. Refusant de marcher au pas, jouant le trublion, vivant dans la marge : indépendantiste de gauche, anticapitaliste, perpétuel opposant, moraliste et moralisateur, pédagogue exigeant, esthète du sport et olympien désenchanté, libertaire pragmatique, ethnologue du quotidien, amoureux des chats, des vélos et de sa fiancée, virulent critique de certains journalistes, parfois aveuglé par ses amitiés, angoissé par le cancer du côlon et la mort. Un homme complexe, contradictoire, porteur d'identités plurielles. Comme nous tous, à la différence qu'il avait pour métier d'en parler.

L'insolence est sans équivoque la marque de commerce de Foglia, mais on aurait tort de ramener son œuvre à cet aspect. Elle recèle mille autres choses, et des meilleures. Elle est riche de poésie, de métaphores et aphorismes, de tendresse, de pudeur, de paysages, d'utopies, de pays et de cultures.

Être chroniqueur, à moins de se contenter de coups de gueule quotidiens ou d'argumentations lourdes et empesées, c'est autant une question de style que de propos. La symbiose doit être telle qu'on aurait peine à les démêler sans se livrer à une étude littéraire approfondie ou à l'analyse et la catégorisation des arguments mobilisés pour convaincre, séduire, faire rire ou rugir le lecteur.

Foglia l'Insolent est avant tout une synthèse admirative de l'œuvre de Foglia. Elle résulte d'une lecture exhaustive des thèmes de prédilection qui habitent plus de 4 300 chroniques publiées de mai 1978 à février 2015. Cela représente près de 4,4 millions de mots. Il faudrait 11 000 pages comme celle-ci pour en publier l'intégralité !

Cet essai est sans prétention scientifique ou littéraire mais s'inspire des deux dans la démarche comme dans le propos. Il offre des incursions dans les corridors de l'histoire contemporaine, de l'écriture, du journalisme, du cyclisme, dans les détroits biographiques du chroniqueur et les deltas de l'imagination foglienne. Il identifie les lignes de force de son œuvre, souligne des thématiques dominantes et se permet ici et là des dérives, des digressions sur des sujets annexes. Par ailleurs, l'ouvrage respecte le plus souvent les citations tirées des chroniques de Foglia, y compris les erreurs et fautes qui peuvent à certains égards refléter la liberté de style et de propos du chroniqueur. Il n'y a donc pas lieu de s'en formaliser.

* * *

Quelques mots sur le journalisme et les chroniques. Les textes journalistiques sont proposés au public sous divers modes ou *genres* qui vont de l'information la plus factuelle à l'opinion la plus personnelle : enquête, nouvelle et compte rendu, brève, reportage, analyse, éditorial, commentaire, chronique, critique, etc.

La chronique est un genre journalistique subjectif qui se distingue du compte rendu factuel, de l'analyse, de l'éditorial, du reportage, de la critique, etc. C'est avant tout un mode de narration, une façon de raconter les choses et, dans le cas de la chronique d'humeur, de se raconter en même temps. Pas étonnant que le « je » y soit omniprésent.

En journalisme, rien n'est plus proche de l'écrivain que le chroniqueur. Plusieurs grands romanciers sont issus du journalisme, d'Honoré de Balzac à Truman Capote, en passant par Émile Zola et Tom Wolfe. Historiquement, le chroniqueur est héritier de la littérature. La chronique comme genre journalistique est apparue en même temps que la mutation de la presse d'opinion en presse d'information, au tournant des XVIIIe et XIXe siècles. Les chroniqueurs ont alors succédé aux littéraires, non sans créer des débats rappelant la querelle des Anciens et des Modernes. La chronique était déjà du « nouveau journalisme » bien avant que cette expression ne se répande dans les années 1960 et 1970.

Cette transformation du journalisme répond aussi à l'arrivée de la télévision comme source d'information où l'écriture journalistique traditionnelle ampoulée et neutre ne correspond pas aux besoins narratifs d'un médium qui se démarque par son appel aux émotions et à l'affect, a besoin de scénarios pour raconter l'événement, a besoin de mettre en scène les protagonistes, et accorde une visibilité importante au journaliste comme individu, voire comme vedette. Par ailleurs, les tensions alors présentes dans la société américaine (mouvement des droits civiques, féminisme, irruption du rock'n'roll, mouvements pacifistes, etc.) favorisent le retour d'un journalisme plus engagé. Sans rejeter toute ambition de neutralité et de factualité, médias et journalistes préconisent un style subjectif, coloré, interprétatif qui fait appel à l'humeur, aux figures de style[1]. On retrouve cela dans l'œuvre de Foglia, qui revendique parfois son inscription dans le *nouveau journalisme* des années 1960. Il est le contemporain de cette réinvention du journalisme, avec de nouvelles formes d'écriture et de narration, où le reportage

---

1. WARD, Stephen J. A. *The Invention of Journalism Ethics*, Montréal et Kingston, McGill-Queen's University Press, 2004, p. 236-237.

factuel se fond parfois dans la fiction, la frontière étant souvent brouillée.

Fort de tous ses atouts – style, propos, singularité, culture européenne –, Foglia est vraisemblablement le seul chroniqueur à avoir inspiré autant de journalistes pendant plus de quarante ans. Grâce à lui, la parole journalistique s'est libérée dans ce Québec coincé où il arrive en 1963.

Ses écrits constituent une œuvre aussi bien journalistique que littéraire dont l'exceptionnelle richesse est déjà reconnue au Québec, et ailleurs dans la Francophonie internationale. Son talent a été salué aussi bien par Dany Laferrière, devenu un immortel de l'Académie française, que par Claude Duneton, écrivain et chroniqueur reconnu du quotidien *Le Figaro*. Il ne fait aucun doute que l'œuvre foglienne survivra longtemps à Pierre Foglia.

Première partie

L'homme : Fragments
d'une autobiographie non autorisée

« C'est vrai, je vous dis tout : que j'ai un chat, un cousin, deux enfants, une blonde de temps en temps... Des fois je me sens tellement exhibitionniste... mais je ne peux pas résister » (1980).

« Il est tout de même paradoxal, pour ne pas dire effrayant, que ma vie en 1980, presque au jour le jour, soit dans les archives de *La Presse*, classée par ordre alphabétique et chronologique » (1980).

Chapitre premier
Le Romillon

« J'ai grandi... dans la petite ville la plus ordinaire de France, Romilly-sur-Seine. Je n'y retourne que pour aller au cimetière où sont enterrés mes parents. C'est toujours l'été quand je viens ici, un soleil de bagnard plombe sur les tombes, mes pieds crissent sur le gravier des allées, d'ailleurs je me trompe toujours d'allée, fuck c'est où[2] ? » (2011).

« J'ai été élevé au pain et au fromage. C'était toujours un camembert qui puait (on n'avait pas de frigo), et qui coulait, bien sûr, et parfois même qui bougeait, à cause des asticots que je tassais avec le couteau. Mon père, lui, les mangeait (il est mort à cent ans ou presque), il disait que les asticots nettoyaient le dedans, on ne pouvait pas avoir le cancer quand on mangeait des asticots, mais je vous parlerai de vraie médecine une autre fois, je reviens au fromage » (2013).

2. Les citations proviennent d'archives électroniques et ont été traitées par un logiciel d'analyse, si bien que des erreurs de typographie ont pu s'y glisser. C'est pourquoi nous avons décidé de reproduire les citations sans fautes typographiques, même celles qui auraient pu se retrouver dans *La Presse* au moment de la publication de la chronique.

Pierre Foglia est le troisième et dernier enfant d'un mariage, qu'on pourrait dire de raison, entre un maçon presque analphabète et une paysanne de Lombardie[3]. Avant lui sont venues ses sœurs Rosina (1926) et Louisa (1934). Lui-même naît le 30 novembre 1940. Sa mère lui racontera que cette nuit-là, on «avait descendu le lit dans la grande pièce en avant qui servait de cuisine. On n'avait pas l'électricité, bien sûr, ni le gaz. Mon père éclairait la scène avec une lampe à l'huile qui fumait. "C'est un garçon! a dit la Signora, il a des grands pieds, il ira loin..."» (1989).

Aller loin, ce sera émigrer. Chez les Foglia, l'immigration, voire l'errance, est inhérente à l'histoire familiale. Avant d'être immigrant au Québec, avant sa longue carrière de journaliste qui le conduira dans de très nombreux pays, Pierre Foglia est le fils d'Italiens émigrés en France.

Sa mère, Ambrosina Lenzi (1902-1982), est native de la campagne du nord de l'Italie. Son père, Pasquale di Giuseppe Foglia dit Carlo (1896-1993), est maçon. Très jeune, Carlo quitte le village natal et se retrouve, pendant deux ans, ouvrier chez un fermier qui a onze enfants, dont Ambrosina[4]. Elle est l'une de ses dix filles. Le seul fils héritant de la terre familiale, huit des filles émigrent en Amérique, tandis que Ambrosina épouse Carlo qui l'amène d'abord à Milan avant d'émigrer en France. Leurs trois enfants émigreront à leur tour, Louisa et Rosina choisissant la Californie, tandis que Pierre dépose ses valises à Montréal au début des années 1960. On conçoit que l'immigration sera un thème récurrent dans l'œuvre de Foglia.

Ce n'est pas de gaieté de cœur que Carlo et Ambrosina quittent l'Italie. C'est par double nécessité. Il y a tout d'abord la misère, alors immense au pays de Mussolini. Quand, enfant, Pierre demande à son père de lui parler de l'Italie, il a droit à «que veux-tu que je te dise sur l'Italie? On crevait de faim c'est tout. Maintenant on est ici, y'a rien à dire sur l'Italie» (2013). Mais il y a surtout les chemises noires du dictateur fasciste qui iront jusqu'à purger

---

3. Sauf indication contraire, toutes les informations biographiques proviennent de l'œuvre de Foglia.
4. En 1999, Foglia parle plutôt de neuf filles et deux fils tués à la guerre, et en 2007, de onze filles.

Carlo le communiste, à l'huile de ricin. Ambrosina aura droit à la même médecine, «jusqu'à la faire crever ou presque parce qu'elle faisait la grève» (2006). Littéralement boutés d'Italie par le régime de Mussolini, les Foglia se retrouvent en France, qui sera occupée par les nazis quelques années plus tard. Ils sont en quête d'un avenir meilleur, de travail et de chances de bonheur non pas pour eux, mais pour leurs enfants, comme le font encore des millions d'immigrants.

Les Foglia se retrouvent donc à Romilly-sur-Seine, une commune de la «Champagne pouilleuse», comme il qualifiera souvent cette région, pour bien faire comprendre que les siens ne faisaient aucunement partie des grandes familles riches et bourgeoises qui exploitent, un peu plus loin, de nobles et prestigieux cépages. C'est aussi le lieu de naissance de Ricet Barrier, chansonnier spécialiste de la grivoiserie, et d'Émile Brachard qui a élaboré la loi sur la Carte de presse en France. Superstitieux comme il l'est, Foglia pourrait y voir un signe du destin. Plus tard, c'est là que seront assemblés les vélos Peugeot, dans la plus grande usine d'Europe de l'époque, qui fermera à son tour en 2004. Quand on sait l'importance que prendra le vélo dans la vie de Foglia, on peut encore une fois s'étonner de ce hasard.

Il y prend sa première bouffée d'air dans une petite maison sans électricité ni eau chaude. Un seul évier et juste de l'eau froide pour tous. Pas de réfrigérateur, encore moins la radio pendant plusieurs années. Pierre dort dans la cuisine, plus chaude que les autres pièces, dans un lit qu'on replie le jour pour récupérer jusqu'au moindre espace.

Romilly-sur-Seine, agglomération située au nord-est de Paris, avec ses champs de betteraves et de tournesols qui obsèdent le petit Pierre à cause de «leur docilité à regarder tous en même temps vers le soleil» (1993). Petite ville aussi surnommée Romilly-les-Chaussettes, en raison de sa forte concentration d'usines de tissage de chaussettes. Sa mère et ses sœurs y ont besogné, «elles rapportaient le soir à la maison des sacs de chaussettes dont nous devions "tirer les fils", fastidieuse opération qui occupaient (*sic*) nos soirées» (1998). Pas de flânage pour celles qui travaillent soixante-cinq heures par semaine pour un salaire de misère.

Parfois, il attend Ambrosina à la sortie de l'usine. La patronne qui passe lui tapote la joue, pâle, et lui conseille de dire à sa mère de lui faire manger de la viande, comme si cela était à la portée de leurs maigres moyens : « Je le disais à ma mère juste pour l'entendre dire des affaires qui ravissaient mes oreilles d'enfant, des affaires comme : "La pute noire ! Pourquoi elle se mêle pas de son cul ?" » (1996). Aucune assurance ou protection sociale non plus : « On vivait dans la terreur de la maladie, on n'aurait pas eu d'argent pour payer le médecin et les médicaments. On mangeait, point » (1996). Pour la lessive, il faut se rendre au lavoir municipal et y travailler à genoux, comme les autres femmes. Les toilettes étaient au fond du jardin avec des bouts de papier journal accrochés à un clou en guise de papier-cul. Son premier contact avec le journalisme...

* * *

Son enfance sera marquée par la Seconde Guerre mondiale et les privations que comportent toujours ces désastres qui sacrifient richesses et prospérités à des enjeux et des intérêts auxquels sont étrangers, sinon indifférents, la majorité des soldats et de leurs victimes civiles.

Il se souviendra toute sa vie de ces topinambours, cette « nourriture du bétail », que sa mère servait pendant la guerre, « en s'excusant : y a rien d'autre, mes pauvres enfants... » (2001). Il fallait manger de tout, sans trop demander ce que c'était. La nourriture, si rare, était sacrée : « Quand j'étais petit et qu'à table je faisais des boulettes avec la mie du pain, ma mère me donnait une grande tape derrière les oreilles en disant : "On ne joue pas avec la nourriture." "Pourquoi ?" demandais-je en pleurant. "Parce que c'est sacré", répondait-elle... » (1987)

Pour Ambrosina, la nourriture, si rare, est certes sacrée, mais elle représente bien autre chose. Elle est tantôt une humiliation, tantôt l'incarnation de la dignité. Humiliation quand il s'agit de restes de repas et de desserts que lui donne un médecin chez qui elle est femme de ménage. Ce qui fait dire à la sœur aînée que c'est « parce que son chien n'en veut pas » (1981). Mais aussi la revendication d'une dignité quand elle achète, au prix fort, un morceau de parmesan chez un épicier, où elle est aussi femme de ménage : « T'es folle, c'est du parmesan de millionnaire, la grondait mon père. Tais-toi, répondait ma mère, c'est pas du parmesan, c'est de la dignité. Et elle en râpait encore un peu sur nos pâtes » (2003).

Une enfance difficile, cela ne fait pas de doute, qui laissera des traces durables chez l'homme, mais il se défend bien d'en avoir été traumatisé. C'est avec un certain détachement, mêlé même à une forme d'incrédulité, qu'il raconte que sa mère et l'une de ses sœurs lui ont souvent affirmé que, lorsqu'il avait à peine dix mois, « elles m'attachaient sur le lit de 7 heures du matin à midi, pour aller travailler toutes les deux en usine. À midi elles me détachaient, me faisaient manger, et me rattachaient pour l'après-midi [...] Je n'en ai gardé aucun souvenir, évidemment. Ni aucune séquelle, je le soutiendrais devant un régiment de pédopsychiatres » (1998). C'était sans compter les sangsues que sa mère lui posait sur le dos pour le guérir d'un quelconque malaise : « Quelle rocambolesque idée de la médecine : se faire sucer son mauvais sang par une bête des marais ! Des fois, je n'en reviens pas comme j'arrive de loin. Du fond, du fond du Moyen Âge » (2009).

* * *

Pierre Foglia dresse de sa mère le portrait d'une femme rugueuse, besogneuse, paysanne et peu disposée aux marques d'affection maternelle. Il s'étonnera, plus tard, de la voir tout affectueuse avec une petite fille qu'elle gardait, lorsque devenue trop vieille pour faire des ménages, car ses trois enfants n'avaient pas eu droit à une telle tendresse. Elle a été femme de ménage presque toute sa vie : « Je l'ai vue un milliard de fois à genoux, les reins creusés pour frotter des planchers. Mais je me rappelle surtout ses mains, rouges et crevassées », écrit-il en 1999. À d'autres occasions, il note que, dès son enfance, elle était déjà une vieille femme au visage « dur, barré de plis sévères » (1997). Il lui arrivait souvent d'en avoir honte, car les autres élèves de l'école se moquaient de son accent italien, au point de la détester et de lui demander de se taire. Tellement honte qu'il l'a souvent tuée, mentalement : « Je ne sais pas ce que j'aurais donné pour avoir une mère française, blonde avec un petit nez retroussé, plutôt que cette affaire-là, avec ses bas de coton sur ses varices de femme de ménage et ses robes qu'on pouvait pas dire si c'était une robe ou un tablier » (2006).

Certains jours, la honte se transforme en agressivité juste à penser à elle, à son obsession de l'argent par exemple. Cela le poursuivra toute sa vie : « Des fois, j'étais à 10 000 kilomètres de là, mettons en vélo, mettons sur une piste au Tibet, j'y pensais tout d'un coup. Je sacrais : la tabarnak ! Je suis sûr – en fait, je sais – qu'elle m'entendait » (2007).

Et le voilà plus tard, vers l'âge de 70 ans, à devoir admettre qu'il lui ressemble terriblement : « Héritage troublant, effrayant en un sens, pour tout dire presque clonique. Copie conforme par les traits, la morphologie, la nervosité, l'agressivité, l'anxiété, la santé, les maladies... » (2003). Après sa mort, il retrouvera dans ses affaires une photo d'elle, vers l'âge de 20 ans. Elle y a « ce teint diaphane des Italiennes du Nord, la bouche charnue et charnelle, le nez droit, le port altier. C'est seulement depuis qu'elle est morte que je sais que ma mère était belle » (2002), admet-il, un peu repentant peut-être.

* * *

Pour son père, les sentiments sont moins vifs. Il faut dire que Carlo étant le plus souvent absent de la maison, c'est la mère qui cumulait tous les rôles, dont celui d'imposer l'inévitable discipline. « ... la somme de ses malheurs est la somme de ses enfants. Ça faisait une grosse somme, un gros tas, c'était pas la joie tous les dimanches, même le mardi » (2006).

Après la guerre, Carlo est maçon sur les grands chantiers de la reconstruction, loin des siens. La famille Foglia va le chercher à la gare où il arrive, une petite valise à la main. En chemin, il prend des nouvelles et se voit confier par sa femme des tâches à accomplir pendant son séjour. À la maison, il est tout doux et heureux. Quand le petit Pierre a peur ou souffre d'un mal quelconque, Carlo le soulage en lui déclarant qu'il est un « avaleur de peur et de mal » avant de simuler la digestion de ses petits malaises. N'empêche,

Pierre avait honte de le voir se moucher avec ses doigts en présence de ses petits amis.

Chez les Foglia, Carlo est étranger à double titre. Par la brièveté de ses présences pendant quelques années, et parce que ses trois enfants sont des clones de son épouse, trois enfants «écorchés, venimeux et fous comme elle» (1993). Foglia écrira que c'était dans sa propre petite maison que son père était réellement un émigré. Quand l'orage éclate entre les enfants et la mère, le voilà qui se fait tout petit et file au jardin, ou à la pêche, en chantonnant.

À la table, au grand désespoir de son épouse, il garde son béret et sifflote, bras croisés, bien appuyé sur le dossier, heureux malgré tout. En dépit des vicissitudes de la vie dans cette Champagne pouilleuse, Carlo garde le moral. Pierre se souviendra toujours qu'il répétait que les Foglia vivaient comme des rois, lui qui avait connu bien pire encore dans son enfance, avec la famine et le froid. Quand il sera veuf et seul en France, il passera les dernières années de sa longue vie (il meurt à 96 ans) dans une maison de retraite où il retombera en amour et chantera même en public, quitte à gêner un peu son fils alors de passage!

Quand Foglia lui rend visite une dernière fois, à l'âge de 94 ans, il est forcé d'admettre qu'il aurait bien aimé avoir les mêmes dispositions que lui pour le bonheur.

> Plus heureux que mon père, vous ne trouverez jamais. Ce bonhomme-là a pourtant mené la plus chienne des vies. Sans argent, sans loisirs (il ne sait même pas ce que ça veut dire), sans instruction, sans grande passion, sans gloire, sans Dieu, et en faisant deux guerres. Sans auto, sans téléphone, sans réfrigérateur, c'est nono de penser à ça mais c'est vrai pareil, mon père n'a jamais téléphoné de sa vie, ni conduit une auto, n'a jamais eu de réfrigérateur. (2002)

En réalité, le seul appel téléphonique dont il se souviendra est celui où Carlo lui annonce le décès de sa mère. Ce n'est qu'une fois rendu au foyer de vieux que Carlo a droit à l'eau chaude du robinet! C'est dire de quel univers nous est arrivé ce chroniqueur, univers qu'il évoque en tranches de vie au gré de ses écrits.

Quand Carlo meurt, en 1993, Foglia ne peut se rendre à son enterrement en raison de pénibles maux de dos, ce qui l'attriste. Quelques mois plus tard, il ira se recueillir sur la tombe de ses parents, ce qui donnera une chronique très touchante comme lui seul peut en offrir, d'autant plus touchante peut-être qu'elle contraste avec tant d'autres nettement plus polémistes. Il y a une immense tendresse chez ce fils, qui décrira son père comme «un petit bonhomme très doux qui a gardé toute sa vie une valise en carton sous son lit. C'était un émigré, mon père. Plus émigré que ça, t'es juif» (1993). Pierre se souvient aussi de l'émotion ressentie lorsqu'il lui rendait visite, vers la fin de sa vie: «Qu'est-ce que j'ai pu brailler ces années-là! C'était de le voir si vivant et en même temps si près de la mort» (1993).

* * *

Pierre Foglia répétera plusieurs fois combien il est un père incompétent avec les enfants en bas âge. Accaparé par sa carrière en pleine expansion qu'il ne veut pas sacrifier, il estime que c'est une fois devenus jeunes adultes que les rejetons deviennent intéressants. Un jour, sans pudeur, il relatera une bonne partie de la discussion orageuse qu'il a eue avec son fils, alors à peine sorti de l'adolescence. En diffusant les reproches sévères que lui assène son fils, le père monoparental lui rend une sorte d'hommage public. La chronique se nourrit de tout chez qui possède le talent de la méditer.

Lucide, il constate le gouffre entre lui et les enfants, qu'il considère généralement «comme des êtres en devenir, et en attendant qu'ils deviennent, je les trouve plutôt inachevés, bruyants et assez inutiles» (2001). Ses deux enfants, il a voulu les rendre autonomes très vite et très jeunes, pour pouvoir rentrer tard la nuit notamment. Leur *élevage* aura été minimal: «comme des poulets de grain, bien nourris, bien habillés, pis faites-moi pu chier les bébés, papa est occupé» (1994). Il en parlera avec une certaine férocité en 1990, ne voyant aucune raison d'être complaisant sous prétexte qu'ils sont de la même famille:

Je vous regarde et je vous regarderai toujours comme je regarde n'importe qui dans la rue, dans la vie, sans l'ombre de la queue d'une concession, avec toute la lucidité et le cynisme dont je suis capable. Si vous devenez des babouins chromés, comptez sur moi pour vous tenir au courant...

Allez savoir pourquoi, ils se sont alors mis à me ressembler énormément. Au point, devenus adolescents, de me haïr parfois avec férocité, comme on haït, dans son miroir, cette image qui nous ressemble et qui pourtant fait tout à l'envers de nous... (1990)

Cette représentation minimale de l'élevage de sa progéniture, on le verra, n'est pas très éloignée de sa conception de ce que devrait être l'éducation : un transfert maximal de savoirs avec un minimum de pédagogie. D'ailleurs, il a préconisé pour ses enfants « le marteau comme outil pédagogique par excellence » (2011).

* * *

Au fil de ses chroniques, Pierre Foglia esquisse de façon fragmentée le quotidien de son enfance et de son adolescence. Sans mélancolie ni glorification, il décrit des scènes qu'on croirait tirées de vieux films français ou italiens de la première moitié du XXe siècle. Ainsi en est-il des étés passés dans la campagne italienne en Lombardie, chez son grand-père maternel. Dès la fin des classes, c'est la grande transhumance des Foglia. À l'exception de Carlo, la mère et les trois enfants prennent le train de nuit jusqu'à Turin, gare Porta Nuova, puis un second train jusqu'à Arona, sur la rive du lac Majeur. Un oncle, pêcheur de métier, les attend avec sa barque. La traversée, longue de deux kilomètres, se fait à la rame. Ils accostent à Angera, où un autre oncle prend le relais avec sa carriole tirée par des bœufs. Il les conduit chez le grand-père, au milieu de champs et de vignes, dans les collines du Varesotto, à Capronno. Là, le petit Pierre travaille aux champs, en suivant les faucheurs pour disperser le foin fraîchement coupé. Il apporte aussi l'eau fraîche dans des outres aux quatre ou cinq ouvriers, pendant qu'une de ses sœurs donne à manger aux poules.

Je les revois cracher sur le fil de leur faux avant d'y passer la pierre à aiguiser. Je revois aussi les femmes arriver au chaufour du midi avec le dîner et le vin frais. Puis les hommes dormaient quelques heures sous les grands arbres, dans un abandon de brutes, la bouche ouverte. Mais peut-être aussi sont-ce des images de mon cinéma intérieur, des détails devenus réalité à force de les polir. Il est pourtant au moins un [souvenir] que je n'ai pas inventé : la chaleur. Une vibration bleutée qui montait de la terre, consumant les hommes et les bêtes. (1999)

Il admire ces anciens, condamnés à une vie de labeur et de labours, et ce grand-père qui « s'endormait d'épuisement sur sa chaise, après souper. À 75 ans, il taillait encore ses vignes, et dans la famille on raconte avec fierté qu'il est mort de fatigue. Dans la famille, c'est de fatigue quand on en meurt. Quand on n'en meurt pas, c'est juste un peu de paresse » (1983), écrit-il alors qu'il se trouve dans la jeune quarantaine, sans se douter qu'il deviendra plus vieux que son grand-père.

Cette évasion italienne dure près de deux mois, puis c'est le retour à la vie quotidienne. Le grand soleil d'Italie est éclipsé par le ciel gris d'un village français sans intérêt. Pendant quelques étés, également, il passera un mois à Aigle, petite ville suisse, dans une colonie de vacances des Jeunesses communistes. Mais toujours le mois d'août s'étiole. S'annoncent alors l'odeur du « cuir des sacs d'école neufs et la petite mort de la fin des vacances, on ne trépignait pas d'impatience... ce sont des enfants bougons et rétifs que les mères traînaient à la papeterie du coin, acheter cahiers et crayons. On avait le sentiment qu'on nous volait les derniers feux de l'été » (1998).

À Romilly-sur-Seine, dans la petite maison du 13 de la rue Paul-Bert, le quotidien est souvent celui des pattes de poulet dans la soupe ou de la polenta. Certains dimanches, la polenta vient avec de petits oiseaux rôtis, que Carlo attrape dans une vigne. Mais le dimanche, c'est le plus souvent jour du lapin chez les Foglia. La veille, Carlo l'a tué d'un coup du tranchant de la main avant de le saigner et d'en extirper le foie que Pierre mangeait frais, à peine passé à la poêle, «pour me donner des forces, disait ma mère» (2007). Carlo se réservait la tête et les yeux énucléés au couteau ou avec le manche de la fourchette. Repas du pauvre où rien ne se perd, incluant abats, rate et même tranches de poumon frit. Toute sa vie, Pierre Foglia en gardera non pas les stigmates mais des goûts culinaires à mille lieues de ceux du Nord-Américain moyen. À ce sujet, il ne pourra s'empêcher de réagir aux modes alimentaires que d'aucuns, en mal d'exotisme, cherchent à imposer dès le début des années 1990. Cela n'est pas sans lui rappeler les années d'après-guerre, en France, quand il était condamné à «bouffer» des aliments de misère.

> Toutes vos fades granoleries, vos blés entiers, vos merdes germées ont été mon ordinaire pendant des années, par obligation! J'ai vomi vos légumes exotiques, et d'autres que vous ne connaissez pas encore (mais je sens que ça s'en vient) comme les topinambours et les rutabagas... Quant aux vers de terre permettez-moi de sourire, mon père disait (et dit encore) qu'un camembert est prêt à manger quand les asticots commencent à grouiller dedans... (1990)

La peau des lapins était conservée, retournée avec le poil à l'intérieur, bourrée de foin pour le séchage, et Carlo en faisait des tambours pour enfants.

Dans la petite cour de la maison familiale, il y avait aussi un cochon. Il était engraissé des restes de table jusqu'au jour où on le tuait, simplement pour le jambon, sans cérémonie particulière. Pour le jeune Pierre, pas une once de peine, au contraire, car le gros «était tout de suite remplacé par un autre, un tout petit que je pouvais prendre dans mes bras» (1988).

* * *

De la vie de quartier, Foglia raconte peu de choses sinon le quotidien de certaines voisines ou de leur mari, tantôt cocu, tantôt enfermé dans un hôpital psychiatrique. Régulièrement, un cortège funèbre tiré par des chevaux passe devant chez lui, puisque les

Foglia habitent le chemin menant au cimetière. Chaque fois, sa mère, superstitieuse, l'oblige à faire un signe de croix, croyant ainsi ses protéger du malheur. Mais la religion n'est pas oppressante dans cette famille communiste qui s'oppose à toute ingérence du religieux dans la vie civile, une attitude que Pierre conservera et qui l'inspirera dans bon nombre de chroniques.

Il y a bien quelques amis, mais le jeune Pierre n'est pas le plus populaire du groupe. Il écrira même avoir été un *reject* à certains moments, tout comme sa mère, cette étrangère du village qui avait un accent et s'habillait mal. Dans son cas, le rejet se vit surtout à l'école mais sans violence excessive. Il y est protégé par l'autorité alors en vigueur, une tutelle «crainte, sinon respectée» (2011). Tout de même, le jeune Pierre a soif d'amis. Il les voudrait totalement loyaux, souhaitant les posséder sans partage, ce qui ne va pas sans déception.

> Moi, j'ai le souvenir très vif d'une grande peine, sans doute ma première peine d'amour. On marche en rang, deux par deux, on va au stade pour la période d'éducation physique, mais il ne marche pas à côté de moi comme d'habitude. Il est devant, avec un autre. De temps en temps, je me lève sur la pointe des pieds pour l'apercevoir. Ce n'est plus mon ami. Et j'en éprouve une peine qui m'anéantit. (2004)

Il aura beaucoup d'amis dans la vie mais seulement quelques réelles amitiés, inconditionnelles, qui aveugleront parfois son jugement.

Le sport l'attire déjà, mais sans que là non plus il ne s'y démarque. Comme pour ceux de son âge, surtout les pauvres, le foot est le sport de prédilection. Il y joue plutôt mal, et en l'absence de ballon, trop dispendieux, c'est sur des cailloux ou des boîtes de conserve qu'il use ses souliers au point d'exaspérer Ambrosina. Le ballon est réservé pour les vrais matchs. Souvent, ça joue sur le stationnement de l'église et le curé ne cesse de leur dire de cesser de crier. Mais c'est peine perdue, surtout quand «le gros Ramelot dit qu'il n'a pas touché le ballon avec la main alors qu'on l'a tous vu, c'est dur de pas hurler» (2006).

C'est le basket-ball qui le passionne, ce sport que les soldats américains, venus libérer la France, ont importé en même temps que la gomme à mâcher. Le vélo, ça viendra plus tard. Adolescent, Pierre joue dans l'équipe du village qui se mesure aux équipes des autres localités. À 70 ans passés, Foglia a encore un filet de basket dans la cour de sa maison de Saint-Armand, dans les Cantons-de-l'Est, où il s'amuse à faire des « floutches » avec son ballon, même les soirées d'hiver.

Les filles le préoccupent, comme ses amis adolescents, petits loubards de fortune vêtus de noir et à col roulé. Le clan fume des cigarettes d'eucalyptus et se fait l'oreille musicale avec Django Reinhardt, Léo Ferré, Juliette Gréco, Mouloudji. Pour faire plaisir aux filles, Bécaud et Aznavour sont parfois tolérés, mais pas question d'écouter Charles Trenet, premier d'une longue liste d'artistes snobés par Foglia : « si j'avais dit à mes copains de l'époque, "savez-vous les gars, Trenet, c'est pas si mal que ça", ils auraient changé de trottoir. [...] Trenet ? Cette musaraigne frétillante ? Ce caniche en rut ? Vous plaisantez » (2002). Ce mépris d'une certaine culture populaire ne le quittera jamais.

À l'école, sans être désastreuses, les choses se passent quelquefois assez mal. Il y est l'objet de moqueries quand les autres font la ronde autour de lui en chantant « L'Italien, y vient manger notre pain, l'Italien y vient manger notre pain » (1995), ou quand ils travestissent le patronyme Foglia en Fabiola. Déjà s'imposent de bonnes raisons de se méfier de l'homme et un peu de sa fiancée. C'est aussi à l'école qu'il apprend à se méfier de l'abus d'autorité : « les plus grosses volées que j'ai mangées dans ma vie, ce sont les instructeurs de la petite école qui me les ont données ! Je vous dis que je la trouvais fine, ma mère, en rentrant à la maison ! » (1981) Il y a un professeur qui bat les enfants, lance des chaises et terrorise ses élèves : « Je n'ai pas remarqué que cela donnait des résultats très probants. Les bons étaient bons, les moyens, moyens, et les nuls, qui recevaient plus de coups que les autres, ne sont jamais devenus moins nuls, évidemment » (2002). L'école restera pour lui un « lieu dégueulasse, de déplaisir et d'ennui » (1989).

Pourtant, il y travaille relativement bien, recevant régulièrement des prix de fin d'année, sauf en mathématique, où il s'en remet parfois au destin : « deux jours avant un examen, à quoi bon étudier maintenant, arrivera ce qui arrivera, et là-dessus, je froissais en boule une feuille de papier que je lançais dans la poubelle. Si je la pognais, je passais, si je la ratais, je calais » (1992). Il se découvre cependant une propension à l'écriture, sans être particulièrement doué. Ce talent, qu'il développera considérablement au fil des années, il l'exploite en transigeant avec d'autres élèves. Contre des dizaines de compositions de français, il troque un devoir de mathématique ou divers objets, tel un billet pour le cinéma. En échange d'une composition, un ami lui arrange un rendez-vous avec sa voisine Gisèle la rousse, qui s'étonne d'abord de la chose organisée à son insu, puis s'ajoutera à sa clientèle. Mais pour Gisèle, ce sera gratuit. Il a déjà un faible pour les rousses, dont il parlera souvent dans *La Presse*.

Comme bien d'autres enfants de l'époque, il termine l'école à l'âge de 12 ans, ce qu'il regrettera plus tard. Il aurait aimé être mieux outillé intellectuellement et posséder des grilles d'analyse plus solides pour déchiffrer la société, et sans doute mieux la raconter à son tour. Il en va de même pour les grandes œuvres littéraires qu'il voudrait pouvoir mieux analyser, afin de les comprendre davantage. Il se croit incapable d'apprécier certains auteurs comme Jean Genet, Georges Bataille, Thomas Bernhard ou Milan Kundera : « La vie est injuste, le profane sent qu'il est en train de passer à côté de quelque chose d'important et s'enrage de son inculture, alors que le creux qui ne se doute de rien est heureux » (2003).

* * *

N'empêche. Très tôt, les livres prendront une place énorme dans sa vie. À Romilly-sur-Seine se trouvent des ateliers de la SNCF où besognent plus de mille personnes. Près de la gare, les cheminots possèdent un club social, une salle de cinéma, un gymnase et, surtout, une bibliothèque où Ambrosina fait le ménage, dès 6 heures du matin. Le petit Pierre l'accompagne souvent. Il s'occupe de la poussière et des vitres pendant que sa mère s'use les genoux à frotter les planchers, qu'il l'aide à cirer parfois. Puisqu'il termine avant elle, il lui reste du temps pour explorer les lieux et se plonger dans la lecture. Il écrira plus tard que c'est de cette gare d'ouvriers que lui est venu le goût de la lecture et de l'écriture, mais il ajoutera aussi qu'un de ses professeurs avait la bonne idée de consacrer les quinze dernières minutes de chaque journée à la lecture. Il découvre ainsi Jack London et Apollinaire. De ces expériences naîtra la passion des mots qui sera au centre de sa vie. Enfant, les livres d'aventure le captivent. Plus tard, il approfondira son rapport à la littérature et à l'écriture. Contrairement aux intellectuels spécialistes de la question, il préfère l'écriture qui « porte quelque chose, pas un raisonnement[5] ».

Quand il achève l'école primaire, sa mère rêve de le voir devenir employé de la SNCF, ce qui lui assurerait un métier bien payé et une belle retraite. Mais pour cela, il faut satisfaire à deux conditions. Être Français et réussir un examen d'entrée. Selon le souvenir qu'il en garde, sa mère a dû payer cher pour le faire naturaliser à l'âge de 13 ans. Être né en France de parents étrangers ne suffit pas à acquérir automatiquement la nationalité française, en vertu du droit du sol. Il faut en faire la demande et payer des frais administratifs conséquents. Cela fait, il reste à passer le fameux examen d'entrée, auquel Pierre échoue au grand découragement de sa mère : « Désespérée elle m'avait dit : "Ah, c'est dou joli, oui ! Maintenant té voilà Français pour rien !" » (1997).

Que faire de lui maintenant, qui n'a ni la tête ni le cœur aux études supérieures ? Il est libéré de cette « école républicaine française où des instituteurs qui portaient de longues blouses grises nous donnaient de vigoureuses gifles qui laissaient longtemps la marque de leurs doigts sur nos joues » (2013), mais sans être vraiment libre pour autant. Il doit choisir ce que sera la servitude de son âge adulte, c'est-à-dire un métier. Déjà marginal mais confronté à la nécessité de gagner sa vie, il se résout à faire comme bien d'autres : en route pour l'école de métier et un Certificat d'aptitude professionnelle. Reste à choisir entre la peinture, la sellerie, la mécanique, la plomberie, l'électricité et même l'électronique, alors en plein essor. Lui qui détestera les voitures toute sa vie, le voilà

---

5. Entretien avec l'auteur, 28 décembre 2014.

en mécanique automobile. Pendant trois mois, c'est la longue descente aux enfers.

> J'étais nul. Je déprimais devant mon établi, je foutais le bordel, j'étais l'instable petit connard qu'est peut-être votre ado en ce moment au fond de sa classe, envie de rien foutre sauf de fucker le chien. J'attendais juste le moment d'aller rejoindre ma mère et mes deux sœurs dans la filature où elles travaillaient. (2010)

No future, en somme.

* * *

Au seuil du décrochage ou de l'expulsion, on lui offre une dernière chance, qui changera sa vie. Puisqu'il aime lire et écrire, on le dirige vers la typographie. Là, Foglia l'athée connaît son épiphanie, sa révélation, comme il en atteste : « Je suis tombé dans la typographie comme dans une potion magique. Un immense bonheur instantané. Premier arrivé à l'atelier, dernier parti, je demandais la clé pour venir travailler le samedi » (2010).

À Troyes, où il étudie, il découvre aussi le Moyen Âge dans ces rues où les professeurs les guident pour des sorties éducatives, où l'histoire se mêle à l'architecture. Il y a dans cette école de métier un professeur d'éducation physique exigeant que Foglia déteste, Jo Malléjac, lequel deviendra au Québec, quelques années plus tard, le chantre du marathon et de la course à pied. À cet âge, Foglia n'a pas encore élaboré sa morale basée sur l'éthique de l'effort, et Malléjac est un tyran de l'entraînement...

La première affiche de bal du typographe en herbe, réalisée avec des caractères de bois dans une imprimerie locale, se retrouve rapidement sur tous les murs de la ville : « J'avais envie d'arrêter les passants dans la rue : hé, monsieur, c'est mon affiche, c'est moi qui l'ai faite, elle est belle, hein ? » (2003)

À 16 ans, le voilà enfin typographe diplômé, un métier artisanal plusieurs fois centenaire qui le fait bourlinguer dans de nombreuses villes où jamais il ne prend racine. Quelques mois ici ou là, puis le train pour une autre ville, un autre atelier :

Il suffisait de se présenter avec ses outils. On vous montrait votre place. On vous donnait un truc à faire. Vers midi on venait voir où vous en étiez. Si on était satisfait on vous envoyait au comptable pour qu'il ajoute votre nom à la liste de paie. Le lendemain vous rencontriez le responsable syndical qui vous serrait vigoureusement la main. Bienvenue camarade, n'en fait (sic) pas trop, rappelle-toi que le travail asservit l'homme... (1993)

Premier emploi dans la petite commune de Bar-sur-Aube, à l'imprimerie Libois. Premier appartement mais également premier amour éphémère : « C'est ici aussi que j'ai découvert la vie avec une jeune fille qui s'appelait Monique et qui, elle, la connaissait déjà, la vie » (1992). Il se rend parfois au village voisin de Colombey-les-Deux-Églises, où réside le général de Gaulle, et croise sa femme Yvonne à la pâtisserie Charollais, où elle achète les brioches dont raffolait le général. Mais pas question de s'enterrer à la campagne. Il monte vite à Paris où l'attend l'imprimerie Chaix. On y imprime depuis plus de cent ans les horaires des chemins de fer[6]. Chaque matin, pour se rendre à l'atelier de Bobigny, il traverse Paris en métro. Ce travail qui semble répétitif, routinier et abrutissant est pourtant passionnant pour Foglia qui peut exercer son art sur de grands tableaux détaillés. Le midi, les employés cassent la croûte dans un petit bistro de la porte Saint-Cloud où le vin est suivi du café et du petit calva pendant que les palabres passent du football aux femmes. Tout ce liquide s'ajoute au lait que les employés d'imprimerie doivent boire pour combattre les résidus de plomb et d'antimoine.

Après le gris de Paris, le soleil de Marseille le voit arriver, à 17 ans, où il travaille au quotidien *Le Provençal*, aux alentours alors malfamés de l'Opéra, où les putains ont pris leurs quartiers : « j'ai aimé cette ville-là comme on aime les putes à cet âge-là » (1993), écrira-t-il tout en précisant, ailleurs, n'avoir jamais été client,

---

6. Voir à cet effet « L'imprimerie Chaix de 1845 à 1881 », [http://www.u-paris10.fr/servlet/com.univ.collaboratif.utils.LectureFichiergw?ID_FICHIER=1348818746615], page consultée le 27 avril 2015.

incapable de comprendre ce type de transaction. De toute façon, une marchande de sandwichs de la rue Sainte lui donne tout ce dont il a besoin, sauf du repos...

Quand il sort du journal à 3 heures du matin, avant de se rendre au petit hôtel de passe où il loue sa chambre, il mange à bas prix dans un café médiocre et joue aux cartes avec quelques pêcheurs mais aussi avec la faune locale d'escrocs, de voleurs et de maquereaux. Sans jamais se laisser prendre dans les filets de leurs activités louches. Lucide malgré son jeune âge, il a «bien senti que cette faune qui émoustille le bourgeois était essentiellement composée de morrons (*sic*), d'une déloyauté absolue, prêts à vendre leur mère pour sauver leur cul. Cela m'a évité de tomber dans le romantisme voyou» (2002).

Après Marseille la pute, il travaille plusieurs mois à Genève, rue du Vieux-Collège, où il compose à la main les poèmes de Virgile ou des livres de mathématique. Sans permis de travail, il rentre chaque soir en France où il déprime un peu jusqu'au lendemain matin, quand il retourne au boulot en sifflant. À l'imprimerie de Joseph Kündig, il croise notamment Blaise Cendrars – poète, romancier et journaliste –, un ami du patron.

Ces escales dans des métropoles sont entrecoupées de petits boulots dans diverses localités comme Lavaur, en banlieue de Toulouse. Il y aura aussi Mulhouse, Troyes, Trèves en Allemagne, Auxerre, Lunéville ou Montreux en Suisse. Il débarque dans chaque ville avec sa petite valise à la main, qui contient un minimum de vêtements et ses outils de typographe. Il déambule au hasard et trouve le plus souvent un emploi en quelques heures, parfois deux emplois à la fois! Puis c'est la petite chambre d'hôtel ou une pension pendant trois ou quatre mois, et tout recommence ailleurs. Les «emplois n'étaient pas précaires, au contraire, toujours très bien payés, beaucoup de jobs partout, un syndicat national CGT extrêmement puissant, c'est lui qui nous plaçait, je veux aller à Bordeaux, Ok, y a de la demande à telle imprimerie, à telle autre[7]...», relate-t-il.

---

7.   CGT : Confédération générale du travail. Courriel du 8 avril 2015.

Toute sa vie, il gardera un attachement profond pour ce premier métier artisanal que la technologie supprimera en unissant l'informatique aux presses offset.

C'est mon plus beau radotage, mon plus glorieux, il faut me le pardonner. Jamais je ne vous ai parlé de la guerre où je suis né, ni de celle que j'ai faite 20 ans plus tard[8]... Mais quelquefois, comme aujourd'hui quand je veux me vanter de n'avoir pas toujours été inutile, quand je veux m'élever à la hauteur du boulanger qui fait son pain ou du vigneron qui fait le vin, bref quand je veux être Dieu, alors je m'en souviens et je m'en vante : « J'ai fait des mots, moi, monsieur ! » (1981)

Pour lui, il s'agissait de mots réels, vrais et vivants, « pas des mots d'écrivains ou de poète ou de journaliste, pas des mots de prostitué de l'écriture » (1981). Il parle toujours avec nostalgie et respect de ce métier pratiqué une dizaine d'années, de ces gestes répétitifs de puisement des lettres une à une dans des casseaux. Quand ils étaient vides, on défaisait les textes composés les semaines précédentes, de nouveau lettre par lettre, pour terminer les pages à imprimer quelques heures plus tard. Faire et défaire des mots, c'est une première leçon de réalisme sur la nature éphémère de l'écriture : « C'est ce métier-là qui m'a appris que les mots n'existaient pas » (1980), du moins qu'ils n'avaient que le poids et la portée que veulent bien leur octroyer les lecteurs.

Dans plusieurs des pays où plus tard le mènent ses reportages, il visite une imprimerie artisanale : « c'est comme ma deuxième patrie. J'ai pour mon dire qu'un typographe vietnamien est plus mon cousin de cœur qu'un vendeur d'assurances italien. Ou que mettons, Serge Laprade... » (1990).

Quand il mettra les pieds à Montréal, au début des années 1960, il sera typographe pendant quelques années, avant d'être happé par le journalisme. Mais entre ces pérégrinations

---

8. Il parlera pourtant de sa guerre. Le chroniqueur a droit à la contradiction. Son œuvre n'est pas un système de pensée obéissant au principe de cohérence, comme celle des philosophes.

européennes et son arrivée au Québec, il est contraint au service militaire, alors que la France se trouve aux prises avec une autre guerre, celle d'Algérie.

* * *

La guerre, il la connaît depuis son enfance, quand la famille Foglia se réfugiait dans les champs, plus sûrs que les bâtiments de Romilly-sur-Seine occupée par les Allemands, bombardés quotidiennement par les forces alliées. Une de ses sœurs travaillait au mess des officiers et rapportait des gamelles de bouffe à la maison. Pour les voisins, elle était une « Boche », voire pire. « À la Libération elle a été tondue. Un déshonneur qui rejaillit sur toute la famille. Sauf sur moi, j'avais quatre ans, je trouvais amusant d'avoir une grande sœur chauve comme moi. Mais moi, c'était parce que j'avais des poux » (1994). Plus tard, il parlera de la guerre avec ironie mais aussi avec une certaine naïveté qui peut s'exprimer quand Foglia laisse couler les mots libérés de la satire, de l'insolence ou de la froide critique. Son souvenir de la guerre n'a rien à voir avec ce qu'en présentent les médias. Pas de canons, pas de ruines ni de camps de concentration.

> Elle était dans la vie. Elle était la vie. La vie ordinaire de tous les jours. On se levait le matin, on se couchait le soir, entre les deux je ne me rappelle plus bien, mais ce n'est pas vrai que ça tirait du soir au matin. C'est juste au cinéma que ça se passe comme ça.
> Je n'ai jamais cherché mon père sous les décombres. Des fois ma mère m'envoyait le chercher au bistrot... Des fois les sirènes se mettaient à hurler et on partait à courir à travers champs. Je trouvais la guerre amusante. Des fois ça tombait, boum, boum. Et on se cachait à la cave. Alors je trouvais que la guerre c'était comme la pluie, on ne pouvait pas aller jouer dehors. (1995)

Quand se termine la Seconde Guerre mondiale, c'est la fête sur la place du village, on y danse toute la nuit. L'enfant qu'il est comprend qu'il aura enfin des bonbons sucrés pour remplacer le goût fade de la saccarine, cet ersatz du sucre. Des guerres et des conflits armés, il en verra d'autres, comme spectateur surtout, mais parfois aussi comme militaire ou journaliste : Indochine, Algérie, Corée, Vietnam, Liban, Irak, Afghanistan.

Après quelques mois à Montluçon, où il mange le premier steak de sa vie, le jeune Foglia est envoyé en Algérie, comme conscrit dans une armée qui ne sait pas trop si elle est pour ou contre la politique du général de Gaulle. Celui-ci acceptera finalement l'indépendance de cette colonie. Voilà Foglia stationné à Oran d'où, brièvement, il sillonne les routes jusqu'aux portes du désert pour transporter des pièces mécaniques à une autre unité située à Tlemcen. Mais l'essentiel de ce stage forcé se passe comme secrétaire d'un colonel. Il dactylographie son courrier ainsi que ses rapports d'opération, et lui sert le café. Le soir, il prend parfois un tour de garde pour faire respecter le couvre-feu. Il est alors témoin de ce qui serait aujourd'hui considéré comme une bavure mais n'était à l'époque qu'une erreur sans conséquence. Ce soir-là, il monte la garde dans la tourelle d'une caserne d'Oran. Sur le toit d'une maison voisine, malgré le couvre-feu, une enfant de 12 ans environ étend du linge sur la corde, geste banal qui obéit aux contingences quotidiennes de toute famille. Passe une patrouille dans la rue, quatre soldats dans une Jeep. Ils sont méfiants, car la situation est tendue et l'armée française, souvent victime d'embuscades. Un des soldats voit du mouvement sur le toit et sans hésiter il tire une courte rafale. Après quelques secondes qui semblent s'étirer sans fin pour le soldat Foglia, l'enfant tombe au sol, avec draps et corde à linge. Il faut tout de suite contenir la foule qui veut lyncher les soldats, mais ils s'en sortent sans dommage, sans sanction non plus. Voilà l'essentiel de la guerre du soldat Pierre Foglia. Rien d'héroïque, rien pour inspirer son œuvre. Juste une lente transition entre Foglia le Franco-Italien et Foglia le Québécois, sans jamais renier complètement ses identités précédentes.

Son séjour sous l'uniforme aura été un peu plus long que prévu. Aux deux années obligatoires, un tribunal militaire ajoute deux mois comme cela était de coutume pour tous ceux qui avaient été trop insolents pour être considérés comme de bons soldats. « Le compliment m'a fait tellement plaisir que la punition m'a été légère ! » (1983)

Chapitre II
L'immigrant

À peine sorti de l'armée, Pierre Foglia reprend le métier de typo-graphe, de nouveau à Paris, dans une imprimerie de la rue Saint-Benoît, dans le Quartier latin que chantait Léo Ferré, qui avait du reste habité la même pension que lui quelques années plus tôt.

Mais ce fils d'immigrants italiens n'est pas vraiment attaché à la France qui ne représente pour lui que privations. Ses sœurs se trouvent déjà à San Francisco. Enfant, il rêve des États-Unis, pays d'où lui parviennent des enveloppes « Air Mail » expédiées par ses sœurs. À l'école, il se plaisait à prononcer le nouveau patronyme de sa sœur Rosina, devenue Mme Headington, qui avait tout pour faire rêver ses amis de la Champagne pouilleuse. «... j'en ai fait voyager des chums pendant la récréation » (1986). À Romilly-sur-Seine, des colis, symboles de richesse et de réussite, arrivent régulièrement.

> Le colis est au cœur du processus d'émigration. La grosseur du colis, la richesse et la diversité de son contenu attestent la réussite de l'aventure. Ma mère ne marchait jamais aussi droit qu'en revenant de la poste, où elle était allée chercher le colis de Rose. Le village en bavait de jalousie. Les Foglia avaient reçu un colis d'Amérique. (2003)

Ils recèlent un condensé d'Amérique : gommes à mâcher, beurre d'arachide, chocolat et, au grand dam de Pierre, des jeans que sa mère l'oblige à porter. Ce drôle de tissu orné de rivets n'existe pas encore en France, et il devient aussitôt un sujet de moqueries à l'école. Pour une des rares fois de sa vie, et à son corps défendant, Pierre Foglia est à l'avant-garde de la mode vestimentaire.

Il ira lui aussi à San Francisco, en 1963, où il rendra visite à ses sœurs et cumulera les petits boulots, dont celui de peintre à la maintenance chez Fireman's Fund, une importante compagnie d'assurance. Le soir, de temps à autre, il va écouter des poètes au City Lights Bookstore. Même s'il comprend mal l'anglais, « les poèmes les plus beaux sont ceux qu'on imagine » (2004). Dans le tramway, il se frotte aux auteurs américains qui lui racontent une tout autre Amérique : Faulkner, Navasky, Miller, Dos Passos, etc.

* * *

Il arrive à San Francisco émerveillé par l'Amérique mythique, avec son « star system » et son cinéma, déjà bien décryptés par le sociologue Edgar Morin dans *Les Stars* et *Le Cinéma ou l'Homme imaginaire*. Rapidement, Foglia découvre qu'elle est toute différente, nuancée, extrême, bigote, puritaine, libre et belle aussi. Son œuvre journalistique est riche de ses observations sur ce pays qu'il déteste aimer malgré lui, avec ses bungalows insipides, sa cuisine sans imagination, ses banlieues ternes, ses guerres injustes. Heureusement, il y a les gens, ce peuple « qui est aussi le plus passionnant de la terre à observer » (1988). Si les Américains sont souvent gentils avec les étrangers qui leur rendent visite, c'est « parce qu'ils croient les étrangers tellement malheureux de ne pas être Américains qu'ils en ont un peu pitié... » (1989), se plaît-il à ironiser. Ailleurs, il condense son jugement.

J'aime l'Amérique. Le soir à la télévision on voit des trucs épouvantables. Des enfants qui tuent, un type dans son camion qui fauche cinq Mexicains sur le bord du chemin, la drogue, la porno, des flics qui viennent demander aux gens de dénoncer leur voisin, bref des horreurs rédhibitoires, du moins est-on sûr, sur le coup, qu'elles sont des empêchements absolus à la vie. Eh bien non, pas du tout. Le lendemain matin on se réveille dans le pays le plus paisible du monde, entouré des gens les plus fins du monde. C'est un miracle quotidien. Comme si, durant la nuit, la TV avait exorcisé toute la mongolerie du pays. (1988)

Et il y a aussi New York, le « zoo humain le plus fabuleux du monde » (1989), malgré son Harlem plus désespéré, selon lui, que les bidonvilles de Mexico ou de Calcutta. Puis d'autres villes qu'il affectionne : San Francisco, Boston ou Burlington avec son maire socialiste à une époque. Autant de villes où il a marché, couru et roulé pendant plus de cinquante ans. Il y a sa littérature, son rock, ses paysages parfois préservés d'un développement urbain et commercial qu'il considère comme une véritable pollution visuelle et esthétique.

La plus grande défaite de l'Amérique n'est pas militaire. Sa plus grande défaite est son incapacité à gérer le développement urbain. J'allais dire humain. C'est que les deux se tiennent, la ville américaine, sauf quelques immenses exceptions, Boston, New York, Chicago, Seattle... est un désastre plus grand que le Vietnam. Et nous qui les copions ! (2006)

Sa passion des États-Unis ne le prive aucunement d'un sens critique toujours prêt à s'affirmer et à colorer ses propos. « L'Américain moyen est une femme de ménage qui fait vroum-vroum... Tiens, son fils vient d'arriver, réplique exacte du père, même casquette rouge à l'envers et même amour de la tôle galvanisée dans le regard. Ah, la petite graine de con macho western... » (1989) Ou encore : « L'Américain moyen est un pédé obsédé par son taux de cholestérol et qui ne mange plus que des pruneaux parce que c'est plein de fibres... » (1989)

Il se désespère aussi des comportements excessifs d'un individualisme sans limite, comme celui de ce promoteur immobilier qui consacre 15 000 dollars à la construction, pour ses deux chiens, d'une niche chauffée avec toit cathédrale, plancher en céramique, patio, accès à la piscine. Quel beau prétexte, encore une fois, pour ironiser!

C'est Gandhi je crois qui disait: «On reconnaît la grandeur et la valeur d'une nation à la façon dont elle traite ses animaux...»
Les États-Unis sont donc une très grande et très valeureuse nation. Qui, par ailleurs, traite assez mal ces 30 millions de pauvres, c'est vrai. Mais ils n'ont qu'à aboyer, ces cons. (1990)

Pour Foglia, l'Amérique est un défi permanent au jugement définitif: pays de liberté ou d'hyperconformisme, de fascistes ou de gentils naïfs, de morons ou de citoyens éclairés? C'est un peu tout cela, la plus grande diversité amalgamée à la banale moyenne de ses extrêmes. C'est aussi, certains jours, une «Amérique chauvine, ignorante, ridiculement confite dans sa culture Burger King» (1992).

Il se fait antiaméricain quand sont en cause les États du Sud et du milieu mais devient proaméricain pour les États et les auteurs de l'Est et de l'Ouest. Il déteste Oprah Winfrey, le baseball et Disney World mais confesse ne pas détester son beau-frère «très gentil et pas con du tout, même» qui, lui, adore Winfrey, le baseball et Disney World.

L'Amérique est un pays innocent, ça veut dire qu'elle est couverte de merdes gigantesques comme Disney World, et pourtant les gens qui s'y amusent ne sont pas merdiques. C'est comme ça. Des fois... je suis dans un motel de Great Bend... je regarde *The Price Is Right* et je jure que je ne voudrais être nulle part ailleurs à ce moment-là. C'est comme ça. (1994)

Être antiaméricain, ce n'est pas être contre les États-Uniens mais contre ce qu'en font certains de leurs présidents, tels que les Bush père et fils. Dans des circonstances particulières, c'est un devoir de l'être, tout «comme il fallait être antiallemand en 1933 pour ce que Hitler s'apprêtait à faire» (2003).

Il s'insurge contre le puritanisme et l'activisme des familles de la majorité morale comme des féministes, des Noirs, des juifs ou des milices paramilitaires qui chassent volontiers tout ce qui leur semble être un immigrant illégal. Pour ce libertaire venu d'un pays républicain, tous ces activistes ne cherchent somme toute qu'à transformer leurs convictions intimes en morale publique. Il ne peut souffrir cette «incessante irruption de l'intime et du privé dans le public» (1998). Sans toujours la revendiquer explicitement, c'est une conception radicale du vivre-ensemble, une véritable philosophie politique que Foglia exprime. Il y reviendra quelque temps plus tard, quand le Québec connaîtra de vifs débats publics concernant les accommodements raisonnables et la place du religieux dans l'espace public.

Pour le premier anniversaire des attentats du 11 septembre 2001, il se trouve à New York. Dans ce pays qui entretient le mythe d'une terre de liberté, il constate qu'elle y est «en état de siège permanent, la censure sévit dans les écoles, les bibliothèques, au nom des intérêts supérieurs de la nation la propagande gouvernementale est ouvertement relayée par les médias au garde à vous» (2002). Il s'en prend à la prétention américaine d'être un modèle démocratique, économique et culturel universel, tout comme à sa façon de faire triompher sa médiocrité dans ses banlieues ou sur ses écrans de cinéma. Sur les plans religieux, social, politique ou moral, les États-Unis sont arriérés. Il le constate en couvrant la campagne électorale présidentielle de 2004: «le débat sur l'avortement a 40 ans de retard aux États-Unis. On parle de l'avortement à Chicago en 2004 comme on en parlait au Québec quand j'y suis arrivé, au début des années 60» (2004).

En même temps, il ne peut se résigner à ce portrait unidimensionnel et simpliste qui soumettrait des millions d'individus à un même constat. Il note le racisme, les inégalités sociales criantes, l'absence de soins de santé puis admet que ce pays demeure malgré tout *le* modèle de la démocratie et de la liberté pour la planète. Paradoxalement, il ne pourra s'empêcher d'y voir aussi «la plus grande théocratie du monde» (2004). Il le constate de nouveau aux élections de 2008, mais cette fois, il y met du contenu, des exemples révélateurs de l'importance de Dieu dans la vie de tous les jours, surtout dans les États du Sud.

> Au lieu d'un cahier Arts et culture, les quotidiens locaux ont leur cahier Religion tous les jours de la semaine avec des manchettes comme : Dieu est-il en faveur des taxes ? Les panneaux sur les autoroutes renvoient en lettres géantes à www.Needgod.com. Les tribunes téléphoniques des radios religieuses annoncent des débats d'une absolue trivialité, du style : les OGM sont-ils une insulte à Dieu ? Dieu et la sexualité chez les gais. Devrait-on interdire Darwin dans nos écoles ? Ce qui frappe plus encore que les propos illuminés des débatteurs : la vision utilitariste de la foi, ses applications pratiques, *the matter of fact of the faith.* (2008)

Il est stupéfait de constater que près de la moitié des citoyens de cette démocratie, prétendument la plus éclairée du monde, « croient aux folleries folles du créationnisme. Cent cinquante millions d'Américains croient que pouf, l'univers a été créé il y a environ 6 000 ans, de quelques coups de baguette magique. Ils croient que l'homme ne descend pas du singe (ou de l'escargot) mais qu'il est tombé de la main de Dieu » (2009). Encore une fois, le voilà qui tempère son ardeur et se réconcilie aussitôt, en offrant un contre-exemple, celui de la ville de Houston, connue pour son conservatisme, qui se donne néanmoins une mairesse lesbienne notoire, laquelle présente publiquement sa conjointe et leurs trois enfants...

Par souci d'équité, il raconte aussi la gentillesse sincère et authentique des Américains rencontrés au fil de ses reportages ou lors de ses centaines de randonnées à vélo aux quatre coins des États-Unis.

> ... c'est le pays rêvé pour avoir des troubles, pour briser une roue, un dérailleur, des pédales, ou crochir un guidon... Et pourtant, pas moyen d'être vraiment dans la marde ! On avait même pas le temps de sacrer que quelqu'un était là : je peux vous aider ? Et met le vélo dans son truck. Et *envoye* à la ville

cinq milles plus loin. Fait réparer gratuitement par un ami. Rapporte le vélo. Et paie le café... (1986)

Pour ses proches voisins du Vermont, il est hagiographique.

Ils habitent l'un des plus beaux paysages d'Amérique. Ils ont plus de ciels que partout ailleurs. Ils ont tous les gris, tous les bleus, et même, certains matins de janvier, un blanc léger d'ectoplasme. Pour saigner l'été ils ont des géraniums aux fenêtres. Bref, ils ont de la beauté, du temps et un député socialiste. Que désirer de plus ? Mes voisins sont, je crois, les derniers hommes heureux d'Amérique... (1992)

Ailleurs, mêlant son plaisir de provoquer le lecteur bourgeois de *La Presse* à son goût pour une certaine vulgarité, que ne renierait pas son maître en la matière, l'écrivain Charles Bukowski, Foglia célèbre le culte de la liberté propre au rêve américain, dont la force « est contenue dans la dernière réplique de cette scène de fellation de [la télésérie] *Deadwood* : Tu peux recracher, dit le type à la pute. T'es pas obligée d'avaler » (2012).

Voilà l'Amérique selon Foglia. Elle n'est plus mythique, ou c'est lui qui est plus lucide. Mais quand il en parle, il est tour à tour cinglant, incisif, insolent, complaisant ou tout simplement ébahi.

* * *

Mais revenons au jeune Pierre Foglia qui quitte la France pour s'établir en Australie, dans la ville de Perth, en prévoyant des escales à Montréal et San Francisco. Du moins, tel est le scénario quand, en octobre 1963, à presque 23 ans et après quelques nuits de sommeil agité, il prend son premier avion à Orly, sans se douter qu'il en prendra des centaines par la suite. Le voilà débarqué à Montréal, avec presque rien sinon un peu de linge et quelques livres, « Straight comme un gendarme. Pogné jusqu'aux oreilles » (1984), sans aucune idée de ce que pouvait être cette ville. Pour lui, il ne s'agit que d'une escale. Le but est de trouver un petit travail, économiser et reprendre son périple vers San Francisco puis Perth.

Sa première journée en sol canadien est un marathon. Avec un ami, il prend un taxi qui les dépose à une maison de chambres du quartier Côte-des-Neiges, qui est déjà le point de chute de nombreux immigrants. Suivent un repas vite fait dans un restaurant de la rue Sainte-Catherine, une visite au terminus pour s'informer du prix d'un aller simple en autobus pour San Francisco. Montréal, le Canada, ce n'est qu'un bref séjour obligé, rien de plus. En sortant du terminus, il flâne dans une librairie où il trouve deux livres, dont celui du poète québécois Saint-Denys-Garneau, qu'on lui recommande plutôt que l'incontournable Émile Nelligan, que Foglia n'appréciera jamais, sans doute parce que trop proche de Rimbaud.

Le lendemain, il se rend au local du syndicat de l'imprimerie, rue Rachel, où on lui trouve tout de suite un emploi de typographe à l'imprimerie du *Nouveau Samedi*. Il se retrouve parmi cinquante typographes et autant d'imprimeurs, minuscule artisan parmi des galées empilées jusqu'au plafond, dans un vieil immeuble de trois étages, avec autour de lui des millions de caractères de plomb dans des milliers de casseaux. À 100 dollars la semaine, sans compter des avantages sociaux intéressants pour l'époque, il estime devoir y travailler un mois avant de partir pour San Francisco, surtout qu'on lui propose des heures supplémentaires dès le premier jour. Pour l'immigrant qu'il est devenu, le travail sera toujours considéré comme une des valeurs communes de la vie en société. Un lieu d'intégration.

Mais sans le savoir, son sort était scellé. Il ne cessera jamais de travailler à Montréal et ne commettra que quelques brèves infidélités californiennes ou provinciales, à Bagotville, Chicoutimi et Sherbrooke.

Dès octobre 1963, Montréal devient sa ville d'adoption, même s'il lorgne ailleurs. Près de vingt-cinq ans plus tard, il sera étonné de retrouver, dans les vieilleries de sa mère décédée peu de temps auparavant, une photo qu'il avait prise dans une ruelle derrière le mont Royal, avec des poteaux de téléphone et du linge qui sèche sur un fil: «Au dos de la photo j'avais écrit avec un enthousiasme relevé de plusieurs points d'exclamation: "j'ai trouvé ma ville. Montréal, c'est ici !!!!"» (1987).

Une succession de chocs culturels l'attend à son arrivée dans une province catholique où tout un chacun porte inconsciemment « la burqa, même si on ne la voit pas. C'est les "locaux", les intégristes » (2007). Certes, la Révolution tranquille est lancée, « mais les curés sont encore partout » (2007). Il se souvient entre autres de cette année 1965, alors qu'il travaille comme correcteur pour la maison d'édition Fides. À quelques jours de Noël, on y reçoit la visite du cardinal Paul-Émile Léger, qui « passe bénir les employés et, pour garder ma job, j'ai été presque obligé d'y baiser les doigts, à ce crisse d'ensoutané » (2007).

Pierre Foglia, à la fois Italien, Français, républicain, enfant de communistes peu portés à la dévotion religieuse sans être athées, arrive dans un Québec encore crispé par le catholicisme mais en pleine mutation. Un Québec où il est presque impossible, écrit-il, de se marier civilement, si bien qu'il devra se marier dans un temple protestant de la rue Sainte-Catherine, où le pasteur accepte d'agir comme officier d'état civil. Mêmes difficultés pour faire enregistrer la naissance d'enfants sans baptistaire d'une paroisse quelconque. C'est que, croyant n'être que de passage au Québec, il s'y accroche les pieds et le cœur, confesse-t-il quarante ans plus tard. Il en résultera deux enfants, un divorce pénible, et un long conflit avec son ex-épouse.

Le choc culturel est immense à certains moments. Mais il y a de l'espoir à l'horizon.

> Ce qu'il y avait d'amusant, cependant, c'est qu'au même moment, le Québec (urbain bien sûr) était en train de se libérer de l'emprise de l'Église, et cela, à grand bruit : on entendait tomber les chaînes. Bref, au lieu des culs-bénits auxquels je m'attendais, je suis tombé sur une joyeuse bande de bouffe-curés qui, d'ailleurs, peuvent être tout aussi exaspérants que les culs-bénits. Je ne me gênais pas de leur répéter qu'à être trop contre la religion, on donne encore dans la religion. Je passais pour un hurluberlu. (2013)

Le ressac est amplifié par l'accueil froid de ceux qui le considèrent comme un Français pareil aux autres, c'est-à-dire aux « plus cons qui venaient, surtout des baroudeurs au sens colonial du mot. Ils se tenaient dans les cafés de la rue de la Montagne, donnaient un ou deux cours à Berlitz, travaillaient dans les restos » (2013). Sur le mode de l'autodérision qu'il pratique à répétition dans son œuvre, il ne cache pas avoir fait exactement la même chose !

L'autre choc culturel est culinaire, même pour celui qui vient de la Champagne pouilleuse et n'a mangé son premier vrai steak qu'une fois enrégimenté dans l'armée française. Il se souvient du pepperoni des pizzas, « cette lamentable charcuterie qui, recouverte de fromage cheap, goûte le vieux caleçon mariné dans la graisse de phoque » (1983). Près de cinquante ans plus tard, il en tient encore rigueur à la société québécoise.

> Quand je repense à tout ce que vous m'avez fait bouffer à mes premières années ici, des tonnes de salade iceberg, de pain tranché, de nouilles Catelli, de café instantané, de biscuits roses à la noix de coco, de fricassées nappées de *heavy gravy*, des bâtons de céleri à la con, de la crème glacée Québon, des tranches de fromage orange Kraft, et j'allais oublier des montagnes de jello. (2011)

Il garde aussi un arrière-goût des mots échangés avec un nouveau collègue de travail, dès sa première journée à l'imprimerie du *Nouveau Samedi*, qui lui reprochait d'être mieux payé que lui, alors qu'il venait à peine de poser les pieds à Montréal. Cela lui permettra de prendre conscience du choc culturel qui attend tout immigrant. Il repose entre autres sur un :

> ... dérèglement intime. Quelque chose qui nous habite, qui nous imprègne depuis la plus tendre enfance et qui est maintenant troublé. On voudrait ajuster l'image, mais quelle image ? Un jour la lumière se fait : le paysage ! Voilà l'image troublée. On cherchait une image. C'est toutes les images. Tous les chemins, les ciels, les cours d'école plantées de tilleuls, les toits d'ardoise, les facteurs qui passent à bicyclette,

les façades où s'agrippe le lierre, tous ces lieux, ces odeurs, le miel et le jasmin, un mirabellier au fond du jardin, l'or pâle des fruits, tous ces arbres qui nous habitent depuis l'enfance et qui nous manquent soudain. (1997)

Pierre Foglia ne se fait pas d'illusions. Lui qui sait comment sont reçus et perçus les immigrants italiens en France, il se doute bien que tout ne se fera pas sans heurts. À Montréal, en 1963, il se trouve toujours quelqu'un pour lui rappeler qu'il a un drôle d'accent ou de drôles d'idées. Mais cela lui semble être dans l'ordre naturel des choses. « T'es immigrant. T'es pas pareil, tu parles pas pareil, tu manges pas pareil. C'est sûr que ça va frotter à un moment donné. T'arrives pas dans un Club Med, t'arrives dans un pays, chez des gens. Il est inévitable qu'il s'en trouve quelques-uns pour te demander ce que tu fous ici... » (2000) Du reste, observe-t-il, l'immigrant, avant d'être celui qui arrive dans un nouveau pays, c'est quelqu'un qui quitte un paysage et une culture qui ne le quittent jamais.

* * *

On s'en doute, le thème de l'immigration est récurrent dans l'œuvre de Foglia, comme quoi on parle toujours plus facilement, et mieux, de ce que l'on connaît intimement. Cela fait partie des enjeux qui ne peuvent le laisser indifférent, surtout que son travail l'amènera à se rendre dans de nombreux pays, théâtres de conflits armés opposant groupes ethniques ou religieux. La détresse humaine, il la connaît. Chez Foglia, l'immigration pose la question du partage, lequel n'a rien à voir avec la « charité hystérique » (2004) des citoyens émus par quelques anecdotes de vedettes médiatiques, quelque guignolée pathétique du temps des Fêtes, qui servent à se dédouaner de l'égoïsme ou de l'indifférence quotidienne, tout en valorisant ceux qui s'y adonnent avec ostentation. Ces débordements de sentiments sont des feux d'artifice sans lendemain. Au contraire, l'immigration devrait être un chantier collectif qui aurait des conséquences durables pour les centaines de milliers de gens qui cherchent un pays sûr, libre, moderne et tolérant. Mais sur ce chapitre, déplore-t-il, « nous sommes les enfants d'une chienne très frileuse » (2004).

Des dizaines de fois, on le voit intervenir pour dénoncer des menaces d'expulsion de certains immigrants par le Canada. Il s'insurge, il plaide, il gueule, il raconte des histoires individuelles sur le mode de l'ethnologue qui découvre dans le singulier des anxiétés universelles. Il ne doute pas que le Canada pourrait faire plus, accueillir davantage de réfugiés plutôt que de simplement chercher des immigrants fortunés. Certes, cela doit se faire dans le cadre de lois, de conditions et de règlements, avec des enquêtes sérieuses, car l'immigration ne saurait être une simple affaire sentimentale. Mais le problème, justement, est qu'il soupçonne certains fonctionnaires d'abuser de leur pouvoir, d'interpréter de façon restrictive et sélective les règlements, peut-être même d'être xénophobes, notamment quand ils ont affaire à des visiteurs venus de France en simples touristes et qu'ils forcent néanmoins à reprendre aussitôt l'avion pour retourner dans leur pays. Ces cas singuliers deviennent des révélateurs de pratiques collectives. Confronté à cette bêtise administrative, il lui est bien difficile de ne pas se montrer un peu brutal. Il a l'impression de toujours devoir réécrire les mêmes vaines chroniques.

> Et c'est toujours la même histoire de stricte application de la Loi de l'Immigration, la même histoire d'agents de l'immigration qui font leur travail, rien que leur travail, et se conduisent néanmoins comme des trous d'cul parce que la loi et le règlement les autorisent et même les encouragent à se conduire comme des trous d'cul, ce qu'ils font avec zèle et diligence parce qu'au fond, ce sont effectivement des trous d'cul. (2008)

Foglia ne cache pas son souhait d'une portée positive de ses chroniques sur le sort de ceux qu'il met en scène, dont il prend la défense. En 2000, après avoir relevé qu'il avait consacré quatorze chroniques à l'immigration l'année précédente, il admet ignorer leur éventuel impact. Toutefois, une chose est certaine pour lui, elles doivent être véridiques, factuelles, à défaut de quoi elles seront aussitôt réfutées par les autorités, et ceux dont il prend la défense seront doublement victimes. Cela l'oblige à la rigueur, à la vérification, voire à la méfiance, car on se doute bien que certains – immigrants illégaux, faux réfugiés et leurs avocats – aimeraient bien instrumentaliser le chroniqueur le plus influent du Québec.

À certains moments, il dénoncera le zèle des employés des ambassades canadiennes qui se conduisent, selon lui, « en assiégés, en connards de zouaves qui défendent l'entrée du paradis. Je leur demanderais un peu plus de modestie nationale. Je leur demanderais de ne pas fédérer leurs visiteurs en troupeaux et de ne pas japper après » (2008). En se livrant à un recensement de plusieurs interdictions douteuses visant des visiteurs étrangers, c'est la sensibilité de l'immigrant qui s'exprime, en même temps que son allergie aux abus de pouvoir administratifs.

Dans un cas où le visiteur refusé est francophone, il s'interroge même, en interpellant la ministre fédérale de l'Immigration de l'époque, sur la probable xénophobie de certains fonctionnaires anglophones. Cela ne le surprendrait pas, car s'il « y a quelque chose d'également partagé entre toutes les races, toutes les conditions, tous les partis, c'est bien la xénophobie, le refus de l'étranger » (1995).

* * *

En matière d'immigration, il y a chez Foglia une sensibilité authentique, on pourrait dire viscérale, qui n'a rien à voir avec les bons sentiments, avec la culpabilité de l'homme blanc occidental, et encore moins avec le multiculturalisme à la sauce canadienne. Ce multiculturalisme qui cherche à se présenter comme le modèle parfait de l'intégration des immigrants. Mais lui ne le voit pas de cette façon. En bon enfant de la tradition républicaine française, il réfute le modèle canadien qui « se trouve généreux, inclusif, alors qu'il est seulement mou comme peut l'être un compromis fourretout. J'ai parfois l'impression que le pays est mené par les minorités religieuses » (2004).

Il constate que le statut d'immigrant a considérablement changé depuis son arrivée en 1963. Cela n'a plus rien à voir avec ce que vécurent les Italiens, les Grecs ou les Français fraîchement arrivés, frustres et rugueux. Frôlant quelque peu la démagogie, il rappelle que les immigrants de sa génération se débrouillaient seuls.

> ... sans leçons d'insertion ni énoncés de valeurs, nous suivions une seule règle en deux points, règle non écrite, intériorisée par tous les immigrants du monde...: tu travailles et tu fermes ta gueule. Aujourd'hui, ça fait pas une semaine qu'il est arrivé du Maroc avec ses parents, c'est sa première journée à la poly-valente, à 4 h, il demande à rencontrer le directeur: comment ça, y'avait pas de couscous à la cafétéria à midi? (2011)

Foglia l'immigrant, fils d'immigrants, ne tolère pas très bien ces revendications culturelles, encore moins celles d'inspiration religieuse. Les nouveaux venus, de quelque religion ou croyance que ce soit, devraient savoir ce en quoi consistent la citoyenneté et le vivre-ensemble. «Les plus orthodoxes, qui refuseraient cette obligation de réserve en terrain neutre laïque, ou qui seraient trop incapables de cette sensibilité citoyenne à l'autre, seraient alors re-conduits gracieusement dans la dictature religieuse de leur choix» (2002).

Au moment des débats sur les prétendus accommodements raisonnables et, plus tard, du projet de Charte des valeurs québé-coises, quarante ans après son arrivée à Montréal, il réitère cette posture, s'inscrivant en faux contre plusieurs de ses collègues de *La Presse*, généralement opposés au projet de Charte mis de l'avant par le Parti québécois.

Rien d'étonnant par conséquent à ce qu'il s'attaque au multi-culturalisme, selon lui à la fois une folie et la religion officielle du Canada. Il soutient l'association d'un nationalisme ouvert et d'une société pluraliste sans le recours à cette idéologie par laquelle, plu-tôt que de colorer une culture en se mélangeant au groupe, les mi-norités cherchent à affirmer et à préserver une identité aux fondements souvent raciaux et religieux. Le multiculturalisme lui paraît être «une mise en abyme du fédéralisme, une mosaïque im-praticable de petites ethnies» (1997). Alors que d'aucuns vou-draient le présenter comme un signe de modernisme, Foglia y décèle la valorisation des marqueurs culturels et religieux qui divisent les sociétés et perpétuent les croyances irrationnelles héritées d'époques révolues.

> N'en déplaisent (*sic*) aux hystériques du multiculturalisme et aux curés de l'école fourre-tout, il est des retours en arrière qui sont comme un grand pas en avant. Péguy était plus moderne au début de l'autre siècle que les parents qui envoient aujourd'hui leurs enfants à l'école avec un kirpan ou un voile. Péguy disait en 1902 que les enfants devraient entrer à l'école en laissant à la porte leurs parents et leurs dieux, on allait leur présenter à l'intérieur des gens autrement plus intéressants : des poètes, des philosophes et des savants. (2003)

Foglia tient en outre le multiculturalisme pour un voile d'hypocrisie et d'intolérance. Quiconque ose mettre en question ce dogme est voué à l'opprobre, note-t-il en évoquant quelques cas, avant de conclure : « La tolérance est un grand tapis sous lequel les Canadiens balaient leurs préjugés. Quand parfois il y en a un qui dépasse, ils se signent. Si c'est celui d'un autre, ils le crucifient » (2000).

* * *

Foglia est davantage déterminé par la culture de l'immigrant que par celle de ses parents italiens. C'est une « culture qui bouleverse l'être profondément, culture de survie, de résistance, de repli, de défiance, culture que je pourrais résumer dans cette petite phrase : vous ne m'aurez pas mes tabarnaks » (2003).

Enfant, il a résisté pour ne pas être Français. Devenu adulte, il a eu des montées de nostalgie et des envies excessives de redevenir Italien. Mais cela lui a passé. Il a détesté les Français avant de se réconcilier avec eux tard dans sa vie. Il n'a jamais voulu être Canadien mais est vite devenu Québécois. Ce peuple rejoint ses fibres, il le fait vibrer. À près de 70 ans, il a définitivement trouvé pays « auprès de mes chats, de ma fiancée, de mes amis, de mes paysages. Il se trouve que c'est ici, au Québec. Mais je tiens la France pour le plus beau pays du monde, et ses gens parmi les plus affables. Quant à l'Italie, c'est le plus mythique de mes trois pays, mon Italie n'existe pas. N'existe plus. » (1999)

Contre ceux qui se plaisent à dénigrer son pays, il se rebiffe et sort les griffes. Car le Québec des années 2000 a peu à voir avec celui d'octobre 1963. Comme bien d'autres sociétés, il est passé d'une « xénophobie ordinaire », présente dans plusieurs pays ouverts à l'immigration massive, pour devenir :

> ... une des sociétés les plus ouvertes, les plus accueillantes du monde. C'est quand même assez extraordinaire, non ? Quarante ans, c'est peu en matière d'évolution des mentalités. En félicite-t-on les Québécois ? Non seulement on ne les félicite pas, mais on les culpabilise pour le soi-disant incivisme de leurs lois linguistiques, on les dénonce sur toute la planète comme des oppresseurs de minorités, on leur fait la leçon de démocratie chaque fois qu'un excité reproche aux immigrants d'empêcher le Québec de devenir un pays. (2000)

Cela ne l'empêche nullement de connaître lui aussi des journées de *spleen* où il échangerait volontiers les érables dénudés de sa campagne hivernale pour des oliviers d'Italie. Cela le fait parfois exploser, surtout quand l'hiver revient à l'improviste et trahit les premiers jours du printemps en le surprenant sur son vélo. Alors le Québécois hurle et rêve de se réincarner « en baobab, en antilope, en cabane bambou, en hutu, en tutsi, en n'importe quoi, mais à mille millions de kilomètres de ce pays de cul » (1994). Il ne se prive pas de grossir le trait et d'exprimer un certain dégoût.

> ... mon pays, c'est quelques arpents merdiques, une lande très soviétique, une sorte de parking à pingouins... et vous allez voir qu'ils vont me dire "si t'es pas content, t'as qu'à retourner d'où tu viens", et gnagnagna et gnagnagna. Qu'ils aillent donc ch..., c'est peut-être pas un pays, mais c'est quand même le mien, d'ailleurs je l'ai choisi. Moi. (1986)

N'empêche, il se trouve parfois bien « mongol » de se les geler au Québec...

Chapitre III
L'indépendantiste

« J'ai commencé par être un indépendantiste marxiste. L'indépendance du Québec était un épisode de la révolution socialiste. L'indépendance serait une belle et grande chose pour la classe ouvrière, disais-je. Lorsque le PQ a pris le pouvoir, j'ai bien vu que l'indépendance était surtout une belle et grande chose pour le Mouvement Desjardins » (1994).

« Je suis indépendantiste. Au plus profond de moi-même, au plus creux, diront certains, je crois que le Québec est un autre pays. Et je crois qu'il ne pourra jamais se vivre autre à l'intérieur du Canada. Je suis séparatiste, quoi » (2012).

Cet immigrant qui s'établit au Québec n'est pas du genre à se fondre dans le paysage en espérant ne pas se faire remarquer. Au contraire, il ne perd pas une minute pour s'activer. Déjà, à 18 ans, il aimait le drapeau noir des anarchistes et leurs théoriciens fétiches qui mêlaient communisme, nihilisme et parfois terrorisme : Pierre Kropotkine, Serge Netchaïev et, bien entendu, l'incontournable Mikhaïl Bakounine. Arrivé à Montréal, Foglia est rapidement converti et se mue en ardent militant d'une gauche indépendantiste.

Pour lui, le travail est certes le grand facteur d'intégration à la société, mais il a sa façon d'aller plus loin dans cette union d'un être et d'une communauté, avec une passion intellectuelle, rédemptrice peut-être. Épouser la fameuse « cause du peuple », activité messianique pour les uns, exutoire d'un débordement d'énergie pour les autres. Mais avant tout, une conviction intime, irréfutable, une évidence qui devrait crever les yeux mais qui, le plus souvent, se bute à l'indifférence, parfois suscite l'affrontement avec l'ennemi obtus qu'il faut éradiquer pour que survienne enfin le grand jour de la libération. Foglia prend fait et cause pour *le* destin du Québec, pour l'indépendance telle que prêchée par des radicaux de la gauche qui au demeurant se disputent le monopole de la pureté et de la vérité. Près de quarante ans plus tard, il s'en souvient assez bien et considère cette période avec autodérision.

> Jeune, radical, ignorant, comme cela me décrit bien à la même époque. J'ai vécu les mêmes nuits... à barbouiller des pancartes, à préparer des tracts, j'ai participé aux mêmes manifestations, j'ai été des mêmes complots, sauf que c'était ici, au Québec, et je n'étais pas maoïste, j'étais marxiste mon vieux, tendance Groucho. (2002)

La culture québécoise, que lui révèlent certains auteurs, l'inspire en tout premier lieu pour livrer ce combat. Il se procure leurs ouvrages à la librairie d'Henri Tranquille, que d'aucuns tiennent pour le père des libraires québécois, comme l'affirme *Le Devoir* au moment de son décès, en novembre 2005. Le même article rappelait que c'est chez lui que les exemplaires du manifeste du *Refus global* ont été mis en vente, en 1948, et que deux ans plus tard il a défié le clergé catholique en célébrant le centenaire du décès de Balzac[9]. Voici donc une fréquentation comme les aime Foglia. Chez Tranquille – quel drôle de nom tout de même pour un fauteur

---

9. Rioux Soucy, Louise-Maude. « Henri Tranquille, 1916-2005 – Le père des libraires québécois s'éteint », *Le Devoir*, 21 novembre 2005, (http://www.ledevoir.com/non-classe/95715/henri-tranquille-1916-2005-le-pere-des-libraires-quebecois-s-eteint) page consultée le 1er mai 2015.

de troubles littéraires et un semeur d'idées révolutionnaires! – il découvre Gaston Miron et Jacques Ferron, qui l'habiteront toute sa vie.

De tous les auteurs québécois, Ferron demeure son préféré. Il le considère comme le plus important des écrivains québécois, notamment pour *L'Amélanchier*. Quand Ferron meurt, en 1985, le chroniqueur explique qu'il s'en était éloigné un peu depuis quelque temps, afin de minimiser son influence sur son travail, « de ne plus le laisser me mettre ses mots à la bouche... » (1985), car il lui arrivait souvent de citer le médecin écrivain. Gaston Miron, qu'il fréquentera dans ses livres et dans certains bars de Montréal, le marquera également, au point qu'il se vantera d'avoir donné envie de lire le poète à des pompiers à force d'en parler dans *La Presse*.

La librairie d'Henri Tranquille est aussi le lieu de diffusion de *Revue Socialiste*, prônant « l'indépendance absolue du Québec et la libération prolétarienne-nationale des Canadiens français », et de *Situations* où Ferron se fait parfois chroniqueur. Un jour, Foglia met la main sur *Révolution québécoise* et y lit un article sur la toute récente indépendance de l'Algérie, pays qu'il a connu comme militaire. Évidemment, il n'est pas du tout d'accord avec le propos. Pas question d'avaler ça sans réagir. Il compte bien le faire savoir à qui de droit en téléphonant aux gens de la rédaction pour leur signifier qu'ils écrivent des conneries et que la « révolution algérienne, comme toutes les révolutions, a enfanté sa propre caste d'intellectuels révolutionnaires qui n'ont rien à foutre du peuple maintenant qu'ils ont pris le pouvoir. Tout ce qui les intéresse c'est le pouvoir » (1999). Au bout de la ligne, un homme l'écoute, en silence, avant de l'inviter à prendre un café. C'est l'écrivain et journaliste à *La Presse* Pierre Vallières (1938-1998), qui n'a pas encore écrit son célèbre *Nègres blancs d'Amérique* (1967). Les deux se rencontrent, et Vallières l'invite, sinon le met au défi de publier son opinion dans le numéro suivant. Foglia le typographe commet ainsi son premier écrit journalistique.

Ce texte intitulé « Algérie : révolution tronquée », ce n'est pas Pierre Foglia qui le signe. C'est un dénommé, et bien nommé, Pierre Fortin, patronyme local emprunté pour ne pas « donner prise à la rumeur qui disait que c'était des communistes étrangers qui

foutaient le bordel dans le pays!» (1986). Ce texte, comme il le reconnaîtra plus tard, était aussi cucul, mal foutu et pompier que celui
qu'il dénonçait. On le retrouve, en partie, dans le magazine journalistique *Le 30*, pour un numéro spécial «nostalgie», publié en 1999.

Que le prolétaire roule en vieille Ford et regarde la télévision
ne modifie rien. Cela signifie seulement que l'esclavagisme
s'est affublé du masque hypocrite du capitalisme libéral et que
l'éveil de la masse risque d'être plus long mais les moyens
pour le détruire restent les mêmes...

À la même époque, il y publie une autre attaque en règle, cette
fois contre l'Église catholique et son pape Pie XII que Foglia traite
de complice d'Hitler, rien de moins. Ce qui lui attire les foudres du
journaliste Paul Sauriol, du quotidien *Le Devoir*, qui l'accuse
d'avoir pondu «un réquisitoire à l'emporte-pièce» (2013).

* * *

Révolution québécoise, c'est la meilleure immersion pour l'immigrant qu'est alors Foglia. C'est comme une université populaire, sinon prolétarienne, où se mêlent littérature, histoire, poésie,
politique, tout cela baigné par la vie quotidienne et banale du Québécois moyen de l'époque. Les maîtres de la parole sont Pierre
Vallières et Charles Gagnon, alors étudiant en littérature à l'Université de Montréal. Vallières et Gagnon seront pour lui les catalyseurs
de son militantisme politique en même temps qu'ils accélèrent sa
conversion à la cause du Québec indépendant et surtout révolutionnaire. Aux côtés de Gagnon, il militera pendant deux ans tandis que
Vallières lui racontera ce nouveau pays qu'il habite, cette Amérique
qui prend soudain le nom de Pointe-Saint-Charles, Saint-Henri
ou Rosemont. Mentors et disciple se retrouvent dans des bars-
restaurants pour, jusque tard dans la nuit, défaire et refaire le
monde, en attendant de régler son compte à l'univers!

Nous étions marxistes à... tendance petite-misère-délinquante.
Nous avions pour ennemis de classe les prédateurs impéria-

listes, bien sûr, mais surtout les indépendantistes bourgeois de *Parti-Pris* qui écrivaient des livres, au lieu d'en lire sur la guérilla urbaine. *Parti-Pris* était notoirement parasité par des artistes, je pense à Gérald Godin qui travaillait à Radio-Canada (ouache) et sortait avec une chanteuse (comment est-ce possible?). (1995)

Finalement, *Révolution québécoise* et *Parti-Pris* fusionneront au terme de «honteuses tractations», expliquera-t-il sur le ton de la dérision, trente ans plus tard. Car le militantisme, il y est allé et en est vite revenu, par lucidité, désillusion et peut-être aussi par souci du confort honnête que va lui procurer *La Presse*. C'est ce militant blasé qui deviendra antimilitant, se moquera chez les autres de la «larme militante». Son seul militantisme serait «plutôt d'alarmer le militant. De vous déranger camarade... La dérision plutôt que la messe» (1981). Plus tard, s'en prenant cette fois aux parades des écologistes célébrant le Jour de la Terre, une autre de ces journées thématiques à la gloire des militants, il dira qu'ils «m'emmerdent avec leurs formules claironnantes et cette manière qu'ils ont de présenter leur bon profil aux caméras» (1990).

* * *

Avant le moment du désenchantement, il connaît un épisode d'activisme, de révolte aussi. Le voilà donc avec ses acolytes à passer des nuits blanches à rédiger des tracts avant de se rendre par un froid sibérien aux portes de la Canadian Steel, à Tracy, pour les distribuer aux camarades prolétaires, esclaves d'un capitalisme aliénant. D'autres matins, ce sera la British Titanium ou encore la Canadian Vickers, à Saint-Henri.

... on distribuait nos tracts à des ouvriers qui les fourraient machinalement dans la poche de leur salopette, avec la même indifférence que si cela avait été une pub de pizza. Comme nous les regardions de haut ces prolétaires, comme nous nous trouvions héroïques de nous lever à même heure qu'eux pour venir les éduquer... (2002)

À cette époque, il cumule les petits boulots aussi éreintants qu'éclectiques : pigiste à Radio-Canada ou plongeur à Blue Bonnets. Il enseigne même le français aux cadres de la même British Titanium de Tracy, après avoir tenté de semer la rébellion matinale chez leurs subalternes francophones. Fallait bien bouffer !

Graduellement, il se retrouve dans un cercle de militants pour qui les paroles ne suffisent pas, qui veulent passer aux actes, accélérer la libération du Québec, marcher plus vite que le troupeau prolétaire, lequel décidément a la désaliénation bien lente. Le voilà rendu en périphérie de la deuxième vague du Front de libération du Québec (FLQ), où se discutent la « moralité » des méthodes pour obtenir l'argent nécessaire à la cause, éternel dilemme *bourgeois* de la fin et des moyens, à l'instar de celui auquel se confrontent certains des personnages des *Justes*, pièce que Camus a écrite en 1949. « Je me souviens en particulier d'une engueulade à propos de fausse monnaie et d'un hold-up projeté à la caisse du cinéma Élysée. J'étais contre. Ça s'est fait pareil, je crois... » (1990).

Quand Vallières subit son procès en 1968 – au terme duquel il sera reconnu coupable d'homicide involontaire d'une secrétaire d'usine, victime d'une bombe du FLQ –, Foglia est convoqué à la barre des témoins. Le procureur de la Couronne lui demande s'il est lui aussi membre du FLQ, question qui avait du reste été posée à René Lévesque et Gérard Pelletier. Il répond par la négative mais écrira plus tard que, pour dire toute la vérité, il aurait dû préciser que c'était parce que Vallières ne l'avait jamais sollicité. « S'il me l'avait demandé je l'aurais probablement suivi. Par affection et par amitié bien plus que par affinités idéologiques... » (1986)

Avec de telles fréquentations, auxquelles il faut ajouter le syndicaliste Michel Chartrand, Foglia se retrouve dans la mire des forces policières lors de la crise d'octobre 1970, après que le premier ministre du Canada Pierre Elliott Trudeau (secondé par le même Gérard Pelletier devenu ministre à Ottawa) eut suspendu les libertés civiles pour laminer quelques rebelles qui croyaient faire la révolution... À cette période, il vient de divorcer de sa femme, pour laquelle il s'était installé à Montréal plutôt que de s'envoler pour l'Australie. Il habite un appartement minable sur le boulevard Saint-Joseph, près du quotidien *Montréal-Matin* où il assure la mise en pages de la section sportive.

Une nuit, arrivent au journal deux policiers forts de l'arbitraire que vient de leur octroyer Trudeau, avec sa Loi sur les mesures de guerre. Ils l'embarquent sans plus de façons et se rendent à son appartement où ils espèrent trouver des preuves accablantes. « On est monté, ils ont fouillé, ç'a été vite fait, je n'avais rien, pas de meubles, pas de linge, un matelas à terre. Ont continué de fouiller pareil. Si c'était de la dope qu'ils cherchaient, ils ne pouvaient pas la trouver, elle était dans le tiroir de mon bureau, au journal » (2010). L'inspection se révèle stérile, et Foglia peut retourner terminer son quart de travail nocturne.

***

Durant ces années, Foglia *flirte* avec l'idée révolutionnaire, ce séditieux mélange de raison et de passion qui conduit parfois à la violence. Mais il sait où s'arrêter. Adepte de la *Realpolitik*, il ne se fait pas chantre de la violence révolutionnaire, malgré une certaine attirance de jeunesse, qui lui passera. Mais lui restera toujours une conception personnelle de la violence qui peut être autre chose que des abus physiques et de la brutalité. Il la décèle par exemple dans les prescriptions arbitraires et totalitaires du quotidien. Dans cette orthodoxie imposée par les modes, par l'esthétisme tyrannique exigé du corps féminin. Par l'intolérable iniquité de la laideur dans une société où la beauté est le moteur d'une vaste économie reposant sur l'artifice et la vente de produits, pour faire croire que les années laissent peu de traces sur la peau, autour des yeux, sur le ventre. Cela le révolte, tout comme le silence des féministes à ce sujet.

> ... on pourrait parler de la violence des stéréotypes de l'esthétisme qui gouvernent notre vie plus qu'on le croit. Je reviens à la laideur. J'ai toujours été étonné de la discrétion des féministes sur le sujet de la laideur. Dont les femmes souffrent infiniment plus que les hommes d'ailleurs. J'ai toujours été étonné du silence des féministes sur la violence la plus

répandue, la plus *fuckante* de toutes : la violence faite aux femmes laides. (1989)

Être laid, ou laide, c'est le pire des handicaps, la plus grande des infirmités. Il est indigné des centaines de petites morts quotidiennes que la laideur impose aux jeunes filles et aux femmes, petites morts qui se manifestent par la solitude, la dépression, la maladie, l'injustice, les refus essuyés de la part d'employeurs potentiels. Et ce silence, comme l'aveu d'un tabou social : « Là, je vois une violence épouvantable. Et qui ne se nourrit pas de films de guerre ou de pornographie mais du conformisme de chacun et chacune. Du mien notamment » (1989). S'il a souvent traité des gens de cons, il affirme n'avoir jamais dit à une personne qu'elle était laide.

Pour Foglia, cette violence est plus terrible que la violence conjugale, qu'il dénonce tout en comprenant ses mécanismes. La laideur est une discrimination esthétique épouvantable, écrit-il, plus sournoise et destructrice que toutes les autres formes de discrimination fondées sur la race, le sexe, l'âge ou la religion. La laideur est un facteur d'exclusion, un handicap social, une injustice que ne peut redresser aucun tribunal, ajoute-t-il. Voilà donc ce qu'est une réelle violence.

* * *

Quant à sa violence révolutionnaire, elle s'étiole, même si ses expériences de 1968 et 1970 n'ont rien pour le convaincre que le Canada est son pays. Si l'activisme est bel et bien terminé pour lui, l'indépendantiste aura souvent des propos très sévères envers le Canada, pays infirme, « pays de grossiers pieds plats » (1987), trop vaste et insipide sur le plan historique. Ce Canada, « paradis nordique sans histoire(s), sans armes, sans pollution, sans cancer du côlon, où immensité rime avec sérénité, où on meurt de vieillesse et un peu d'ennui » (2000), exprime-t-il, en ajoutant avoir constaté que c'est dans l'imaginaire des étrangers qu'il existe le plus.

Chaque 1er juillet, le Canada essaie d'exister avec ses spectacles et feux d'artifice, avec une fête qui fait danser « quelques rednecks qui font cocorico» (1996). Ce Canada qui s'invente une diversité, un multiculturalisme pour mieux marginaliser la différence québécoise et s'en soulager.

> Le Canada avait la réputation d'être le pays le plus ennuyeux du monde, habité par les gens les plus ternes du monde, quand quelqu'un s'avisa que c'était aussi un pays peuplé de gens divers. Comme on dit sur le menu des restaurants un peu *cheap*, que le plat principal est accompagné de légumes divers, sans préciser lesquels.

> Providentielle diversité. Le Canada n'avait pas d'identité. Il en a soudain de multiples. Il n'avait pas de culture. Il les a toutes. Le Canada n'était rien. Il est maintenant une boîte de céréales. Yeah. (1997)

Sur le mode ironique, il évoque une devise publicitaire selon laquelle visiter le Canada revient à découvrir une partie de soi-même, et le voilà à se demander quelle partie de lui-même lui a fait découvrir son séjour en Alberta : « J'ai fini par trouver, mais je ne vous en dirai rien... de crainte que vous trouvassiez ma conclusion grossière ! » (1982)

Le multiculturalisme canadien ne trouvera jamais grâce chez lui. Il n'y voit que l'instrumentalisation bassement politicienne et partisane d'un « folklore un peu débile », et trouve anormal de ne pas se considérer comme Canadien quarante-trois ans après son arrivée. « ... si le Canada existait, je serais Canadien depuis long-temps. Je suis Québécois, bien sûr, mais c'est politique. Je suis Québécois par conviction, comme j'étais communiste quand j'étais petit » (2004). Le multiculturalisme à la canadienne est de l'aplaventrisme devant les immigrés, qui nuit à leur intégration. Cela donne un « patchwork de cultures » (2006) fermées sur elles-mêmes, plus solidement et hermétiquement que ce qui devrait les lier les unes aux autres, et qui cohabitent dans des formes de solitude collectives reliées faiblement par les accommodements et une tolérance proche de l'indifférence. En égrenant ici et là ses conceptions du Canada, du multiculturalisme et du nationalisme,

Foglia offre les contours d'une philosophie politique qui ne dit pas son nom mais rejoint de grands courants de la pensée philosophique contemporaine.

Ce Canada bilingue, pourvu que cela se passe en anglais, où le bilinguisme est toujours battu en brèche partout à travers le pays mais incarné avant tout par les Québécois, ces « inguérissables jovialistes » (1990). Quand un orangiste du Canada anglais s'essuie les pieds sur le drapeau du Québec, ce n'est pas tant le mépris du symbole qui le blesse que le mépris de ce qu'il représente pour l'autre, que ce crachat reçu au visage. Il prend ses lecteurs à témoins.

> ... c'est la première fois. La première fois pour vrai que je me sens le nègre, le juif, le pédé de quelqu'un. Et moi qui pensais que cela me rendrait violent... Pas du tout. Par un élémentaire souci de dignité (et peut-être de protection), je me suis seulement senti Québécois. Ce qui ne m'était pas arrivé depuis fort longtemps. (1990)

Ce Canada chauvin est « ridiculement nationaliste » (1997), surtout dans ses participations olympiques, dans sa façon de s'approprier les exploits athlétiques ou artistiques pour se montrer au monde. Avec l'insolence dont il est capable, Foglia ridiculisera la stratégie de « cette demi-portion de ministre des Sports du Canada qui porte nom Denis Coderre », qui souhaite que le sport bâtisse le Canada et serve à la promotion de l'identité canadienne, cet euphémisme qui souhaite occulter son réel objectif, l'unité canadienne. Foglia est sidéré de constater que personne au Canada ne soit scandalisé par cette façon de transformer les athlètes en « propagandistes de la grandeur du Canada. Personne ne semble s'aviser que cette mobilisation des athlètes pour exalter le nationalisme participe d'une culture fasciste » (2001). Il y reviendra plus tard en constatant que bon nombre d'athlètes canadiens ont accepté sans protester cette célébration d'un pays « complètement malade de son identité » (2001). Le nationalisme canadien est certes un ersatz du chauvinisme sportif des États-Unis, mais il peut parfois verser dans l'excès et imiter l'Allemagne de l'Est avec son concept d'équipe-nation, observe Foglia lors des Jeux olympiques de 2004, à Athènes. Au moment des Jeux olympiques d'hiver de 2010, à Vancouver, il se demande où se trouve la différence entre le bon et le mauvais nationalisme. « Expliquez-moi la différence entre les médias canadiens en 2010 qui demandent chaque jour aux Vancouvérois de se montrer fiers d'être canadiens et les journaux allemands en 1936 qui demandaient la même chose aux Berlinois ? » (2010)

Même s'il n'est pas très respectueux des drapeaux, quels qu'ils soient, il en connaît la valeur symbolique et se désole justement de voir comment le drapeau canadien est devenu une véritable obsession du Parti libéral du Canada, au lendemain de la fragile, sinon douteuse, victoire fédéraliste au référendum de 1995. À force de l'imposer partout, les libéraux « en ont fait un bout de chiffon. Ils en ont fait la marque de commerce d'un produit à vendre qui s'appelle le Canada. Ce n'est pas un drapeau, c'est un logo » (2001). Sans compter le scandale des commandites qui a démontré « que le fédéralisme démocratique avait la forme d'un tas de fumier » (2006). Il voit dans cette stratégie une forme d'aveu. Le Canada a si peu d'attrait qu'il faut tenter d'acheter l'adhésion à un pays auquel ne s'identifient guère, ou peu, des millions de Québécois, même chez ceux qui craignent l'indépendance du Québec.

* * *

Foglia est un indépendantiste factuel, empirique, sans ressentiment ni bouffées de chaleur nationaliste. Il constate que le Québec et le Canada sont deux pays qui ne pourront jamais s'unir réellement. Le Québec est aussi étranger ou indifférent au Canada « que le Portugal l'est à la Bulgarie, et c'est, selon moi, une raison bien suffisante de vivre chacun chez soi » (1998). Il n'attend d'un référendum que la ratification démocratique de cet état de fait. Il a toutefois conscience qu'il s'agit d'une chose complexe à réaliser, même au lendemain d'un « oui » nettement majoritaire. Contrairement à bien des indépendantistes intransigeants (il existe aussi des fédéralistes intransigeants, notons-le), il ne veut pas d'une indépendance obtenue avec quelques votes d'avance seulement. « Je ne suis pas souverainiste à ce point-là » (1998). Il n'est pas dans l'urgence et «si la moitié (ou près de la moitié) des gens de cette province expriment leur volonté de rester au Canada, je n'en ferai pas une maladie» (1999).

Pas de Grand Soir non plus pour celui qui conçoit l'indépendance comme un cours d'eau faisant progressivement son chemin, comme une rivière «tranquille, obstinée, allant là où elle doit aller malgré tous les efforts qu'on aura faits pour la détourner. Souterraine par moments. Puis resurgissant, plus large» (1998).

De toute façon, remporter un référendum est davantage formel qu'essentiel, puisque le Québec et le Canada sont déjà séparés.

... émotivement, spirituellement, intellectuellement mais aussi idéologiquement, culinairement, sportivement, agronomiquement (de moins en moins de cornichons), scientifiquement, géographiquement, poétiquement, linguistiquement, musicalement, esthétiquement, philosophiquement, économiquement, sexuellement, absolument, totalement. (2012)

Pour Foglia, un pays se définit avant tout par sa culture, au sens anthropologique du terme, c'est-à-dire dans un large spectre de comportements, d'habitus, d'éthos aussi. Impossible de maintenir ensemble deux pays aussi différents que le Québec et le Canada.

Ce qui le désespère dans l'éternel débat national, culturel, constitutionnel et partisan, ce n'est pas tant son dénouement qui tarde que la débilité même de ce débat, gracieuseté de ses acteurs qui ne semblent pas conscients de leurs responsabilités et de la portée que peuvent avoir certains discours radicaux.

L'incroyable démagogie des politiciens et des groupes de pression, des deux côtés. L'absence de sérénité, la bêtise, notre vie en commun gâchée par une bande de tôtons qui ne sont pas capables d'accepter que l'on ne soit pas de leur camp. Ce qui est effrayant, c'est le nombre de tôtons d'un océan à l'autre. C'est l'ampleur de la démission civique. L'absence dans ce pays de vraie liberté de pensée. Ce qui est effrayant, c'est la proximité de la violence... (1998)

Débat constitutionnel perpétuel qui ne peut se conclure tellement il se nourrit des angoisses de Québécois désirant une indépendance dont ils refusent de payer le prix et de l'exaspération quelque peu colonialiste de Canadiens « super écœurés du Québec, [qui] n'osent pas lui dire : "Décrisse donc". Sont pas très sûrs que le Canada survivrait à cette amputation en plein milieu du pays » (1992).

Il lui arrive parfois de s'affirmer comme un séparatiste par défaut, parce qu'il est incapable de trouver un Canada de gauche, qui serait porteur d'autre chose que « cette liturgie pour analphabètes unifoliés » que sont les fameuses « valeurs canadiennes » (2006). Un Canada réellement accueillant, par exemple, de la différence culturelle québécoise, sans chercher à l'assimiler. Son indépendantisme n'est pas le résultat d'une longue analyse de la pertinence du partage des pouvoirs ou des points d'impôts. Il est avant tout motivé par le risque de dissolution culturelle du Québec dans un Canada lui-même culturellement insignifiant.

Chapitre IV
Le journaliste

« Je voyage pour qu'on perde ma trace. C'est pour qu'on la retrouve que j'écris. » (1997)

Immigrant et indépendantiste, voilà deux particularités indéniables et fondamentales de la personnalité de Pierre Foglia. Et c'est le journalisme qui lui permet de les exprimer, d'en explorer aussi bien les contours que la densité, la surface que la profondeur, la simplicité que la complexité. Il y parvient après quelques années d'errance.

En moins de quinze ans, il devient le journaliste le plus influent au Québec aussi bien par des prises de position sans équivoque, on l'a vu au chapitre précédent, que par la forme et le style, comme on le verra plus loin. Il va inspirer un grand nombre de futurs journalistes et auteurs de tous genres. Les témoignages qui le confirment ne se comptent plus, tel celui de Jean Barbe, qui le décrit comme « le papa de toute une génération de journalistes, nourrie de sa prose caustique. S'il n'avait pas été là, nous ne serions pas ici[10] ». Dans un portrait consacré à ce journaliste au « style unique » et qui jouit d'une « influence énorme », la journaliste

---

10. Barbe, Jean. « Pierre Foglia », *Voir*, 22 novembre 1990 (http://veloptimum.net/autres/Foglia/SUR/Voir22nov90.html), page consultée le 5 mai 2015.

Louise Gendron ajoute qu'il n'y a pas « un journal étudiant de Montréal où ne sévisse la plume laborieuse d'un simili-Foglia acnéique[11] ». Elle ajoute qu'il est lu par un million de personnes et connu de 90 % des lecteurs de *La Presse* « où il jouit de la plus haute cote de lecture : plus de 80 % de nos lecteurs le lisent, dit Tony Lanza, directeur du département de recherche marketing. Claude Masson, [alors] éditeur adjoint, admet que Foglia est le seul journaliste dont le départ pourrait faire chuter le tirage ».

Foglia s'est toujours considéré comme plus que chanceux d'avoir exercé avec passion un premier métier, la typographie, et d'avoir survécu à sa disparition grâce à un deuxième, le journalisme, qu'il aime presque autant, confie-t-il en 2013. Ce métier, il en parle parfois avec gouaille, notamment quand il évoque l'époque de sa machine à écrire, « une Olivetti dont la cloche du chariot tintait avec une impérieuse gaieté, comme la clochette des bordels quand on appelle les dames au salon, sauf que moi c'était les mots qui venaient guidouner » (1998). Cette association avec les prostituées revient de temps à autre quand il évoque le journalisme, et particulièrement le sien, mêlant ironie et autodérision. Si sa libraire lui affirme, toute joyeuse, que ses chroniques font vendre plus de livres que la critique littéraire officielle et patentée, il se sent dévalorisé. « ... j'entends vendre, j'entends épicier, j'entends pute. Serais-je plus pute que la critique officielle ? » (1990). De même, niant cultiver la provocation dans ses chroniques, il cherche mollement à persuader ses détracteurs en les assurant qu'il se retient et se « force souvent à arrondir les angles, comme je putasse même parfois pour un peu de votre affection » (1989). On verra plus loin qu'il sait cependant se montrer particulièrement virulent face à certaines dérives morales, déontologiques et éthiques de ses collègues.

* * *

C'est au *Journal de Sherbrooke* qu'il débute sa carrière journalistique, en 1963, comme l'indique un ouvrage consacré à l'histoire de

---

11. Gendron, Louise. « Le mal élevé de *La Presse* » *L'Actualité*, 1er mai 1993.

la presse québécoise[12]. Il y signe ses articles de son vrai nom plutôt que du pseudonyme Pierre Fortin. Ses chroniques sont alors publiées sous la rubrique « De rogne et de grogne », relate Nathalie Petrowski, qui lui consacre un portrait en décembre 1989[13]. Il y écrit notamment des pamphlets et articles anticléricaux. Un de ses anciens confrères se souvient de ce jeune patron, rédacteur en chef fraîchement arrivé au Québec dont la chronique « vira la ville littéralement à l'envers... On n'était pas habitué, dans un hebdo gratuit, de lire des opinions qui brassaient autant[14] ».

Son passage mouvementé dans la ville reine des Cantons-de-l'Est, comme on la surnommait déjà, ne dure que six mois. On le retrouve ensuite à Chicoutimi, toujours rédacteur en chef et unique journaliste (!) d'un petit hebdomadaire, *La Vigie de Bagotville*. Il n'a jamais mis les pieds à Bagotville, car il ne possède pas de voiture et son patron refuse de lui payer le taxi. Il dirige *La Vigie* à partir des bureaux d'un autre hebdomadaire, où il travaille également, *Le Phare*, situé à Chicoutimi. Il y reste au moins jusqu'en 1965. Les historiens décrivent *Le Phare* comme un média s'adressant aux gens de cette communauté, « spécialement voué à la promotion de ses intérêts économiques, culturels et religieux[15] ». De ce « pays excessif » qu'est la grande région du Saguenay–Lac-Saint-Jean, il conserve un amour authentique. « J'ai dit un million de fois que c'est le seul endroit où j'irais vivre au Québec, hors Montréal et Saint-Armand. » (1990)

En 1966, il revient à Montréal, au quotidien *La Patrie*, alors dirigé par Yves Michaud, lequel sera député du Parti libéral du Québec en 1966 avant de siéger comme indépendant. Foglia a très peu d'atomes crochus avec le futur Robin des banques, un homme aux allures aristocratiques : « ... je me souviens il fredonnait toute la journée la même saloperie de chanson : "Il suffirait de presque

12. Beaulieu, André, Boucher, Jean, Dufresne, Jacqueline, Hamelin, Jean et Jamet, Virginie. *La presse québécoise des origines à nos jours, tome 9 : 1955-1963*, Sainte-Foy, Presses de l'Université Laval, 1990, p. 303.
13. Petrowski, Nathalie. « Le cas Foglia », *Châtelaine*, décembre 1989 (http://veloptimum.net/autres/Foglia/SUR/ChatelaineDec89.html), page consultée le 5 mai 2015.
14. Bernier, André. « Tour de ville », *Le Journal de Sherbrooke*, 27 mai 2014.
15. Beaulieu *et al.* (*op. cit.*), p. 167.

rien, nananana, pour que je te dise je t'aime", il était nul, ce con! Mais nul!» (1999). Michaud le laisse néanmoins libre d'explorer de nouvelles formes de journalisme, au moment même où les grands médias d'Amérique du Nord découvrent le «nouveau journalisme». Il faut employer ce terme avec circonspection, puisqu'il revient cycliquement dans l'histoire de la presse. Au début du XXᵉ siècle, les longs reportages critiques sur les dérives du capitalisme étaient déjà qualifiés de «nouveau journalisme». Celui des années 1960 serait en somme un «nouveau nouveau journalisme[16]». *La Patrie* des années 1960 affiche d'étranges titres, comme celui que Foglia évoque: «On me disait mort, j'attends un bébé» (1990). C'est à *La Patrie* que Foglia se lie d'amitié avec Pierre Gobeil, alors directeur de sports, et ce, inconditionnellement, car il se portera à sa défense lorsque celui-ci sera accusé de conflit d'intérêts, du fait de ses liens avec le milieu douteux de la boxe professionnelle[17].

Son séjour est encore une fois assez bref, car on le retrouve rapidement au *Montréal-Matin*, quotidien de format tabloïd traditionnellement proche de l'Union nationale, dont la disparition en 1978, au terme d'une longue grève, profitera au *Journal de Montréal* de Pierre Péladeau. Ironiquement, le *Montréal-Matin* est le successeur de *L'Illustration Nouvelle*, un journal dirigé anciennement par le fasciste et antisémite Adrien Arcand, que certains ont nommé le «Führer québécois[18]». Foglia fréquente des lieux autrefois proches des fascistes, mais cela ne l'empêche pas d'y gagner sa vie. Plusieurs années plus tard, il critiquera le prix Olivar-Asselin, le «plus prestigieux des trophées journalistiques» (1988), décerné par la Société Saint-Jean-Baptiste, sous prétexte qu'Asselin avait été, à ses heures, le chantre du régime de Mussolini, dont les chemises noires avaient purgé son père à l'huile de ricin. Foglia prévenait qu'il refuserait ce prix, qu'on ne lui décernera jamais du reste.

---

16. Boyton, Robert. *The New New Journalism: Conversations with America's Best Nonfiction Writers on Their Craft*, New York, Vintage Books, 2005.
17. Régie de la sécurité dans les sports. *Étude de la boxe professionnelle au Québec*, Québec, 1981.
18. Nadeau, Jean-François. *Adrien Arcand, Führer canadien*, Montréal, Lux Éditeur, 2010, p. 195.

Au *Montréal-Matin*, il est chef de pupitre aux sports, un travail de mise en pages qui s'exécute surtout en soirée et jusque tard dans la nuit. C'est sa grande époque rock'n'roll, si l'on peut dire, il est « gelé la plupart du temps. J'allais fumer des pétards d'un pied de long dans le parking du *Montréal-Matin*... » (2003). Il y travaille avec un ami, Robert Duguay, qui l'accompagnera à *La Presse* et habitera ses chroniques, même après son décès survenu en novembre 1999. Ainsi relate-t-il leur rencontre, tout en éduquant ses lecteurs sur les mœurs journalistiques de cette époque pendant laquelle :

... les rédactions sportives étaient hantées de branleurs qui bandaient mou à la maison mais étaient au bureau en perpétuelle érection, nos soirées étaient ponctuées de jokes débiles et du récit de leurs expéditions chez les putes, dont une de Verdun, célèbre pour ses deux tarifs : un avec son dentier et l'autre sans. Bob était l'exception, il venait d'arriver, début de la vingtaine, timide, silencieux. Un jour, devant la machine à café je lui dis : cout'donc le nouveau, es-tu pédé ? Tu vas pas aux putes ?

Il m'a répondu non, j'ai une blonde, la même depuis que je suis tout petit. Il avait déjà ce sourire que j'ai jamais su si c'était pour se foutre de ma gueule ou de la sienne. (2002)

Au *Montréal-Matin*, ses racines européennes se manifestent, notamment quand il veut publier un résultat de soccer et qu'il doit se justifier auprès de ses collègues qui lui reprochent de rogner un espace précieux « pour des niaiseries qui ne pogneront jamais ici » (2000), se plaît-il à rappeler alors que l'Euro et la Coupe du monde passionnent une nouvelle génération de journalistes. Il retournera très brièvement au *Montréal-Matin* au milieu des années 1970. Ce sera sa seule infidélité à *La Presse* où il est embauché en 1972. Au *Montréal-Matin*, il travaille avec le caricaturiste Serge Chapleau. À deux, ils produisent une page quotidienne, l'un dessinant, l'autre écrivant. Mais la collaboration ne résiste pas au choc des ego et se termine au bout de quelques semaines, rapporte Foglia en 1996, au moment où Chapleau fait une entrée remarquée comme caricaturiste à *La Presse*, pour succéder à Jean-Pierre Girerd, parti à la retraite.

* * *

Par un concours de circonstances un peu rocambolesque Foglia fait son entrée à *La Presse*, un journal qu'il lorgne depuis longtemps mais qui semble lui fermer ses portes. Cela l'incite à persévérer, ne serait-ce que par esprit de contradiction et pour démontrer qu'il vaut mieux que ce que certains patrons de l'époque pensent de lui, à savoir qu'il est trop vulgaire.

À l'automne 1972, Foglia se trouve à Stockholm. Fidèle à lui-même, il se joint à quelques individus étranges avec lesquels il fume un peu de résine de haschisch. Il en perd passablement ses moyens et, surtout, un soulier. Il se rend donc dans un grand magasin pour s'acheter de quoi se chausser et y apprend que l'équipe canadienne de hockey, de passage dans la ville, y fait tout un scandale. Lors d'un match prétendument amical contre des Suédois, les joueurs se seraient conduits en abrutis. Le voilà donc parti en direction de l'hôtel où logent les joueurs canadiens, et il y rencontre le nouveau patron des sports à *La Presse*, Michel Blanchard, lequel lui relate les événements qu'il est sur le point de publier dans son journal. Foglia lui offre son aide mais pas avant d'avoir fumé un petit joint, histoire de faciliter la narration. « Je roulais. Michel écrivait. Puis c'est lui qui a roulé et moi qui écrivais. À la fin, Michel se relut et trouva notre texte si bien roulé qu'il me lança, avec cette célérité dans la décision qui fait les grands chefs : Veux-tu venir travailler à *La Presse* ? » (2003). Une offre que Foglia accepte tout de suite, mais à la condition que son ami Bob Duguay soit lui aussi embauché, ce que Blanchard accepte sur-le-champ.

Pierre Foglia devient officiellement employé de *La Presse* le 7 novembre 1972. Il est journaliste sportif et couvre la boxe avec passion, comme s'il y connaissait quelque chose. C'est du reste une de ses aptitudes que de prendre un sujet et d'en parler comme s'il en était un expert. Ce sera le cas dès les années 1970, venant tout juste de découvrir le cyclotourisme et en discourant comme s'il avait déjà roulé 100 000 kilomètres.

Entre lui et *La Presse* débute alors une longue histoire d'amour qui connaîtra des déceptions, parfois des crises, mais ce mariage improbable durera jusqu'en 2015, année où il annonce officiellement sa retraite. Il lui arrive de connaître des jours de hurlement et de honte, d'indignation et d'humiliation même. Des jours où :

> ... j'ai envers *La Presse* le même sentiment qu'envers ma mère quand j'avais sept ans. Je l'adorais, mais quand je la voyais à la grille de l'école avec son foulard noir et ses gros sabots, je me disais fuck la mère tu pourrais t'arranger autrement pour que ça paraisse moins que tu sors du fond de la brousse... (1990)

Mais le plus souvent, il avouera son affection pour ce journal. « C'est mon port d'attache. Ma maîtresse. Ma vie. J'ai aimé toutes les heures que j'y ai passées. Sauf la fois que Bob est mort » (2003). À Jean Barbe, alors tout jeune journaliste et écrivain en herbe, il dira toute sa reconnaissance envers le grand quotidien de Montréal mais aussi envers la société québécoise qui l'a si bien accueilli. « Je suis très reconnaissant parce qu'ils m'ont permis de faire ce que je fais, ce que je n'aurais pas pu faire à Milan, à Toulouse ou ailleurs. Il n'y a qu'ici que j'aurais pu faire ça. Je ne sais pas ce que ça veut dire du Québec, si c'est une bonne ou une mauvaise chose, mais j'ai beaucoup de gratitude[19] ».

Sans y mettre trop d'ardeur, il lancera parfois une petite flèche pointue à l'endroit de son employeur, comme ce jour où il manifeste sa joie de voir une grande photo en couleurs d'une athlète, à la une de *La Presse*. Il ne cache pas sa fierté de voir ainsi reconnu et récompensé le travail acharné et les sacrifices de la kayakiste Caroline Brunet mais déplore que sa joie ne soit pas quotidienne. C'est là l'exception. Le plus souvent il se porte à la défense de son journal, régulièrement l'objet d'attaques ou de critiques qu'il cherche à réfuter au moyen de la rhétorique qui a fait sa marque de commerce. Deux exemples, particulièrement instructifs, montrent l'étendue du spectre de ses intérêts, de l'émission sportive la plus commune à la critique littéraire.

---

19. Barbe, Jean (1990), *op. cit.*

Dans le premier cas, il s'en prend férocement à un journaliste sportif du réseau de télévision TQS (devenu V Télé), qui avait eu l'audace de critiquer l'ex-entraîneur de hockey Jean Perron, alors chroniqueur à *La Presse*. Il l'accuse d'abord d'avoir voulu donner, avec une « agressivité haineuse », une « hystérique leçon de journalisme » à Perron, ce qui consistait en quelque sorte à s'attaquer indirectement au jugement éditorial de *La Presse*. C'est alors que l'attaque *ad hominem* se déploie, assassine comme il se doit, afin de faire dévier le débat et d'interdire toute velléité de réplique.

> Pierre Rinfret est un immense bonhomme avec des bajoues, trois mentons, beaucoup de chair et de peau pour rien, parce qu'en fait il n'est pas très grand en dedans. Vous avez déjà vu des poires dans des bouteilles d'eau-de-vie ?
> Rinfret, c'est un enfant dans une montagne de gélatine, il pratique l'imbécile métier de groupie au service du Canadien dont il décrit les matches à la radio, en en beurrant épais ; chacun gagne sa vie comme il peut, mais en quoi est-ce que cela l'autorise à donner des leçons de journalisme ? (2002)

Le second exemple vise le quotidien *Le Devoir*. Foglia évoque dans un premier temps la dénonciation par des journalistes du *Devoir* du traitement « ignominieux » que *La Presse* a réservé à un auteur. Il reproche à ses collègues du *Devoir* de n'avoir rien vérifié avant publication et poursuit sur le mode ironique. « Mais c'est pas grave, moi non plus je ne vérifie pas tout le temps, c'est long et surtout ça change les perspectives de vérifier, tu te fais une idée d'un truc, tu vérifies et paf, c'est pu ce que tu pensais, c'est chiant de vérifier finalement. Anyway... » (2002). Puis il passe à l'abordage en les accusant ni plus ni moins de complaisance dans leur critique d'un roman de Denise Bombardier, qui est, « c'est forcément un hasard », chroniqueuse au *Devoir*.

> Je ne connais personne à part [le critique littéraire du *Devoir*] qui ait trouvé ce livre délicieux, les opinions vont de nul à pourri en passant par ridicule, mais justement, que le critique

littéraire du *Devoir* ait trouvé délicieux le roman de madame Bombardier est la preuve de la grande indépendance des critiques du *Devoir* où, je vous le rappelle sans malice, c'est forcément un hasard, chronique aussi madame Bombardier.

N'empêche que j'aime mieux ne pas penser à ce qu'on dirait dans les médias en général et au *Devoir* en particulier, si ce genre de hasard arrivait à *La Presse*. (2002)

Ces exemples illustrent le degré de loyauté de Foglia à l'endroit de son employeur. Il est sans doute l'un des rares journalistes québécois dont on ne puisse pas remettre en question l'immense liberté de se porter à la défense de son clan médiatique ou au contraire de le juger. Ce constat n'est pas un blâme sur ses collègues. Il s'agit simplement de la reconnaissance d'un statut particulier, dont lui seul semble pouvoir jouir. C'est ce dont parlait Nathalie Petrowski dans le portrait déjà évoqué, quand elle écrit que « les boss mangent dans sa main à *La Presse*. Il est la preuve vivante que la dissidence ce peut être rentable et qu'une conscience sociale bien écrite et bien enrobée peut faire énormément de chemin[20] ».

Un autre jour, rendant hommage à son patron Michel Roy, contraint de quitter *La Presse*, Foglia se permet très subtilement de déplorer la décision des propriétaires du journal. Les motifs de ce départ forcé ne sont pas révélés, sans doute pour ne pas ébruiter des problèmes de régie interne. Mais ce qui compte c'est comment le chroniqueur en arrive à présenter Roy comme un homme d'exception, un patron pas comme les autres, qui méritait justement un autre sort.

Le seul avec lequel j'ai eu des rapports intelligents et adultes. J'ai des amis qui sont boss. Mais comme boss ils me font aussi chier que les autres, je veux rien savoir, j'ai toujours été délibérément raciste avec les boss. Sont de l'autre côté de la clôture. Qui crèvent. Pas Michel Roy. Il n'y avait pas de clôture. Je ne sais pas pourquoi. Mais j'imagine que cela tient à

---

20. Petrowski, Nathalie, (1989), *op. cit.*

l'homme qu'il est : politique, poli, policé. Trois mots de la même racine, polis en grec : le savoir-vivre dans la cité. L'urbanité, quoi. C'est-à-dire l'envers de la vulgarité. Les boss sont vulgaires parce que l'autorité en soi est vulgaire. Pas Michel Roy. Il n'impose rien. Ne tranche pas. Il convainc. Jamais je n'ai eu un boss aussi important par le titre qui fût aussi loin du pouvoir. Bref, vous avez compris que je trouve très plate qu'il parte... (1988)

* * *

Toutefois, la loyauté est une chose, et l'intérêt bien compris en est une autre. Il arrive un moment où il faut reconsidérer le prix de cette fidélité, se demander si on ne pourrait pas trouver de plus verts pâturages chez le concurrent. Bref, l'infidélité est parfois attrayante, et Foglia n'échappe pas à la tentation tout en lui résistant toutefois. Cela lui arrive une première fois, en 1987, quand naît un nouveau quotidien montréalais, *Le Matin*, dont l'existence sera des plus éphémères. Pierre Beaulieu, un ami et ex-collègue de *La Presse*, tente de le convaincre de se joindre à la nouvelle équipe en lui faisant miroiter une nouvelle façon d'informer, plus proche des préoccupations quotidiennes des gens. Mais il résiste.

En 1996, une forte rumeur circule dans les milieux journalistiques selon laquelle *Le Journal de Montréal*, alors dirigé par le fondateur Pierre Péladeau, aurait fait des offres très généreuses à deux signatures prestigieuses de *La Presse*, Pierre Foglia et Réjean Tremblay – ce dernier se joindra finalement à Québecor en 2011. Foglia relate comment les choses se sont passées pour lui. *Le Journal de Montréal* lui a fait une offre tentante, ce qui l'a flatté, concède-t-il, surtout qu'il se croyait *persona non grata* compte tenu que M. Péladeau lui avait envoyé par le passé une missive bien particulière. « "Quand vous êtes drôle, vous n'êtes pas totalement con, m'écrivait-il. Mais vous pouvez facilement le devenir quand vous dites des sottises en vous croyant drôle." Avouez que ce n'est pas évident comme offre d'emploi » (1996). On peut quand même soupçonner qu'il y aurait plus d'atomes crochus entre lui et Péladeau, cet indépendantiste qui aime provoquer et blasphémer, qu'avec Paul Desmarais, cet aristocrate fédéraliste un peu vieille France.

Foglia ne cache pas son intérêt, y voyant une occasion de faire mentir ceux qui, dans son entourage, ne peuvent pas l'imaginer écrire dans ce tabloïd toujours populaire et souvent populiste. Pour rassurer sa fiancée qui ne veut rien savoir, il invoque ses maîtres, Alexandre Vialatte et Charles Bukowski, le premier ayant écrit dans le journal régional *La Montagne*, le second, dans des publications vulgaires. Nous évoquerons cette filiation littéraire plus longuement au chapitre V. Mais tout cela recèle sa part de comédie et de provocation, car les racines de Foglia au quotidien de la rue Saint-Jacques sont trop profondes. Il se savait incapable de partir, d'abandonner des habitudes, des amitiés, des complicités du quotidien, ce quotidien qui est tout pour lui, qui lui importe plus que les grands événements tragiques.

> Quand je parle de *La Presse*, je parle d'un lieu que je hante depuis 24 ans, je parle d'un itinéraire programmé dans ma tête. Pour que je puisse aller ailleurs, il faudrait d'abord me déprogrammer. Quand je parle de *La Presse*, je parle de l'ascenseur qui s'ouvre sur l'estrade des téléphonistes, je parle de Marie, la téléphoniste. Bonjour Marie. Bonjour le vieux, elle répond.
>
> Quand je dis que je suis incapable de quitter *La Presse*, je veux précisément dire que je suis incapable de quitter Marie... (1996)

Il va donc résister à cette tentation, mais cela aura un prix. L'offre reçue le rend conscient de sa valeur marchande. Elle lui permet d'exiger de son patron de l'époque, Roger D. Landry, une importante augmentation salariale, tout en lui disant qu'il préfère rester. Sans cette augmentation, il serait parti, le cœur lourd certes. « Pour plus de fric. Pute, avez-vous dit ? On est tous des putes. On a tous un prix » (1996). Foglia n'a pas eu un pont d'or pour rester à *La Presse*. « Disons une passerelle que j'emprunte à l'instant pour aller vous voir », écrit-il alors à ses fidèles lecteurs dont un très grand nombre l'auraient sans doute suivi au *Journal de Montréal*.

* * *

S'il faut l'en croire, Foglia a toujours joui d'une liberté entière et totale à *La Presse*. Il n'y a jamais été censuré. Jamais le propriétaire fédéraliste milliardaire et libéral qu'était Paul Desmarais ne serait intervenu, directement ou indirectement, pour le sanctionner ou empêcher la publication d'une chronique. Ce qui se comprend fort bien. Foglia est une mine dans les deux sens du mot. Une mine d'or favorisant la santé économique du journal et une mine antipersonnel qui peut vous éclater au visage si vous ne prenez pas à son endroit les précautions qui s'imposent.

Certes, il lui est arrivé parfois de se faire rappeler à l'ordre, comme la fois où il s'en est pris avec insolence et férocité au ministre et député libéral Yvon Picotte, l'attaquant sur son embonpoint et sur celui de sa fiancée. Il affirme que c'est là une « des rares fois où je me suis fais (*sic*) engueuler à *La Presse*. Je me souviens que le très doux Michel Roy m'avait appelé à Rome pour me donner de la marde à retardement... » (1993). En 2010, après avoir rendu visite à ce dernier dans un centre d'accueil, il parle avec pudeur de l'homme ravagé par la maladie d'Alzheimer et évoque de nouveau cet épisode. « Je soupçonne qu'il s'était fait lui-même engueuler pour avoir laissé passer ça, je ne crois pas qu'il me lisait. La chronique, la mienne du moins, n'était pas un genre qui le nourrissait. Il avait relevé, une fois : les sondages nous disent que tu es très lu, mon vieux, il en était heureux pour moi en même temps qu'un peu interloqué » (2010).

Il apprendra plus tard que c'est Paul Desmarais qui avait manifesté sa mauvaise humeur concernant cette chronique ridiculisant Yvon Picotte. Mais il ne voit pas là un geste de censure qui, par définition, aurait empêché la publication en tout ou en partie de la chronique.

Cette absence de censure, il lui faut la réaffirmer de temps à autre, souvent pour essayer de convaincre ceux qu'il considère comme ses alliés naturels, c'est-à-dire les souverainistes de la gauche ou à tendance libertaire. Ce faisant, Foglia généralise implicitement à tous ses collègues l'extraordinaire liberté dont il jouit à *La Presse*. C'est là un point de vue qui mériterait sans doute d'être nuancé, voire réfuté, mais examinons plutôt quelques exemples de son argumentation *pro domo*, qui couvrent quelques décennies.

En 1992, *La Presse* vit une période de compressions budgétaires qui conduit à la mise à pied de collaborateurs, dont «la plume militante de Francine Pelletier», contrainte de partir, au grand désespoir de certains journalistes, dont Foglia. À l'extérieur du quotidien, des voix s'élèvent pour condamner ce départ et y voir une machination de Power Corporation et de la famille Desmarais. Parmi celles-ci, il y a le poète, activiste et auteur-compositeur-interprète Richard Desjardins, qui dénonce sur scène, «avec des accents prolétariens», le départ d'une «des rares journalistes à parler de la misère», selon ce qu'en rapporte Foglia. Il comprend cette réaction, mais la conteste sans hésitation.

> Je comprends que ça se place bien dans un show sur la misère. La journaliste de gauche chassée par Power en pleine récession... Sauf que c'est pas vrai. C'est pas comme ça. C'est pas Power, c'est pas Desmarais. D'abord c'est pas juste Francine Pelletier, c'est cinq collaborateurs majeurs qui nous quittent... Pour te dire Richard, notre propre syndicat, tout en déplorant comme toi et moi le départ de Francine, a tout de même tenu à souligner que les boss avaient fait, dans ces circonstances très pénibles, une job civilisée.

> Pour tout te dire, t'es mal tombé.

> Tu tombes mal souvent, d'ailleurs, ces derniers temps. Même que tu fais un peu chier. Même que tu devrais recommencer à chanter. Tiens, imagines-tu Michel Chartrand en train de chanter Tamtidelam?... Eh bien tu causes aussi faux. (1992)

Une autre fois, s'adressant à la gauche nationaliste proche de *L'Aut'Journal,* dont le cinéaste et polémiste Pierre Falardeau, il ne retient pas son exaspération devant leurs accusations ressassées. Il est irrité par leurs critiques idéologiques et leurs théories du complot qui imputent des motivations à tout ce qui est publié dans le journal aussi bien qu'à ce qui ne l'est pas mais qui, selon eux, devrait pourtant s'y trouver. Il prend la défense des journalistes des sept quotidiens de Gesca, alors filiale de Power Corporation, accusés ni plus ni moins d'être tous à la solde de la famille Desmarais.

> Vous connaissez combien de journalistes de Gesca ? Pas un tabarnak. Vous ne les lisez jamais non plus. Sauf les deux ou trois qui vous mettent en ébullition. Ce qui vous autorise, bien sûr, à insulter environ 300 journalistes qui écrivent tous, je vous cite, des "articles de type Power Corporation". Et que signifie au juste : des journalistes grassement payés pour service rendu à la famille royale Desmarais ? Vous êtes cons ou vous êtes malhonnêtes ? Nos salaires sont négociés par notre syndicat, le Syndicat des travailleurs de l'information de *La Presse*, affilié à la CSN (Fédération nationale des communications à laquelle appartiennent aussi les journalistes du *Journal de Montréal*, du *Devoir*, etc.).
>
> En tout cas, vous êtes aveugles. Depuis trois ou quatre ans, *La Presse* est devenue un très bon journal d'information. (2004)

Une autre fois, c'est le chroniqueur Franco Nuovo, du *Journal de Montréal*, qui se retrouve dans sa ligne de mire, après avoir osé dire que *La Presse* fait la promotion du site que la famille Desmarais privilégie pour la construction du futur Centre hospitalier de l'Université de Montréal (CHUM), situé à Outremont. Foglia commence par désamorcer la critique qui pourrait lui être faite de prendre la défense de son journal, comme s'il s'agissait d'une commande reçue : « Non attendez, ce n'est pas ce qu'on dira, on dira que ce n'est pas nécessaire de me commander, que je sais bien de quel côté mon pain est beurré. Dites donc ce que vous voulez » (2005). Après cette parade rhétorique, familière chez lui, il passe de nouveau à l'offensive en faisant valoir que ce sont les journalistes de *La Presse* qui ont, jour après jour, fait la démonstration que le site privilégié par les Desmarais était un mauvais choix pour des raisons de coûts de construction et de sécurité, car situé près d'une gare où transitent des milliers de wagons remplis de produits explosifs. Il reproche en même temps au *Journal de Montréal* de ne pas avoir publié les réponses d'une journaliste de *La Presse*, à laquelle aurait été demandé si elle pouvait y travailler librement sur ce sujet. Il importe de mentionner, pour la petite histoire du journalisme québécois, que la couverture critique bien documentée des journalistes de *La Presse* a acculé le gouvernement libéral de Jean Charest, proche des Desmarais, à choisir un autre site que celui d'Outremont.

* * *

Séparatiste de gauche, athée de surcroît et promoteur de la laïcité dans l'espace public, Foglia a travaillé pendant près de quarante-cinq ans au quotidien *La Presse* qui appartient à un milliardaire fédéraliste et catholique. Ses convictions ont meublé des milliers de chroniques, au fil des décennies. Et jamais, affirme-t-il, ne lui a-t-on fait le reproche d'irriter Paul Desmarais ou son fils André qui lui a succédé comme patron de *La Presse*. Il a su qu'il agaçait Jacqueline Desmarais, non pour ses convictions mais pour son vocabulaire et sa tendance à parler de cul. Les quelques rares fois où il a parlé à Paul Desmarais, c'était au téléphone. Celui-ci voulait discrètement venir en aide à une personne évoquée par Foglia dans une chronique ou encore il lui demandait de lui apporter des livres dont il avait parlé.

Il raconte cela en 2012, au moment où est largement diffusée sur Internet une vidéo montrant avec quelle magnificence Paul Desmarais a souligné, dans son domaine de Sagard, les 80 ans de son épouse Jacqueline. Cette vidéo nous montre la somptuosité du domaine situé dans la région de Charlevoix et laisse supposer qu'une telle fête, à laquelle participaient artistes, milliardaires et hommes d'État, a dû coûter des millions de dollars. Pendant quelques jours, le château de Sagard est au centre d'une abondante couverture médiatique, amplifiée par les scribes de Québecor. Il n'en faut pas plus pour que d'aucuns provoquent le chroniqueur, s'étonnent de son silence, le défient de se joindre à la bande des scandalisés par tant d'opulence au goût douteux. Celui qui, dans d'autres circonstances, aurait vraisemblablement dénoncé sans retenue ce qu'il considère comme une manifestation de la vulgarité capitaliste, s'en sort avec une parade.

> Pourquoi ne pas écrire sur Sagard, M. Foglia? Sagard, c'est l'attaque corporatiste frontale aux démocraties, m'écrit un lecteur. Vous pensez que la démocratie serait moins menacée si M. Charest, prudent, avait décliné l'invitation? Vous croyez que c'est le bateau qui fait Accurso? Que c'est le château qui fait Desmarais? Vous croyez que la démocratie se dissout dans le champagne?
>
> J'ai entendu aussi que la fête bling-bling donnée à Mme Desmarais dégoulinait d'ostentatoire richesse. Quand on est riche à milliards, comment la richesse ne serait-elle pas ostentatoire? (2012)

Dans diverses chroniques pourtant, il affichera son dédain de la richesse ostentatoire, disant que «le fric est aussi un instrument de mesure. Le plus cheap instrument pour mesurer l'Homme (*sic*) et sa fiancée. Mais aussi le plus courant» (1996). Il n'éprouve ni haine ni envie à l'égard des riches mais ne cache pas détester «parfois, leur suffisance, ce sentiment de supériorité que donne parfois la richesse» (2009). Notons simplement que ce dédain ne sera pas évoqué en 2012, dans la controverse concernant Sagard.

Au moment du décès de Paul Desmarais, en 2013, tous les journaux de Gesca publient de nombreux textes absolument hagiographiques. Foglia doit lui aussi payer son écot à l'endroit de ce patron qui n'a jamais caché que «*La Presse* était pour lui un instrument pour promouvoir le fédéralisme» (2013). Le voilà qui recourt à l'hyperbole et à l'ironie pour chercher à convaincre que jamais il n'a été inquiété pour ses convictions indépendantistes: «Un million de fois dans le journal de ce potentat si ardemment fédéraliste je me suis plu à écrire, en toute liberté, que le Québec n'est pas, ne sera jamais le Canada, et qu'il devrait s'en affranchir. Jamais un mot de sa part» (2013).

Avec retenue, seulement, il jure avoir mordu une seule fois la main qui le nourrissait quand il avait déploré le départ forcé de Michel Roy, qu'il tenait en grande estime.

Après toutes ces dénégations, sans doute authentiques et sincères, on doit tout de même relater un texte de 2002 où il admet n'avoir été censuré qu'une seule fois en trente ans de carrière à *La Presse*, à l'époque où le journal était dirigé par Roger Lemelin. Il ne révèle nullement ce dont il s'agissait et dira plus tard ne plus se souvenir de l'événement[21]. De toute façon, cette admission partielle a de quoi rendre plus crédible et persuasif le reste de son propos.

> Une fois, en 30 ans. Dieu sait pourtant que j'en ai écrit des folies en 30 ans, Dieu sait que je n'ai pas toujours été une vieille vache plus ou moins sacrée, j'ai déjà été un petit chien fou qu'on aurait facilement pu renvoyer à sa niche. Dieu sait que je ne suis pas aligné sur la politique éditoriale de la maison, Dieu sait que j'ai dérangé mes patrons... Trente ans à *La Presse*, 30 ans de Power Corp., j'ai sacré souvent, mais la censure sous sa forme la plus primaire, le directeur de l'information qui dit : désolé, on ne passe pas ton texte, cette censure-là, connais pas. (2002)

Certains jours, la chronique tant attendue par les lecteurs est absente. Il y a comme un trou béant dans *La Presse*, même si chaque page demeure bien remplie de texte et de publicités. Aux lecteurs qui s'en étonnent, ou qui imaginent le pire, Foglia explique parfois que la maladie l'a mis K.O. ou que sa chronique était nulle. Il veut désamorcer toute hypothèse de censure. « À mon âge, je n'ai besoin de personne pour m'avertir quand j'ai fait une job de cul. Je le sais. Je ne l'envoie même pas... » (1985)

C'est ainsi que peuvent se rejoindre d'une part le jugement éditorial normal, compétent, professionnel, et d'autre part une autocensure motivée par la recherche de la qualité. Cela n'a rien à voir avec la censure éditoriale. Foglia ajoute que la vraie censure, celle dont on devrait s'inquiéter, n'est pas là où plusieurs l'attendent.

---

21. Entretien avec l'auteur, 28 décembre 2014.

La censure que je connais, c'est celle, insidieuse, de toutes les sociétés démocratiques. D'abord la censure des sources, le filtrage presque clinique opéré par les gouvernements, les entreprises, les flics, etc. Et à l'autre bout, un lectorat ou un auditoire de plus en plus conditionné par la propagande et la pub, un lectorat qui nous réclame "des bonnes nouvelles". Au milieu? L'autocensure, si vous voulez. Ce que je fais quand j'appelle mon boss. Mais c'est pas ce que vous croyez. Je ne demande jamais l'autorisation de planter Chrétien. Je demande si, parlant de cul, je ne vais pas trop loin, ou si, défigurant quelqu'un, je n'expose pas le journal à des poursuites interminables. (2002)

* * *

Pierre Foglia est libre, et insolent, bien entendu. Il est cabotin pour les uns, vulgaire pour les autres, dangereux selon certains esprits conservateurs, mais inoffensif, estiment les radicaux de gauche. Lui-même se demande parfois si son insolence et sa liberté pourraient servir la famille Desmarais, qui ferait ainsi la preuve de son libéralisme et de sa tolérance.

Alors, un clown, un fou du roi, Foglia? Il n'est pas loin de le reconnaître lui-même quand il écrit:

> ... ce qu'il y a de pernicieux avec les petits bourgeois, ils sont là, à portée de la main, de l'autre côté de la rivière ou de la track de chemin de fer. Ils sont plutôt gentils finalement, pas trop difficiles à impressionner, et ils paient plutôt bien... Fait que tu restes là à faire le clown. À faire le con. À faire semblant. (1988)

Foglia reconnaît et assume son rôle, certes ambigu, de chroniqueur souverainiste employé par le plus fédéraliste des propriétaires de journaux. Il est conscient d'avoir pu écrire des choses que ni Alain Dubuc ni Lysiane Gagnon n'auraient pu publier, en raison du sérieux de leurs chroniques. «La vraie censure pour moi n'existe pas, j'ai écrit politiquement des choses que j'étais le seul à pouvoir écrire, parce que j'étais identifié comme, j'exagère, le clown », nous avoue-t-il en décembre 2014. Il sait que dans l'esprit de ses patrons, ses écrits ne portaient pas à conséquence, même s'il doute qu'un chroniqueur puisse avoir de l'influence jusque dans le bureau de vote. « Je suis le premier à contester quand on me dit que j'étais le fou du roi... c'est vrai en partie, mais il y a des nuances. »

Un jour, un lecteur l'invective sur le même ton que celui qu'il emploie parfois pour estourbir ses adversaires. Foglia se montre alors terriblement lucide sur les raisons de sa grande liberté.

> Non attendez, y'en a un encore plus direct. Celui-là [...] : Je ne te demanderai pas si c'est vrai que t'es à genoux devant le pouvoir. Ça je le sais. Ce que je sais pas c'est : t'avales-tu ?
> Eh que c'est beau d'être jeune ! Ça découvre la vie... Ça vous arrangerait hein, petits cons, qu'on m'empêche d'écrire sur la loi 101 ? Sur la politique en général, sur les affaires de Power peut-être ? Eh bien pas du tout. Pas une seconde. C'est bien plus triste que ça : je peux écrire n'importe quoi, ça sera de toute façon du Foglia. Un clown peut dire n'importe quoi. Ça n'a aucune espèce d'importance. C'est parole de clown. (1989)

Chapitre V
Le chroniqueur

« Quand je m'écoute, j'entends bien que je dis des conneries. Quand je me relis, je vois bien que je plagie depuis 30 ans le même livre, *Voyage au bout de la nuit* de Céline. Et pourquoi je devrais accepter ça ? » (1983)

« Comme je le dis souvent aux étudiantes en communication qui viennent m'interviewer : une chronique est une tranche de vie.
Mais qu'est-ce que la vie ? Ah ça, mesdemoiselles. La vie c'est... c'est la vie, mon vieux. » (1995)

En arrivant à *La Presse*, en 1972, Foglia se retrouve dans son élément, le journalisme sportif. Le voilà qui couvre l'athlétisme, la boxe et le hockey, lui le Français qui n'a jamais sauté les haies, chaussé les patins ou enfilé les gants, ne serait-ce que pour connaître la sensation d'un corps qui explose au sprint, le choc violent d'un crochet bien placé au menton ou la douleur d'une mise en échec au centre de la patinoire.

Il raconte que la section sportive de *La Presse* était alors un lieu de très grande liberté d'écriture. L'ère du temps est encore libertaire en ces années de contre-culture qui suivent les événements de mai 1968. En 2006, relisant ses textes de la Coupe du monde de soccer de 1974, Foglia constate qu'il y parlait très peu du petit ballon. Il avoue que certains textes sont tout simplement si confus qu'il ne comprend pas très bien ce qu'il voulait dire. Si une telle chose était possible dans ce journal, c'est que ses patrons ne lisaient tout simplement pas les sections sportives, « alors on faisait exprès d'écrire n'importe quoi pour voir s'ils diraient quelque chose. Ils n'ont jamais rien dit » (2006). De plus, ajoute-t-il, « la section des sports de *La Presse* avait le meilleur pusher en ville ; il s'appelait Rocky, il ne faisait pas la livraison. C'est moi qui allais chez lui... » (2006)

Ce n'est pas au sein de ce groupe d'esprits libres et irrévérencieux que peut s'installer un journalisme complaisant qui caractérise souvent ces secteurs d'information « molle ».

> Dieu que nous n'étions pas positifs. Claude Ruel disait qu'il n'y en aurait pas de facile et nous faisions tout ce que nous pouvions pour ne pas lui donner tort. Nous faisions des jokes plates... Le hash coûtait vraiment pas cher. Nous étions jeunes. Nous étions beaux. Mais nous n'avons pas eu des enfants forts. On ne peut pas tout avoir. (1993)

Il y restera quelques années, le temps de se rendre compte que son amour du sport était si intense que devoir en parler dans le journal gâtait son plaisir. Ce n'est pas lui qui regrettera l'obligation de couvrir des événements sportifs mineurs les fins de semaine, du championnat de handball au semi-marathon d'un quartier de Montréal. Et si d'aventure il lui arrive d'avoir une certaine nostalgie de la section sportive, il parcourt des fiches signalétiques d'athlètes professionnels, dressées par un collègue, pour se convaincre que la plupart d'entre eux sont absolument sans intérêt en dehors de leur aire de jeu. Il cite la fiche d'un joueur de hockey, Denis Savard, qui aime les voitures sport, les films de Clint Eastwood et la balle molle, mais aucun livre.

> C'est le genre de truc que je découpe et que je garde à portée de la main. Quand la nostalgie me prend, quand je louche un peu trop fort du côté de la section des sports, je sors mon petit

papier, je le relis, et je m'interroge : "Voyons, ai-je, ou non, très envie, le samedi soir, de me retrouver dans un vestiaire plein de joyeux lurons, à faire la conversation à Denis Savard?" Non. (1985)

Du reste, il n'a pas une très haute opinion de certains journalistes sportifs qu'il serait appelé à fréquenter de nouveau. Ils sont tantôt de tristes moralisateurs, tantôt de vieux schnocks « qui n'ont jamais levé la main que pour flatter la sainte flanelle dans le sens du poil » (1983). Il lui arrive même de s'en prendre à l'ensemble du service des sports de Radio-Canada où ne se trouvent que de serviles employés des Canadiens de Montréal, affirme-t-il.

Pour Foglia, le plaisir du sport est de pouvoir le regarder et en faire, en parler par passion plutôt que par obligation professionnelle, ce que la chronique d'humeur lui permettra.

Entre ses années de journaliste sportif et le début de sa carrière de chroniqueur, Foglia fait, en 1977, un bref séjour d'à peine un an à la section « Vivre aujourd'hui », les pages féminines de l'époque. Il y sera patron. Un bien piètre patron au demeurant, comme le lui rappellerait Françoise Kayler, longtemps critique gastronomique à *La Presse*, et pour laquelle Foglia nourrissait une réelle tendresse. À son décès, en 2010, il évoque un commentaire qu'elle lui avait adressé avec une sorte de dédain mêlé d'étonnement : « Vous écrivez n'importe quoi, hein ? Et ça marche, c'est bien cela le pire : ça marche. Si je faisais la même chose, je me ferais virer ! » (2010)

* * *

C'est en 1978 qu'il débute sa longue et riche carrière de chroniqueur, qui en fera le journaliste le plus influent et le plus lu du Québec. En mai 1978, *La Presse* sort d'une longue grève de sept mois, et c'est en décembre de la même année qu'on voit apparaître une première série de chroniques intitulée *Foglia sous zéro*, où il est surtout question de ski de fond, de raquette et autres sports d'hiver. Sauf de motoneige, sinon pour suggérer des façons de les éliminer du paysage hivernal et se moquer des motoneigistes. Cela lui vaut une lettre ouverte du responsable des relations publiques de Bombardier qui déplore le langage acide et «joual» du chroniqueur, avant d'exposer les bienfaits économiques de cette industrie...

Sa carrière de chroniqueur a commencé sur un pari, celui de l'existence de lecteurs ignorés par les chroniqueurs de l'époque, dont la grande vedette du *Journal de Montréal*, Jacques Beauchamp, l'antithèse de Foglia.

> Il y a très longtemps j'ai fait le pari que vous étiez là. C'est d'ailleurs comme ça qu'a commencé cette chronique. J'étais aux sports et à l'époque l'unique référence, l'exemple qu'il fallait suivre absolument, c'était Jacques Beauchamp... "Beauchamp, c'est le plus lu", disaient mes boss. Et moi je répondais : "C'est vrai. Mais heureusement pour l'évolution du genre humain, il y a bien plus de gens qui ne le lisent pas que de gens qui le lisent..." (1988)

L'insolence venait de faire son nid dans les pages de *La Presse*.

La carrière de Foglia s'inscrit dans une période de l'histoire du journalisme qui valorise la chronique d'humeur, un genre journalistique qui prendra une place importance dans les médias québécois. Au fil des années, des crises économiques et des transformations technologiques, ces derniers accordent une place de plus en plus importante au chroniqueur, devenu une valeur ajoutée dans les stratégies de mise en marché. Foglia au même titre que Réjean Tremblay (*La Presse* puis *Le Journal de Montréal*), Jacques Beauchamp ou André Rufiange (*Le Journal de Montréal*) ont été ou demeurent des producteurs de contenus, pour reprendre l'expression des gestionnaires de médias, au poids économique indéniable. La différence entre Foglia et les autres réside cependant dans sa singularité, sa liberté de ton et de propos, la richesse de son style et son éclectisme. C'est un électron libre, un auteur imprévisible qu'il faut néanmoins tolérer en raison de son apport commercial. Du reste, son ancien patron, Claude Masson, avait coutume de dire que Foglia était le seul journaliste dont le départ pouvait miner le tirage du journal[22]. Alors que ses patrons ont toujours voulu obtenir davantage de chroniques de sa part, ce qu'il trouve tout à fait normal, Foglia est conscient que sa valeur réside également dans sa rareté, et même dans une certaine discrétion qui lui fait préférer les pages intérieures plutôt que la une.

> Ils ont pas essayé de m'étouffer, ils ont essayé de me faire crier plus fort... j'aurais crié faux... Je vais être pute, il y avait une part de calcul qu'ils ne comprenaient pas. Dans ma dissimulation il y a une part de calcul, une stratégie complètement contraire à la leur et ils ont pris du temps à la comprendre... Moi je le sens. J'ai deviné ça tout de suite, j'ai joué là-dessus, je voulais être lu[23].

La chronique a beaucoup recours aux figures de style, surtout la chronique d'humeur comme la pratique Foglia. Cela n'est pas étonnant. Il est marqué par la tradition européenne, où le journalisme est étroitement associé aux vies politique et littéraire. Chez Foglia, les influences littéraires sont les plus visibles, plusieurs de ses écrivains de prédilection ont aussi été journalistes. Le plus ancien, et sans doute le plus méconnu, est Alexandre Vialatte (1901-1971). Durant près de vingt ans, il fait montre dans ses chroniques de *La Montagne*, journal de Clermont-Ferrand, en France, de sa maîtrise du style et de l'absurde. Traducteur de Kafka, il est également moraliste, comme Foglia. Vialatte, cet « aimable fou » (1990), est au sommet de sa popularité quand Foglia quitte la France en 1963. C'est de ce « prince des chroniqueurs » qu'il s'est inspiré, Vialatte écrivant parfois « cette chronique ne parlera de rien. Parce que c'est plus vite fait » (1995). Il le paraphrasera en ces termes : « Si j'avais quelque chose à dire, cinq lignes me suffiraient... mais je n'ai rien à dire, et ça c'est bien plus long à développer » (1983).

On se doute bien que les chroniques en apparence légères recèlent souvent plusieurs degrés de lecture qui en modifient la portée et le sérieux. Chez Foglia, l'art de la chronique repose sur

---

22. Gendron, Louise, *op. cit.*
23. Entretien avec l'auteur, 28 décembre 2014.

une ruse rhétorique qui consiste à répéter qu'on s'intéresse au quotidien, aux détails, à la marge (c'est vrai) pour mieux éviter les grandes questions qui meublent l'actualité de chaque jour (ce qui est faux). Foglia aborde ces grands enjeux en profitant souvent des petits événements de la vie quotidienne qu'il parvient à faire luire autrement, auxquels il donne un autre relief. De son propre aveu, il se trouve à la périphérie des choses, tout seul, en se demandant parfois «où sont donc passés les autres?» (2010).

Et il y a tout de même une visée utilitaire, sinon commerciale, dans cette posture, ce choix du quotidien, du banal, du non-événement. Foglia est conscient du besoin des journaux de rapporter des crimes odieux, des horreurs qui émeuvent en même temps qu'elles rassurent le lecteur ordinaire, bien à l'aise dans son quotidien sans drame, mais il se dit aussi «qu'à force d'occulter le quotidien, les médias vont finir par nier les lecteurs eux-mêmes, et qu'un bon jour, peut-être plus proche qu'on le croit, ils vont disparaître...» (1985).

Vialatte avait l'habitude de terminer ses chroniques sur «Et c'est ainsi qu'Allah est grand», lui qui estimait également que «la femme remonte à la plus haute Antiquité et que sans elle, l'homme vivrait comme un veuf». Il était un virtuose de l'aphorisme, une figure de style que Foglia manie lui aussi avec une grande dextérité intellectuelle et linguistique.

L'homme est grandiose, c'est Alexandre Vialatte qui l'a dit le premier. Depuis on n'arrête pas de le découvrir. Découvrir l'homme. Pas Vialatte qui est resté un auteur injustement mineur. L'homme est grandiose et savez-vous, en me rasant ce matin, je trouvais aussi que parfois, en plus, il est beau. Sa fiancée a bien de la chance. (1988)

De Vialatte, Foglia a retenu la capacité à aborder des thèmes universels, des questions tragiques aussi, simplement en se penchant sur ce quotidien qui échappe à la manchette, à la une, au scandale du jour que fabrique le journalisme pour survivre économiquement, au péril bien souvent de la vérité et de la pertinence.

* * *

C'est volontairement qu'il cherche à esquiver l'actualité, disant avec dérision que Dieu l'a créé pour «bâcler des chroniques de rien avec parfois un homme dedans, son chat, sa fiancée et quelques nouvelles de météo» (1989). C'est peut-être là sa seule invention, propose-t-il, c'est-à-dire «parler de rien sans faire semblant de dire quelque chose» (1989), contrairement aux politiciens et aux philosophes, prend-il la peine de préciser.

En période électorale, ce ne sont pas les promesses ou les affrontements entre candidats qui retiennent son attention, c'est plutôt «La vie, la mort, l'Homme et sa fiancée... Je suis parti en campagne électorale en sachant que j'allais m'intéresser à la vie, la mort, à l'homme et sa fiancée et au cancer du côlon» (1994). Pour Foglia, la chronique consiste souvent à feindre de se trouver à côté du sujet, en marge de l'actualité, et certains jours presque en marge du journalisme.

Foglia se dira chroniqueur de l'accessoire, du dérisoire, «pompiste du rien» (1989), qui propose néanmoins de faire le plein à ses lecteurs. Pendant que les grands journalistes racontent les grands bouleversements, il raconte de «petites histoires de rien du tout» (1989) que d'autres ne raconteront pas. Il ne s'intéresse qu'à «des univers beaucoup plus modeste» (1992). Quand il couvrira le Tour de France, ce qui arrivera souvent, c'est davantage la France, ses paysages, ses habitants et ses pâtisseries qui retiendront son attention, bien davantage que le Tour. Et s'il parle plus des à-côtés que de l'ascension des cols, c'est parce qu'il ne sait trop «comment écrire en même temps pour ma collègue qui s'imagine que je fais le Tour en vélo, et pour le lecteur averti à pédales qui attend que j'entre dans le vif du sujet sur le grand braquet» (1995).

Il chronique sans arrêt sur le temps qui passe, qu'il veut épingler en fragments, en «petites miettes de rien du tout» (1995). «J'ai de plus en plus le goût, dans cette chronique, de m'éparpiller en petites histoires, en petites choses. Et de moins en moins envie de m'étendre sur les grandes» (1996). Il est de cette écriture minimaliste qui ne cherche pas à en mettre plein les yeux. Il vise l'intelligence et le cœur à la fois. Il aime que certains lecteurs lui racontent les choses de leur vie quotidienne, se comparant à « un babillard sur lequel on punaiserait la vie qui passe au lieu de "laveuse-sécheuse à vendre" » (1997).

Il recherche des histoires de vie tellement surprenantes, invraisemblables et atypiques qu'un romancier hésiterait à les inventer, de peur de voir son récit perdre toute crédibilité. Il en va ainsi de cette réceptionniste d'un hôtel qui prend rendez-vous pour se faire avorter un 8 mars, Journée internationale de la femme. « Bref, du bonbon pour un chroniqueur. La vie quotidienne comme je l'aime, et de la couleur que j'aime : rose-nananne sur fond gris... » (1994). Un jour, lisant le livre d'un chroniqueur italien, il se reconnaît dans ses courtes fictions minimalistes qui montrent le quotidien sans artifice, là où se cache « le petit détail qui transcende le grand rien du quotidien fleuve tranquille... » (1990)

Il se permet parfois d'inventer des personnages ou des rencontres avec des personnages importants, pour le seul plaisir de se moquer d'eux. Il préfère de loin convoquer dans sa chronique des gens qui, autrement, seraient absents d'un journal où se trouvent surtout ceux qui tuent, rapatrient des Constitutions, trompent les électeurs, ont de grandes carrières sportives ou artistiques.

Il s'est par ailleurs donné pour règle de ne rien dire de l'actualité s'il ne peut ajouter à ce qui a déjà été raconté. Quand tout est dit, pourquoi répéter ? Une règle de conduite qu'il doit parfois rappeler, quand d'aucuns s'inquiètent de ses silences sur des événements très médiatisés ou la mort de personnalités publiques, comme Pierre Bourgault ou Claude Ryan.

Pour éviter de parler de l'actualité brûlante, sa chatte Simone est souvent mise à contribution. « Elle en était l'égérie, l'inspiratrice. Un million de fois en onze ans, grâce à elle, je n'ai pas parlé de l'Irak, des Mohawks, des Druzes, de Meech, du libre-échange. Un million de fois j'ai parlé d'un chat, je veux dire de liberté. Toutes les libertés. Aller, venir. Mais surtout écrire... » (1990)

Écrire, sans prétention autre que celle de l'artisan qui sait calibrer les mots, ces missiles à connotation variable qui vont se loger parfaitement dans la conscience où ils explosent le sens des choses. Pour Foglia, « les mots sont des outils pour dire simplement les choses. Des mots pour faire une table sur laquelle l'homme peut mettre sa vie» (1996). Il cherche sans relâche, avec patience et sans s'illusionner sur les résultats obtenus, à mettre en application l'enseignement tiré du *Journal littéraire* de Paul Léautaud, «il faut s'efforcer d'écrire comme tout le monde mais en n'écrivant comme personne» (2005).

Un jour, célébrant le talent littéraire d'un nouvel auteur âgé de 80 ans, Foglia dévoile en quelque sorte son idéal, proche de l'artisanat.

> Le juste poids des mots. La juste saveur des choses. Des phrases lisses et droites tirées au fil à plomb. À la fin, j'avais moins l'impression d'être dans un livre que dans un atelier avec un menuisier qui vient de finir son travail, qui ramasse les copeaux, range ses outils, enlève son tablier. Savez-vous, Simon [Lavoie] combien cela m'a pris de temps pour arriver à écrire simplement, sans grosses ficelles et sans trucs, comme vous le faites spontanément dans votre cahier? Tout juste 30 ans. Et vous du premier coup? Je suis un peu jaloux. (1996)

Dans l'artisan, tantôt comparaison, tantôt métaphore, Foglia retrouve ce qu'il a été pendant des décennies, un typographe devenu journaliste. Un jour, dans sa maison de Saint-Armand, un menuisier vient refaire un escalier pendant que lui travaille à l'étage, dans son bureau. Constatant qu'un escalier et une chronique exigent le même temps de confection, il ne peut s'empêcher de suggérer que les deux servent à «atteindre un étage supérieur». Il y dévoile aussi une des particularités de sa chronique qui cohabite dans *La Presse* avec des centaines d'autres textes dont elle doit pourtant se démarquer. Il prétend avoir demandé à son menuisier «que la dernière marche (celle en arrivant en haut) soit plus haute que les autres, un peu comme dans mes chroniques, pour que les gens trébuchent» (2001). Cela lui permet de résoudre un des grands problèmes de la philosophie qui se demande ce qu'est l'humain: c'est tout simplement «un joyeux toton qui trébuche sur la dernière marche quand elle n'est pas de la même hauteur que les autres» (2001).

Une autre fois, il se compare à la poule en constante agitation, sauf au moment de pondre son œuf, « on la dirait absente au monde : elle est entrée en elle-même pour aller y chercher le meilleur, cot, cot, cot, un œuf. Pareil pour moi. Cot, cot, une chronique. Des milliers de chroniques, toujours le meilleur de moi-même. Et vous, le tenant pour acquis : bof, un autre œuf. Je n'en suis même pas triste, c'est comme ça, c'est tout » (2010).

Même le chroniqueur le plus marginal, le plus original n'échappe pas aux affres de son époque, qui l'interpelle, comme le veut l'expression. Ainsi, quand surviennent les attentats du 11 septembre 2001 à New York, il ne peut plus s'esquiver. Son goût du quotidien, et des « infimes lézardes » qui lui permettent d'en parler, se heurte à « un abîme sous nos pas, les temps sont affreux pour les non-journalistes de mon espèce qui ont passé leur vie à souhaiter qu'il n'arrive presque rien. Les temps sont extrêmement durs pour l'anodin, et pour la saveur des choses. On ne goûte plus rien. Quelqu'un a renversé la poivrière sur le monde » (2001).

À une autre occasion, il est en quelque sorte obligé de s'attarder lui aussi sur le cas de l'imprésario et producteur de spectacles Guy Cloutier, reconnu coupable d'agressions sexuelles sur sa protégée, Nathalie Simard, alors mineure. Il le fait en manifestant sa réticence, son dégoût même, de « ce genre de nouvelle qui colle à la semelle, comme lorsqu'on marche dans la merde, on a beau s'essuyer les pieds, ça reste collé. Une nouvelle qui bouche l'horizon et frappe d'inanité tout autre sujet » (2004).

* * *

Il se décrit comme un spécialiste de la communication plutôt que de l'information. Ce qu'il voit, ce qu'il sent et ressent, il consacre des heures à l'écrire avec précision et méticulosité. Ainsi arrive-t-il à nous propulser non pas uniquement dans l'émotion, ce qui n'est déjà pas rien, mais aussi dans la réflexion, dans la confrontation avec les faits mineurs qui finissent pourtant par nous révéler à nous-mêmes. Foglia est un génie de la sublimation du quotidien.

Il est le champion d'une rhétorique qui consiste, d'une part, à légitimer sa carrière de journaliste sans *scoop*, spécialisé dans les détails de la vie « en prétendant que c'est dans les petites choses que se trouvent les vérités universelles ». Mais d'autre part, il avoue qu'il aurait bien aimé, lui aussi, « recevoir une enveloppe marquée "Top secret" avec à l'intérieur quelque énorme scandale qu'il me faudrait aller déposer aussitôt dans un coffre de sécurité en changeant trois fois de taxi. Cette enveloppe je ne la recevrai jamais, je le sais. Tant pis » (1998).

Certains jours, il sent qu'il s'égare, qu'il choisit les sentiers battus de la meute journalistique, et cela l'indispose. Lui aussi, alors, cherche l'extraordinaire.

> Me semble que je cours plus souvent qu'avant après le Sujet, comme si le métier de journaliste avait fini par me rattraper. Ou comme si je devinais que c'est ce que souhaitent mes nouveaux patrons et que, vieille pute, j'allais au devant (sic) de leurs désirs...
> Sauf que si je n'y prends garde, je vous ferai demain des chroniques avec des vraies nouvelles dedans. Des chroniques qui vous apprendront des choses. Lesquelles? Sans doute de ces choses essentielles qu'on lit à la première page des journaux. (1989)

Il se prémunit aussi contre ses lecteurs qui lui demandent, voire exigent de lui, des chroniques sur tel ou tel sujet lourd et grave. Comme il s'en explique à une lectrice :

> Si je devais faire écho à tous les malheurs qu'on me raconte, cette chronique deviendrait, dans un premier temps, une vallée de larmes, puis – il n'y a rien qui se banalise plus vite que le malheur – une sorte de catalogue des chagrins qui ferait fuir le lecteur aussi sûrement qu'un éditorial sur la réforme municipale. (2000)

Et quand il se laisse aller à livrer quelque message, il lui arrive une fois de plus d'être mal compris, et de regretter une chronique, comme celle où il parle des Chinois rencontrés lors d'un voyage de groupe en vélo. « J'ai été maladroit, comme je le suis souvent, lorsque j'ai un message à passer. C'est pas mon bag, les messages, je ne sais pas comment *dealer* avec... je deviens souvent bête et brutal » (1983).

Décidément, il est plus à l'aise sur les traces de son maître Alexandre Vialatte, qui le disait en ces termes : «... pose un pied léger sur l'existence, l'ami et refais-moi une petite tartine » (2000).

* * *

D'autres écrivains ont pesé sur son esprit, sa plume et son clavier. De la poétesse et romancière Anne Hébert, par exemple, il confesse retenir la tendresse et la douceur avec lesquelles il lui arrive de parler de paysages ou de personnes qu'il aime. Dès l'adolescence, Foglia a été influencé par Louis-Ferdinand Céline, comme bon nombre de passionnés de littérature et d'écriture modernes plus que d'aventures et de romances. Il se souvient de sa jeunesse, à peine 15 ans, pensionnaire pour devenir typographe et bourré d'hormones. Il lui arrive de lire Céline aux toilettes, la nuit, jusqu'au moment où un surveillant le surprend et confisque le livre. Le lendemain, le proviseur lui fait la morale, un peu scandalisé de ce jeune homme frêle qui lit *Voyage au bout de la nuit*. Et Foglia ne cache pas sa fierté d'avoir pu ainsi découvrir le plaisir du texte, plus important que celui de l'histoire. Ce qui est tout à fait compatible avec sa volonté de raconter les gens et la vie plutôt que des nouvelles.

> Depuis que je savais lire, je n'avais cessé de lire des histoires et encore des histoires avec cette hâte de tourner la page pour arriver au chapitre suivant. Avec ce livre-là, ma lecture ne me portait plus en avant : je prenais plaisir au texte beaucoup plus qu'à l'histoire qu'il racontait, je venais de découvrir que le langage ne servait pas qu'à dire, mais à jouir aussi, je venais de découvrir que le texte est d'abord textures. (2009)

Avec Céline, Foglia entre en littérature, comme il le dira un jour, avec ce que cela comporte de créativité sur le plan de l'écriture, avec « sa richesse, sa musique, sa complexité, sa logique, sa charge critique » (2013).

Son autre maître en écriture est, bien entendu, Charles Bukowski, ce « vieux dégueulasse », tel que le définit le titre français d'un de ses nombreux romans. Avec Céline, Bukowski a structuré Foglia, à la différence d'autres auteurs qui l'ont simplement influencé, avoue-t-il. Il aimait cette contre-littérature de Bukowski qu'il imaginait écrite le soir en buvant des gallons de bière. Mais sa lecture d'une biographie va plutôt lui révéler un travailleur infatigable, acharné, bien plus qu'un écrivain éthylique. Il en a parlé si souvent qu'il pourrait se vanter d'avoir été son agent littéraire au Québec tellement il lui a fait vendre de livres. Ce n'est pas parce que cet individu alcoolique et bagarreur avait une personnalité qu'il admirait, au contraire : « Il était ce que je déteste. Mon envers, jusque dans son goût de l'alcool et son mépris de la dope » (1994). Un jour, il se décide néanmoins à lui écrire en anglais, une langue qu'il maîtrisait très peu à son arrivée au Québec. Il y consacre trois jours, refusant toute aide, par honte et par gêne aussi. Lettre demeurée sans réponse.

De Bukowski, il apprend la sincérité des mots, sans trop pouvoir expliquer ce dont il s'agit. « Je sais seulement que ce gros con de Bukowski me raconte, sans style ou presque, des histoires qui ne m'intéressent pas, et pourtant je trippe comme un cochon... » (1994). Il est pour lui « l'auteur le plus vrai de ce temps » (1986), sans doute à cause de l'importance des mots. Ici encore, le typographe se manifeste. Pour Foglia, les mots ne sont pas que des abstractions, « avant d'avoir un sens, [ils] ont un relief, un modelé, un grain comme celui de la peau. Les mots sont des objets que je peux tenir dans ma main » (2003).

À côté de ces géants de la littérature, il lui arrive de tirer son chapeau à un chroniqueur québécois qu'il estime et apprécie. Ce fut le cas en 2000, au moment du décès de Jean-V. Dufresne, longtemps chroniqueur au quotidien *Le Devoir* puis au *Journal de Montréal*. Pour Foglia, Dufresne a été un modèle dont il découpait les papiers et relisait certains portraits publiés dans le magazine *L'Actualité*.

* * *

Dans son œuvre autoréférentielle et autobiographique, Foglia consacre des centaines de passages à ce qu'il est approprié de nommer l'art de la chronique. Écrire, ce geste d'artisan, se fait dans la lenteur et la précision, avec minutie et obsession du mot juste. Si bien qu'arrivent des jours où il vaut mieux ne rien publier si le résultat n'est pas à la hauteur de ses critères d'excellence. Ils sont peu nombreux, les chroniqueurs qui favorisent cette façon de faire ou peuvent se le permettre. Le gage de la pertinence n'est pas dans la multiplication des écrits, il est souvent dans le refus de la facilité, dans le silence mesuré ou dans la chronique qui ne viendra jamais.

Malgré ses précautions, il est souvent mécontent du résultat : « J'écris entre 120 et 140 chroniques par année, dont une demi-douzaine, pas plus, me satisfont » (2007). Et parfois, il est tout à fait mauvais, confie-t-il, en ajoutant que la nullité est socialement réconfortante, car elle permet de se fondre parmi tant d'autres du même acabit. Tandis qu'être nul dans une chronique, « c'est dur à vivre le lendemain, mais en même temps ça fait du bien, je l'ai dit souvent : se rappeler de temps en temps qu'on est nul empêche de le devenir complètement » (1992). Chez Foglia, les chroniques absentes sont perçues comme autant de rendez-vous manqués par ses fidèles lecteurs. Pour lui, c'est une question de décence, comme il l'explique un peu brutalement :

> Le jour où je n'en aurai plus du tout de décence, je vous ferai mes sept chroniques par semaine, elles prendront vingt minutes chacune, et je ne manquerai jamais mon tour. D'ici là, serait-ce trop vous demander de me crisser patience ? J'ai déjà un boss, je n'en ai pas besoin de quelques milliers de plus. Merci d'avance. (1985)

* * *

Pour Foglia, écrire n'est pas un plaisir. Ce serait plutôt une forme de souffrance qu'il compare à l'effort du cycliste face à la longue côte à grimper, avec le vent de face. Ce n'est qu'une fois arrivé au sommet qu'on est content et fier, la plupart du temps. Pour lui, il « n'y a aucun plaisir à écrire. Il n'y a que le plaisir d'avoir écrit »

(1997). C'est le sentiment du devoir accompli qui le soulage et peut le contenter.

Certaines journées sont plus favorables que d'autres. Ainsi adore-t-il les dimanches quand il prépare sa chronique du début de semaine. Il y prend un tel plaisir qu'il se dit parfois tout étonné d'être payé pour faire ce qu'il ferait de toute façon. Il aborde chaque chronique plus ou moins de la même façon : « Je répartissais mes notes selon leur importance, le cœur de mon sujet au centre de la feuille, les éléments [de décor] – de couleur – d'ambiance tout autour, un gribouillis qui ressemblait un peu à une constellation[24] », explique-t-il. Un propos central, donc, entouré de propos périphériques qui en facilitent l'appréciation et favorisent le plaisir de la lecture.

La journée la plus difficile est le vendredi, pour la chronique du samedi, la « grosse *Presse* du samedi » comme durant les grandes années de la presse imprimée. Le samedi, Foglia se sent en représentation, il sait que ses propos sont plus lus et commentés aussi, et cela bien avant l'explosion des médias sociaux. Et il n'aime pas se sentir « obligé de performer » (1995), condamné à jouer du tambour plutôt que de l'harmonica, dira-t-il. Par dérision, il assure ne pas être comme les journalistes de la télésérie *Scoop*, écrite par son collègue Réjean Tremblay, « s'il y a quelque chose que les journalistes de *Scoop* font un doigt dans le nez (quand ce n'est pas toute la main au cul d'une camarade syndiquée), s'il y a quelque chose que les journalistes de *Scoop* font sans y penser, c'est bien écrire » (1992). Pour lui, c'est plus douloureux. Se trouvant parfois à la croisée de sentiments contradictoires, hésitant quant à l'attitude et au ton, incertain du style pour communiquer son propos. Certains vendredis soir, après avoir élaboré plusieurs versions de sa chronique mais toujours insatisfait, il se résout à appeler son patron pour déclarer forfait pour le lendemain.

Parfois c'est tout simplement la technologie qui le trahit, surtout en voyage quand il manque un adaptateur pour son ordinateur ou quand celui-ci le laisse tout simplement tomber, aussi bien à Saint-Armand qu'à Bagdad. Il peut exceptionnellement dicter un

---

24. Courriel du 8 avril 2015.

texte au téléphone, mais comme il n'a pas eu le temps de bien le travailler, il se rend compte de ses faiblesses et une fois de plus, préfère ne rien publier tellement il se trouve nul. Ses patrons insistent parfois, quand même. « Mais non, mais non qu'ils m'ont dit, il est pas si nul. Des fois je me sens comme un bloc dans un jeu de légo (*sic*) : je remplis un trou » (1996).

Ce n'est pourtant pas par manque d'inspiration ou à cause de la pauvreté de l'actualité que Foglia ne parvient pas toujours à rendre sa chronique ou à en créer une à la hauteur de ses exigences. Bien au contraire, certains jours il ne sait pas « où donner de la plume. Il y a un million d'affaires que je ne trouve jamais le temps, ni l'occasion de vous dire... » (1992). Il est constamment sollicité par les uns et les autres, qui au téléphone, qui par lettre ou par courriel, sans compter ses interactions avec les gens. S'il n'était pas aussi perfectionniste, il pourrait, dit-il, « écrire trois chroniques par jour avec les trucs que les gens me racontent au téléphone. Des trucs tellement *weird* des fois » (1992).

La réflexivité est souvent présente dans son œuvre. Il partage avec ses lecteurs ses grandes et petites angoisses de chroniqueur, qui ne sont pas très éloignées, au demeurant, de celles de tout écrivain. Penser à ce dont il va traiter, et surtout de quelle façon, l'habite à la ville comme à la campagne, devant son écran aussi bien qu'en joggant. Il se défend bien d'être un intellectuel qui apporte des idées nouvelles, se contentant, écrit-il, d'adhérer, de se distinguer ou de se distancier des idées des autres. Il est réactif, en somme.

> Des fois, dans ma job de chroniqueur, je réussis à établir un lien nouveau entre deux ou trois vieilles idées. Mais même ça – juste ça – c'est terriblement fatigant et compliqué. Le lien entre deux idées n'est jamais direct, ni droit, n'est jamais le plus court chemin, il faut contourner les émotions, les préjugés, et c'est très long si on veut faire ça bien. Il y a des matins je ne suis pas capable de penser. Il y a des matins, il y a des sujets surtout. (1992)

À la même époque, il avoue combien il lui est difficile de réfléchir, c'est-à-dire de penser de façon structurée et compréhensible pour autrui, plutôt que de simplement se laisser aller à la songerie.

> Chez moi, ce n'est pas du tout une activité naturelle. Ni d'ailleurs un besoin irrépressible, comme pisser par exemple, si vous me permettez. Ce n'est pas parce que je me dézippe le cerveau, que je me sors le cortex et que je me le secoue un peu, que ça vient. Il faut que je force terriblement pour produire des idées. Qui ne seront pas vraiment les miennes de toute façon... (1992)

Peut-être pas les siennes, mais l'originalité de Foglia réside surtout dans sa façon toute particulière de s'approprier des thématiques mille fois usées pour les faire luire et reluire. Sous les apparences d'une « écriture de la familiarité », comme l'ont qualifiée deux spécialistes, ses chroniques « coups de cœur sont également l'espace des débordements de ton en comparaison des écritures généralement mornes des articles voisins[25] ».

Rien d'étonnant à ce qu'il soit devenu, pour des milliers d'apprentis journalistes ou écrivains, une incontournable référence qu'on lit en classe et que d'aucuns cherchent à imiter, avec plus ou moins de succès.

Mais tenir chronique, au-delà de la compétence littéraire, de l'amour des mots, de la passion artisanale consiste aussi à être un observateur obsédé par la rencontre de l'autre, par l'exploration de territoires étrangers. Territoires non seulement géographiques mais aussi culturels et humains, qui se trouvent souvent tout à côté de soi.

25. Marion, Philippe et Sohet, Philippe. « Une écriture de la familiarité : la guerre de Foglia », *Voix et Images*, 1996, vol. XXI, n° 63, p. 560-574.

Chapitre VI
L'ethnologue

« À chacune de mes visites en Irak, je suis allé visiter un hôpital. Chaque fois, ces visites m'ont donné le bulletin de santé du pays. » (2011)

« Te rends-tu compte, reprit-elle [sa fiancée] plus tard dans l'auto, que tu vis ta vie deux fois, une première fois quand elle passe, une seconde quand tu la racontes ? » (1994)

Il serait bien présomptueux d'affirmer que Foglia a été profondément et durablement influencé par le grand anthropologue et ethnologue français Claude Lévi-Strauss. Une chose est cependant certaine, il a lu plus d'une fois le classique *Tristes Tropiques*, où le grand voyageur débute avec une étrange confession : « Je hais les voyages et les explorateurs[26] ». Il faut dire que Lévi-Strauss y aborde les affres de ses expéditions longues, éreintantes et dangereuses, qui duraient des mois et parfois des années, pour recueillir ici et là des témoignages sur les mythes et les règles sociales de peuplades considérées alors comme primitives. Et pour y parvenir, l'ethnologue se livrait à des techniques d'observation et de prise de notes très détaillées.

---

26. Lévi-Strauss, Claude. *Tristes Tropiques*, Paris, Pocket, 2009 (1955), p. 9.

Toute proportion gardée, la démarche journalistique repose aussi sur l'observation, la documentation, la prise de notes, les entrevues, les archives, etc. Mais dans le cas de Foglia, davantage que chez la plupart des autres journalistes québécois, l'obsession du quotidien des gens repose sur des pratiques ethnologiques variées.

Aller voir les gens, observer le quotidien, surtout dans les villes et les pays aux prises avec des guerres et d'autres formes de conflits violents, permet souvent de présenter l'envers de l'actualité journalistique qui, elle, condense et met en valeur quelques événements dramatiques en occultant un océan de scènes de la vie quotidienne.

C'est à une démarche similaire à celle des ethnologues que se livre bien souvent le chroniqueur. Certes, il lui arrive, rarement il est vrai, de prétendre ne pas prendre de notes. Mais la réalité est tout autre quand on lit ses chroniques pleines d'humanité et d'humains qui lui racontent toutes sortes d'histoires. Il se contente d'entrer «dans leur monde comme un chirurgien, sans avoir à le toucher vraiment, en écartant les chairs avec un instrument : mon stylo» (1999).

C'est ce qu'il soutient des dizaines de fois dans les écoles, les universités et les congrès de journalistes : comment faire du lecteur un témoin plutôt qu'un voyeur, le faire voyager avec soi et «l'inviter à faire vivre de l'intérieur ces vastes sujets dont on ne parle jamais dans les médias. Comme quoi ? Comme le travail – pas le patronat, pas le syndicalisme, pas les fermetures d'usines –, le travail de 9 à 5... L'argent. Pas les milliards de l'économie, les 42 $ dans vos poches» (2003).

* * *

Il se rend à plusieurs reprises dans des pays affectés par des conflits armés, religieux et ethniques. Ces pays, justement, dont les médias parlent en laissant croire qu'ils sont complètement dévastés, qu'y mettre les pieds serait suicidaire. Mais Foglia constate bien, chaque fois, que la vie quotidienne continue au Liban, en Afghanistan ou en Irak. Ce qu'il va y chercher, ce n'est pas la géopolitique des puissants. C'est la manière dont vivent et s'adaptent les hommes, lés femmes et les enfants, vraies victimes des intérêts économiques et des stratégies implacables qui se décident dans les grandes capitales.

À Beyrouth par exemple, que les médias décrivent comme la ville de tous les outrages et actes de terrorisme depuis des décennies. Foglia y arrive crevé de fatigue et s'endort sur-le-champ à son hôtel quand il est réveillé en sursaut par des bruits d'explosion. Il se précipite sur son balcon, un peu craintif quand même, mais cela n'a rien à voir avec un quelconque bombardement, sinon les fortes précipitations de l'orage qui sévit. Il se décide à faire un tour. Rien que de très banal à l'horizon, « une dame avec des sacs d'épicerie. Puis des enfants qui jouent dans la cour d'une école. Puis un type qui se fait couper les cheveux sur la chaise d'un barbier... » (2000). Par dérision, il se dit que c'est là une information urgente à transmettre à son journal, à titre d'envoyé spécial à Beyrouth !

De notre envoyé spécial, rien de spécial.
Je m'en suis fait une spécialité, pas pour être original à tout prix, mais parce que je ressens chaque fois comme une urgence de dire les rues, les gens, les enfants, les barbiers. Même dans les pays où règne la mort, il faut d'abord parler de la vie, sinon la mort n'est plus une tragédie, sinon la mort, c'est juste une information qui fait boum, l'écho sonore d'une analyse géopolitique, un boum machinal dans la tête des téléspectateurs tous les jours à la même heure si bien qu'ils n'y font même plus attention. (2000)

En 2013, le voilà en Irak d'où il rapportera des évocations puissantes de la quotidienneté et du banal. Pas question de se faire pédagogue ou analyste.

On ira dans une ferme, dans un cimetière, chez un psy, on rencontrera un menuisier, un barbier, un boulanger, un vendeur de camions et j'irai pisser souvent, les vieux monsieurs, ça fait pipi souvent, il y aura une histoire de chat assez incroyable, on mangera des loukoums achetés dans cette superbe pâtisserie de l'avenue Jadriya, on en offrira en passant aux deux soldats de faction devant le portail de la banque voisine, d'abord ils refuseront, on insistera. (2013)

Même chose en 2004, quand *La Presse* l'envoie d'urgence à Bagdad. Il renvoie ses lecteurs au *Time* et au *Monde* pour la socio-politique de ce conflit, question de ne pas répéter ce qui s'écrit partout. « Moi, je vais vous raconter mon voyage comme à la petite école, quand le prof demandait une dissertation sur nos vacances de Noël. Je vous propose un carnet de voyage, bêtement chronologique. Jour un, deux, trois, quatre... quand vous serez tannés, vous me le direz » (2004).

Dans le même voyage, parlant de la ville de Falloujah, dont les médias diffusent des scènes de corps calcinés, Foglia propose un contre-discours pour contester et déconstruire le récit dominant. « J'ai du nez pour le danger. Je sens quand la rue est hostile. Falloujah, pas le moins de monde. Je me suis promené, j'ai parlé aux gens, je suis entré dans plus de 20 commerces, pour finir dans une pharmacie où j'ai plus appris sur l'Irak en une heure qu'à travers toutes mes lectures » (2004).

Au douanier canadien qui lui demande ce qu'il a bien pu aller faire en Irak, en 1997, il répond qu'il a tout simplement observé les gens, marché dans les rues, appris plein de choses à partir de scènes banales comme un marché du livre qui se tient tous les vendredis. Pour lui, cela est plus révélateur que des années passées à regarder CNN.

Dans ses voyages, qui prennent la forme de longs reportages réalistes, Foglia ne cherche pas les artères et monuments touristiques. Il veut au contraire déambuler à travers les rues les plus ordinaires – les plus instructives pour qui sait observer –, constamment en quête de l'équivalent de la rue De Lanaudière. « Mais non ce n'est pas idiot, il y a une rue De Lanaudière à Rome, à Tombouctou, à New York, dans toutes les villes du monde il y a une rue où les touristes ne vont pas parce qu'il n'y a rien d'autre à y voir que la vie de tous les jours » (1982).

Se trouvant à Berlin vingt ans après la chute du Mur, Foglia opte pour une petite pension, mais il doit la quitter pour un hôtel moderne, bourgeois, qui sent la mafia et dont le personnel est chiant, dit-il. Que faire, sinon partir tôt le matin et revenir très tard le soir pour ne pas fréquenter cette faune qu'il abhorre ? Il passe ses journées dans Berlin, à rencontrer des gens qui vont inspirer son écriture.

> Un artiste roumain, un jeune homme de Montréal qui travaille dans un resto en terminant sa thèse sur le théâtre allemand, un autre jeune homme qui venait de poser des affiches pour les élections, des gens que vous ne retrouverez pas dans ce reportage. Ils y sont pourtant ; le fond de l'air, c'est eux, je les en remercie. (2009)

Il ne cesse de s'étonner du sacrifice de plusieurs dizaines, voire de centaines, de dollars auquel certains consentent pour une nuit à l'hôtel. Lui préfère se contenter de peu, signe d'un atavisme de son enfance en Champagne pouilleuse. Il ne cherche rien de plus qu'une chambre propre, avec un lit pour dormir et un lavabo pour se laver et pisser la nuit. Pour écrire, aussi, comme lors de son séjour à Hong Kong où il descend dans un petit hôtel exploité par le YMCA local. Il s'y rend pour la reprise de possession de l'île capitaliste par le régime communiste le 1er janvier 1997. Là encore, il ne dévie pas de son obsession du quotidien. « Il y a actuellement deux religions nationales à Hong Kong : le catastrophisme et l'angélisme. Et entre ça il y a la vie qui continue. Je vais essayer de vous montrer la vie qui continue » (1997).

Aux États-Unis, on le retrouve souvent dans un motel un peu malfamé, en bordure d'une autoroute sans intérêt. Mais ce qu'il préfère, c'est loger chez l'habitant. Ce qu'il fera des dizaines de fois entre autres en France, aux États-Unis, en Italie et en Russie, où le régime communiste s'est effondré pour laisser place à une démocratie de pacotille aux airs de régime autoritaire, militaire et mafieux. Le voilà donc qui raconte en toute liberté les détails d'une vie en apparence éloignée de celle du lecteur lambda de *La Presse* mais sans doute très proche des misères que vivent des centaines de milliers de Québécois.

... il faut entrer chez les gens les plus modestes, s'asseoir à leur table, les regarder vivre "pas si misérablement", les regarder vivre avec le raffinement d'usage, cette pointilleuse minutie dans l'ordonnance de leur maigre espace, dans la gestion de leur dénuement pour réaliser que sous le bordel apparent, la vie quotidienne des Russes est tricotée serrée (*sic*). (1992)

Cette démarche, Foglia la pratique depuis des décennies, dans ses reportages avant qu'ils ne prennent la forme de chroniques. En 1976 par exemple, année électorale qui portera au pouvoir le Parti québécois de René Lévesque, il trouve une façon unique de couvrir cette élection qui allait devenir historique, et un peu mythique pour certains. Il prend la décision de s'établir quelque part et d'y passer tout le temps de la campagne. Son doigt tombe par hasard sur Saint-Prosper, où il s'installera à demeure dans l'unique motel, le Flamant-Rose, pour y faire régulièrement la chronique des gens du village. Lors de la campagne électorale fédérale de 1979, c'est sous le thème de *La campagne en ville* que ses chroniques urbaines racontent le quotidien des électeurs montréalais.

Durant l'été 2002, il est sur les routes du Québec, à la rencontre d'hommes et de femmes qui ne font jamais les manchettes et qu'il a sollicités pour des chroniques. Il aimerait rencontrer ici une vieille avec un chat qui dort sur ses genoux, là des urbanistes outrés par les paysages déprimants des banlieues, un couple de gais dans le village rural d'Issoudun, se faire raconter une chicane de village ailleurs, rencontrer de jeunes surdoués et allumés, et même remplacer une libraire dans une ville quelconque. Et il partira en tournée, journaliste ambulant à la rencontre de destinées souvent mésestimées.

Dans la même veine, il dit assister trois ou quatre fois par année à une réunion d'Alcooliques anonymes, non pas pour y chercher un soutien, lui qui n'est pas un grand amateur d'alcool, mais l'humain. Il va se « frotter au monde, sans arrière-pensée ni calcul. Vous êtes les premiers à qui j'en parle... J'écoute les gens raconter des bouts de leur existence » (1992). C'est sa dépendance à lui.

Si Foglia cherche avant tout le face-à-face improbable et si ses reportages recèlent une part de hasard, il lui arrive de prévoir des entrevues ici et là, sur la route du Tour de France par exemple. Avec un professeur qui « m'aurait parlé des cathares, ces puristes qui se faisaient appeler les parfaits et préfigurent les rigoristes religieux que l'on connaît aujourd'hui, de Bush aux ayatollahs. J'ai dû me décommander, je suis arrivé à Albi à minuit » (2005).

Cette méthode de travail, cette démarche ethnologique, Foglia ne l'a pas inventée. Il la tient d'une tradition journalistique qu'on pourrait faire remonter au début du XXe siècle, avec les grands reportages de Albert Londres, à la différence que l'on sait maintenant que cette grande figure du journalisme français a écrit la moitié de ses papiers dans une chambre d'hôtel, avec du whisky, en plus d'avoir été un peu l'espion et l'émissaire secret de l'État français. Mais le véritable modèle de Foglia demeure le « nouveau journalisme », évoqué plus haut. Lui-même s'identifie à des femmes journalistes qui, en Californie, sont devenues très populaires non pas en parlant de grands enjeux mais en donnant des recettes et en apprenant à leurs lectrices comment détacher des vêtements. Elles étaient populaires :

... justement parce qu'elles faisaient du quotidien un événement en replaçant le lecteur au centre d'une actualité dont il était (dont il est toujours) absent. À l'époque, je vivais à San Francisco, je découpais des articles que j'ai imités mille fois depuis. Un dialogue entre une mère et sa fille dans l'autobus, la fille vient de s'acheter des souliers ; un jogger qui part faire son jogging en descendant les escaliers tout doucement pour ne pas réveiller sa femme, qui d'ailleurs est réveillée et, dans son demi-sommeil, se représente la course de son amoureux à travers les rues de la ville – c'est une chronique d'amour ; une femme dans un garage qui attend que son auto soit réparée, dialogues des mécanos – une chronique sur l'ennui. (2003).

* * *

Pour réussir ce journalisme ethnologique, il faut aller au-devant des gens, leur parler mais aussi et surtout les observer et prendre des notes, autre technique incontournable. Observer d'abord, regarder discrètement les gens vivre «par le trou de la serrure» (2001), de façon à ne pas les importuner ou modifier le déroulement de leurs gestes quotidiens. C'est ainsi qu'il revient de ses voyages ou excursions avec des images qui nous y transportent à notre tour. À Bagdad, où il visite une école, il nous tient par la main sur le chemin.

On est dans un quartier populaire de petites échoppes. Les tuyaux de canalisation crevés inondent la rue d'une boue noirâtre. Les trottoirs sont encombrés d'un bric-à-brac de pièces automobiles rouillées, de sofas éventrés. Il y a un type qui saigne des poulets avec un couteau, il est à genoux, il tient le poulet de façon à ce que son cou s'encastre dans la rigole du caniveau. L'école est un peu plus loin à droite. Une cour. Des portraits de Saddam sur les murs. Des classes en décrépitude, même pas un morceau de craie pour écrire au tableau, de toute façon il n'y a plus de tableau, les enfants sont quatre sur une banquette faite pour en asseoir deux, les profs gagnent trois dollars par mois. (2000)

À coups de fragments de vie, Foglia dresse un portrait de ce pays ravagé par la guerre et l'embargo. Il nous dit la détresse des enfants, ces victimes sans visage sur les cartes militaires, ces dommages collatéraux qui ne seront pas comptabilisés parce que leur blessure sera intérieure, cognitive, psychologique, affective, pédagogique et civique.

Observer, ce n'est pas seulement enregistrer mécaniquement les sons et les images, les corps et les visages. C'est aussi se mettre en mode de transformation et de digestion qui passe bien souvent par la métaphore ou la comparaison. C'est souvent dans l'usage de figures de style, du reste, que se manifestent le génie et le talent fogliens.

Hier, j'ai rencontré une vieille dame de 86 ans. Elle mangeait du pain. Mais avant de le manger, il fallait qu'elle le ramasse sur la table... lentement, très lentement, comme retenant son poids, sa main descendait à la verticale vers la tranche sur laquelle elle finissait par se poser, molle et hésitante.

Convulsifs, les doigts saisissaient le pain, et alors, lentement, très lentement son bras se relevait, pivotant sur le coude planté dans la table, portant à la bouche immobile la tranche qui ballottait comme une charge trop lourde au bout de la flèche d'une grue. (1980)

Où qu'il se trouve, l'occasion est toujours bonne pour emmagasiner des impressions, même dans les salles d'attente où il fait semblant de lire un magazine de vélos pour mieux épier. « ... j'écoute, je note mentalement les gestes, les attitudes des gens. Je fais cela depuis si longtemps, fixer la réalité pour la rapporter dans mes papiers, j'ai parfois dit que c'était pour témoigner des autres, il m'arrive de penser que c'est tout autant pour m'y soustraire » (2007).

Pour parvenir à un tel degré de restitution de détails, il faut une discipline qui frôle l'obsession, celle de la prise de notes manuscrites. Un autre forme de dépendance en somme, corollaire de celle qu'il a pour l'humain. Il le concède, il est drogué de l'écriture et il ne se déplace jamais sans un bout de papier sur lui, un petit carnet. En reportage, il voit un jeune Afghan assoupi sur un trottoir, le dos au mur. « Grave dans son sommeil. Très beau sous sa crasse. Peut-être parce qu'on ne voyait qu'une de ses jambes (l'autre était repliée sous lui), il m'a fait penser à un héron. Je l'ai noté ainsi dans mon carnet : le héron » (2001).

Une autre fois, il traverse en voiture l'Ohio, enregistreuse en main, et lit à voix haute l'intitulé des pancartes qui défigurent les abords de la route. « Body Shop. Auto Parts. Towing. Auto Repair. Hill-Top Autobody. Autobody Pep Boys. Ah tiens, un Subway. Ah tiens, Dieu me voit » (2004).

Cette manie le poursuit notamment au volant de sa voiture, quand la radio lance quelque chose qui le saisit. Pas question de laisser filer une idée. S'il ne dispose pas de son enregistreuse, il se rabat sur l'accotement et griffonne des notes au destin incertain. Elles pourront inspirer toute une chronique, devenir un sous-titre ou une chute. Ou bien elles se retrouveront aux oubliettes, parmi des milliers d'autres consignées dans des centaines de carnets.

Foglia est conscient de «prendre des notes comme un anthropologue chez les Pygmées» (2007), ce qui n'est pas sans attirer l'attention sur lui, l'observateur étant parfois observé de près à son tour. «Quand j'ai levé la tête, j'avais sur moi le regard d'une dizaine de personnes... C'est la courte honte dont je parlais. Pris encore une fois en flagrant délit, pris à noter la vie plutôt qu'à la vivre» (2013).

* * *

En avion, où il ne se passe rien pour la plupart des gens, il voit des choses, prend encore et toujours des notes. Il note pour se débarrasser «de la réalité. La déshabiller. Laisser le sens nu. Mais souvent, quand j'ai fini de noter la réalité, il ne reste rien. Le sens est parti. Peut-être même qu'il n'y en a jamais eu...» (1993). Alors qu'il s'apprête à partir en voyage, à l'aéroport, sur le carnet qu'il vient d'acheter, il ne peut réprimer son envie. «... j'ai noté la grosse qui bouffait des chips en regardant, à la télé, le cul de marbre de l'autre. C'est très précisément de là que je suis parti pour aller en vacances» (1997).

Car il ne se libère jamais de cette manie, plus forte que lui, et que sa fiancée! Il nous prend à témoin d'une scène de leur vie conjugale, pendant leurs vacances, quand il s'éloigne d'elle dans une boutique et profite de la situation pour sortir son carnet de notes. Mais le voilà pris en flagrant délit, le calepin à la main. Sur son ordre, il le range mais se permet de tricher un peu tout de même. Dès qu'elle regarde ailleurs, il prend des notes.

Un minou noir dans Harlem. Une jeune femme qui mangeait des huîtres en faisant «ssslurp» au bar du Old Oyster House à Boston. Le libraire de la librairie communiste devant l'hôtel Chelsea, à New York, qui m'a dit que le *NY Times* que je tenais à la main était le journal du Pentagone. Trois moineaux dans une flaque d'eau de Central Park après la pluie. Quelque part dans le Connecticut j'étais en train de noter que ce n'est sûrement pas un hasard si l'Amérique croule sous des montagnes de citrouilles qui sont les légumes les plus insipides de l'univers, quand ma fiancée m'a surpris:

— Ah ah ! Donne-moi ce carnet.

Je me suis senti comme un Japonais à qui on venait de voler son appareil photo. (1994)

Prendre des notes, certes, comme l'ethnologue du quotidien. Mais aussi en faire une sélection, pour ne retenir que les plus pertinentes, les plus révélatrices. Le soir, relire les notes, souligner celles qui deviendront le matériau de base de la chronique à venir, trouver une chute pour récompenser le lecteur qui l'aura suivi jusqu'à la dernière ligne. Une prise de notes qui se retrouve elle-même matière à chronique, comme une mise en abyme. Ainsi cette fois où, à Vancouver, à force de noter sa vie il oublie de la vivre. Le voilà à la recherche d'une chambre d'hôtel qu'il trouve avec toilettes et douche au bout du corridor.

Un lit, une table pour écrire, un lavabo pour pisser la nuit, une fenêtre qui donne sur les toits, pour moi c'est le paradis... Alors bon, j'entre dans cette chambre, je tire la chaise, je sors mon carnet et me voilà à griffonner ce que je viens de vous dire à propos des notes qui me pompent la vie. Ça cogne à la porte, c'est la dame de la réception : Vous la prenez ou pas cette chambre ? C'est vrai ! Je lui avais demandé la clef juste pour voir la chambre. (2000)

* * *

Raconter la vie, parfois, pousse le chroniqueur au-delà de l'observation. Il devient l'acteur de son récit. Il est alors en mode expérimental, dont cette fois où il a voulu essayer le Prozac, que les médias présentaient comme la pilule du bonheur. Pendant trois semaines, il en avale une quotidiennement. Il est à l'affût de changements qu'il ne ressent qu'au cours de la quatrième semaine. Outre une perte de poids, il ne voit aucun effet sur son humeur et n'a pas l'impression d'être davantage sympathique. « J'arrête l'expérience ici. Le Prozac agit dans 60 p. cent des cas, je dois être dans les 40 p. cent de réfractaires. Tant pis. Vous devrez me supporter baveux comme je suis » (1994).

Si on peut avoir l'impression que tout est facile et naturel, qu'il ne suffit en somme que d'aller au-devant des gens, bien disposé, avec les oreilles et les yeux grands ouverts pour ne rien échapper, le travail de terrain à la Foglia exige bien souvent une étape de documentation, exactement comme les ethnologues ne se lancent pas sur leurs terrains de recherche sans une sérieuse préparation. Foglia est marqué par l'un des ouvrages de l'écrivain, chroniqueur et ambassadeur vichyste Paul Morand, *Londres*, «plein d'Anglaises à grandes dents et à chapeaux à fleurs... c'est un des tout premiers livres qui m'a donné envie de voyager autrement, et plus encore convaincu d'essayer d'écrire autrement» (2012).

La documentation est pour lui une question de rigueur, même s'il lui arrive de l'éviter afin de ne pas suivre le sillon tracé par d'autres ayant écrit sur le sujet qu'il s'apprête à aborder. Il s'agit d'une phase préparatoire en vue d'un travail à venir : «on pense au maçon qui va chercher ses briques avant de monter son mur» (2004). Il compare la documentation à l'éponge plongée dans l'eau avant de la tordre, c'est le matériau de la réflexion, alors qu'essorer une éponge sèche ne donne rien. Quand il traite un sujet, quand il se met en route pour un pays, il s'efforce de consulter les documents de *La Presse*, des livres ou des experts. Sans pour autant se laisser envahir par autant de sources faisant autorité.

Les journaux attirent son attention. Il y trouve amplement matière à chroniquer, par exemple les annonces classées où chacun cherche sa chacune. Il y décèle de petits bijoux de figures de style.

> ... des euphémismes, comme «jeune soixantaine», comme «libre de cœur et d'esprit mais prisonnière de son corps» et autres métaphoriques camouflages de la dure condition humaine. Jamais le mot grosse. Jamais le mot vieux. Jamais le mot laid. La pathétique application que l'on met, dans cette section, à nier la réalité, en dit plus long sur l'Homme vieillissant et sa toutoune fiancée qu'un siècle d'anthropologie. (1995)

Aux États-Unis, il découpe les manchettes d'un journal local qui annoncent qu'une mouffette a mordu un homme et son chien, une femme a mordu un policier, et une autre a volé deux chats. Quelques années plus tard, c'est de *Vendée-Matin* qu'il rapporte que, malgré le passage du Tour de France, «l'amicale laïque de Mouilleron-le-Captif tient à aviser ses membres qu'elle tiendra, comme prévu, son concours annuel de pétanque dimanche à 15 heures» (2005).

Après toutes ses rencontres, ses observations, ses prises de notes obsessives, ses efforts de documentation, Foglia se retrouve toujours aux prises avec l'écriture. C'est le moment où la réalité, parfois la vérité, se fait un peu tordre le cou par le créateur qui procède au montage de son récit, résultat de sélections, d'emphases, d'indignations, de complicités et de méticulosité. En journalisme, cela ne suffit pas toujours à se prémunir des égarements.

Deuxième partie

Le moraliste

«C'est justement ce que je trouve pathétique : le vide que creuse l'information sous les pieds de l'Homme et de sa fiancée en leur disant voyez, c'est ça la vie. Mais en ne les montrant jamais dedans... À moins que la fiancée ait deux utérus. Et encore ce n'est pas assez. Trois ce serait déjà mieux. Mais ce qui serait vraiment bien c'est qu'elle en tire un lapin de Pâques...» (1989)

«Les Américains sont aussi tannés du conformisme moral que nous pouvons l'être. Et ce ne sont pas les Américains qui se roulent dans la honte ce matin, qui traitent Clinton de débauché, de menteur. Ce ne sont pas les Américains qui lui demandent des comptes.
C'est la presse.
Ah si, j'aimerais bien quand même être président des États-Unis. J'te dis que j'en sauterais des stagiaires, des secrétaires, des téléphonistes, des infirmières. Des journalistes ? Je suis moins sûr là. Je les ferais peut-être sauter par mon chien.» (1998)

Une des constantes chez Foglia, outre le style et la démarche ethnographique, est la morale dont il meuble ses écrits, une morale multiforme, informelle mais bien articulée autour de certaines valeurs qu'il chérit par-dessus tout : la liberté, la justice sociale, la franchise, l'éthique de l'effort, le courage, l'honnêteté et l'anarchie pour ne nommer ici que les plus évidentes.

Foglia est avant tout un moraliste. Le qualifier de moralisateur serait trop réducteur, bien qu'il le soit parfois. La frontière est souvent ténue. Le moraliste se sert de récits et d'événements pour mettre en valeur des vertus et comportements présentés comme positifs pour le bien des individus comme de la société. Souvent, il s'oppose à la morale courante, conteste l'autorité, se montre insolent même ! Le moralisateur prend prétexte de récits et d'événements pour faire la leçon, pour prescrire ou proscrire des vertus et comportements. Ce que le moraliste suggère, ou recommande implicitement, le moralisateur l'explicite et le prescrit. Le moraliste cherche à comprendre et à faire comprendre, ce qui ne l'empêche pas de poser un jugement moral. Le moralisateur souhaite avant tout dénoncer ceux qui transgressent la morale dont on ne sait plus, à la fin, s'il s'en est emparé ou si elle s'est emparée de lui.

Van Delft souligne que le moraliste se révèle par fragments mais des fragments qui se situent dans « la longue durée[27] », et qu'il est un observateur de la vie, du sujet humain, mélangeant théâtralité, littérature et anthropologie. Tout cela se retrouve chez Foglia. Il est un moraliste de la modernité, quand il en réaffirme les valeurs civiques et éthiques, mais aussi de la postmodernité dans sa façon de rejeter les doxas, les dogmes, le conformisme, soit en quelque sorte la sédimentation d'une pensée qu'enfante parfois la modernité, quand elle a perdu ses repères et se laisse séduire par les modes intellectuelles, pédagogiques et culturelles.

Pour Van Delft toujours, les moralistes d'autrefois sont des « "voix clamant dans le désert" au moment même où nous ne cessons de faire état de notre mal-être, voire de notre malheur d'être, de notre perplexité, de notre désarroi devant l'énigmatique condi-

---

27. Van Delft, Louis. *Les moralistes. Une apologie*, Paris, Gallimard, Folio Essais, 2008, p. 32.

tion qui nous est imposée plus fortement qu'aucun impératif caté-gorique : exister[28] ».

À sa façon, mais tout en demeurant d'une irréfutable moder-nité, Foglia s'inscrit dans la lignée des moralistes français (Vauve-nargues, Montaigne, La Fontaine, La Bruyère, etc.) qui élaboraient par fragments, et de façon discontinue, non pas des systèmes de pensée mais des façons d'appréhender les choses et les êtres. Il appartient au lecteur, au bout du compte, de réagencer les mor-ceaux pour mettre au jour le système de valeurs du moraliste.

Paradoxalement, Foglia se défend farouchement, à de très nombreuses reprises, d'être moralisateur. Sa parade favorite consiste à railler aussi bien la morale que les moralisateurs. Mais il lui arrive souvent de se montrer donneur de leçons, humain nor-matif, comme nous tous. Considérons chacune de ses dénégations comme autant de tentatives d'occulter le moralisateur en lui. Cela est inhérent au processus d'autoconstruction du personnage qui marquera l'histoire du journalisme québécois. S'il n'était pas le moraliste de talent et le moralisateur clandestin que nous nous ap-prêtons à dévoiler, Foglia n'aurait jamais été le chroniqueur le plus marquant de son époque.

---

28. *Ibid.*, p. 23.

Chapitre VII
L'éthicien

« Les mauvais journalistes ont tendance à devenir flics, les bons à devenir curés. Mais je pourrais vous le dire autrement. Les mauvais journalistes ne vérifient pas toujours si c'est vrai. Les bons, parce que c'est vrai, insistent beaucoup, beaucoup, beaucoup, et ça finit par devenir faux. » (1998)

« Vous savez sans doute qu'on a récemment essayé de faire bouffer des journaux à des poulets et qu'ils ont adoré ça. Et la presse, là-dessus, d'en faire tout un plat... Personnellement ça ne m'a pas surpris. C'est le rôle des journaux de faire avaler n'importe quoi à n'importe qui... » (1984)

« Le journalisme n'est jamais aussi utile que dans sa plus élémentaire fonction : nommer les choses. » (2007)

Même si Foglia s'en défend bien et use de procédés rhétoriques qui visent à nous persuader qu'il n'a que faire des grandes questions qui renvoient à l'éthique, à la déontologie et, disons-le, à la morale, il n'échappe pas à sa nature, à savoir la nature humaine : l'Homme (et sa fiancée) sont des êtres normatifs. Ils sont bourrés d'attentes et d'expectatives morales comme les adolescents le sont d'hormones. Ils se font des promesses et des serments, ont soif de justice et de vérité, valorisent l'altruisme (mais pas trop quand même), sentent remonter en eux les émotions de l'injustice qui sont le ferment de l'équité, comme celles qui font exploser d'indignation, de jalousie, de vengeance parfois. Du reste, dans son œuvre, Foglia interpelle des centaines de fois ses collègues journalistes pour lesquels il n'a pas toujours de tendres propos.

Personne n'échappe à sa vindicte, et ses victimes vont de Bernard Derome, dont le talent aurait été de durer, à René Lecavalier, qui parlait bien et beaucoup pour ne rien dire, en passant par Stéphane Bureau, qui en faisait trop, et Franco Nuovo, qu'il qualifie de chroniqueur passable, quand il ne l'attaque pas plus durement. N'ont pas été épargnés, non plus, les journalistes sportifs Jacques Beauchamp, Jean Pagé et Pierre Dufault, tout comme les animateurs radiophoniques Ron Fournier, Jean Lapierre et Mario Tremblay.

À la lecture de l'œuvre journalistique de Foglia, on est étonné d'y trouver des centaines de paragraphes, parfois des chroniques complètes, qui s'attaquent à ses « amis » journalistes et autres vedettes des médias. Foglia n'a décidément pas la fibre corporatiste, et il ne doit pas faire bon être la cible de son humeur.

Il dénonce de manière récurrente l'insignifiance du discours médiatique et, bien entendu, de ceux qui l'incarnent, malgré eux bien des fois, car ils sont soumis aux lois du marché, des cotes d'écoute et du tirage. Ainsi se range-t-il aux côtés de Michel Chartrand, le syndicaliste au parler coloré, qui, un soir d'élections, a répliqué au chef d'antenne Bernard Derome que le « human interest » le fait chier. « "Moi aussi !" ont dit aussitôt des centaines de journalistes, des millions de lecteurs, de téléspectateurs et d'auditeurs. Il n'est que les directeurs de l'information à n'avoir rien entendu » (1998). Il compare le contenu télévisuel à l'écume qui se forme sur le dessus de la confiture tout juste confectionnée. « ... je prends un soin maniaque à l'écrémer avec une cuillère de bois, je la mets dans une petite soucoupe, puis je la jette. À la télé on nous la sert. Et les gens la consomment. Moi le premier. Troublant » (2002).

Dans la même veine, il dénonce les quotidiens québécois qui emploient une centaine de journalistes pour couvrir le sport – sans compter plusieurs chroniqueurs comme lui – mais un seul pour l'agriculture. À une autre occasion, lisant des revues, il réagit de façon lapidaire à l'entrevue d'un imprésario, en constatant que «les journalistes écrivent de mieux en mieux sur des sujets de plus en plus dérisoires» (2001).

À d'autres moments, il s'en prend aux médias qui se font complices de la police en suivant des opérations réalisées pour attirer l'attention et redorer son blason, ou il met en doute les motivations d'un animateur d'émission radiophonique consacrée aux sports, quand celui-ci annonce le congédiement d'un entraîneur des Canadiens de Montréal, espérant visiblement lui succéder derrière le banc. Il ira même jusqu'à dénoncer cet autre animateur, ce «considérable connard... [qui lance vainement] un appel au bon peuple pour qu'il investisse ses REER dans les Expos» (2000) en espérant sauver cette franchise de la Ligue nationale de baseball.

Ses coups de gueule n'épargnent pas davantage les journalistes d'Europe, notamment ce journaliste qui couvre le Mondial de soccer et qui, ne sachant visiblement plus quel angle original choisir, se met à la place du banc des joueurs et parle de ces culs qui se relâchent sur lui. Foglia croit que la bêtise a atteint une limite «au-delà de laquelle tout sujet cesse d'être un sujet pour devenir une chiasse. C'est ce qui est en train de se passer dans les journaux français. Méga caca comme ils disent» (1998). Ceux du quotidien sportif *L'Équipe* n'y échappent pas, notamment parce qu'employés par le journal qui co-organise le Tour de France, ce qui les met dans une situation fort délicate pour critiquer l'événement ou lancer des enquêtes qui feraient mal paraître les responsables de cette prestigieuse compétition. Ou encore quand vient le temps de parler du dopage de Lance Armstrong, des années avant que ce dernier ne passe aux aveux.

Leurs formidables journalistes de vélo n'avaient pas d'égal dans la presse sportive quand la seule vérité du Tour était celle de l'exploit. Mais maintenant que la suspicion de dopage est partout, les journalistes de *L'Équipe* ont le lyrisme mitigé. Il n'y a rien de moins lyrique que du lyrisme mitigé. Il n'y a rien comme la suspicion pour fucker le lyrisme. (1999)

* * *

Souvent, Foglia se trouve en porte-à-faux avec les journalistes, ce qui ne devrait pas étonner, car il est venu au journalisme par un chemin singulier, une culture particulière, et à une époque où le métier était en train de changer, de se discipliner, de se profession-naliser. Il rappelle lui-même qu'à ses débuts, il recevait 5 dollars pour chaque nom qu'il écrivait dans le journal, de la part de ceux qui avaient apprécié le geste, bien entendu.

En raison de son tempérament individualiste et libertaire, il reconnaît ne pas être « professionnaleux » (1993) ni très doué pour les débats journalistiques sur les droits de la presse. Ces questions, il se fait un malin plaisir à les ridiculiser un peu pour ensuite les laisser aux bons soins des congrès annuels de la Fédération profes-sionnelle des journalistes du Québec, pour « chiquer des grands principes toute une fin de semaine » (1993). S'il a promis à des sources de ne pas les nommer, il ne les nommera tout simplement pas, sans invoquer pour cela des principes supérieurs. « Ce n'est pas au nom de la liberté de la presse. C'est juste que j'aurais l'air d'un joyeux crosseur si je parlais » (1993).

À une autre occasion, il se moque de ceux, journalistes et ob-servateurs, qui s'inquiètent ou s'indignent de voir le journaliste Simon Durivage, alors chef d'antenne à TVA, remplacer l'anima-trice Julie Snyder dans une émission de variétés. Il y reçoit Lucien Bouchard, alors premier ministre du Québec, pour l'interviewer « fort complaisamment regrettent plusieurs. Peut-on pratiquer le mélange des genres, être journaliste à neuf heures et clown à onze ? se demandent mes confrères. Grave question. Je n'ai pas hâte qu'ils se penchent sur mon cas » (1999).

Dans le même esprit, il se rit du Conseil de presse du Québec (CPQ) qui a pourtant rejeté l'essentiel des quatre plaintes le concernant. En effet, pour le CPQ, la chronique est le lieu par ex-cellence de la subjectivité et permet aussi bien l'humour que la sa-tire, ce dont ne se prive pas Foglia. Une fois, il est légèrement semoncé pour avoir révélé l'adresse de certains de ses correspon-dants dans une chronique. Un peu revanchard, il ne résiste pas à la tentation d'identifier celle qui a eu l'audace de le dénoncer au CPQ, sans oublier d'indiquer son adresse civique ! En 2001, il est toutefois épargné par le CPQ en rapport avec une plainte selon laquelle il aurait utilisé sa chronique pour régler des comptes avec son ex-épouse, concernant des faits qui remontaient alors à trente-six ans ! Dans sa décision, le CPQ explique que :

> ... la chronique est un genre journalistique qui laisse à son auteur une grande latitude dans l'expression de ses points de vue et de ses jugements, en autant qu'il n'y ait pas dénaturation des faits. La chronique permet aux journalistes qui la pratiquent d'adopter un ton polémiste pour prendre parti et exprimer leurs critiques, ce qu'ils peuvent faire dans le style qui leur est propre, même par le biais de l'humour ou de la satire.

Il arrive à Foglia de parler de déontologie avec dérision ou ironie, par exemple quand il énumère une typologie de « plogues » auxquelles ont recours les journalistes pour favoriser des amis ou des parents, pour remplir des salles de spectacle « en plus de remplir son lecteur, comme d'habitude », sans compter la plogue « à rebondissement. C'est très simple : lorsqu'on fait une erreur dans une plogue, il faut faire une seconde plogue pour la corriger. D'où les erreurs volontaires » (1983). Il s'y prête parfois, pour annoncer par exemple la sortie d'un magazine auquel il a contribué ou encore venir en aide à un ami mais en prenant soin d'en aviser le lecteur, sur le mode ironique, bien souvent. Comme une façon de se dédouaner face à sa conscience professionnelle.

Soucieux de son indépendance, il cherche à éviter les situations ou les offres qui lui imposeraient des retours d'ascenseur. Mais il lui arrive néanmoins d'accepter des privilèges ou gratuités, tel un voyage, mais en toute transparence. Au lecteur de juger si cela affecte sa crédibilité.

Sans en faire une marotte, il va entretenir ses lecteurs de la déontologie de son métier. Lui indiquer, par exemple, que lui a été remise, ainsi qu'aux autres journalistes, une charte déontologique de la Fédération professionnelle des journalistes du Québec où on l'avise qu'il faut refuser les voyages gratuits qui sont autant de tentatives de corruption. Sans s'y opposer formellement, il préfère juger les auteurs de ce texte d'une « grande et belle rectitude ». Sur le mode de l'ironie, il y voit le produit d'esprits supérieurs qui n'ont aucun mérite « parce que, des nuées où ils se tiennent, il leur est facile d'aller en droite ligne comme les avions. C'est une tout autre affaire quand on voyage avec moins de hauteur. Les routes sont plus accidentées au niveau de la mer, les détours nombreux, les itinéraires sinueux... » (1987).

Il donne ainsi à voir la réelle complexité des questions éthiques et déontologiques, du choc inévitable entre la théorie morale et les contingences pratiques. En la matière, Foglia rejoint bon nombre de ses collègues journalistes qui voient en cette opposition un prétexte pour ne pas tenir compte des injonctions morales plutôt qu'un défi à surmonter. Notons tout de même que ces mêmes journalistes exigent plus d'altitude morale chez les acteurs sociaux, politiques ou économiques qu'ils critiquent continuellement. Il estime surtout que la déontologie journalistique est peu menacée, les journalistes n'étant pas couverts « de cadeaux comme les bouses de vache sont couvertes de grosses mouches bleues » (1987) et que tout compte fait, ils faisaient peut-être plus de cadeaux qu'ils n'en recevaient, ce « qui n'est peut-être pas plus honnête, notez bien... » (1987).

On peut cependant confronter cette posture ironique à d'autres propos où Foglia, au contraire, se fait le chevalier d'une certaine pureté du métier. Ainsi relate-t-il le début de sa carrière comme journaliste sportif, quand les journalistes étaient à la solde des équipes professionnelles qu'ils suivaient et qui payaient voyages et hôtels, donnaient de l'argent de poche pour diverses dépenses et distribuaient de coûteux cadeaux à Noël. « Ce fut une de mes premières campagnes : haro sur ces journalistes qui mangeaient à tous les râteliers... Les anglophones ont été les premiers à prendre leurs distances, à payer eux-mêmes leurs dépenses, les francophones ont suivi peu après, et aujourd'hui, il n'a plus de conflits d'intérêts... » (1982), croit-il. Dans le même souffle, il suggère que le vrai conflit d'intérêts réside dans le fait que les journaux accordent trop peu de place au sport amateur et trop au sport professionnel. C'est ce dernier qui rapporte beaucoup d'argent grâce au lectorat qu'il attire, car celui-ci constitue une importante source de revenus en abonnements et en publicité, à cette époque à tout le moins. Il le sait pour avoir vainement tenté de diminuer la couverture du sport professionnel lors de son bref passage à la tête des pages sportives de *La Presse*, quelques années auparavant. « Je ne me suis jamais autant fait planter » (1982).

Par ailleurs, celui qui a souvent vilipendé les délateurs ne se privera pas parfois de dénoncer des journalistes aux prises avec d'importants conflits d'intérêts, tel ce journaliste de Radio-Canada qui essaie de convaincre les autorités marocaines d'inviter, à leurs frais, des journalistes pour jouer au golf à Rabat, sur les parcours du roi. En échange, il s'engage à ce que ces mêmes journalistes accordent une importante couverture à leur voyage au Maroc. Une autre fois, il cible les commentateurs de *La Soirée du hockey*. Il n'ose pas leur reprocher explicitement d'être en conflit d'intérêts. Il s'en défend même. Mais ses propos sont sans équivoque.

> On n'attend pas des commentateurs de *La Soirée du hockey* qu'ils crachent dans la soupe. Ils ne sont pas tenus à la lucidité, et je ne suis pas de ceux qui leur reprochent d'être en conflit d'intérêts. Je ne me scandalise pas qu'ils soient payés par Molson. Ils ne sont pas les premiers, Lecavalier et Garneau l'étaient aussi, sauf qu'ils mettaient, à la loyauté obligée envers leurs employeurs, des formes, une élégance, une complicité, voire des silences et des bémols qui disaient ce qu'ils ne pouvaient pas dire. Il n'y a plus aujourd'hui ce minimum de respect pour le public. Le discours du sport professionnel à la télé s'est abaissé au niveau de la pub. Non seulement il y a des pubs toutes les deux secondes, mais le spectacle lui-même n'arrête pas deux secondes de faire sa propre pub. (2001)

En matière de conflits d'intérêts, d'intégrité et d'indépendance, la position de Foglia fluctue au fil des années. Il a combattu les voyages gratuits au début de sa carrière, pour ensuite en faire une question marginale ; il ne se scandalise pas de certains cadeaux mais en dénonce d'autres, tout comme il lui arrive d'attaquer certains journalistes. D'une certaine façon, on peut dire que cela est conforme à sa personnalité à la fois libertaire et normative, permissive et intransigeante. La nature des enjeux et les gens en cause semblent avoir plus de poids que les principes éthiques et les règles déontologiques. Et pourtant, ce sont toujours ces principes et ces règles qui sont mobilisés quand il se fait éthicien d'un jour.

En 2007, par exemple, il rappelle avoir vanté une marque de vélo, ce qui a eu pour effet d'en propulser les ventes dans des commerces de Montréal. Sa satisfaction est surtout d'avoir guidé des dizaines de lecteurs vers un bon achat, et il ajoute que s'il avait touché 20 dollars par vélo vendu, cela n'aurait apparemment rien changé pour ces lecteurs. « Cela aurait pourtant changé l'essentiel : mon lien de confiance avec vous. Je vous aurais fourrés, ni plus ni moins » (2007).

* * *

Au fil de ses chroniques, Foglia se porte également à la rescousse des journalistes qui lui semblent injustement critiqués, telle Christine Saint-Pierre qui, ayant publiquement défendu la mission militaire en Afghanistan, a été sanctionnée par son employeur de l'époque, Radio-Canada. Pour Foglia, il y a de l'hypocrisie dans ces sanctions, comme « si on ne devinait pas ce que pensent ces dames des talibans... après le 123e "topo sur la jeune fille de Kandahar qui a peur d'aller à l'école mais qui y va pareil parce qu'elle veut devenir une madame docteur plus tard" » (2006). Il est en quelque sorte désespéré de constater que la question importante de la présence canadienne dans ce pays a été éclipsée par un débat sur « l'impartialité, cette tarte à la crème des médias » (2006).

Il se portera aussi à la défense de journalistes politiques pris à partie pour leur acharnement, révélé par un documentaire consacré à la campagne électorale québécoise de 2003, avec pour principal protagoniste le premier ministre Bernard Landry, qui sera du reste défait.

On ne nous soumet pas non plus que l'opiniâtreté de la presse parlementaire est la réponse à la duplicité des politiciens. Un premier ministre en campagne électorale n'est pas en train de gouverner, il est en train de se faire réélire, il est en mode « séduction ». [...] Les journalistes parlementaires sont en première ligne de la démocratie du même nom, ils ont le devoir de bousculer le pouvoir, de lui rentrer dedans, d'exiger des réponses... (2003)

Dans un autre cas, il se porte à la défense d'un collègue qui a dévoilé ce qui se passait dans un avion nolisé par les Canadiens de Montréal, transgressant ainsi une règle officieuse qui impose le secret à ce sujet. « Ici, je crains de n'avoir pas compris. Vous êtes journalistes, dites-vous, et vous abondez dans le sens d'une loi qui interdit de rapporter les faits ? Ah bon. J'ai dû sauter ce chapitre-là de notre code déontologique » (1997).

Sur un plan davantage philosophique, Foglia ignore être un adepte du constructivisme. Son rapport avec la vérité est à tout le moins ambigu. D'un côté, il affirme se méfier d'une « vérité unique, unilatérale, uniforme, unanime, universelle. Une vérité-oukase qui interdit le rêve. Et c'est justement ça le mensonge : une vérité si lisse que le rêve n'accroche pas dessus » (1980). Ailleurs, il ne peut vérifier la véracité d'une histoire qui lui est rapportée, mais il ajoute qu'il « est des histoires si justes qu'elles n'ont pas besoin d'être absolument vraies... » (2000). Dans le même ordre d'idées, selon lequel la vérité serait davantage affaire de consensus ou de persuasion que de factualité ou de rapport avec le réel, il évoque les « vérités mises en scène par les grandes compagnies de relations publiques qui façonnent l'image et les discours des politiciens, des chefs d'entreprise et qui font vendre des céréales aux nageuses synchronisées » (1999).

Il fait aussi état de ses expériences, de ses nombreuses entrevues où il a cité des gens, non pas de façon absolument exacte, mais en modifiant un peu leurs dires de façon, croit-il, à mieux restituer l'esprit de leurs déclarations. Il n'est plus le colporteur de propos mais un fidèle interprète, et personne ne s'en est plaint.

... il m'est arrivé très souvent de traduire dans ces chroniques des pensées, des émotions qui n'avaient pas été verbalisées durant l'entrevue sous la forme où elles apparaissaient dans le texte...

Pourquoi cette tricherie ? Eh bien parce que ce n'est pas une tricherie. Ces pensées, ces émotions, ces paroles étaient là, dans l'air, dans le décor, dans la réalité de l'entrevue et je trouvais essentiel qu'elles fussent exprimées...

Licences que je prenais d'un pied d'autant plus léger que je me savais protégé par cet ultime garde-fou : l'imprimatur du principal intéressé... Parfois au téléphone, pour m'amuser, j'insistais un peu : "Ici je ne suis pas sûr, ce sont bien les mots que vous avez dits ?"... "Oui, oui", me répondait-on toujours. Et c'était pourtant formellement inexact. En même temps qu'absolument conforme à la vérité. (1990)

Dans d'autres circonstances, il adhère plutôt à une conception descriptive de la vérité. « Quand je vois que les gens sont gras je l'écris. Quand je vois qu'ils boivent beaucoup aussi. Et quand je sais qu'ils sont gras parce qu'ils mangent trop de farine, de féculents, de *junk food*, je le dis. Mais je ne dis pas pourquoi ils boivent, parce que je ne le sais pas » (1988).

Il lui arrive aussi de faire preuve d'équité et de compassion, comme lorsqu'il se rend dans une soirée de vente à domicile en usant d'un faux nom et décide en retour de ne pas identifier l'hôtesse. Dans un autre cas, un jeune homme lui achemine un courriel compromettant et, même s'il ne s'objecte pas à être identifié, Foglia trouve néanmoins préférable de le protéger en taisant son identité.

Nul n'étant à l'abri de l'erreur, le chroniqueur accepte souvent de bon gré de reconnaître les siennes, de les corriger et même, parfois, de s'en excuser, puisque cela revêt de l'importance pour les intéressés. Prenons cet exemple parmi plusieurs, après que Foglia eût injustement accusé une journaliste d'avoir dénoncé un concurrent qui aurait enfreint des règles.

Maintenant le plus difficile... Durant les Jeux de Sydney, dans un court texte... j'ai accusé une jeune collègue de Radio-Canada d'avoir commis une petite infamie – la pire à mes yeux : *stooler*. Et...

Et je me suis trompé. Ce n'est pas elle qui a *stoolé*.

Fait que la petite infamie c'est moi qui l'ai commise en la désignant faussement. J'en suis évidemment profondément navré. (2001)

Il a même des regrets, reconnaissant être allé trop loin, et il lui arrive « à l'occasion de regretter certaines vacheries écrites un peu vite... » (1982). Cette fois, entre autres, où il déplore son attaque injuste de téléphonistes de Bell, blessées au point de répliquer dans une lettre ouverte publiée par *La Presse*.

> ... cette fois je me suis trompé de cible. Je mérite chaque épine dont elles m'égratignent en page 7 de la présente édition. Si j'avais raison sur le fond, il y a bien quelque chose qui ne marche pas dans le système du Bell, je suis inexcusable de ne pas avoir cherché quoi et surtout qui... Que le grand Cric me croque. À moi le rouge de la confusion. À elles tout le bleu de tous les myosotis de mon ruisseau. (1983)

* * *

L'autre chose qui désespère Foglia est ce qu'il perçoit comme la démission de la critique culturelle, critique de plus en plus complaisante et tournée vers la promotion, si bien que « le succès d'une œuvre dépend de moins en moins de sa valeur intrinsèque et de plus en plus de sa promotion... la décomposition du tissu critique est si avancée dans notre vie culturelle que tout ce qui empêche la vente est maintenant perçu comme terriblement négatif » (1989).

Il s'insurge contre la « soumission de l'époque » (1995), cette étroite collaboration des journalistes avec les industries du livre, du spectacle et du cinéma qui prend la forme de longs papiers et de battages médiatiques qui servent avant tout à annoncer, à faire savoir, à inciter à la consommation de ces produits culturels. Cela le met souvent hors de lui. « C'est que finalement l'érosion du sens critique est aussi grave que la diminution de la couche d'ozone. Avec à peu près les mêmes effets : on s'en vient de plus en plus bronzés toute la gang... » (1989).

Il ne faut donc pas s'étonner de le voir parfois prendre la défense de critiques pris à partie par des artistes, des producteurs, des imprésarios, voire par d'autres journalistes, pour avoir osé exprimer des jugements sévères et définitifs à propos de livres, de spectacles ou de pièces de théâtre.

Foglia est un virulent critique des médias et de certaines pratiques journalistiques. Critique qui repose implicitement sur des principes éthiques d'indépendance, d'intégrité, de vérité et d'équité. Sans en concevoir un traité ni revendiquer une pensée systémique et cohérente, il se dégage de ses propos une éthique en fragments. Peu de journalistes peuvent se permettre une telle attitude anticorporatiste sans en payer le prix. Dans la vie des médias comme dans celle de tout groupe social et professionnel, le mimétisme et le mutisme constituent des stratégies de survie plus avantageuses. Elles protègent de l'exclusion.

Pour bien marquer sa marginalité, il n'hésite pas à s'insurger contre les responsables de la Fédération professionnelle des journalistes du Québec, qui ont refusé d'accorder une carte de presse à des animateurs (Jean-René Dufort, l'animateur d'*Infoman*, notàmment) qui pratiquaient une forme inédite de journalisme, dans le cadre d'émissions satiriques portant sur l'actualité, dont *La fin du monde est à 7 heures*.

... qu'est-ce qu'ils peuvent me faire chier toute la gang quand ils se mettent à ergoter en "professionnaleux", comme des docteurs ou des avocats, sur l'éthique du métier...

Ils se sont posé un million de fois la question en se grattant le menton : est-ce que *La fin du monde* c'est de l'information ou de l'humour ?

On s'en crisse-tu madame Chose.

Où commence le show dans l'information ? [...] Le style, c'est pas du show ? Ah non ? Anyway. J'ai eu honte un peu quand la profession qui distribue des cartes de presse à quelques putes notoires a refusé d'en donner à Dufort, Maréchal et Masbourian. J'aurais bien brûlé la mienne pour protester, mais je l'avais perdue, je la perds tout le temps, heureusement que ça sert à rien. (2000)

Chapitre VIII
Le moraliste

« ... le contraire du chômage n'est pas le travail. Le travail n'est le contraire de rien. C'est une richesse en soi, même quand il n'est pas rétribué. C'est un bonheur. Quelque chose que l'homme fait pour lui, même si c'est un autre qui en tire profit.
[...] Les emplois sont rares. Le travail est partout où l'homme s'accomplit, réalise, bâtit, laisse une trace. » (1995)

« Au moment où commence cette histoire, elle filait un bonheur sans nuage avec son Lucien. Sans nuage mais non sans ombre. Le bonheur, comme le soleil, fait toujours de l'ombre. » (1998)

Foglia entretient un rapport ambigu avec la morale. Combien de fois s'est-il défendu d'une quelconque motivation moralisatrice, combien de fois a-t-il attaqué ceux qu'il a lui-même qualifiés de moralisateurs ? Et pourtant, son œuvre est riche de fragments tantôt moralistes, tantôt moralisateurs, ces deux notions étant chez lui complémentaires.

Moraliste le plus souvent, parfois moralisateur par accident ou par excès, Foglia nourrit un contentieux vis-à-vis d'une certaine conception de la morale qu'il associe à un ensemble de normes bourgeoises, bien-pensantes, écrasantes, voire oppressantes. Des normes qui auraient pour effet de marginaliser ou d'exclure ceux qui ont décidé de vivre autrement que la grande majorité des gens. Et pourtant, dans ses écrits, il est souvent aussi normatif que ceux qu'il dénonce. Il adhère simplement à des normes différentes qui n'en relèvent pas moins d'une morale, et ce, par essence.

Voyons d'abord un peu la manière dont il exprime son rejet de la morale, rejet que l'on pourrait juger trop vigoureux pour ne pas paraître suspect. Selon Foglia, arrivé au Québec au moment où le catholicisme s'apprête à s'effondrer, la morale en a pris le relais au point d'en devenir étouffante. Ne reculant devant aucun excès de style, il va même jusqu'à comparer les inquisiteurs qui torturaient les hérétiques aux :

> ... inspecteurs, travailleuses sociales, avocats, [qui] vont véri-fier si on peut entrer en chaise roulante dans les toilettes des restaurants, si les cyclistes ont un casque sur la tête, ils cherchent des microbes dans le fromage au lait cru, ils comptent s'il y a autant de petits Nègres que de petits Blancs dans les livres d'enfants. (1999)

Toujours sur un ton sarcastique, il parle du Québec comme d'un « pays tellement amusant et tellement facile à vivre, certes les hivers y sont rigoureux, mais la morale nous tient tellement chaud durant toute l'année » (2011).

Amoral, Foglia ? C'est du moins ainsi qu'il se présente aux lecteurs dont il se différencie, car, eux, sont pleins de visées morales alors que lui-même n'y connaîtrait strictement rien, lui arrive-t-il d'écrire. Un jour, se faisant instituteur fictif, il explique à son écolier imaginaire que les bons sentiments sont de bien belles choses aussi longtemps qu'ils ne deviennent pas des règles rigides à respecter.

Paradoxalement il exprime une conception moralisatrice de la morale, la présentant comme un phénomène repoussant et hypocrite. Pourtant, les chercheurs spécialistes de l'évolution et de nombreux éthiciens la considèrent plutôt comme un résultat de l'évolution de l'espèce, la manifestation d'émotions et de sentiments davantage tournés vers la solidarité, la cohésion, l'altruisme et la survie. Foglia y voit surtout des règles de conduite imposées soit par la persuasion publicitaire, soit par la loi, en prenant pour exemple le bannissement du tabagisme dans les endroits publics. À cet égard, il oppose le moralisme, en tant que norme dictée par des autorités, à la responsabilité, norme que l'on se prescrirait soi-même, par civisme, esprit de justice ou altruisme. Mais la responsabilité n'échappe pas pour autant à son statut moral.

L'une des manifestations du moralisme ambiant qu'il dénonce serait l'infantilisation, comme lorsque des commentateurs et des citoyens s'en prennent ici au tabagisme, là à la publicité ou à l'exploitation de mannequins prépubères par des stylistes. « Encore une fois vous inclinez vers une société moraliste qui infantilise les citoyens en les protégeant contre tout, et contre eux-mêmes. Une société qui mobilise contre "le mal". Une société de croisés » (1995).

Son hostilité face à ce qu'il tient pour de la déresponsabilisation a de quoi s'enflammer régulièrement en raison des drames qui sont abondamment rapportés et commentés par les médias, incluant son journal. Quand un enfant se noie dans une piscine privée, il s'agit pour lui d'un accident comme il s'en passe partout sur la planète. Mais il constate qu'au Québec, « cela s'appelle un problème de sécurité publique, qu'on se dépêche de "loader" de sens et de statistiques » (2006). Cela revient à nier l'accident en lui inventant un sens, non pas des causes elles-mêmes accidentelles ou contingentes mais des statistiques, des variables à manipuler. Prenant une posture libertaire, il voit l'État-providence comme le responsable de cette négation du risque individuel. Il n'hésite pas, au demeurant, à recourir à l'argument fallacieux de la pente glissante, au point de dénoncer toute intervention étatique, réelle ou anticipée. « Enregistre ton arme, mets ton casque, ne fume pas, ne mange pas de gras, n'écoute pas de musique morbide, n'engueule pas tes enfants, ne va pas sur les sites pornos, ne délire surtout pas. Et bientôt, on va aller vérifier ce que tu écris dans ton blogue » (2006).

Sans compter les nouvelles règles de sécurité que réclament « une gang de connards qui veulent nous faire traverser la vie dans un autobus scolaire, ça clignote tout le temps, et ça ne passe ni devant ni derrière. La vie sans risques (sans accident), c'est ce fil très mince sur lequel je crie » (1996). Il hurle devant « l'obsession de la protection, le refus de la société d'assumer le moindre risque. Ce qui me fait capoter, c'est le refus de l'accident. L'accident, tolérance zéro » (1996). Foglia est régulièrement en réaction face à cet « idéal social... d'une société sans accident » (2006).

Lui qui a visité des dizaines de pays, souvent en partageant les conditions difficiles de ses hôtes, est d'autant plus abasourdi des « phobies de consommateurs gavés » face à des risques alimentaires, du ridicule de cette « société de prévoyance absolue, plombée de toutes les peurs, où le vivre-ensemble se perçoit comme une extension de l'immunologie » (2007). Il craint cent fois plus la menace d'une « hygiène mentale publique » que toutes les menaces de maux de ventre et de gastro que soulèvent les uns et les autres. Parfois, il ne se prive pas de recourir à l'hyperbole pour alléguer des scénarios orwelliens de société moderne obsédée par le contrôle, la santé et la prévention.

> Dans notre société moderne, le criminel sera de moins en moins le bandit et de plus en plus le malade, surtout le malade sexuel, mais pas seulement sexuel, aussi le malade qui fume, le malade « social », le déviant qui ne se lave pas les dents, qui ne boucle pas sa ceinture, qui engueule ses enfants, qui ne fait pas d'exercice. (2000)

À certains moments, il voit dans ces injonctions une menace pour la démocratie, même s'il ne s'en explique pas longuement. Tout porte à croire qu'il craint pour la sauvegarde de libertés et le maintien du pluralisme, qu'il pense menacés par des prescriptions morales entérinées par la multitude et, éventuellement, le législateur...

Une autre manifestation morale contre laquelle il se rebiffe est la tentation du puritanisme, surtout aux États-Unis où, se scandalise-t-il, on a réussi à « faire enlever les jupettes dont Walt Disney avait affublé les hippopotames dans *Fantasia* (parce que cela ridiculisait les gros !) – les puritains, sur leur planète parano, n'ont pas fini de nous dire que la vie c'est comme les cigarettes : le danger croît avec l'usage » (1993). Mais il subodore ce puritanisme au Québec, ce qui le ramène à son discours fustigeant le refus du caractère inévitable des accidents, sa défiance face à l'instauration de contrôles dans le vain espoir de les éradiquer. Ailleurs, il suggère que la recherche du bien n'a rien à voir avec celle de la bonté, mais tout à voir avec la quête de la pureté et de sa « petite sœur la suspicion » (1999). Nonobstant ses diatribes contre la publicité, il se réjouit du jugement rendu par la Cour suprême du Canada selon lequel l'interdiction de la publicité sur le tabac constitue une brimade à la liberté individuelle. Il voit dans cette décision une petite victoire « remportée sur l'ordre moral, sur cette idéologie de la prévoyance qui veut notre bien contre nous-même (*sic*) » (1995).

* * *

Dans un autre registre, c'est Foglia le moraliste qui se dévoile dans quelques écrits pouvant relever du bestiaire, quand il a recours à la prosopopée, cette figure de style qui consiste à faire parler des objets, des absents, des morts ou des animaux. Ainsi peut-il faire s'entretenir des animaux qui font écho à ses opinions et valeurs morales.

Par exemple, pour critiquer l'idée reçue selon laquelle il faut absolument apprendre l'anglais, il invente un dialogue entre chats qui se demandent s'ils ne devraient pas, eux aussi, apprendre à parler le chien, une idée pas si farfelue, car chez « les bêtes, l'opinion qu'il vaut mieux parler deux langues qu'une est plus répandue qu'on le croit... » (1988). Afin de bien mettre en évidence la soumission à cette idée, d'autant moins contestable qu'elle est largement répandue parmi certaines élites médiatiques, politiques et financières, Foglia le fabulateur, au sens littéral ici, poursuit : « Moi, dit Labine, un jeune matou plein d'avenir, moi je sais déjà quelques mots en chien. Les plus usuels. Je sais dire maître, je sais dire aussi lécher, obéir, nonosse, couché !, assis ! » (1988).

À d'autres occasions, l'animal est le prétexte d'une analogie sur le lancinant recommencement des choses, d'une année à l'autre, malgré les bonnes résolutions.

L'homme est un grand lapin et sa fiancée aussi qui a certes la mamelle pectorale plus rebondie mais guère plus d'aptitude au changement que son compagnon. On peut les voir à chaque premier janvier reprendre le même sentier que le premier janvier de l'an passé en se faisant accroire que c'est une nouvelle destination. Mais c'est exactement le même chemin qu'ils prennent depuis toujours, long du même nombre de jours, semé des mêmes pierres. (1988)

Et c'est sans compter la question du bonheur, que l'on a beau chercher et espérer, alors que s'il doit arriver, ce sera « comme arrive un chat sur les genoux. Faites donc semblant de rien. Faites donc comme s'il n'était pas là, c'est le meilleur conseil que je puisse vous donner. Il suffirait que vous le caressiez pour qu'il décrisse » (1988).

Le bestiaire est bien pratique aussi quand Foglia entame sa série *Un zoo l'été*, en 1989, un titre qui se réfère au film de Jean-Claude Lauzon, *Un zoo la nuit*. Cela lui permet de regarder le monde à travers les yeux et l'esprit fabulé de certains animaux, par exemple un chien-guide parfois traversé de l'envie de se changer en pitbull devant la bêtise humaine. Grâce à cette stratégie, il est plus aisé d'oser des observations que d'aucuns contesteraient sans doute dans un autre contexte, notamment sur l'amour, qui ne se vivrait pas de la même façon chez l'homme et chez la femme, nom d'un chien.

J'ai d'abord compris que l'Homme parlait de cul. Et la Fille de cœur. L'Homme parlait d'instants, la Fille d'éternité, de perpétuation. L'Homme de pénétration... L'extraordinaire là-dedans c'est que chacun était persuadé que l'autre lui parlait d'amour. Je les regardais aller et je me disais mais comment ça se fait ? Ils sont pourtant intelligents tous les deux... J'ai finalement trouvé leur truc : chacun s'était persuadé que l'autre était une exception – Lui, il est pas comme les autres ! Elle, c'est pas pareil ! C'est ce que vous appelez tomber en amour. Ce que vous pouvez être ingénieux les humains, tout de même. Et pathétiques... (1989)

Ailleurs, il se mue en rat plus que centenaire, ayant passé sa vie dans une prison où il a vu «des gueux, des traîne-misère, des parias. Et toutes les sortes de salauds, les psychopathes du Bloc 1, les infanticides du Bloc 2 et des gardiens sadiques» (1989). Et pourtant, il n'en revient pas de voir arriver par centaines des touristes qui visitent la prison devenue musée: «Et moi qui croyais avoir tout vu, moi qui pensais avoir fait le tour de l'infamie, de la cruauté, de la peur, voilà que je découvrais, à 116 ans, une plus grande horreur encore que tout ce que j'avais vu jusque lors, voilà que je découvrais l'obscénité des honnêtes gens» (1989).

Un fait divers lui donne l'occasion de se prononcer sur l'incapacité fort répandue d'assumer une liberté, perçue également comme une source de déstabilisation. À l'été 1989, des macaques japonais se sauvent du Parc Safari, un jardin zoologique près de la frontière américaine. Mais au bout d'un certain temps, ils y reviennent chercher leur nourriture et sont de nouveaux enfermés. Il se met donc à la place de l'un d'eux, pour vanter en quelque sorte le confort de sa prison et servir une leçon aux humains qui le lisent, eux qui ne sauraient que faire si on les laissait entièrement libres. Il en veut pour preuve le fait que bon nombre de Québécois profitent de leurs vacances pour bronzer en troupeau sur les plages de l'est des États-Unis. Ils disposent de quelques semaines de précieuse liberté mais se montrent incapables de réelle évasion, à l'instar des macaques japonais. Si on lui reproche un certain mépris face à ce bonheur des gens de peu, des gens simples, il se rebiffe, car ce qu'il voit sur ces plages, c'est avant tout «la misère de gens qui ont toutes les raisons au monde de croire que le bonheur n'existe pas. C'est bien pour cela qu'ils ne le cherchent pas» (1984).

Dans la même approche critique de la vie banale, il reconstitue un dialogue imaginaire au cours duquel l'un de ses personnages demande: «Savez-vous si on peut mourir de banalité?», tandis qu'un autre lui répond: «Je connais une foule de gens qui en vivent» (1992). Pour lui, il est désespérant de ne pas chercher à savoir ce qu'on est venu faire sur cette terre, pourquoi on peut s'y ennuyer de vivre. Pourquoi on accepte les fausses évasions du dimanche après-midi sur de grands boulevards urbains sans arbres, à pied, en vélo ou en voiture. «Des mutants, je vous dis. Cerveaux gonflables, cortex en gortex, sexualité normale, ce qui leur permet de se reproduire malgré tout. Mais vous appelez ça une vie, vous ? » (1988). Il se rit également de ceux qui avaient prévu l'émergence d'une société des loisirs, la libération de l'humain, par le progrès technologique, de son aliénation pour lui permettre enfin de réaliser pleinement son potentiel intellectuel, moral ou artistique. « Mais personne, semble-t-il, n'avait prévu que le progrès porterait l'homme à tondre de plus en plus de gazon autour de chez lui. Personne n'avait prévu que le progrès enchaînerait l'homme à son propre ennui » (1990).

* * *

Progressivement, le moraliste peut devenir moralisateur, car derrière ses constats pessimistes et ses descriptions sans complaisance se cachent à la fois des conceptions de la vie bonne et des injonctions implicites à changer de vie. Selon lui, il faudrait adopter de nouveaux comportements, passer de nouveaux atours, transformer notre réalité, la rendre plus riche et moins abrutissante. Moins médiocre surtout. Il réagit vivement à cette « médiocrité ambiante » qu'il constate à son retour de longs séjours à l'étranger, et son haut-le-cœur se trouve amplifié par la complaisance qui « n'est rien d'autre que notre indulgence pour nos petites débilités » (1992). Alors qu'il suffirait simplement de reconnaître cette complaisance et de s'en attrister minimalement pour commencer à s'extirper de la médiocrité. Dans le même souffle, il constate et déplore l'exemple typique de cette médiocrité dans la publicité de *La Cage aux sports*, ces restaurants auxquels nous convient des :

> ... tatas et des tatanes super chromés qui nous disent que, oui, c'est très bon à *La Cage aux sports*, oui il y a un grand écran pour regarder les matches de hockey, mais le vrai message c'est pas ça. Le vrai message c'est : à *La Cage aux sports*, vous rencontrerez des gens comme nous... Avant de nous vendre un restaurant, l'annonce nous propose un échantillon d'humanité à admirer... Ici on ne se contente plus d'être médiocre. On célèbre la chose... (1992)

Il y va de temps à autre de rageuses charges contre la publicité à l'égard de laquelle il ne peut dissimuler son dédain, car elle incite à la surconsommation, lui qui n'oublie jamais la pauvreté dont il s'est extrait. Il considère la publicité comme « la plus rampante des violences » (1992).

Ce qui le scandalise encore plus, c'est de constater qu'elle s'est frayé un chemin dans les écoles alors qu'elle « devrait être interdite à l'école et dans l'autobus qui y mène » (1998), tout comme à l'université, aux Hautes Études commerciales notamment, où des entreprises commanditent des salles de cours. « Comment ne pas s'interroger dès lors sur le contenu critique des cours ? Sur l'indépendance de la recherche ? » (1999) Sans en avoir vraiment conscience, Foglia reproduit ici le discours de la pureté qu'il dénonce ailleurs. En conformité avec l'importance qu'il accorde à l'instruction, au savoir et à l'esprit critique, il refuse catégoriquement qu'une école ou un quelconque lieu d'enseignement se retrouve « sous l'influence du milieu corporatif et de sa religion néolibérale » (1999).

En plus de dénoncer la publicité, il se consacre à de nombreux réquisitoires contre la propagande qu'il tient pour une publicité mise au service des pouvoirs. La propagande veut « recueillir un consentement massif et enthousiaste à quelque chose, peu importe que ce quelque chose soit totalement creux, ce qui importe c'est le consentement lui-même » (1992). Mais généralement, ce que vise la propagande porte à conséquence. Si la publicité est un lavage de cerveau, comme il l'affirme, la propagande en est un lavage « à l'eau sale » (1997). Et son efficacité, qu'il ne remet pas en doute sauf peut-être sur lui-même, réside dans le fait qu'on ne se méfierait pas assez de ses mensonges qui visent à persuader et à ancrer des convictions et des idéologies dans le cerveau humain.

Oui, la propagande vend une idéologie, la grande différence avec la pub, c'est que la propagande ne ment pas. La bonne propagande, la propagande efficace qui fesse 100 % dans la tête des gens, c'est toujours une vérité. Une bonne grosse vérité martelée sans arrêt qui entraîne l'adhésion immédiate de la vaste majorité des gens à qui elle est destinée, par exemple : Le Canada est un beau et grand pays. Ben oui. (2002)

Visiblement excédé, il en appellera plus tard à une rébellion de ses lecteurs qu'il considère comme les victimes de ces stratégies de communication, alors que lui se dit en mesure de les décoder et de les rejeter facilement. Avec de tels discours, Foglia tourne le dos aux enseignements des sciences sociales et cognitives qui mettent en lumière le pouvoir de résistance des individus face aux messages qui contredisent leurs croyances. Les théories de la persuasion nous disent que les changements de croyances, d'opinions et même d'attitudes se font dans la durée, de façon incrémentale. Il y a toujours une part de prédispositions favorables et d'autopersuasion dans la persuasion. Aussi bien la publicité que la propagande, voire la désinformation, ne peuvent causer un revirement subit de nos convictions. Foglia incarne un phénomène bien connu en sociologie des médias et de la communication : l'idée qu'autrui est plus vulnérable que soi face à la propagande, la publicité et autres moyens de communication stratégique.

* * *

Le chroniqueur se fait moralisateur sur pléthore de thématiques : ainsi, il vitupère ceux qui se rendent coupables de « lalasiation » dans les médias (par exemple dans « ça l'a pas d'allure... »), pour leur causer une honte, comme le veut le principe de *name and shame* des Anglo-Saxons. Il y a dans ce phénomène « plus qu'une faute, j'y vois une corruption, un avachissement, un ramollissement bien de notre époque... Bon, me voilà reparti, s'cusez... » (2006). Ailleurs, il lui arrive de comparer certains de ses congénères non pas à des lions, braves et magnanimes dans les fables, mais à des hyènes carnassières un peu fétides qui n'ont pas ce noble courage de s'élever contre l'injustice.

Ceci correspond à sa conception de l'harmonie des rapports sociaux qui dépendrait largement « de notre aptitude à civiliser, à contrôler, à policer notre "naturel" » (1996). En somme, à surmonter envies belliqueuses et lâcheté. Et il faudrait de plus faire preuve de bonté mais dans la discrétion, avec pudeur, loin des caméras et sans attendre ni bravos ni mercis. Ces « retours de bonté [sont] le boutte du boutte de la vulgarité. [...] Des retours en bravos, en mercis, en félicitations, comme des retours d'impôts » (1998). Il s'insurge contre les mécènes qui cherchent avant tout la visibilité de leurs bonnes actions. Il constate par ailleurs que certaines multinationales tempèrent leur empressement à venir en aide aux enfants dans le besoin si leur générosité fait l'objet de retombées médiatiques moindres. « On voit par là que le [philanthrope] est plus porté à la bonté quand on lui fournit la victime qui pourra l'en remercier » (1990).

Le moralisateur s'impose quand il est question de légaliser la prostitution. Il manifeste ses réticences, surtout pour la jeune femme de 16 ans obligée d'avoir plusieurs clients par jour pour assouvir son proxénète. Pour lui, les prostituées sont des victimes d'abus et de leur dépendance à la drogue.

> Ne se trouve-t-on pas, en légalisant leur pratique, à légaliser par le fait même ce commerce de bétail qui rapporte des milliards chaque année aux gangs de rue, aux Hells et à la maf? Cela ne vous dérange pas un peu? Merde, c'est pourtant censé être moi, le pas-d'allure, le pas-de-morale. (2010)

Foglia admoneste régulièrement ses semblables, leur sert des leçons de morale qui révèlent le caractère normatif d'une partie de son œuvre, comme bon nombre d'écrivains au demeurant. On peut difficilement passer sa vie à écrire, à construire progressivement un corpus sans se nourrir d'indignations, comme on le verra au prochain chapitre, et ces indignations sont porteuses d'attitudes morales. Ce qui est plus difficile à comprendre, c'est son insistance à nier cette dimension de son œuvre. On pourrait y voir une stratégie de communication, une parade rhétorique pour être encore plus persuasif en tentant d'assoupir la vigilance du lecteur.

À plusieurs reprises, il dénonce hypocrisies et lâchetés des uns et des autres. L'hypocrisie des « flics des mots » qui dénoncent le racisme de ceux qui disent « nègres » au lieu de « Noirs », alors que la rectitude a déjà accompli son œuvre. Cela fait « longtemps que le raciste a appris à ne plus dire nèg', il dit : désolé monsieur, je viens juste de louer cet appartement. Et vous voilà bien avancés » (2002). Ou la lâcheté de ceux qui ont gardé le silence quand l'ex-premier ministre Jacques Parizeau ou Yves Michaud ont été voués aux gémonies, surtout celle de leurs adversaires politiques qui savaient la fausseté de ces accusations. Ce qui lui permet cet aphorisme en forme d'injonction morale : « Les devoirs d'honneur envers nos ennemis sont les plus impérieux » (2002).

* * *

S'il est une chose que ne peut absolument pas tolérer Foglia, c'est la conduite automobile avec les facultés affaiblies. Jamais il ne se fait plus moralisateur que lorsqu'il est question d'alcool au volant. Pour une fois, on le retrouve du même côté que la majorité de ses concitoyens, allié des pouvoirs policiers, judiciaires et politiques. Ne reculant pas devant l'hyperbole, il n'hésite pas à se qualifier de taliban en matière d'alcool au volant. Il mène un combat sans répit contre une culture qui valorise la consommation d'alcool, difficile à modifier, car s'il y a des radars pour signaler l'excès de vitesse, « il n'y a pas encore de radars pour dire : t'es vraiment trop con » (2012). Dès 1990, il vilipende les « mongols paquetés-noirs dans leur pick-up... En veux-tu des épais à la planche sur la 309 et les chemins de terre, une petite dernière à la main ? En veux-tu des barbares ? » (1990)

Pour lui, quand des jeunes meurent au volant en état d'ivresse avancée, on a tort de parler d'accident. Cela est encore plus vrai quand des chauffards tuent d'innocentes victimes sur la route. Il haït viscéralement aussi bien la douteuse normalisation de la vitesse, par la publicité notamment, que l'indifférence à autrui que l'on menace. « ... cet Autre qu'on se dépêche d'aider quand il est enseveli dans un tremblement de terre à l'autre bout de la terre, mais qu'on est prêt à tuer aussi, comme ça, comme rien, quand c'est notre voisin qui s'en vient sur cette route où, soûl et gelé, on roule à 180 km/h » (2012).

Il est absolument dénué de toute compassion pour les jeunes, presque toujours des hommes, qui se tuent au volant, ou pour leur blonde « si elle est assez conne pour embarquer dans une voiture conduite par un moron paqueté » (2009). Quand la vitesse et l'alcool causent la mort d'hommes, de femmes et d'enfants percutés, ce n'est pas un accident, c'est « un assassinat. Qui devrait être jugé comme un assassinat. On parle beaucoup de sécurité au volant. On devrait parler au moins autant de responsabilité » (2009).

Considérant l'alcool comme un fléau social bien plus dommageable que la drogue – laquelle est partout dénoncée, combattue, vilipendée –, Foglia ne cache pas son désespoir face à la banalisation dont il est l'objet, dans les médias notamment, avec les critiques de vin, la publicité, etc. Il dénonce les stratégies commerciales de certains bars qui promeuvent la consommation excessive, tout comme il attaque l'hypocrisie sociale qui encourage le silence complaisant « parce que l'alcool c'est correct. C'est pas colombien comme la coke. Les flics en boivent. Ma tante aussi. C'est la défonce des honnêtes gens qui tue plus que le sida, plus que les suicides. Mais dieu merci, l'alcool ne rend pas junkie... » (1994)

Lui-même se juge sévèrement pour les fois où il a laissé partir, au volant de sa voiture, un ami un peu éméché ou quand il a insisté pour qu'un autre prenne un dernier verre. Ou quand lui-même, « gelé comme un phoque », a embouti la voiture d'un homme à 3 heures du matin. « J'aurais pu le tuer. Je serais allé en prison. Et je ne serais pas devenu un chroniqueur écouté qui a écrit cent fois que les gens qui conduisent saouls sont des criminels et des sacrés cons » (2001).

Il ne conteste donc pas la nécessité de contraintes pour favoriser la vie en société. Celles-ci sont autant d'occasions de chercher à les contourner et à les contester. Elles constituent en même temps le terreau le plus fertile qui soit pour le chroniqueur. Il serait bien désemparé que tombent les règles de vie et les normes sociales. Elles lui sont aussi essentielles que l'eau à une oasis.

Sans contrainte, pas de refus des contraintes. C'est un des grands dilemmes de cette époque. Et une de mes plus grandes frustrations. En toute chose, l'obligation qui m'est faite de revenir à la règle. De prendre, la mort dans l'âme, le parti de son rétablissement. C'est le grand dilemme dont je parlais : comment la fucker, la règle, quand il n'y a plus de règle ? (1995)

Chapitre IX
L'indigné

« On me dira que je m'indigne pour deux fois rien. Au contraire. Pour le plus grave motif qui soit, pour la perte de ce minimum de décence sans lequel tout est permis. On n'a pourtant jamais autant parlé de morale. Je sais bien. On n'en manque pas non plus. Ni d'intelligence. Ni de culture. Ni de projets de société, comme on dit. On manque seulement de ce minimum de sensibilité sans lequel il n'est pas d'art de vivre. » (2000)

Dans l'œuvre de Foglia règne une indignation qui se répand dans des centaines de chroniques. Passion ou sentiment, il s'agit toujours d'un ressort moral qu'il faut laisser agir, car il « ne se détend pas quand on est assis dessus avec notre gros cul » (2000). C'est une autre illustration de sa double figure de moraliste et de moralisateur. Sans en faire un exposé théorique de nature à effaroucher certains lecteurs, le chroniqueur propose une définition de la dignité où cohabitent fraternité et solidarité sans frontières. Un jour, réagissant face aux milliards de dollars consacrés à l'exploration spatiale plutôt qu'à la lutte contre des maux plus urgents, notamment l'injustice, il écrit « savoir qu'Uranus est à X millions de milles de la Terre, ça c'est de la connaissance, tandis que savoir que Haïti est à moins de 500 milles de Cap Canaveral, ça c'est de la dignité. Voyez? » (1986)

L'indignation est une des plus importantes pulsions qui le font écrire. Bien souvent, c'est à la façon dont les choses se déroulent qu'il réagit, bien plus qu'à leurs causes. Il constate cependant qu'il en va autrement de ses lecteurs, ce qui peut créer des malentendus. Si ce sentiment revient aussi souvent dans ses écrits, c'est qu'il s'impose à lui aux moments de réflexion nécessaires à son travail, assis à son bureau, à la campagne. Le courroux peut remonter à la surface et influer sur l'orientation de ses textes. Cela lui permet un épanchement que lui interdisent ses périodes de vacances, quand se mélangent en lui le soulagement de ne pas écrire et le regret de ne pouvoir partager les vives réactions et exaspérations ressenties au gré des événements. « C'est comme rentrer à la maison et n'avoir personne à qui raconter sa journée » (1988).

Et puis il y a quelque chose de sain dans la capacité à s'indigner publiquement, plutôt que de ronger son frein ou de se laisser aspirer par la spirale du silence, sous prétexte qu'on croit notre opinion trop marginale pour être exprimée. Un tel silence gonfle artificiellement l'illusion d'une opinion majoritaire et hégémonique. Foglia a quant à lui choisi de toujours dire ses indignations « avant qu'elles ne deviennent des mauvais sentiments » (2010), même s'il concédera, en 2013, être devenu moins réactif face aux scandales et autres insanités, sans doute en raison de son âge, lui qui a alors 73 ans.

* * *

Foglia ne cache pas son désarroi, sinon son aversion, face à une société obnubilée par le commerce, par l'argent, par ce « Grand Complot [qui] est de faire de la planète, une épicerie » (2002). Il réagit très mal à l'appel du président George W. Bush, au lendemain des attaques du 11 septembre 2001, lequel encourageait ses concitoyens à reprendre une vie normale, à aller magasiner. C'était « une indignité presque aussi grande que celle à laquelle elle répondait » (2011). S'il n'est pas outré par les salaires faramineux des athlètes, des acteurs ou de dirigeants de grandes entreprises, y compris ses patrons les Desmarais, il admet toutefois détester leur « suffisance, ce sentiment de supériorité que donne parfois la richesse » (2009). C'est aussi un sentiment de colère contenue qu'on observe chez lui quand il commente les choix économiques des gouvernements, des administrateurs ou des banquiers qui cherchent toujours à justifier leurs rationalisations invariablement réalisées aux dépens des plus faibles. « Pas le choix ? Peut-être, mais avez-vous noté que le couteau n'entaille jamais le bras qui le tient ? » (1992)

Ses rages et révoltes sont les fruits d'une conscience éveillée et entretenue par les expériences vécues ou connues, par la culture, la lucidité et les injustices observées au fil des années. Il ne faut donc pas s'étonner que Foglia soit profondément écœuré de voir des députés ou aspirants politiciens feindre la compassion ou un réel intérêt pour les citoyens en leur faisant parvenir des cartes de souhaits ou en passant quelques secondes à leur porte lors de campagnes électorales. S'il sait se montrer compréhensif face aux petites magouilles banales des politiciens qui viennent en aide à un ami, y voyant simplement de « l'hommerie » de même nature que les autres compromissions nécessaires à la vie politique, le voilà rageur et sans merci face à des tactiques qui semblent ne pas scandaliser les autres journalistes. La mise en parallèle de ses préoccupations du quotidien avec l'appétence de ses collègues pour les scandales politiques le prouve. Alors que ces derniers n'en ont que pour les relations supposées toxiques entre des entrepreneurs de la construction et le financement des partis, lui est tout simplement scandalisé du fait que des organisations politiques puissent faire voter des personnes âgées profondément atteintes de la maladie d'Alzheimer. Ces différences révèlent des sensibilités diamétralement opposées. La détermination de stigmatiser des formes de déviance sociales mettant en rapport des individus rationnels à la moralité douteuse d'une part, et une volonté de dénoncer les abus à l'endroit de gens vulnérables, dont la dignité humaine est en quelque sorte violée, d'autre part. Il relate à cet effet le cas d'une dame de 94 ans qui ne reconnaît plus ses enfants, se montre incapable de s'identifier elle-même, ne sait plus ce que sont des élections, mais que des organisations politiques vont pourtant faire voter même si elle n'a pas la force de tenir un crayon, « qui l'a tenu pour elle ? » (2009), demande-t-il en passant.

Des gens des élections ont débarqué à la résidence, comme des flics le feraient pour une perquisition. Ils ont présenté une liste de noms à la directrice, qui n'a pu que confirmer leur présence dans son établissement. Elle est habituée, la directrice ; la même aberration se produit aux élections provinciales et fédérales. Chaque fois, elle proteste pour la forme : Vous allez les faire voter même s'ils sont gravement atteints d'Alzheimer ?

Ce n'est pas à vous de juger qui est apte à voter ou non, lui répond-on. Autrement dit : toi, ta job, c'est de les torcher. Nous, notre job, c'est la démocratie. (2009)

Alors que de tels cas suscitent une irritation minimale et éphémère parmi ses collègues journalistes, ils prennent chez Foglia l'importance et la gravité de ces choses qui témoignent mieux que tout de la perversité de certaines formes d'organisation sociale, d'autant plus que personne ne semble vouloir s'en émouvoir ou les sanctionner. C'est une chose d'observer les égarements, petits et grands, de la vie collective, c'en est une autre de constater qu'ils n'incommodent personne. Pire, qu'ils s'inscrivent dans l'ordre des choses.

* * *

Chez Foglia, le sentiment de justice est profondément ancré. Il ne faut donc pas s'étonner de le voir exprimer sur tous les tons les émotions que lui causent les iniquités, surtout les transgressions de sa conception de la justice sociale, qui représente le « principe fondateur d'une société meilleure » (2003), comme il en va de l'aide humanitaire, de la démocratie ou du respect des droits humains. Au chapitre de ces injustices sociales, il y a celle causée par la concentration des richesses entre les mains de certaines classes sociales, pendant que par centaines de milliers, des citoyens sont privés de tout ou presque, subissent la pauvreté culturelle et intellectuelle qu'aggrave l'analphabétisme. Pour eux, chaque jour est la stérile confrontation avec un avenir sans espoir dans une société de plus en plus tournée vers le savoir et la connaissance des technologies. C'est cette sensibilité, proche du pessimisme aussi, qui l'empêche de célébrer la chute du Mur de Berlin en 1989, contrairement à ceux qui s'empressaient de collaborer à la construction d'un autre mur, celui de l'illusion. Car il voit tous les autres murs qui séparent les peuples, et ce, encore pendant des décennies. «Quels murs? Eh bien, par exemple, le mur qu'il y a entre les Blancs et les autres. Le mur qu'il y a entre les chrétiens et les musulmans. Mais surtout le mur qu'il y a entre les riches et les pauvres» (1989).

Seule la justice sociale, principe fondamental chez lui, peut conduire à l'effritement du mur entre riches et pauvres, à défaut d'un effondrement total et utopique. Elle n'a rien à voir avec la charité qui serait plutôt un aveu d'impuissance en même temps qu'un signe de soumission à des inégalités perçues comme une fatalité naturelle, quand elles sont des constructions collectives. C'est pourquoi Foglia est parfois sans merci face aux initiatives dégoulinantes de bons sentiments que sont les téléthons et guignolées de tout acabit. Certes, les pauvres ont besoin d'aide immédiate pour se nourrir, mais ils «n'ont pas besoin d'un autre téléthon de 50 millions [...] Les pauvres n'ont pas besoin d'un autre show qui fera la promotion de leurs bienfaiteurs. Ils ont besoin de justice et de services» (1998). Or, pour Foglia, «la charité empêche la justice sociale» (1992). Elle apporte une réponse «évangélique et merdique» (1992) en se substituant à celle-ci, qu'il tient pour la première des responsabilités sociales d'un État. Non seulement elle n'est pas la réponse appropriée à la pauvreté, mais elle occulte des questions fondamentales qui devraient pourtant avoir un écho social et médiatique. «... combien de paniers de Noël pourrait-on faire avec les crédits d'impôts accordés aux entreprises, avec les machines de guerre inutiles dont on pourvoit notre armée inutile?» (1995) Sans complaisance, il y revient quand il affirme que la charité procure à celui qui la fait un soulagement nauséabond sans rien régler pour celui qui la reçoit.

Ses critiques s'expriment parfois en réaction à des initiatives de charité médiatique qui permettent avant tout aux journalistes et aux vedettes de se donner bonne conscience, une fois par année, au moment de la Grande Guignolée des médias, alors que la pauvreté demeure un sujet plus que marginalisé le reste de l'année. Il se désole de ces guignols des guignolées dont les paniers de Noël «ne compenseront jamais le désengagement de l'État. Sauf qu'on ne retend pas le ressort moral d'une société en jouant à l'abbé Pierre une journée par année...» (1995). Une autre année, il se dissocie totalement d'une annonce de cette Grande Guignolée des médias qui montre un petit garçon assis à une table, devant une assiette vide, et à propos duquel il est écrit qu'il aura faim à Noël. Il la dénonce parce que:

> ... c'est un mensonge. Cet enfant-là n'aura pas faim à Noël.
> Par contre il aura faim le 23 février. Et le 10 juin et le 24 septembre et peut-être d'autres jours, mais on ne le saura pas. Il n'y aura pas d'annonce à la télé ni dans les journaux. Si on m'avait demandé mon avis... j'aurais demandé qu'on écrive: à Noël, cet enfant n'aura pas faim grâce à la Guignolée des médias. (2004)

Cette guignolée ostentatoire l'indispose d'autant plus qu'elle rompt avec sa conception du bien, héritée de son enfance. Il était alors discret, pudique et désintéressé, mis à part le plaisir procuré à celui qui venait en aide. Pour Foglia, le bien est «quelque chose que l'on ne fait pas pour soi» (2006), on le fait tout simplement, sans apparat ni fanfare. Tout le contraire des guignolées médiatiques dont les milliers de conserves récoltées ne résolvent rien. Fidèle à ses convictions de gauche, le chroniqueur persiste à dire que c'est sur le terrain politique que le combat doit être mené, afin d'implanter des mesures sociales et de stimuler «un ressort moral. Vous pouvez appeler ça du socialisme si vous voulez [...] Depuis 25 ans, les gouvernements, à l'incitation des nouveaux maîtres de l'économie, ont réduit à presque rien les protections sociales. Les gouvernements ont fait en sorte que la justice soit remplacée par des guignolées» (2009). C'est avec cette même prédilection pour la pudeur qu'il se prononce à propos de campagnes publicitaires qui exhibent la misère humaine pour stimuler la charité. Il y a dans cette instrumentalisation une dimension insupportable, surtout quand elle est mise au point par des organismes qui profiteront de la charité pour faciliter leur prosélytisme moral ou religieux.

> Il faut y mettre toute la pudeur du monde, et encore, ce n'est pas assez, c'est jamais assez de pudeur quand il est question de la misère... C'est que voyez-vous la misère, l'insondable misère des *slums* avec ses toits de tôle, sa boue et ses chiens, n'est pas autre chose que la vie qui se fait enculer sous vos yeux. C'est le pire des viols, il vous fait pornocrate dès lors que vous le regardez avec la moindre complaisance... La dernière chose à faire avec la misère, est de la théâtraliser. (1990)

L'homme de gauche ne cache pas sa répulsion en voyant, une semaine, une foule de bien-pensants exiger des baisses d'impôts qui servent à financer les assistés sociaux, les chômeurs et autres «paresseux», alors que ce sont souvent les mêmes «beaufs, les flics [...] vice-présidents de chambre de commerce et [...] épicières variqueuses» qu'on voit la semaine suivante participer aux grandes démonstrations humanitaires. «La charité oui. La justice sociale? Fuck» (1994).

Il utilise un cas qui se veut persuasif pour sensibiliser son lecteur et sa fiancée aux situations profondément injustes. C'est l'histoire d'une assistée sociale qui parvient à survivre avec un maigre 550 dollars par mois. Un fonctionnaire de l'aide sociale, feignant la compassion, lui demande comment elle réussit ce tour de force et celle-ci lui répond, naïvement, qu'elle est parfois aidée par son fils et sa mère. «Le 1er février, son chèque de BS était passé de 550 à 337 $» (1996). Foglia compare ce traitement à celui que son père réservait aux lapins. «... il immobilisait l'animal entre ses genoux, tirait sur ses oreilles pour dégager son cou, rentrait le couteau et attendait que le lapin se vide de son sang jusqu'au bout. C'est comme ça aussi que l'aide sociale saigne les nouveaux pauvres» (1996).

La critique est radicale et constante dans l'œuvre foglienne, mais jamais elle ne verse dans l'absolutisme ou le pessimisme intégral. Chez Foglia, il y a souvent des interstices par lesquels passe un peu d'espoir ou de pragmatisme, sans jamais cependant hypothéquer sa lucidité. Tout en dénonçant la charité et les guignolées médiatiques, il invite son public à ne pas laisser crever les gens en attendant la venue de temps meilleurs. Il faut donner, bien entendu, donner ce «qu'on peut. Ce qu'on a. Aussi grand qu'on a le cœur. Mais il faut aussi hurler en même temps. Il ne faut pas être content de donner. Il faut être en colère» (1992). Il le concède à un lecteur qui, touché par un cas qu'a rapporté le chroniqueur, a envoyé un chèque à la dame en question, tout en sachant que son geste relève plus de la loterie que de la justice ou la bonté, car rares sont ceux qui profitent de l'attention des médias. Foglia est d'accord, mais «je me dis que cette fois il y en a au moins une qui a gagné. Et que les autres n'ont rien perdu» (1990).

Il cherche parfois dans des initiatives de solidarité locale des éclats de lumière pour illuminer la grisaille de son humeur. Car ce pessimiste n'est pas totalement désespéré, et ses élans de cynisme sont compensés par des manifestations qui sont de nature à procurer un baume. C'est le cas de ce village près de Joliette où des pauvres font du pain qu'ils vont ensuite troquer contre des légumes, de la viande et d'autres aliments. Ou encore de ce médecin qui prend en charge des enfants maganés par la vie grâce à des dons que lui font d'autres médecins. «La bonne nouvelle, c'est la solidarité. Un tissu social en train de se retricoter autour d'une idée vieille comme l'Homme et sa fiancée. Une idée qu'ils n'ont jamais été foutus de mener jusqu'au bout. L'idée d'une société juste» (1996).

Au-delà de l'existence même des injustices, Foglia en a contre l'indifférence presque constante de la majorité de ses concitoyens qui préfèrent souvent se scandaliser pour des questions triviales. Il y voit l'expression d'un fatalisme et de la difficulté collective d'aborder des questions humaines fondamentales. À certaines occasions, on le sent au bord du découragement et du cynisme. «Pour nous, Canadiens, la pauvreté est une sorte de fatalité, un mal presque nécessaire que Dieu nous envoie pour nous émouvoir, pour éprouver notre générosité, pour occuper nos bénévoles. Et puis ça fait des bons papiers et de belles images à la télé» (1993).

Il sait très bien que dans une société obnubilée par l'économie de marché et la consommation, son discours est archaïque. C'est celui des attardés comme lui qui persistent à croire que :

> ... le ressort moral qui astreignait les plus forts à protéger les plus faibles ne peut pas fonctionner quand la majorité est assise dessus, quelques attardés, disais-je, qui veulent bien croire qu'il n'y a plus de riches, plus de pauvres, plus de gauche, plus de droite, mais qui se disent aussi qu'on est en train de perdre beaucoup plus qu'un ressort moral, on perd aussi notre sens commun. (2001)

Il en veut pour preuve le cas d'un employé d'hôpital sur le point de perdre son emploi, car il sera... malade !

Les ravages de la pauvreté et des inégalités qu'il dénonce ne se limitent pas à l'estomac et au confort physique de leurs victimes. Ils sont plus insidieux. Ils se reflètent dans la marginalisation de ceux qui ne sont pas en mesure de s'élever à la hauteur des exigences d'excellence, de réussite sociale, économique ou artistique. Il en voit la preuve dans le sort réservé aux perdants, aux *losers*. «Pourquoi on ne parle jamais des perdants de la course au bonheur telle que réglementée par la pub, les téléromans, les galas de chimpanzés? Parce qu'ils se taisent les perdants? Parce que personne ne veut jamais s'avouer un looser (*sic*)? Parce que la défaite est le dernier grand tabou de notre société?» (1989) À une autre occasion, il se demande combien a pu coûter aux gens souvent moins fortunés l'achat de produits dérivés (casquettes, draps, poupées, etc.) de films américains très populaires. Là encore, il est convaincu que l'industrie des modes cinématographiques abuse de personnes défavorisées et culturellement vulnérables. «Le paradoxe du fric, l'injustice jamais dénoncée, c'est que celui du pauvre sert souvent à acheter de l'inégalité culturelle» (1995).

* * *

Si les injustices sociales le font rugir et monter au créneau, que dire alors de son allergie viscérale à la délation, sans doute pour lui la plus grande tare morale pouvant frapper individus et sociétés. Il y a chez Foglia une distinction entre la dénonciation de situations inacceptables ou de comportements antisociaux ou injustes, présente au cœur de centaines de ses chroniques, et la délation, qui consiste en une accusation en rupture avec le bien commun, qui vise à nuire injustement à l'autre ou à favoriser le délateur lui-même. Dans certains dictionnaires, on associe la délation à une forme méprisable ou intéressée de dénonciation. La dénonciation dans l'œuvre foglienne est davantage un acte de dévoilement, de diffusion et même de critique de pratiques ou de réalités. Certes, il est facile de passer de la dénonciation à la délation. La différence tient surtout aux avantages personnels que compte en tirer son auteur.

La répulsion de Foglia pour la délation remonte à très loin, à un événement fondateur survenu pendant son adolescence, dans l'école professionnelle où il apprenait la typographie. Un soir, l'intendant profite d'un repas pour inciter les étudiants à ne pas gaspiller la nourriture, lorsqu'une tranche de pain lancée atterrit à ses pieds après un long vol plané. Le pion de service se précipite à une table de huit d'où provient le mauvais coup et demande à en connaître le responsable. Les étudiants savent de qui il s'agit mais refusent de le dénoncer. Devant ce silence, le pion avise qu'il y aura une retenue pour tous, le samedi après-midi, si l'identité du coupable n'est pas connue à la fin du repas. Ce n'est pas cette retenue qui trouble les pensionnaires mais le fait qu'elle les prive du train leur permettant de se rendre dans leur famille pour une ou deux nuits. Pour plusieurs, cela est surtout la privation de voir leur jeune amoureuse ou de faire du sport avec des amis. Le coupable, qui s'entête à garder le silence, est rapidement l'objet de pressions et même de menaces de la part des autres pensionnaires. À la fin du repas, face à la sanction imminente, une première voix, suivie de deux cents autres, dénonce le coupable forcé d'avouer son méfait au pion. Tous soupirent de soulagement, car la sanction leur semble levée. Mais il n'en est rien, car si le coupable sera en retenue le samedi pour son geste, les autres le seront doublement, les samedi et dimanche, car ils devront copier cent fois : « Celui qui commet une faute est souvent un imbécile, celui qui la dénonce est toujours odieux.» La réaction outrée des parents n'y changera pas grand-chose.

Je tiens à préciser que tout cela se passait il y a longtemps dans un collège professionnel et public. Donc une école très ordinaire d'où nous sortions avec un certificat de plombier, ou d'électricien, ou de mécanicien, ou de charpentier, et dans mon cas, de typographe. Ce que je dis ici c'est que ce n'est pas nécessairement dans les plus grandes écoles qu'on reçoit les plus grandes leçons. (1986)

Cette leçon, Foglia ne l'oubliera jamais. Peu importe l'enjeu, il va invariablement considérer la délation comme un acte odieux, qu'il observe «au cœur de toutes les saloperies de l'histoire, les rafles de juifs dans les pays envahis par l'Allemagne, le maccarthysme. Chez Hitler comme chez Staline, on apprend aux enfants à dénoncer leurs parents. Tous les systèmes totalitaires reposent sur la délation» (2005). C'est la délation qui remplit les camps de concentration en Allemagne et dans les territoires occupés, tout comme le goulag en Union soviétique. Sans exprimer le moindre doute moral, il trouve aussi odieux de dénoncer le vieux nazi au justicier juif, comme il était «odieux que de dénoncer le juif au flic nazi. C'est le flic (et bien sûr, le pouvoir à travers lui) qui fait le délateur. Que le flic soit noir, blanc, musulman. Il est odieux de dénoncer, point» (1986).

On voudrait «nous faire croire qu'elle est un devoir civique. Jamais. La délation est une foutue limace» (1999), et meurtrière au surplus. Ce serait même «la maladie la plus grave de la justice...» (1987), quand le système judiciaire y trouve son lot de coupables à punir. C'est pourquoi, viscéralement, Foglia y est opposé, «tout ce que je suis dit non. Je ne veux pas entendre vos raisons. C'est non. Ne me dites pas quel horrible crime il s'agit de dénoncer. C'est non, non et non» (1997). Dans ce refus maximaliste, il se trouve bien seul, car la délation ne soulève aucune indignation collective. «Elle est passée dans les mœurs sans débat, comme une simple affaire de morale civique, comme si la délation n'était pas forcément politique, comme si elle n'était pas d'abord un mode de gouvernement» (1997). Il la retrouve partout en Amérique du Nord, chez les compagnies d'assurance comme dans divers ministères, en passant par les émissions de télévision qui se lancent à la recherche de criminels et ceux qui dénoncent les porteurs du VIH. Un jour, passant par la Beauce, il voit sur le bord de la route une affiche publicitaire invitant en grosses lettres les gens à écouter «Simon Roy, le délateur», faisant référence à un animateur radiophonique. Pour lui, ce mot de délateur est aussi terrible et grossier qu'«enculé». «... je ne comprends pas les gens d'écrire ça sur le bord des routes, à la vue des enfants» (1993).

Il voit la délation comme une «médiocre lèpre», une «pourriture de l'âme», et s'il peut parfois envisager, à la limite, de dénoncer le voisin qui maltraite ses enfants, après l'en avoir informé, ou encore de montrer du doigt les abus de pouvoir du système et de ses représentants, pas question d'aller plus avant. À cette mince probabilité évoquée en 1995 il revient en 2005 sans trop dire ce qu'il ferait si justement son voisin martyrisait ses enfants, battait sa femme, était pédophile, etc. Pour éviter de répondre, il renvoie ses lecteurs à leur propension à examiner des cas particuliers alors que lui-même préfère s'en tenir à des principes généraux. Sans le savoir, Foglia l'indigné se situe exactement à l'opposé de Foglia l'éthicien, quand il critiquait ceux qui défendaient des principes éthiques généraux alors que lui se penchait sur des cas particuliers difficiles. «On ne dénonce pas, c'est tout. Le délateur est ignoble. Et, en plus, il fait le bien, ce sale con» (2005).

Pas question donc de dénoncer les voleurs, fraudeurs à l'aide sociale, drogués, évadés, terroristes, travailleurs au noir et autres déviants. Face au ministre conservateur de l'époque qui encourage de telles délations, Foglia se montre impitoyable. «Tu sais c'est quoi l'état (*sic*) policier? Non c'est pas quand la police est au pouvoir. Ça c'est la dictature. L'état (*sic*) policier c'est quand une majorité de citoyens se réveillent le matin avec une âme de flic» (1993). L'honnête citoyen qui se prête à la délation est «plus infâme que le plus infâme des criminels» (1995). Ailleurs, il revient sur ce sujet. «Je veux bien la justice, mais si vous saviez comme j'ai peur des justiciers» (2010).

Malgré son aversion, Foglia est conscient du fait que le travail journalistique repose en bonne partie sur une dénonciation de comportements antisociaux, déviants ou en contradiction avec les convictions morales, idéologiques et politiques des journalistes et des propriétaires de médias. Il sait aussi que la frontière est souvent mince entre la dénonciation à des fins d'information ou de persuasion, et la délation à laquelle se prêtent ces « flics de la profession » (1987), tels ceux qui espionnent les ébats amoureux d'un homme politique aux États-Unis.

Lui-même ne peut totalement y échapper quand il se met à enquêter pour déterminer la véracité d'accusations reçues dans une lettre : un directeur de centre communautaire aurait agressé sexuellement cinq petits garçons dans un camp de jour et serait reconduit dans ses fonctions pour le camp d'été suivant. « L'effet le plus pervers de la délation, c'est de vous fourrer un doute dans la tête. Et si c'était vrai ? Et s'il arrivait quelque chose que j'aurais pu empêcher ? J'ai fait ce que je déteste le plus faire dans ma job, j'ai fait le flic » (1999).

Il se contredit parfois lui-même quand il souhaite la délation plutôt que le silence complice. Lorsqu'un policier refuse de participer à un mensonge visant à protéger un autre policier, qui aurait modifié un rapport d'accident afin de venir en aide à la fille d'un collègue, Foglia se porte à la défense de ce dissident qui refuse la complicité et est menacé par ses collègues, son syndicat et ses supérieurs. « Le scandale c'est ça, le silence dans les rangs. Le scandale, c'est cette culture mafieuse qui rejette le juste comme un déviant. Le scandale, ce n'est pas la faute professionnelle, c'est son avalisation par le clan » (2000).

Il s'oppose cependant à toute intention de placarder des photos de pédophiles sur les poteaux de téléphone, au risque d'être pris à partie par des lecteurs courroucés et voyant dans la délation une « obscène inversion de la victimisation » (2003), la victime voulant se faire bourreau non par sentiment de justice mais par soif de vengeance. Ce faisant, Foglia résiste à une forme de rectitude morale et médiatique dans laquelle versent ceux dont le succès repose sur la popularité, le vote ou les cotes d'écoute.

* * *

En novembre 2014, le scandale impliquant l'animateur de la CBC Jian Ghomeshi est à l'origine d'un mouvement de dénonciations publiques d'agressions sexuelles de la part de femmes qui se sont tues des années durant. Dans les médias, sur Facebook et Twitter, plusieurs femmes brisent donc le silence. Mais d'autres profitent de l'anonymat pour émettre des accusations calomnieuses. Le sujet est délicat, explosif même. Devant ce qui ressemble à une forme de délation, Foglia revient à la charge en dénonçant à son tour un certain discours féministe qui voit en chaque homme un violeur potentiel. Il prend pour référence les combats de féministes radicales des années 1960 à 1980, qui mettaient tous les hommes dans le même sac, sans nuances. Les accusations des unes et des autres sur les médias sociaux lui font penser au climat des pays totalitaires évoqués plus haut. « Précisément ce genre de déballage qui me tue. Exactement ce genre de confusion entre dénonciation (d'une situation) et délation (la dénonciation d'une personne) » (2014). Il craint cette délation, érigée en système, qui encourage de nouvelles accusations, dont les fausses imputations servant dans des cas de divorce, de garde d'enfants ou à l'endroit de professeurs qui verront leur vie complètement ruinée. Alors que tous saluent le courage de femmes qui dénoncent leur agresseur, il y voit plutôt une forme de thérapie par la délation. Et pourtant, écrit-il, « l'émancipation ne passe pas par une grande chasse à l'homme. Non, on ne guérira pas du viol sur Facebook et Twitter. On en guérira avec le temps qui, en ce domaine comme en tant d'autres, avance à tout petits pas... » (2014). Il dit écrire pour la femme violée qui a réussi à se reconstruire en privé, avec l'aide de son psychologue, et qui se sentirait contrainte de dénoncer elle aussi son agresseur sur la place publique. Cette chronique, on s'en doute, est très mal reçue par bon nombre de commentateurs, chroniqueurs et citoyens dans les médias traditionnels comme sur les réseaux sociaux. Plusieurs l'attaquent férocement, lui conseillant même de prendre sa retraite.

Dans les jours qui suivent sa chronique, un mouvement de délation anonyme apparaît dans des départements de l'Université du Québec à Montréal (UQÀM), où un groupe de féministes placardent les portes de bureau de trois professeurs d'autocollants rappelant le règlement interdisant le harcèlement sexuel. Ces portes sont photographiées, tout comme l'identité du professeur, et les photos sont diffusées sur Facebook. Exactement le genre de délation que Foglia combat depuis des années. Il y revient quelques jours plus tard, en mentionnant une phrase de sa chronique précédente. « Chaque fois que la délation est érigée en système, chaque fois, forcément, elle sert à de tragiques règlements de comptes » (2014). Il se retient de célébrer la justesse de ses inquiétudes, se contentant d'écrire « Bon ben voilà ».

Il y a lieu de s'attarder ici sur les réactions suscitées par sa chronique, car elles témoignent de transformations sociales importantes, notamment le fait que la technologie et les médias sociaux permettent la présence de répliques dans l'espace public. Autrefois, celles-ci devaient passer par le filtre plus que sélectif et défensif des médias pour atteindre le grand public. Pour sa part, Foglia se livrait à un travail de reformulation des critiques reçues et y réagissait, se gardant toujours le dernier mot. C'est ce qu'il a fait, avec témérité, dans les jours et les semaines qui ont suivi la tuerie de la Polytechnique de Montréal, en décembre 1989, où quatorze femmes ont été assassinées par un jeune homme qui ne pouvait accepter, dans son délire, un tel symbole d'émancipation. Aux femmes qui lui écrivent pour dénoncer la société patriarcale qui serait en cause dans cette tuerie, Foglia demande pourquoi elles ne l'ont pas dénoncée avant le drame. Lui qui prétend avoir « appris à fermer ma gueule quand les femmes prennent la parole » (1990), le voilà qui leur dit « merde ». Ce qui le dérange, ce n'est pas le contenu même des revendications féministes, c'est leur opportunisme, leur exploitation de drames ou de controverses pour hisser bien haut et agiter leur étendard. Si bien que c'est souvent dans les moments où il est des plus risqué de les défier, car elles sont alors porteuses de vertus et de revendications irréfutables, que Foglia les affronte. Ce qu'il dénonce en 2014, quand il critique celles qui profitent de l'affaire Ghomeshi pour régler des comptes, il l'avait déjà fait par le passé. En 1992, il était même allé plus loin, en évoquant les risques qui consistent à vouloir réagir à une injustice par une justice « étroite, animée d'un esprit de vengeance qui en oublie même la recherche de la vérité. C'est le tabou le plus soviétique du discours sur le viol : l'interdiction de douter. On n'a plus le droit de douter d'une femme qui dit s'être fait violer. Impossible. Interdit. Odieux. Nier un viol c'est nier tous les viols... » (1992)

On imagine facilement le tsunami de commentaires et d'attaques qu'un tel discours lui vaudrait en 2015, sans compter qu'il serait sans doute ovationné par une foule d'idiots, ce qui aggraverait immanquablement son supplice. Ne serait-ce que pour illustrer l'ampleur des changements dans les sensibilités du public, sa pudeur, son puritanisme, son intolérance et ses tabous, on peut imaginer quels détournements démagogiques seraient opérés par les nouveaux gardiens de la vertu si Foglia se permettait de nouveau de donner raison, en partie du moins, aux féministes qui mettent tous les hommes dans le même sac, quand il affirme qu'un homme a toujours en lui des instincts sexuels culpabilisants.

> Des hommes normaux ?... je ne vois vraiment pas ce que vous voulez dire mesdames. J'en connais qu'il faudrait soigner plutôt que de les emprisonner, j'en connais de moins hypocrites que d'autres, j'en connais des forts, des vertueux, des disciplinés, mais si vous entendez par normal un homme, fût-il pape, qui n'a jamais été troublé par Lolita, Alice, Jodi (*sic*) Foster, Brooke Shields ou la petite gardienne qu'il va reconduire à deux heures du matin, alors je n'en connais pas. (1983)

Dans une même chronique où il s'oppose aux féministes radicales, il raconte comment il a furieusement engueulé sa fille qui, pour se rendre intéressante auprès de ses jeunes amies d'école, avait inventé qu'il avait avec elle des relations à la limite de l'inceste. Sa réaction explosive avait davantage effrayé que convaincu sa fille de la gravité de ce mensonge. Pendant plusieurs mois, ils ne reparlent pas de cet incident, mais lui en demeure troublé.

> Surtout par le fait que pour raconter une telle énormité, elle avait dû nécessairement l'envisager... Et son mensonge me renvoyait au mien. Certes, dans les faits, la réalité était que j'étais irréprochable. Mais il était une autre réalité, moins

innocente, tue, faite d'élans aussitôt contrôlés, de regards aussitôt détournés, de tendresses aussitôt converties en boutades... il était un pédophile quelque part que j'étranglais... Par peur de vous et de vos semblables, madame Chose. (1983)

Il ne fait aucun doute que Foglia, alors vraisemblablement influencé par la désinhibition de ses auteurs de prédilection, dont Charles Bukowski, et écrivant dans un contexte culturel plus tolérant, n'aurait plus cette liberté de nos jours. Il se retrouverait rapidement au ban de la société, deviendrait le paria de tous les comptes Twitter et Facebook, serait probablement désavoué par son journal et dénoncé par les chroniqueurs concurrents ainsi que par les animateurs radiophoniques populistes et démagogues.

* * *

Foglia a beau être le chroniqueur le plus influent du Québec, celui qui peut lancer une contestation ou s'élever contre une opinion trop répandue pour ne pas lui paraître suspecte, il sait que ses indignations sont des feux de paille. Il est conscient d'avoir un impact limité, de parfois se retrouver le seul de son camp, le dernier des Mohicans comme il le dira lui-même. Sa sensibilité de gauche, sa passion pour la justice sociale, ses références venues de son enfance, sa culture littéraire, tout ce qui fait son originalité peut parfois contribuer à le conduire dans des sentiers où bien peu acceptent de le suivre. Il est parfois l'unique à se scandaliser, à se révolter. Ces jours-là, il n'est pas bien loin de se décourager, comme cette fois où il trouve épouvantable que les gens soient insensibles au placement de produit dans certains films, une source de financement qui corrompt le processus de création et l'écriture de scénario.

Il m'est alors arrivé quelque chose qui ne m'était encore jamais arrivé en presque 40 ans de chronique : j'ai soudainement été saisi de l'épouvantable inutilité de m'indigner. Et j'ai appelé mon médecin.

Es-tu sûr que j'ai pas le cancer du côlon?
Sûr. Pourquoi t'insistes?
Parce qu'il y a des jours où ça ne me dérangerait pas tellement
de l'avoir. (2007)

Chapitre X
L'athée

« Et Dieu créa Foglia. Mais pourquoi il ne s'est pas arrêté là ? Hein ? » (1988)

Pierre Foglia est le Français archétypal sorti des écoles de la République, digne héritier des Lumières. Enfant, à l'école, l'enseignant lui demande une rédaction sur le thème de Dieu. Sur sa copie, l'instituteur écrit « solécisme » pour signaler la présence d'une erreur. Ironique, Foglia en retient que « dans mon temps, dieu était un solécisme » (2004). Dieu était une erreur. Plus tard, il sera surtout d'avis que c'est une invention humaine. Une dramatique invention humaine. Notons que Foglia ne met pas toujours la majuscule quand il parle de Dieu...

Il est un opposant implacable des croyances métaphysiques de toutes sortes. Qu'elles proviennent des grandes religions monothéistes ou des sectes les plus occultes, en passant par l'expression des croyances du Nouvel Âge, aucune ne trouve grâce à ses yeux. À répétition, il a su affirmer avec conviction et ironie son athéisme, au fondement de sa vision laïque de la société, qui prolonge sa critique du multiculturalisme à la canadienne.

Dès son arrivée au Québec, on l'a vu, sa critique de l'Église catholique et du pape Pie XII lui vaut une dénonciation en règle dans *Le Devoir* par Paul Sauriol. Mais cela ne suffit pas à le faire taire, au contraire. Jeune journaliste à Sherbrooke, ses revendications pour la laïcisation de l'éducation lui valent deux dénonciations en chaire par l'évêque Georges Cabana. Il évoque cet épisode quarante ans plus tard, lorsque le cardinal Marc Ouellet, alors en poste dans la conservatrice et catholique ville de Québec, plaide pour le retour de l'enseignement religieux, vilipende la contraception et l'avortement. Foglia se considère visé, lui, «l'intégriste laïque» (2007), par de telles aspirations à un retour en arrière.

Cette conviction l'anime pendant toute sa carrière et le pousse à critiquer le multiculturalisme bien avant que ce modèle ne révèle son incapacité à créer un réel vivre-ensemble, aussi bien au Canada que dans d'autres pays européens. Dans une chronique qu'il consacre à la question, il s'étonne que la Charte canadienne des droits et libertés, imposée au Québec au demeurant, ne dise rien de la séparation du religieux et de l'État, et « n'affirme pas la laïcité des institutions publiques, en particulier de l'école publique» (2002). Il réagit ainsi à un jugement qui permet à un jeune garçon de se présenter à son école avec le kirpan. Ce à quoi il s'oppose, comme au port de tout autre symbole religieux qui permet d'identifier ou d'affirmer une appartenance à une religion. Son refus catégorique repose sur le fait que toutes les religions sont :

> ... obscurantistes. Aucune n'incline aux droits de l'homme et de sa fiancée. Toutes sont dépositaires du Vrai et du Bien. Toutes sont missionnaires et revendiquent le pouvoir d'enseigner le Vrai et le Bien. C'est bien pour ça que la première chose à faire avec les religions, c'est de les virer des écoles. (2002)

Bien avant que le débat ne se manifeste sous l'appellation contestée des accommodements raisonnables, terme juridique qui en réalité a été détourné de son sens et largement instrumentalisé, Foglia se moque de ceux qui revendiquaient le droit de porter le voile islamique dans les écoles. Il en appelait à une réaction humoristique plutôt qu'épidermique.

> Je suis pour qu'on en rit (sic). Si j'avais des enfants qui fréquentent une école où se pose le problème, je les habillerais

en zouaves. Culottes bouffantes, tunique ras-du-pet et tricorne. Ils auraient la consigne de répondre qu'ils sont des intégristes pontificaux. S'il y a quelque chose que les religions ne supportent pas, c'est bien le rire. Et en ce moment, l'Islam moins que les autres. (1994)

La laïcité d'une société démocratique doit débuter à l'école pour s'imposer ensuite dans les institutions publiques telles que l'armée, les tribunaux, l'appareil étatique, etc. Les gens peuvent avoir les croyances qu'ils désirent, ils peuvent même financer entièrement leurs écoles le cas échéant, mais dans l'espace civique, la laïcité est non négociable. Foglia est pour une liberté religieuse qui ne doit jamais isoler de la collectivité. «... dans une société d'immigrants comme la nôtre, non seulement la laïcité est un rempart contre les mollahs, les rabbins, les curés et autres ensoutanés, mais c'est dans son alchimie même que l'immigrant forge son identité et finit par faire partie de ce tout qu'on appelle un pays» (2005). Pour Foglia, le vivre-ensemble ne peut se faire que dans le cadre d'un espace civique à l'abri des religions, toujours dogmatiques et exclusives. Il est bien loin des notions de laïcité ouverte ou fermée, lui qui ne souhaite qu'un espace civique «où la différence ne devrait en faire aucune» (2008).

Foglia échappe au faux dilemme qui cherche à coincer la pensée dans la binarité : soit le repli identitaire, soit le pluralisme postmoderne sans attachement, où tout se vaudrait. Il voit dans la promotion de la pluralité l'œuvre de nouveaux curés – des intellectuels, des libéraux et bien-pensants bien intentionnés – qui élaborent «la vraie religion des gens éclairés. Il n'est plus de valeurs qui vaillent que plurielles. La pluralité est devenue l'eau du grand bain public dans lequel nous baignons tous désormais» (2008). Et bien entendu, cette pluralité est l'antithèse de la laïcité, car elle est «essentiellement religieuse, beaucoup, beaucoup musulmane, un peu sikhe, un peu juive orthodoxe, ben cout'donc, arrêtons de nous formaliser des signes religieux qui flottent sur l'eau de notre grand bain public. Faisons avec» (2008). En plein examen de la mauvaise conscience de ces vertueux, et sans jamais se ranger du côté des esprits obtus et réactionnaires qui leur font souvent face, Foglia se démarque des prétentions des uns et des autres, comme l'illustre l'enjeu de la présence du crucifix à l'Assemblée nationale. Les premiers veulent l'enlever au nom de la pluralité postmoderne qui fait fi des traditions, les seconds veulent le conserver, car ils y voient justement le symbole d'une tradition à défendre, sinon à faire revivre. Le chroniqueur y perçoit avant tout un débat absurde autour d'un objet vidé de tout sens, une « applique murale [qui] n'a plus aucun contenu... Alors que le voile des jeunes musulmanes à l'école est l'étendard d'un communautarisme qui n'a rien d'innocent. Il a une vérité à proclamer, ce voile. Mieux, il a un projet : le retour du religieux dans l'espace civique » (2008).

* * *

Comme tant d'autres, Foglia est convaincu que Dieu est une invention humaine. Plus qu'une conviction, c'est chez lui une évidence telle que cela ne devient même pas un objet de spéculation métaphysique. Quand une lectrice lui écrit au sujet de Dieu, il se contente de dire qu'il ne voit même pas de quoi elle parle. C'est d'ailleurs, dit-il, « la plus mauvaise raison que vous pouvez trouver de m'écrire » (1994). Mais cela ne suffit pas à endiguer le flot de lettres qu'on lui adresse aussitôt qu'il évoque Dieu et son entourage divin dans une chronique. Ils sont légion, ces chrétiens qui lui affirment que, malgré toutes ses insolences, Dieu l'aime, lui parlent de bonté et d'amour, etc. « Ils me font un doux catéchisme comme on le faisait il y a longtemps aux petits enfants » (1990). Mais c'est sans compter les intégristes catholiques qui « virent sur le top à la moindre imprécation » (1990) ou à « l'autre extrême (et à mettre dans le même panier) deux ou trois bouffe-curés convulsifs qui me félicitent pour de mauvaises raisons : Ksss, ksss, encore ! » (1990). C'est beaucoup de branle-bas et d'émotions pour une abstraction que cet amateur d'humour absurde a déjà comparée à « la petite lumière qui s'éteint dans le frigo quand on ferme la porte », ajoutant néanmoins, plus sérieux, que certains jours « c'est aussi la petite lumière qui s'éteint à la frontière du Tchad et du Soudan » (2004).

Il prétend ne jamais s'être posé sérieusement la question de son existence, question qu'il trouve tout simplement idiote.

Pensez à une question idiote : l'escargot est-il daltonien ? Pourquoi diable devrais-je m'intéresser au daltonisme des escargots ? Pareil pour Dieu. Pensez à la foi. Tous ces gens qui ne se sont jamais demandé non plus si Dieu existe et qui croient. Pensez maintenant à la non-foi. Voyez bien. (2010)

Pour autant, Foglia n'adhère pas à un certain nihilisme. Que Dieu n'existe pas, « ce n'est pas une raison pour être athée de tout. Ne soyez pas athées d'espoir, ce serait vraiment trop con » (2003). Dieu est chez lui tout simplement « une réponse à un problème qui n'existe pas » (1980), mais on peut sans doute imaginer qu'il en va tout autrement pour des centaines de millions d'autres humains qui y trouvent espoir et réconfort, quand ce n'est pas le moteur de conflits sanglants.

Foglia est certes athée, mais en tant que chroniqueur il a besoin de cet être imaginaire pour instrumentaliser la religion afin de communiquer ses réflexions, ses convictions, voire ses états d'âme. Dieu est tour à tour une figure de style, un tremplin, un prétexte, une mise en contradiction, parfois même un étalon de la mesure de la médiocrité humaine qui se réfugie sous des apparats trompeurs. C'est ainsi qu'il soupçonne l'humain d'avoir inventé Dieu « pour avoir quelqu'un à qui parler la nuit quand il ne dort pas. À qui parler ou à qui écrire... » (1981). Mais comme cela n'est qu'une illusion, il ne s'inquiète pas trop de la venue d'un éventuel royaume des cieux qui éradiquerait de la planète tous les drames humains et les injustices qui alimentent ses chroniques. Néanmoins, « si je devais tomber un jour sur la preuve irréfutable de l'existence de Dieu, je la brûle » (1996), pour justement ne pas le priver d'inspiration.

De temps à autre, à Noël surtout, il se permet de faire comme s'il croyait en Jésus, ce fils d'un Dieu pourtant chimérique. Cela lui procure une autre façon de critiquer l'ordre social désespérant en place deux mille ans après sa venue et de souhaiter qu'un Autre revienne se mêler des affaires de l'humanité. Sans être croyant, il accepte d'adhérer « au discours d'espérance de l'Église » (2003). Et puis, un peu romantique et sans doute influencé par son penchant hypocondriaque, il aime parfois croire cette histoire « d'un petit pauvre, d'un tout-nu sur la paille qui, il y a presque 2 000 ans, est venu donner aux hommes ce qui leur manquait cruellement : un peu d'espoir. Son idée, c'était qu'ils aient moins peur de la mort et du cancer du côlon » (1995).

C'est d'ailleurs ce que Noël porte d'espoir et de promesses d'un avenir meilleur qui l'attendrit, au point où il écrira souvent des textes de circonstance à quelques jours du 25 décembre. C'est aussi le seul moment de l'année où il se rend à la messe, celle de minuit, avec ses enfants encore jeunes. « Je veux juste être content en même temps que tout le monde. Une fois par année, ça repose... avec les gens qui sont là, avec une légende, avec un petit enfant, bref avec la fête. Avec toute sa magie » (1980). Ce qui ne l'empêche pas de penser aux quarante mille enfants qui meurent quotidiennement. L'espoir ne chasse jamais la lucidité chez lui, et quand une dame lui demande avec émotion ce que serait la religion catholique sans la magie, suggérant ainsi que toute sa grandeur réside dans le mystère, le voilà cinglant. « Je ne sais pas madame... Comme l'espoir sans le délire, peut-être ? » (1990).

S'il lui arrive de feindre être croyant, c'est encore une fois pour mieux se moquer.

> Bien sûr que je crois en Dieu. Seulement, plus je vieillis, plus je deviens bête et méchant, et plus je me demande si Dieu, de son côté, croit en moi. Plus je vous regarde, plus je vous vois laids et gniochons, et plus je suis sûr que Dieu ne croit plus en nous depuis longtemps... Là-dessus je rejoins d'ailleurs l'opinion d'Erik Satie : Après ce qu'on a fait à son fils Dieu n'est plus intéressé à nous envoyer personne, même pas un neveu, même pas un cousin éloigné... Résumons-nous : Dieu existe. Mais il ne veut plus faire voyager sa famille. (1982)

Dans d'autres circonstances, l'idée de Dieu lui est bien utile pour évoquer les horreurs de ces êtres qu'il fabrique avec une peau d'homme et dans lesquels il « verse du jus de chien » (1996). Cela compense en quelque sorte pour les fois où les injustices sont si criantes qu'on ne peut que douter de Dieu.

Appelons-la Rosalie. À neuf ans on diagnostique qu'elle est atteinte de l'ataxie de Friedreich, une maladie dégueulasse qui s'attaque aux muscles. Les malades finissent par devenir quadraplégiques mais l'intellect, la sensibilité restent intacts. Une âme dans un légume. Une chance que Dieu n'existe pas, s'il existait faudrait le crucifier juste pour ça... Elle pèse 50 livres, elle sent l'urine et ses cheveux sont toujours pleins de vomissures. Non seulement Dieu n'existe pas, mais il a la haine... (1990)

L'évocation de Rosalie lui permet de saluer l'altruisme de ceux qui s'occupent de cas aussi lourds et révoltants. « Dieu n'existe pas mais heureusement il y a des bénévoles pour le remplacer de temps en temps » (1990).

Au-delà de cette instrumentalisation qui peut sans doute en scandaliser plus d'un, et susciter des objections théoriques parmi les spécialistes de la foi et les théologiens, Foglia demeure un athée irrévérencieux et critique. Pour lui, la religion crée une dépendance, au même titre que la cocaïne, et Dieu en est le « pusher » (1993).

* * *

Si l'hypothèse d'un Créateur et d'autres divinités lui offre d'innombrables occasions de briller par le style et l'humour, Foglia change radicalement de registre quand il aborde la question des religions, véritables produits dérivés de croyances profondément enracinées chez l'humain. Il est le plus souvent sans pardon pour les religions qui instrumentalisent l'idée de Dieu mais à des fins moralisatrices, culpabilisatrices, liberticides et inhumaines. À cause des religions, et contrairement à ce que dit la chanson popularisée par Édith Piaf:

Dieu ne réunit pas ceux qui s'aiment. Dieu ne réunit pas les amants adultères. Dieu ne réunit pas les amoureux de même sexe. Dieu ne réunit pas les jeunes étudiantes pubères avec leur vieux professeur de philosophie. Dans le plus beau roman d'amour à avoir jamais été écrit, Dieu n'a pas réuni Anna Karénine et... Vronski, ils s'aimaient comme des fous pourtant, mais elle était déjà mariée, la salope, et elle avait un enfant. Dieu ne réunit pas les divorcés, Dieu réunit ceux qui s'aiment à condition qu'ils suivent des cours de préparation au mariage et qu'ils promettent de ne pas employer de moyens contraceptifs. (2012)

Il ne supporte pas cette religion avec sa Sainte Vierge exhibée comme l'idéal féminin, qui ne serait que maternel, avec ce que cela comprend d'interdits. «On est tous en quête d'une sainte vierge avec une robe bleue et une petite auréole qui nous dit: Buvez, c'est mon sein, mangez, c'est mon corps, mais touchez pas, c'est mon cul» (1996).

Un autre jour, constatant le sombre bilan de l'Organisation mondiale de la santé qui évoque les deux cent mille femmes mourant annuellement des suites d'avortements clandestins, soit au total plus que le nombre de Juifs massacrés de façon horrible, le voilà qui «attend encore le tribunal qui dénoncera la religion qui tue les femmes...» (1990).

Sans être le plus «catholique des chroniqueurs», s'amuse-t-il à écrire, on ne peut pas le cataloguer parmi les anticléricaux. Et même s'il lui arrive de «bouffer du curé à l'occasion» (1987), il est parfois invité comme conférencier par des gens d'Église. Son athéisme ne l'a pas empêché de faire baptiser ses enfants pour faire plaisir à leurs grands-parents. Au contraire des intransigeants qui refusent tout compromis, il considère que les vrais athées se moquent tellement de ce rituel qu'ils ne devraient pas s'opposer au baptême si cela peut faire plaisir. De même, il ne lui viendrait pas à l'idée «d'aller faire le con exprès dans une église» (1989), une pudeur et un respect qui lui restent de son enfance, quand les messes se prononçaient encore en latin.

Mais la pudeur fout le camp aussitôt qu'il parle des papes, «un peu ridicules avec ce chapeau pointu sur le haut de la tête, qui leur donne un petit air penché et même un petit air gueurlot de monocle qui revient du festival de Saint-Tite» (2003). Et puis il tolère très mal leurs discours pontifiants et leurs complicités avec les grands de ce monde. Ainsi, quand Jean-Paul II visite le Canada et le Québec à l'automne 1984, il se réjouit momentanément de l'entendre revendiquer plus de justice et de partage de la richesse. La veille de son départ, le nouveau gouvernement conservateur de Brian Mulroney annonce le gel de l'aide canadienne aux pays sous-développés. Jouant avec brio le rôle du naïf, Foglia s'étonne.

> Je me suis dit ça-y-est. La chicane va se pogner... Mais pas du tout. Les adieux ont été cordiaux, chaleureux, même qu'à l'aéroport les *papapouiiies* n'en finissaient plus... Au fond ce pape qu'on nous avait présenté comme un dur s'est montré plus souple que prévu. Donnons aux pauvres oui. Très bien, mais n'emmerdons pas les riches pour autant. (1984)

C'est en vain, et il le sait fort bien, qu'il espère la venue d'un pape ou d'un cardinal qui dira autre chose que des banalités ou des paroles sans conséquence. Un pape, par exemple, qui se préoccuperait « de la qualité de la vie avant la mort, plutôt qu'après » (1984). Et ce n'est pas la visite de Jean-Paul II qui l'aura fait changer d'idée. Le militant d'autrefois resurgit parfois dans son appel à la catastrophe comme chemin expiatoire vers un avenir radieux. Ainsi, voyant arriver le règne de Benoît XVI, il souhaite un pape :

> ... aussi réactionnaire, aussi peu ouvert aux femmes, aux homosexuels, aux avortées et aux divorcés qu'on le redoute. Plus il sera déconnecté du monde, moins il y aura de monde dans les églises, et moins il y a de monde dans les églises, mieux le monde se porte. Cela dit, a contrario, on peut juger aussi, par là, de la supériorité de notre religion sur toutes les autres, l'islam notamment. Nos intégristes chrétiens ne sont que ridicules dans leur refus de la modernité, alors que les autres lui font la guerre avec des bombes. (2005)

À ces papes, déjà en attente d'une béatification institutionnalisée et réglée comme une horloge, il préfère les saints de la vie quotidienne, comme mère Teresa, qu'il rencontre dans son bidonville de Calcutta.

Je pensais que rencontrer une sainte devait être aussi difficile que rencontrer le pape. Mais pas du tout. Pour rencontrer une sainte, il suffit de se lever tôt. J'étais debout à 5 h. J'avais calculé une bonne demi-heure de vélo de mon hôtel à la maison des Sœurs de la Charité... C'est une autre chose qu'on ne peut pas faire avec le pape : aller lui dire bonjour à vélo. Mère Teresa si. On peut. (1990)

* * *

Foglia n'est pas réellement plus tendre pour les autres religions, loin s'en faut. Lors de la visite impromptue de Témoins de Jéhovah, il songe à les inviter à prendre un café pour parler de tout et de rien, mais il les chasse de peur qu'ils ne s'incrustent. Il se moque de leur héroïsme qui veut qu'ils aillent « proposer Dieu comme ça, de maison en maison, comme une balayeuse électrique... » (1990). Il voudrait parfois provoquer une rencontre humaine avec eux, mais c'est impossible « parce qu'ils ne sont pas humains. "Je ne suis qu'un outil dans les mains de Dieu", m'a dit un jour l'un d'eux et c'était vrai, il avait l'air d'un démonte-pneu » (1997).

Une autre fois, il prend prétexte d'une brève nouvelle du *Jerusalem Post* qui rapporte que, pour célébrer le Nouvel An, un couple a fait l'amour pendant vingt minutes dans un hélicoptère au-dessus de la piscine d'un hôtel en Israël, au vu et au su des clients. Trouvant la chose amusante, il se moque de ces gens si religieux :

> ... qui ne mangent pas de cochon, ce qui ne les empêche pas, on l'a vu, de baiser tout nu dans des hélicoptères au-dessus des piscines. On a beau ne pas être raciste, ce sont-là (*sic*) des choses qui choquent et la prochaine fois que vous aurez à prendre l'hélicoptère, surtout si vos enfants vous accompagnent, renseignez-vous donc pour savoir si le pilote est juif. Auquel cas je vous conseille vivement de prendre le métro... (1989)

Cette ironie lui vaut une attaque en règle du B'nai Brith, un puissant lobby juif qui le dénonce au Conseil de presse du Québec, lequel rejette la plainte. Foglia se demande s'il s'agit de bêtise, de mauvaise foi ou de paranoïa mais ne s'en laisse pas imposer. S'il invite ces juifs à continuer de le lire, il leur demande de ne pas l'emmerder pour autant.

> ... vous ne viendrez pas me donner un cours sur l'humour, c'est pas vrai. Je vais vous envoyer chier bien avant, comme je le fais pour n'importe quel chrétien qui ne sait pas lire. Vous ne me donnerez pas non plus un cours d'histoire religieuse. Je trouve un peu gros qu'on vienne me rappeler... que le Christ était juif. Ciel, vous avez le sens du *scoop* vous... Figurez-vous que ça ne me fait pas un pli sur le ventre. Il serait musulman, brahamiste, ou même témoin de Jéhovah que je m'en crisserais tout autant... (1989)

Des talibans, il écrira qu'ils répètent à leur tour «le crime de tous les hommes de s'inventer, depuis la nuit des temps, des dieux à leur image : imbéciles» (2001), avant de se moquer des convertis au bouddhisme, ces adeptes du dalaï-lama, véritables «touristes en instance de lévitation, qui accourent au Tibet pour faire des guiliguilis aux lamas», et qui confondent joyeusement «exotisme et spiritualité» sans voir l'incongruité d'aller «chercher, si loin... de la culture qui les a faits, une liberté soi-disant "intérieure"» (1993).

Il faudrait mettre les religions plus ou moins dans le même sac que les sectes, qui ne valent guère mieux que la pléthore de mouvements spirituels qui fleurissent dans le sillage d'un Nouvel Âge éclaté. L'athée qu'il est y perçoit une conséquence de la fin de l'emprise catholique au Québec, causant une course effrénée à de nouveaux repères moraux et spirituels. «Dieu est mort et en mourant il a libéré les âmes prisonnières depuis des siècles dans son Église. Lâchées lousses dans le cosmos comme des veaux dans un champ de trèfles à quatre feuilles, les âmes se sont mises à capoter dans le merveilleux de l'absolu sidéral» (1992). À ce chapitre, Foglia rejoint bon nombre d'observateurs des comportements religieux qui analysent la multiplication des sectes et des gourous.

En ce qui concerne les sectes, une de ses cibles préférées est sans contredit l'Église de scientologie, véritable multinationale du dogme et du culte de la personnalité. La différence entre les grandes religions et la scientologie, selon lui, est que les fidèles des premières croient en un ou des dieux rédempteurs. «Les sciento-logues croient que c'est eux qui vont sauver le monde, mais d'abord le soigner et le purifier. Les scientologues croient en un thérapeute (Ron Hubbard) et en sa thérapie: la dianétique, une bouillie mystico-new-age qui fait dépendre l'avenir de l'humanité de la multiplication des initiés» (2001). D'un autre côté, il concède que cette Église «n'est pas plus délétère ni moins obscure que les autres discours religieux. Réincarnation, lavage de cerveau et quelques tisanes, l'idée comme toujours étant d'amener l'Homme et sa Fiancée à avoir moins peur de la mort» (1994). Il ne doute aucunement que la peur de mourir est un puissant stimulant pour quiconque veut laisser une trace de son passage sur terre, dans l'espoir de survivre d'une façon ou d'une autre. «La peur, rien que la peur. Ou la foi. Mais c'est pareil. La foi qui n'est que le sourire béat de la peur» (1987).

Il en veut également à certaines sectes d'inspiration néolibé-rales qui isolent les individus, brisent les chaînes de solidarité et «prônent la démobilisation sociale» en laissant croire que «les syndicats, les groupes de pression, les religions, les corps intermé-diaires sont inutiles voire nuisibles, puisque l'individu est le seul responsable de ce qui lui arrive...» (1988).

Mais ce sont les croyances du Nouvel Âge qu'il combat, avec leurs cours de croissance personnelle et leurs «gourous modernes [qui] fourrent dans le même sac la visualisation, les cristaux, l'irriga-tion du côlon, l'optimisation crâno-sacrienne, les transferts trans-personnels» (2004). Tout cela n'est qu'une vaste imposture, une fraude intellectuelle qui ne peut exister qu'en abusant de la vulnéra-bilité des gens. Il sonne l'alarme, essaye d'alerter ses propres fidèles, qui favorisent la lucidité et le scepticisme. La reconnaissance des sages-femmes par l'État lui servira de prétexte pour médire de l'ani-mateur radiophonique Jacques Languirand, qui a contribué à légiti-mer le Nouvel Âge au Québec, grâce à son émission *Par quatre chemins*, qu'il aura animée pendant quarante ans.

Il y aurait deux sortes de sages-femmes. Les techniciennes de la grossesse et de l'accouchement, granoles cela va de soi, avec diète, relaxation et toutes ces affaires-là. Du bien beau monde... C'est de l'autre sorte qu'il faut se garder. Les sages-femmes spirituelles. Les «écoute ton fœtus et parle-lui», mon vieux. Les gourouses de l'accouchement par visualisation sur fond de musique nouvel-âge... Fuyez-les. Donnez une petite chance à ce fœtus-là de ne pas naître idiot. Il découvrira Languirand bien assez tôt, allez... (1989)

Cette quête spirituelle si loin de sa culture laïque et républicaine l'afflige au point qu'il y consacre une longue série de chroniques en 1993, qu'il termine sur un constat déprimant face à cette «porno de l'âme».

La province entière est en train de capoter nouvel âge. Les librairies de Baie-Comeau, Matane, Rimouski, Rivière-du-Loup vendent du message astral à tour de bras. Du «écoute ton corps», de la psycho-motivation. Du *Ramtha le maître*. Des souvenances d'étoile, des témoignages de visiteurs de l'au-delà. Résultat? Désastreux... à l'émission d'une sexologue connue (CKAC), à une auditrice qui se plaignait de fréquentes vaginites, une autre auditrice a conseillé de se mettre un peu de yogourt dans le vagin. Nature j'espère? (1993)

Dans ces régions, note-t-il encore, gourous et charlatans sévissent maintenant dans les salles paroissiales, sous toutes sortes de dénominations, «kinerlogues, reikistes, chanteuse thérapeute, réflexologue néo-retchienne, fuck... N'importe quoi, des médiums, des irrigueurs de côlon, des infirmières, des dizaines d'infirmières défroquées, recyclées dans l'hypnose, dans le tao, la santé globale ou l'harmonisation des chakras» (1993). Il n'en revient tout simplement pas. Il constate la même mistoufle spirituelle et intellectuelle dans Wesmount où sévissent des frimeurs qui ne sont pas sans lui rappeler les bohémiennes et diseuses de bonne aventure de son enfance, dont les gens devaient se méfier. À cette époque où Jojo Savard est la vedette médiatique par excellence de cette industrie de la duperie et de l'illusion, Foglia refuse de se laisser distraire par les paillettes populistes pour tenter de voir et de comprendre la stratégie de mise en marché qui permet de crédibiliser de telles sornettes. Cela lui permet une intervention qui dit tout.

> N'oubliez pas que cela se passe à Westmount, dans un environnement chic et de bon goût. [...] Les mains de Ginette Reno et de Roy Dupuis sont étampées en bonne place dans « la galeries des empreintes » du Centre. La cassette du mantra est l'œuvre de Serge Fiori, l'ex-Harmonium. Les plogues médiatiques sont somptueuses, deux passages à Claire Lamarche, avec participation de Marie Carmen, Mitsou, etc.
> On est loin du freak show de Jojo Savard, mais entre vous et moi, c'est exactement la même débilitante escroquerie... Vous savez quoi, à propos de Jojo Savard ?
> Elle vous cache la forêt. Dans l'arrière-cour du nouvel âge où elle trône, outrageante et débordante poubelle de l'ésotérisme, elle vous cache un monde grouillant de rats, de cafards, de cloportes qui vont tranquillement à leurs affaires de plus en plus prospères, qui envahissent les ondes, les institutions, les gouvernements, les corporations (psychologues, infirmières), les universités comme les écoles primaires, en plus d'escroquer, d'abuser des milliers de gens... (1996)

Voilà un concentré particulièrement révélateur de la guerre de mots que Foglia mène contre ces charlatans, ces filous s'autoproclamant médecins du ciel et de l'âme, avec ce que cela comporte de voyages cosmiques, de méditations, de pensée positive, de cette « merde transpersonnelle » (1995) qui fait des ravages dans les librairies, et s'infiltre même dans les écoles primaires par l'intermédiaire de professeurs vulnérables. Il donne en exemple un manuel scolaire où un maître dit à son élève que son destin est tout tracé, et lui recommande de consulter un astrologue. Il est doublement indigné par l'usage d'un tel manuel et par l'indifférence qu'il ressent aussi bien autour de lui que parmi le grand public.

Vous ne voyez pas de scandale à ce que l'on présente une escroquerie pour une science exacte à des enfants de 12 ans? À ce qu'on en fasse des futurs clients de Jojo Savard? À ce que l'on rentre dans leur petite tête déjà toute tournée vers la pensée magique (et donc vers le moindre effort), que notre destin est écrit quoi qu'on fasse? Comment croyez-vous qu'ils entendent la chose? Comme ceci: si c'est écrit, pourquoi se faire chier à étudier? Ça changera quoi? (1995)

Cette intoxication intellectuelle, il la dénonce aussi dans les arts, la publicité, l'administration publique, les sports, où la visualisation et l'autosuggestion se le disputent à l'effort et à la lucidité sur ses aptitudes réelles. «Partout de plus en plus de gourous, de motivateurs de merde nous serinent leur formule magique: Soyez positifs!» (1994). C'est la promesse du bonheur, de la santé, de la richesse, surtout celle des gourous qui se servent sur la bête, souligne-t-il. C'est la voie royale vers la distinction, la survalorisation du Moi, la certitude intime d'avoir finalement réussi sa vie à défaut de pouvoir profiter de retombées réelles en amour ou sur le plan professionnel. Certes, tout cela n'est qu'abrutissement d'adultes consentants, mais le drame qu'entrevoit Foglia est le prosélytisme de gourous, qui percolent parmi les enfants par l'intermédiaire de leurs enseignants et de conférenciers invités dans les écoles pour y faire l'apologie de cette nouvelle servilité. «... qu'on foute dehors ces mongols. Et qu'on n'oublie surtout pas de rappeler aux enfants qu'il n'y a rien de plus positif que le refus, la subversion et le sens critique. Bref, rien de plus positif que la lucidité» (1994).

L'origine du Nouvel Âge, Foglia la voit dans la récupération psycho-pop de la contreculture des années 1950 et 1960. Un recyclage populiste et commercial de la marginalisation typiquement californienne, qui prend place «dans les sous-sols d'église de Rosemont où, à l'année longue, des manipulateurs d'âme, des tripatouilleurs d'émotions découpent le bonheur en dix leçons et en 20 recettes...» (1988). À cette époque, il estime à au moins cinquante mille le nombre de Québécois qui, chaque année, suivent des cours ou des programmes de croissance personnelle mis en marché par environ cent soixante-cinq organisations et individus.

Sous une fausse identité, il se présente à une soirée de ce genre donnée par le populaire Sylva Bergeron, dont l'Institut de culture personnelle du Québec se vante, en 2015, d'avoir touché plus de cinq cent mille personnes [29] ! Il assiste à l'éloge de la positivité, qui implique l'abandon de la pensée critique comme s'il s'agissait d'une tare ou d'un défaut. Un encouragement à la servitude volontaire, aurait sans doute observé La Boétie. Tout pour faire réagir Foglia qui insiste sur le devoir de résistance. « C'est aussi important que de respirer. S'abandonner est un plaisir intime qu'on ne devrait prendre qu'avec les gens qu'on aime. Et jamais sous influence. J'ai résisté, dites-vous ? Sacrament, oui. J'ai pris assez de dope dans ma vie pour savoir que tu ne fais pas de trip d'acide avec le premier toton venu » (1988).

Foglia n'en démordra jamais. Les cours de croissance sont des toiles d'araignée dans lesquelles tombent des personnes vulnérables, de petites mouches emberlificotées par des tarentules avides de gains financiers. « L'idée générale est de faire cracher la petite madame le plus longtemps possible, de la traîner de stage en stage, de séminaire en séminaire, de lui faire miroiter qu'elle aussi, bientôt – encore un petit effort –, elle aussi va pouvoir devenir gourouse. Une immense escroquerie » (2012).

* * *

Il n'est pas plus tendre avec les aspects somatiques et pseudo-médicaux du Nouvel Âge, quand il prend la forme de médecines douces chez des promoteurs qui ont bien compris tout ce que peuvent rapporter la peur de souffrir, la peur de mourir, ce constat vertigineux, incommensurable de notre disparition à jamais. Le combat contre l'influence de ce Nouvel Âge sur les médecines douces ou alternatives mérite d'être mené. Foglia les oppose à une médecine scientifique et rationnelle, avec ce qu'elle comporte de limites thérapeutiques qui imposent la lucidité face à notre finitude. « On a le choix entre une médecine laïque, qui n'est foutue de guérir ni le cancer ni la grippe, et une médecine mystique qui ne

---

29. Voir http://www.courssylvabergeron.com, site consulté le 19 mai 2015.

guérit rien non plus et qui, en plus, rend complètement con»
(1993). Devant l'invasion des pseudo-thérapeutes souvent doublés
d'abuseurs du malheur et de la vulnérabilité de gens aux prises
avec des drames, voici l'athée qui en vient à regretter le temps où
les curés soulageaient peines et tourments. «... c'est que corbeaux
pour corbeaux, je préfère encore ceux qui croient à ceux qui
croassent» (2008).

Lui qui connaît bien la culture homéopathique dans les phar-
macies en France, il observe que là-bas, c'est un vrai médecin qui y
envoie ses patients, alors qu'au Québec les granules en vente sont
souvent associées à des chimères, comme en témoigne une annonce qu'il a vue dans un magazine : « "Homéopathe uniciste (sic)
et astrologie médicale". C'est quoi cette merde ? C'est quoi de l'astrologie médicale ? Mon cancer en Jupiter ? » (1993).

Il voit du désespoir dans ce recours à ces médecines alternatives et pseudo-scientifiques, surtout chez ceux dont l'état de santé critique ne peut être soulagé par la médecine traditionnelle. Si
bien que ces gens « se mettent à croire à toutes sortes de folies qui
ne seraient que ridicules si elles ne menaient souvent à un enfer-
mement, à une spiritualité sectaire, débilitante, infantilisante »
(1995). Une autre fois, il racontera le cas troublant d'une femme
gravement malade et prête à tout pour guérir. Elle doit être hospi-
talisée en cure fermée, pour se propre protection. Mais dès sa
sortie :

> ... elle renoue avec la masseuse qui vient d'avoir une idée lumi-
> neuse : elle va sauver Véronique en baisant avec, en lui infu-
> sant son énergie sexuelle. Véronique accepte. Elle quitte son
> mari et ses enfants, et s'installe en appartement. Non, ce n'est
> pas une histoire de cul. Ni une histoire de fric d'ailleurs. C'est
> plus ambigu. La masseuse croit vraiment qu'elle peut guérir
> Véronique de cette façon. C'est pour ça que ça marche ces
> trucs-là : il n'y a pas de bourreau. Il n'y a que des victimes qui
> font d'autres victimes. (1995)

Foglia parle ailleurs d'une hypnothérapeute qui s'est enrichie
aux dépens de ses malades mais observe qu'elle « n'est pas une

escroc ni une cynique, elle y croit, aux anges gardiens » (1995). Ce qui rend toute l'histoire encore plus pathétique.

Face à ces abus, le seul antidote demeure l'information, car ni l'État, au nom du respect des croyances religieuses, ni la police, qui doit se consacrer à des crimes plus graves, n'y peuvent rien. Et puis ce n'est pas trop le genre de Foglia de revendiquer des interdictions. Mais il se laisse parfois aller à espérer que vienne un jour où on va enfin tracer la « limite où la liberté de culte menace les libertés individuelles, et tirer un trait quelque part. Il va bien falloir, un de ces jours, botter le culte de tous ces anges gardiens » (1995). Il est scandalisé par l'impuissance contre les gourous de la croissance personnelle qui, si elle ne tue que rarement :

> ... rend débile souvent, par contre. Et elle fucke des vies. Plein. Et on fait rien. C'est ça, le scandale, on fait rien. La croissance personnelle est comme une moisissure qui s'est déposée sur la pop-psychologie et qui empoisonne les gens depuis plus de 40 ans. Mais on fait rien. Au nom de la liberté de pensée, de la libre entreprise aussi, peut-être, je sais pas. (2012)

Il va parfois plus loin en s'étonnant qu'on puisse recevoir une contravention pour ne pas avoir attaché sa ceinture de sécurité dans une voiture, alors que « n'importe quel mongol illuminé peut se promener détaché dans la nature, je veux dire sans camisole de force, c'est correct pour tout le monde » (1992). Même quand ils font des victimes auxquelles aucune autorité ne s'intéresse, sauf Info-Secte à l'époque, que le gouvernement libéral ne voulait plus subventionner afin de ne pas brimer la liberté religieuse. Là, Foglia se révolte.

> Voilà. Les mongols illuminés, les charlatans, les gourous seront plus libres que jamais de faire freaker leurs disciples, de les escroquer, de les amener à déménager avec les conséquences familiales qu'on imagine, de supprimer l'insuline aux diabétiques, de donner à boire aux alcooliques et de confondre un fœtus avec un kyste... Vive la liberté religieuse. (1992)

***

Sa guerre ouverte contre les charlatans du Nouvel Âge se transpose dans l'univers sportif où il dénonce l'invasion de la spiritualité et de la visualisation comme adjuvants de la performance sportive. Il sait que les athlètes sont souvent prêts à tout pour gagner, y compris se doper et même prier. Aux Jeux olympiques d'été de Séoul, il observe que plusieurs athlètes ont apporté leur Bible, dont un athlète canadien adventiste de l'Église du septième jour qui en lit un chapitre chaque soir pour mieux se préparer aux compétitions. « "Peut-il y avoir un plus grand coach que Dieu ?" demande-t-il avec un sourire illuminé... Dieu, Allah, Bouddah (*sic*) et bien sûr tous les gourous du Nouvel Âge. Les mêmes ou à peu près que ceux que j'ai rencontrés dans ma série sur les manipulateurs d'âmes. Les mêmes, mais en running shoes... » (1988).

Il s'en prend aux promoteurs d'un entraînement qui intègre la visualisation, comme une façon de « prendre le subconscient pour un taxi pour la gloire, c'est de croire que visualiser la victoire... donnera la victoire. C'est finalement prendre le rêve pour une machine à fabriquer des médailles. Heureusement, ça ne marche jamais... » (1988). Pour Foglia, tout cela n'est qu'incantation ou magie noire. La visualisation n'est que passivité et paresse en attendant qu'un lapin sorte du chapeau du magicien, avec une médaille olympique entre les dents.

Après des dizaines de chroniques consacrées en tout ou en partie à cette guerre contre l'obscurantisme religieux, sectaire ou pseudo scientifique, on ne peut être qu'étonné de retrouver chez Foglia un vieux fond de superstition qu'il dit lui venir de sa mère[30]. Chez lui, cela prend la forme du tarot, un art dit divinatoire ! Il s'en excuse presque en disant avoir, une fois, ainsi prédit à une amie qu'elle se trouverait un nouvel emploi dans un commerce de la rue Sherbrooke, à Montréal, ce qui est en effet survenu quelques jours plus tard. Du reste, ce n'est pas dans ses chroniques que le voltairien fait cette surprenante révélation mais dans une entrevue accordée en 1995 au journaliste fondateur de *Guide Ressources* qui

---

30. Entretien avec l'auteur, 28 décembre 2014.

s'en étonne lui aussi. «Eh! oui, Foglia a "trippé" sur le tarot, jusqu'au jour où il a cru que ce qu'il prédisait aux autres lui arrivait à lui. Depuis, superstitieux comme il est, il a rangé ses cartes au fond d'une armoire».[31] Drôle de confession pour celui qui écrira plus tard que le «tarot, le reiki, la guérison par les essences de fleurs, les bonnes et les mauvaises énergies, l'interprétation des rêves, les vibrations, l'enfant intérieur, les vies antérieures, ça me donne des boutons» (2011).

Et comment ne pas citer, ici, son maître Alexandre Vialatte qui terminait souvent ses chroniques sur cette touche ironique: «C'est ainsi qu'Allah est grand!»

31. Lamontagne, Christian. «Entretien avec Pierre Foglia», *Guide Ressources*, vol. 11, n° 3, novembre 1995, p. 24.

Chapitre XI
L'olympien

« Je vous ai dit mille fois que je n'étais pas Canadien, pas italien, pas québécois, pas français. Je suis de nationalité sportive. » (2005)

« Tiens, voilà, je crois, une bonne définition du curling, un sport que l'on peut pratiquer au plus haut niveau tant qu'on n'est pas mort. » (2010)

Dans la vie comme dans l'œuvre de Foglia, le sport occupe une place prépondérante. Qu'il soit amateur ou professionnel ne fait pour lui aucune différence dans la mesure où il est porteur d'une éthique de l'effort et du dépassement de soi, sans pour autant verser dans les excès nietzschéens du surhomme qui ont inspiré les régimes fascistes de son enfance européenne. Il se rappelle les excès de certains journaux d'extrême droite, dans les années 1940, avec leur « idée très purificatrice du sport, très mussolinienne (la rédemption de la jeunesse par la sueur et l'effort) » (2005).

Il dira à plusieurs reprises que sa première culture est sportive avant que d'être littéraire. C'est ce qui l'intéresse le plus dans la vie, répond-il sans hésitation à ceux qui l'interrogent. Et de paraphraser Albert Camus quand il écrit « le sport c'est pour survivre entre les repas sans fixer éternellement la mort » (2000). C'est le domaine où tout peut arriver, où tout est possible, avec l'imprévu toujours aux aguets, «c'est d'ailleurs son plus grand agrément: nous distraire du prévisible qui règle notre quotidien» (2002). Et il sert parfois «à se faire une guerre sans morts ni blessés, une guerre qu'on ne se fera jamais vraiment (du moins espérons-le)» (1998). Ailleurs, Foglia le désigne comme sa religion!

Il y trouve plusieurs allégories à exploiter. Celle de la solidarité du sport d'équipe, par exemple, où le tout est plus important que l'ensemble de ses parties. Foglia prend en exemple l'équipe olympique de hockey des États-Unis dont les joueurs, pris individuellement, ne valent pas grand-chose mais peuvent ensemble parvenir à des exploits. «Les joueurs américains viennent de servir au monde la leçon de sport numéro un. La plus simple, la plus belle: jouer ensemble pour transcender la médiocrité» (1994). Car une équipe peut être la «sublimation du groupe. Sa symbiose» (2008).

Autre leçon: celle des aléas de la vie, qui semble parfois injuste, au même titre que les erreurs d'arbitrage qui font partie du sport, et en «faire une maladie est bien de cette époque en quête de pureté, de perfection, d'intégrismes. Accepter l'erreur, la malchance, l'accident, c'est ça aussi le sport, en tout cas c'est la vie» (1998). S'il était entraîneur d'une équipe de basketball, ses joueurs devraient «considérer les erreurs d'arbitrage comme un faux rebond de ballon, comme une trajectoire inattendue, comme un aléa. Surtout pas comme une injustice» (2010).

Ainsi, dans le sport comme dans la vie, poursuit-il, il faut apprendre à gagner et à perdre, et si c'est la faute du juge ou de l'arbitre, «une règle d'or: tais-toi» (2004). Mais il concède que c'est pure convention, qui donne un sens aux règles, contrairement à la loi civile qui a un sens en soi et mérite d'être revendiquée face à l'injustice, celle qui l'indigne tant par ailleurs. Il y voit bien entendu une métaphore de notre société, arbitraire et injuste dans sa loterie aveugle qui vous fait roi ou clochard, génial ou abruti, une société où «plus la petite grosse est laide, plus elle doit courir vite et même là c'est pas sûr qu'elle arrivera pas la dernière» (2010). Dans le même esprit, il ajoute que le sport est «un territoire où il se passe des choses essentielles comme dans la vie, mais une vie qui serait rêvée, sans conséquence » (2010). Du football américain, il retient qu'il vise à « gagner du terrain comme dans la vie. Sa superspécialisation, comme dans la vie encore. Son rythme : on arrête, on choisit un jeu, on l'exécute, on arrête, on choisit un autre jeu, on l'exécute... J'aime l'idée de s'arrêter pour penser à ce qu'on va faire » (1999).

Il se sent parfois assez seul dans sa ferveur presque inconditionnelle du sport qui, il le déplore, n'a pas la capacité de susciter les passions des intellectuels qu'il connaît. Ils seraient prêt à défendre la culture artistique mais pas le sport qui les laisse souvent indifférents. « Ils vont au sport comme on va aux putes, comme la mafia va à la boxe, comme je vais au théâtre, pour se distraire. Pour se reposer de la culture. Pas moi. Le sport est ma culture » (1999). Il ne pourrait vivre sans lui. Au seuil de l'abattement, constatant combien le sport, malmené, s'effiloche, voilà Foglia songeur, inquiétant. « Et si on mourait parce que les choses auxquelles on tient le plus sont en train de mourir et qu'on serait trop malheureux de vivre sans ces choses-là ? Qu'est-ce qui est en train de mourir pour que me vienne cette hypothèse ? Le sport » (2012).

Mais cette gravité est passagère. Car il y a dans l'univers sportif une galaxie qui réussit aussi bien à le divertir qu'à le faire hurler : celle du *métasport*, ce déluge d'émissions radiophoniques et télévisuelles consacrées aux commentaires sportifs. Son découragement de certains jours n'a rien d'étonnant. « Comment se fait-il que l'homme qui fait du sport a tendance à s'élever, alors que l'homme qui parle de sport a tendance à devenir complètement con ? » (1994). Et cela concerne non seulement les commentateurs amateurs ou professionnels mais aussi bon nombre d'athlètes rencontrés au fil des années. Malgré son amour du milieu sportif, il concède que c'est aussi là qu'il a « croisé les trou d'cul les plus affligeants. Vous voulez des noms ? » (2006).

* * *

Le sport, c'est l'effort et le dépassement de soi, c'est la pureté aussi, dénuée de tout message idéologique ou politique. C'est « cette chose gratuite, sans contrainte... Qu'on le dise à tout le monde, qu'on l'écrive dans les dictionnaires : le sport c'est le premier arrivé POUR RIEN. C'est celui qui gagne pour le fun de gagner, ce qui suppose que tu t'entraînes un peu... » (1989). Sur le mode facétieux qu'il emprunte si souvent avec efficacité, il énonce ailleurs « la différence entre le sport et la coiffure... le sport c'est la beauté de l'effort. Alors que la coiffure c'est l'effort d'être belle » (1996). Son choix se porte, bien entendu, sur les plus exigeants : l'athlétisme, la gymnastique, le marathon, le ski de fond, le cyclisme, le patinage de vitesse de longue piste. Autant de sports qui se situent aux antipodes de disciplines émergentes et taillées sur mesure pour plaire aux médias et aux commanditaires, comme le ski acrobatique. Dans la gymnastique, il retrouve :

... cette maîtrise de l'espace, cette rigueur, cette douleur, cette discipline si peu de notre époque. J'aime que la gymnastique soit si radicalement en rupture avec notre temps, je redécouvre avec ravissement, une fois tous les quatre ans, que des parents envoient toujours leurs enfants se faire torturer sur des poutres, des barres asymétriques et autres cheval-sautoir. Je les félicite. (2008)

Sports d'efforts donc, de rigueur, de douleur aussi qui se concluent par une décision objective, un chrono par exemple, une distance, une hauteur, plutôt que de laisser la victoire aux bons caprices et jeux en coulisse de juges qui décrètent la valeur esthétique d'une performance. Le plus bel exemple pour lui demeure le patinage de longue piste qu'il compare au patinage artistique. « Pas de triche, pas de truc, pas de combine, pas de dépassement, pas de finale A et B. La seule vérité du chrono. Le patinage de vitesse longue piste par rapport à l'autre patinage est un verre d'eau pure. L'effort tout nu » (2010). Il demeure avare de lyrisme pour le patinage artistique chorégraphié, qui baigne dans « la quétainerie et les paillettes, dans les éclairages. Dans la confusion des genres, art et sport... Le patinage artistique est au sport et à la culture populaire ce que la tarte au coconut est à la gastronomie » (1997), un « mauvais ballet, exécuté sur de la musique pompier » (2001). Sport de spectacle qu'il oppose aux disciplines les plus exténuantes comme le marathon ou le ski de fond avant de sermonner ses lecteurs.

> Le sport est beauté, mais vous n'en avez rien à foutre. C'est pas assez. Vous attendez du sport qu'il vous en fabrique, de la beauté. Comme le fait le *tapinage* artistique où la beauté n'est rien si elle n'est pas belle, et chorégraphiée, et avec de la musique, et envoye donc, le vestiaire est plein de manteaux de fourrure et le parterre plein de dames de notaire. (1998)

Lui, l'amateur de boxe, ne ménage pas ce sport olympique où les juges sont parfois aussi corrompus qu'incompétents comme il l'a constaté au fil des Jeux olympiques d'été, au point de conclure que « la boxe olympique est dirigée par des cannibales névropathes, jugée par des putes borgnes et arbitrée par des tatas » (1998).

S'il y a un sport qu'il prend un malin plaisir à attaquer et à ridiculiser, c'est bien la nage synchronisée, avec son esthétisme de pacotille d'une « infinie quétainerie » (2001) et son maquillage excessif. Couvrant les Jeux olympiques d'été de 1988, à Séoul, il reconnaît que cette « gymnastique sous-marine » est exigeante, tout en revendiquant le droit de la détester comme d'autres détestent la boxe. Mais pas question de se déplacer pour couvrir une compétition tout juste bonne à « tirer des larmes de bonheur aux épicières de province [avec] ces poses pour calendrier des pompiers, cette beauté banlieue bronzée qui putasse pour être bien notée... Non je ne suis pas allé à la nage synchronisée. J'ai lavé mes caleçons si vous voulez savoir » (1988). Il ne voit dans ce sport que des « humides facéties » (1996), qu'une « redondance aquatique, une perversion tarabiscotée de la gymnastique. Aussi peu naturelle que le contorsionnisme » (1994). À une nageuse offusquée par son mépris et son insolence, il concède que, si la nage synchronisée est peut-être le plus difficile des sports olympiques, « il est aussi le plus absurde, au lieu de mettre en valeur les incroyables athlètes que vous êtes toutes, ils vous déguisent en matantes de salon de bronzage » (2011). Lui qui préfère soupeser la valeur des médailles olympiques plutôt que de les compter, et ne reculant pas devant l'hyperbole, il ne se gêne pas pour prétendre qu'une médaille de bronze au décathlon «vaut 92 médailles d'or de tir au pigeon d'argile et 122 de nage synchronisée...» (1988). Certains jours, il pourrait comparer le patinage artistique et la nage synchronisée à des loisirs qui prétendent être du sport. Le curling par exemple, qu'on retrouve pourtant aux Jeux olympiques d'hiver, et pour lequel il est plein de préjugés qu'il ne cherche même pas à nier. Au contraire, il les revendique avec moquerie.

> Grand dieu, si on ne peut pas avoir de préjugés sur le curling, sur quoi? Dressez pour le fun la liste de tous les organismes, associations, groupes de personnes religieuses, handicapées, sexuellement saugrenues, noires, jaunes, obèses, sur lesquelles il est strictement interdit d'avoir des préjugés, vous verrez qu'il ne reste à peu près plus que les joueurs de curling et les Luxembourgeois qu'on peut traiter de débiles en toute impunité. (2010)

Dans sa liste desdits loisirs, il inclut le golf qui ne se trouve même pas aux Jeux olympiques, contrairement au curling. «Le golf serait donc moins "sportif" encore que le curling. C'est vous dire si on est tout près du tricot...» (2002). Le golf est un jeu, pas un sport, le golfeur est un rigolo, pas un athlète, affirme-t-il sans nuance. Il en veut pour preuve le fait qu'à 60 ans et avec une prothèse de hanche, Jack Nicklaus peut se mesurer à des golfeurs de l'élite internationale. Cela ne se verrait dans aucun autre sport digne de ce nom, tels le hockey, le football, le soccer ou le vélo. «Même pas au baseball, qui n'est pourtant pas tout à fait un sport. Même pas l'automobile, ce sport pour paraplégiques, où l'on est assis durant toute la durée de l'épreuve» (2000).

Certains jours, son utopisme olympique dopé par une mauvaise foi évidente le pousse paradoxalement à mettre en cause la valeur et la pertinence des Jeux paralympiques, alors que c'est peut-être là, plus qu'ailleurs, que se trouve l'idéal olympique, à l'abri des marchands du temple, que se joue un dépassement sans commanditaires ostentatoires et sans cirque télévisuel, ou si peu. Il y voit pourtant un ersatz du sport, peut-être même une forme de rectitude politique qui chercherait à ne pas stigmatiser ceux que la nature ou des accidents ont marginalisés.

> Je suis handicapé du cerveau. C'est clair. Mais est-ce une raison pour qu'on ne me donne pas le prix Nobel? Absolument pas. Est-ce qu'on empêche les handicapés physiques de participer aux Olympiques et de gagner des médailles olympiques? Oui. Par contre, on leur organise des Jeux olympiques spéciaux, que l'on appelle Paralympiques. Para qui signifie, en grec, à côté de.
> Sur le même modèle que les Paralympiques, j'exige donc qu'on institue un Paranobel de physique spécialement pour les cons. Et un Paranobel de littérature. Et un Paragoncourt. Et un Parapulitzer. Y a pas de raison. Si on donne une médaille olympique de course à pied à un cul-de-jatte, je ne vois pas pourquoi on ne donnerait pas un prix Nobel à un con. (2004)

* * *

Morale de l'effort de nouveau, surtout de «l'effort sans jupette» (2011) où se révèlent le conservatisme et la vertu qui habitent sa conception de la chose sportive. Une esthétique de la souffrance en somme, juste pour se sentir plus vivant. Du reste, rien ne l'intimide davantage que les athlètes des «disciplines pures», les amateurs complètement dévoués à l'entraînement, dans «des sports où il n'y a rien à aller chercher, ni argent, ni carrière, ni avenir, rien. Gratuité de l'effort» (2006). Et le voilà qui rêve d'une esthétique et d'une culture du sport «et aussi une morale, mais pas celle du mythe bénéfique, la morale de l'équipe, la morale de la passe, LA PASSE comme mode de vie, la morale de l'effort, enfin la morale "du contraire de l'utilitaire", qui n'est pas l'inutile mais la gratuité, ou serait-ce l'abstraction?» (2006). C'est pourquoi il s'insurge autant contre les techniques de visualisation et le renforcement positif qu'il présente comme des substituts à l'entraînement, à l'effort, à la volonté, à la réflexion et au travail acharné qui, seuls, peuvent changer la nature humaine, lentement et en profondeur. «Devenir meilleur est le projet d'une vie, pas le résultat d'une tape dans le dos» (1998). On ne fait pas de sport parce qu'on est bon mais pour le devenir, professe le chroniqueur. Pour Foglia, tout loge dans la passion, dans la pureté non pas de l'intention (un peu quand même) mais de l'effort, de cet accomplissement à la fois essentiel et dérisoire, ne serait-ce que pour ne pas avoir totalement démérité de notre bref passage sur terre. « La passion qui est finalement le moteur principal. La passion qui vient avant l'envie de gagner » (1990).

C'est également une lutte constante contre l'absurde, un combat qui se nourrit de mots, de sentiments, d'odeurs, de paysages, de gens. Le refus absolu de la médiocrité, bien qu'il se sache condamné à la côtoyer, à y patauger contre son gré. Il cherche à sortir la tête de l'eau et à convaincre ses lecteurs de s'extirper eux aussi d'une certaine incapacité de vivre et de s'accomplir. Chez lui, la passion « est d'abord le refus du fade. Du moyen. Du entre-deux. De la soirée du hockey. Du jello quotidien. La passion, la subversion du cœur. La passion, je vous dis » (1992). Il faut se donner de la peine, qui est « promesse de félicités ». Peu importe l'activité, de l'escalade au tricot, du petit jogging à la lecture d'un essai exigeant intellectuellement, il faut avant tout se livrer à l'effort. Chez Foglia, cette démarche s'oppose radicalement à la consommation, cet artifice existentiel. « Rien de moins forçant que de consommer. Tout, tout de suite. C'est le trip du bébé. Il tète à un bout, chie à l'autre et recommence. Sauf que l'obligation de consommer (il en va de la survie de l'économie) condamne maintenant le bébé à téter toute sa vie » (1995). L'effort avant la victoire, et tant mieux s'il y a la victoire au bout.

C'est aussi ce qui l'aide à écrire, un autre effort pour lui, laborieux et pénible, afin que le lecteur n'en perçoive rien. Il devrait au contraire y trouver un certain plaisir et, le cas échéant, une provocation sans faux-fuyant. Encore faut-il cacher ce travail, le rendre transparent. Écrire lui est plus facile quand il revient, fébrile, d'une longue course où il a atteint les limites de son énergie, comme s'il y avait laissé un peu d'anxiété et que plus rien ne faisait obstacle à sa pensée. Il prétend pouvoir relire ses chroniques passées et y repérer « celles que j'ai écrites en revenant de courir et, hélas, les nombreuses autres où je n'avais pas couru depuis longtemps » (2009).

* * *

L'effort est accompagné d'une souffrance «comme une offrande. Comme une réponse aussi à une époque molle» (1993), poursuit-il, en suggérant implicitement des vertus menacées d'extinction. À ceux qui évoquent la douleur que peut engendrer la course à pied, il rétorque que «c'est juste une façon de dire que vous ne voulez pas avoir mal». Et surtout, il en tire une conclusion accablante qui n'est pas sans trahir une impression de déliquescence. «On y est. On est ici au cœur de l'époque. Au lieu d'être sportive, cette conversation pourrait tout aussi bien être scolaire (la difficulté d'étudier), culturelle (la difficulté d'appréhender une œuvre complexe), ou existentielle (no pain no fuckin gain)» (1988). De même, le voilà qui célèbre le marathonien du dimanche, non pas dans sa performance somme toute minable si on la compare à celles des champions par exemple éthiopiens, mais dans «cette intime conquête du Graal de l'Homme ordinaire, de sa fiancée et de son beau-frère, en rupture totale avec la culture environnante du fric, du rendement, de l'efficacité, de l'utilité, de la médaille» (1996). Il se surprend lui-même, à presque 60 ans, de sa «vieillesse aérobique» et du goût de l'effort gratuit qui vient avec un peu d'entraînement. Pour le chroniqueur:

> ... la dignité du sport est dans l'effort. Au bout de l'effort. Quand l'athlète ôte ses souliers, fait quelques pas sur la piste en se disant que le chrono qu'il vient de réaliser lui paraissait inconcevable il y a deux ans, qu'il vient d'accomplir quelque chose d'incroyable, et d'inutile, et d'absolument indispensable en même temps. Quelque chose. Il ne sait pas trop quoi au juste parce que ce n'est pas une idée, pas un concept, pas une morale. La dignité du sport c'est le corps qui exulte. Ses souliers à la main, l'athlète fait quelques pas sur la lune. Le lendemain, il y aura peut-être trois lignes dans le journal, mais plus sûrement dans sa chambre, au village, des fleurs que lui auront envoyées sa femme, ou sa mère, ou les deux: "Bravo on t'aime". Nous aussi, Chose. (1996)

Il est tout à fait conscient du gouffre qui existe entre lui et un grand nombre de ses lecteurs, et sans doute encore un plus grand nombre de ceux qui l'évitent pour ne pas être heurtés, déstabilisés. Il incarne une «culture de la fatigue, de la solitude, de l'intériorisation, des entraînements si longs qu'ils deviennent la vie même. Une culture de l'effort qui dure, qui creuse, je ne sais plus qui a dit que le marathon est le plus court chemin vers soi-même (une longue randonnée à vélo aussi)» (1999).

D'une certaine façon, il est en parfaite symbiose avec l'idéal des Jeux olympiques qui a présidé à leur création à Athènes. Par ce rassemblement on apprend à vivre en communauté et plus spécifiquement «comment se mesurer en respectant des règles, comment accepter une défaite, l'importance du collectif, et des notions plus abstraites comme la gratuité du geste sportif et la relativité de la performance» (2006). Lui qui a couvert presque tous les Jeux olympiques d'été et d'hiver depuis Mexico, en 1968, jusqu'à Vancouver, en 2010, se souvient avec nostalgie des paradis perdus de cette époque où «les athlètes soupçonnés de recevoir de l'argent d'un commanditaire étaient punis, bannis» (2006), ce qui n'empêchait pas la présence de faux amateurs, massivement commandités et financés par leur pays qui s'en servaient comme vecteurs de propagande dans un contexte de guerre froide. Mais ces pratiques sont révolues, disparues à jamais. L'olympisme, de mouvement, s'est mué en entreprise, les commanditaires et leur argent ont écrasé l'humanisme, la mondialisation a broyé toute prétention à l'amateurisme. Foglia n'en revient pas d'entendre le président du Comité olympique international (CIO), Jacques Rogge, remercier bien bas les grands commanditaires «de faire que soit possible le rêve olympique» (2006). Cela se répercute, bien entendu, sur le statut de la langue française qui, au fil des années, est passée de langue officielle des Jeux à bien peu de chose, voire à un irritant pour les organisateurs et commanditaires, ces «jeunes loups de la business olympique qui se contrecrissent que le refondateur des Jeux soit français. Leur opinion, c'est que les Jeux sont de plain-pied avec la mondialisation unilingue anglaise et que ce serait tellement plus simple si la langue des Jeux était l'anglais. That's all» (2006).

Olympien dans l'âme et dans l'esprit, le chroniqueur a assisté à la transformation des Jeux qui sont devenus un véritable spectacle télévisuel, un cirque médiatique. Il estime que les Jeux olympiques d'hiver de Lillehammer ont définitivement consacré la confusion entre le sport et le spectacle, alignant aux côtés de disciplines nobles, comme le ski de fond et le patinage longue piste, des disciplines spectaculaires comme le ski acrobatique et le patinage de vitesse courte piste où la chute inopinée de l'un entraîne souvent la victoire imméritée de l'autre. Sans nier l'émotion que peuvent susciter certaines performances, il n'accepte pas qu'elle soit la finalité recherchée, car elle fait obstacle à d'autres vertus comme le dépassement. « Le cirque, le théâtre sont les lieux nobles du spectacle. L'olympisme, le lieu noble du sport. En faisant de l'olympisme un cirque ou un théâtre… on confond les genres et on chasse peu à peu du plateau olympique ceux qui ne donnent pas de spectacle » (1994). La pression est telle que « les sports les plus universels [doivent] céder leur place aux sports Mickey Mouse qui rejoignent un plus grand nombre de spectateurs. Le sport n'est pas différent de la culture : le fond cède à la forme, le sens aux acrobaties, la poésie aux falbalas » (2003).

De toutes les olympiades auxquelles il a assisté, celle de Vancouver l'a sans doute le plus déprimé et accablé. Il y constate plus que jamais que la messe pour convertis qu'était le sport est devenue un cirque pour badauds. À Vancouver, son église et sa culture sont livrées à une « disneylandisation » (2010).

* * *

Les Jeux olympiques ont trahi leur idéal. Cela se vérifie dans le gigantisme et l'inflation des coûts associés à cet événement planétaire. Inflation voulue par les présidents de fédérations sportives qui peuvent exiger la construction de vélodromes ou de bassins d'aviron, millions de tonnes de béton qui ne serviront plus, ou très peu, au lendemain de la cérémonie de clôture. Autant d'aberrations perpétuées par des gens « qui se conduisent comme des rois-nègres, qui forment l'essentiel de ce qu'on appelle, religieusement, l'olympisme… » (1986). C'est lors des Jeux de Montréal, en 1976, que Foglia observe cette tendance à l'obésité et à la démesure dont les gigantesques investissements contredisent l'esprit olympique.

Il se demande même s'il ne serait pas une bonne chose que Montréal obtienne de nouveau les Jeux, afin d'amorcer un mouvement contraire en faveur de Jeux plus modestes, plus simples, comme il en rêve. C'est par la réduction des coûts que la santé des Jeux peut s'améliorer, affirme-t-il dès 2003, tout en se doutant que le contraire se produira à Vancouver en 2010. Il espère cependant que cette idée va germer et favoriser éventuellement la candidature des pays les plus pauvres auxquels on « donnerait ce qu'il faut pour organiser quelque chose de tout simple. On changerait la formule olympique, au lieu de fortius, altius et je sais pas quoi, ce serait amitié, simplicité, dignité » (2005).

Il faut tout revoir pour revenir à l'essentiel de l'esprit olympique qui consiste à rassembler les meilleurs athlètes pour qu'ils se mesurent aux autres, certes, mais aussi à eux-mêmes, par l'effort et le surpassement. Il faut leur redonner les Jeux plutôt qu'aux commanditaires qui ne rêvent qu'à « sortir le sport du sport pour en faire un show à la télé » (2004). Il en veut à ce cirque qui chasse la logique de la compétition sportive en faveur d'une logique de spectacle, dénonce-t-il à répétition. Cirque où l'émotion est formatée, presque manufacturée pour attendrir des centaines de millions de téléspectateurs, au détriment non seulement de la performance mais du respect et de l'admiration que devraient susciter les milliers d'heures d'entraînement solitaire, de privations et de sacrifices des athlètes comme de leurs familles. Ce spectacle s'étend de la cérémonie d'ouverture à celle de clôture, « cérémonies de merde [qui] sont toujours une belle occasion de voir où en est rendue l'écriture journalistique et la guerre tant de fois perdue au conformisme » (2006). Cérémonies racoleuses pour un public sportivement inculte, selon lui. Cérémonies et nouvelles disciplines sportives taillées sur mesure pour captiver l'auditoire à qui on va vendre du Coke, de la pizza, des appareils photo, etc. Il en veut pour exemple le ski de fond où on a inventé de nouvelles épreuves de sprint, une hérésie selon lui, qui va contre « l'esprit même du ski de fond, répétez après moi, de – FOND ! » (2006).

C'est donc par dépit autant que par résignation qu'il constate la dérive olympique.

> Les Jeux olympiques sont payés par la télé. La télé, elle, se paie comment? Par les annonceurs. Que veulent les annonceurs? Des cotes d'écoute. C'est qui la cote d'écoute? C'est vous. Que connaissez-vous à la natation et au sport en général? Rien. C'est pour ça qu'il faut vous donner de l'émotion pour vous retenir devant la télé. C'est pour ça que le beach-volley est maintenant au programme des Jeux. Et si cela ne suffit pas, ne zappez pas, ils vous donneront bientôt du beach-judo. (2004)

Et Foglia d'exposer le paradoxe olympique où le gigantisme des Jeux est avant tout proportionnel à celui des efforts faits « pour ne pas trop parler de sport entre la cérémonie d'ouverture et la cérémonie de clôture, de façon à garder captifs des millions de gens qui s'intéressent plus ou moins au sport » (2002). Mi-sérieux, il se demande même si on ne devrait pas songer à sélectionner les spectateurs comme on sélectionne les athlètes, afin de sauver le sport comme on sauverait un innocent d'un jury incompétent.

Tout est donc fait pour rentabiliser les investissements démesurés des commanditaires, ce qui implique de marginaliser les sports les plus exigeants et les plus purs, comme l'aviron, mais moins télévisuels, au profit d'une prolifération douteuse de disciplines qui multiplient les finales et les remises de médailles, les hymnes nationaux, les larmes aux yeux, etc.

> On dilue, on dédouble, on débite comme de la saucisse, on déconne absolument. Il est désormais trop banal de simplement courir, sauter, lancer, nager, lutter, lever des poids, pédaler, skier, patiner, jouer au ballon. Les médailles des jeux modernes se gagnent maintenant en raquette aquatique, il s'agit de courir sous l'eau en raquettes, tout en jouant de la flûte, une main attachée dans le dos... (1992)

À ces artifices et recettes médiatiques, Foglia oppose de nouveau son éthique de l'effort, de la souffrance, du dépassement, n'hésitant pas à verser de temps à autre dans un certain lyrisme qui pourrait bien être à la chronique ce que le patinage artistique est aux Jeux olympiques.

Il s'agit ici de partager une souffrance, d'en faire une clameur unique. Si la poésie est l'alchimie du verbe, l'aviron est l'alchimie d'un cri de souffrance. Surtout l'aviron de pointe, ces bateaux cultes que sont le huit et le quatre de pointe.
Oh qu'elle était belle et sereine cette victoire annoncée. Et magnifiques ces corps qui faisaient rouler leurs muscles sous la peau, ces bras qui ramènent la pelle tandis que les jambes brûlent leur dernière goutte d'acide lactique au fond du bateau. (2004)

Mais en lieu et place de ces destins qui explosent dans la douleur et la pureté du geste, il faut des cérémonies et des histoires larmoyantes pour retenir l'attention du public qui adore les feux d'artifice et les films qui se terminent bien. À Athènes, les gradins sont vides, observe Foglia en 2004, avant de reprendre son antienne contre le cirque télévisuel. « À force de faire des Jeux pour la télé, contrôlés par la télé, payés par la télé, eh bien les gens les regardent à la télé » (2004). Conscient, et même sidéré par les sacrifices que doivent endurer les athlètes face à des exigences et obstacles de plus en plus élevés en vue d'une sélection nationale, il est encore plus troublé de constater que « leur performance est ingérée en quelques secondes, métabolisée et aussitôt déféquée par des commentateurs qui sortent de chez le coiffeur... Bref, je suis troublé [...] par la distance entre le processus et le produit » (1992).

Reprenant le bâton de pèlerin de la simplicité olympique, Foglia s'imagine devenu président du CIO, écartant la télévision, reprenant le contrôle des Jeux et livrant un condensé de sa philosophie et de son éthique olympiques. Et qu'importe si les Jeux se déroulent sans opulence.

Les Jeux ouvriraient sans cérémonie, directement sur le marathon. Les athlètes et autres visiteurs n'habiteraient pas des enclos protégés par des barbelés, mais des maisons dans les différents quartiers de la ville. La remise des médailles se ferait sans podium, de manière à ce que les athlètes restent à la hauteur des gens. Dans les entrevues, on demanderait aux athlètes de nous parler de leur quête d'absolu. Et quand surviendraient quatre petits cons comme ceux du relais 4 x 100 samedi soir [...] qui ont abreuvé le public de grimaces et de gestes de dérision, ils seraient aussitôt virés à coups de pied dans le cul. (2000)

À ces détournements commerciaux et télévisuels, ajoutons le détournement politique qui prend la forme de fièvres nationalistes sous les atours d'un esprit olympique en toc. Foglia est courroucé par l'obligation qui pèse sur le public de s'intéresser doublement aux Jeux olympiques, pour des raisons commerciales *et* patriotiques. Dans la catégorie du nationalisme exacerbé, constate-t-il aux Jeux d'hiver de Vancouver, « le plus voyant, le bêtement tonitruant, le Canada est pourtant bon deuxième derrière les Russes. Les Américains et les Français sont loin derrière » (2010). Il rappelle *aimablement* à ses lecteurs qu'il ne faut « pas compter les médailles, bande de nonos. Faut les peser » (2006).

* * *

Parler olympisme, c'est aborder la question du dopage et de sa répression qu'il trouve aussi vaine qu'hypocrite. Pour un athlète dépisté et sanctionné, comme Ben Johnson, des dizaines d'autres « se sont échappés, emportant médailles, gloire et les basses salutations des séniles endives du cénacle olympique... » (1998). Il se moque de la naïveté et de l'innocence de ceux qui dénoncent le recours aux produits dopants mais ne voient pas l'absurdité de se pâmer devant ces enfants nageuses « qui se lèvent à cinq heures du matin pour s'envoyer 60 longueurs de piscine avant d'aller à l'école. Et qui iront en nager 60 autres après l'école. C'est tout à fait là le genre de santé mentale et physique qu'on aime citer en exemple du côté des tartufes de l'idéal olympique » (1989). Il ne devrait pourtant pas y avoir de mérite à fabriquer de « nouveaux petits monstres tout propres qui n'auront pas triché » (1989).

Et puisque, de toute façon, la pureté du sport a été évincée des Jeux olympiques obnubilés par les milliards et la mondialisation, pourquoi ne pas simplement accepter le dopage en s'assurant de sa qualité afin de protéger la santé des athlètes ? Et mettre ainsi fin à l'hypocrisie institutionnalisée qui veut nous persuader que tous les athlètes ont droit à l'égalité des chances et des moyens d'entraînement ? Il faut au contraire encadrer le phénomène.

> Qu'on s'assure du minimum : « Sont-ils majeurs ? Est-ce bien écrit "poison" en rouge sur la petite bouteille ? Savent-ils lire ? »... Le reste on devrait s'en foutre. Si ça lui plaît à Florence Griffith d'avoir des moustaches, c'est son affaire. Si Ben Johnson a calculé que dix millions c'est une indemnité raisonnable pour un cancer du foie, c'est son foie...
> Quant à la loyauté, qu'on ne me fasse pas rire, j'ai les lèvres gercées. La dope fait moins la différence entre les athlètes que les moyens techniques mis à leur disposition. Croyez-vous que le lanceur de javelot du Zaïre est sur le même pied que le Soviétique ? Il peut prendre tout le stanozolol qu'il voudra le petit gars du Zaïre, il n'a pas l'ombre de la queue d'une chance... Et qui vous dit que les rameurs allemands n'ont pas, déjà, un chromosome de trop ? (1989)

Il compare les ressources des États-Unis, qui avaient consacré 127 millions de dollars à la préparation de leurs athlètes aux Jeux de 1988, aux moyens risibles mis à la disposition de ceux du Soudan ou de la Mauritanie. Pour Foglia, le combat contre le dopage est un écran de fumée qui cache des inégalités plus profondes.

Foglia tient là aussi un discours à contre-courant de la morale convenue, lui qui prescrit ailleurs le respect des conventions que sont les règles sportives. Au moment de l'enquête de la Commission Dubin, qui a suivi la déchéance du sprinter Ben Johnson, il s'inscrit en faux contre la « légion de moralisateurs, juges, journalistes, médecins, philosophes et quoi encore, tous curés d'un idéal olympique qui n'a jamais existé qu'en mots » (1989). Une fois de plus, il souligne que les athlètes de haut niveau, dans un contexte de marchandisation de leurs performances, n'évoluent pas dans l'industrie de la santé, si bien qu'il faut cesser de parler des effets néfastes du dopage. Le dopage est inévitable pour pouvoir endurer des entraînements surhumains afin de parvenir à des performances surhumaines. C'est une question de rentabilité autant que de performance, les deux allant de pair dans un monde dominé par les commanditaires, le cumul des médailles et la télévision. Cohérent avec sa théorie du sport-spectacle, il invite à apprécier le travail des athlètes, leur œuvre en quelque sorte, sans s'inquiéter de leur santé, tout comme on ne s'est pas inquiété de la santé « des poètes sur l'opium, des cinéastes gelés à la coke, des peintres éthyliques » (1998).

Lui-même, pour améliorer ses performances de cycliste très amateur, et épater un peu ses amis des randonnées du dimanche, teste de petites pilules consommées par des cyclistes professionnels. « Eh monsieur ! Peuvent ben flyer les petits mongols ! » (1992). Il en rira un peu plus tard, en rappelant que par le passé, celui qui trichait aux Jeux olympiques :

> Était condamné à l'opprobre général et on enlevait symboliquement une pierre au mur de garde de sa cité. Imaginez aujourd'hui ! Si on enlevait une pierre à New York, Los Angeles, Rome, Moscou, Pékin chaque fois qu'un athlète se shoote un peu de nandralone (*sic*), il ne resterait plus rien de ces villes depuis longtemps. Je crois même qu'il manquerait quelques cailloux à Saint-Armand. (2000)

Il ne fait pas de doute pour lui que les cyclistes du Tour de France ne peuvent rouler à l'eau claire et maintenir une moyenne de quarante kilomètres-heure pendant des milliers de kilomètres. Le souci éthique est bien secondaire pour ces athlètes qui doivent se surpasser à tout prix en échange du statut de vedette, de salaires faramineux et de médailles olympiques.

Il comprend l'indignation des athlètes pointés du doigt et dénoncés pour dopage, alors qu'ils se trouvent dans un environnement où cette démarche est incontournable pour quiconque veut conserver son emploi. « Je ne sais quel épais a dit l'autre soir qu'un autre dieu du stade était tombé. Si vous ne voulez pas qu'ils tombent, les dieux, arrêtez donc de leur demander de sauter si haut» (1994). Ce n'est pas pour tricher qu'ils agissent ainsi, c'est simplement pour être au même niveau que les autres, qui se dopent aussi. «C'est se donner les moyens de faire son métier, de suivre et de survivre, d'avoir un contrat avec une équipe pour la prochaine saison. Seulement son métier» (1999). Et pour gagner, il faut non seulement être dopé, mais aussi un peu meilleur que les autres, car «la dope ne fait pas avancer les bourriques» (1999).

Pour Foglia, le dopage est avant tout affaire de culture, non de malhonnêteté. Cette culture se retrouve dans le quotidien de l'athlète, inscrite avec précision dans un programme d'entraînement qui prévoit des périodes d'abstinence pour échapper aux tests de dépistage et ainsi aider les autorités sportives à persuader leurs commanditaires et le public de la propreté de leur sport. La morale sportive est sauve, car quand «tout le monde triche, y'a pas de tricheurs» (2002). Seulement certains qui trichent mieux que d'autres, de toute évidence!

De là aussi, son admiration pour Lance Armstrong, selon lui le plus grand cycliste de l'histoire. Dans ses écrits, Foglia salue la sagacité de cet homme qui l'impressionne et le fascine, cet homme froid et intelligent qui apprend, «évolue constamment, tout le contraire de la moyenne des amateurs de sport» (2003). Plus tard, il sera davantage outré par le tempérament et la personnalité d'Armstrong que par ses pratiques de dopage. Il découvre alors un «Al Capone à pédales qui contrôlait tout, intimidait tout le monde, imposait sa culture du secret, rigoureux gardien des deux grandes traditions du cyclisme professionnel: le mensonge et le silence» (2011).

Les scandales sur le dopage l'exaspèrent avant tout par le manque de lucidité et l'hypocrisie qu'ils charrient. En 2007, il est visiblement excédé par la litanie de ceux qui s'obstinent à rêver d'un Tour de France à l'eau claire, à défaut de quoi il devrait mourir.

On dit que la dope est en train de tuer le Tour de France. Qu'il crève. Ça fait 15 ans que le Tour est sourd, aveugle et pute. Surtout ça: pute. Le Tour n'arrête pas depuis 15 ans d'être en état de crise, sa légende mise à mal, son mythe ridiculisé, et comment réagit-il ? Il réagit la main sur le cœur : nous allons nettoyer notre cour, on ne laissera plus rien passer. C'est en cela que le Tour est une pute. Ce n'est pas le vélo qu'il essaie de sauver. C'est son cirque, l'entreprise Tour de France. (2007)

Que ce soit aux Jeux olympiques, au Tour de France ou pour tout autre discipline sportive, Foglia demeure inébranlable dans sa conviction qu'il faut plus de lucidité et moins de morale, plus d'information et moins de répression, qu'il faut célébrer l'effort et accueillir la victoire comme une récompense plutôt qu'une finalité. Il ne croit pas en l'éradication du dopage par le contrôle et les flics, et même si cela était possible, « le sport de haute compétition sera toujours, de toute façon, une usine à fabriquer des monstres physiques et mentaux » (1989).

Chapitre XII
Le précepteur

« On n'est pas ignorant des choses qu'on ne veut pas savoir. La seule ignorance rédhibitoire est l'ignorance triomphante. Celle qui s'applaudit d'ignorer. » (1992)

« ... l'éducation vise à former des citoyens pas trop tatas et non pas à envoyer le plus de tatas possible à l'université. » (2013)

Il a beau nier à répétition et démentir toute prétention morale, cela ne résiste pas à l'analyse. Il y a chez Foglia une esthétique, une éthique et une morale de l'effort. Cette triade normative est au fondement de ce que son originalité et son talent littéraire réussissent à articuler, à nommer, à transformer en discours critique. Celui-ci se déploie sur tous les terrains sociaux, en politique comme en sport, en culture comme en éducation.

Plus que dans nombre de domaines, c'est en matière de pédagogie, si on peut ainsi qualifier sa posture, que Foglia s'illustre par l'abondance de convictions, de clichés et de préjugés. Ils sont étroitement liés aux conditions difficiles de son enfance à l'école républicaine, elle-même à des lieues de toute remise en cause pédagogique, où régnait froidement une hiérarchie abusive mais devant laquelle tous courbaient le dos. Alors qu'on aurait pu s'attendre à ce qu'il fasse preuve de discernement face aux transformations pédagogiques qui ont secoué le Québec à compter des années 1960 et 1970, c'est plutôt un Foglia profondément attaché à un ordre scolaire ancien qui se manifeste dans son œuvre. Ici on le sent osciller entre le conservatisme et la modernité, entre la préservation d'un certain passé et la tentation du rejet.

Foglia conteste non seulement les méthodes pédagogiques en vigueur mais aussi les objectifs du système scolaire. Il y perçoit essentiellement un univers qui disqualifie tout ce qu'il chérit : culture de l'effort, respect de la règle en vue d'une émancipation future, transmission de la connaissance et développement de la pensée critique, anticonformisme. Il revendique une forme certaine de domination de l'enseignant sur l'élève, de l'école sur les parents, dans la mesure où tout cela conduit à un savoir qui sera par la suite mis au service de la critique de ce même univers scolaire.

Il s'inscrit radicalement en faux contre le pédagogisme moderne qu'il perçoit comme « une manière d'enrober le savoir pour le faire avaler plus facilement aux enfants. Le savoir est devenu, dans nos écoles, une pilule amère qu'on glisse dans une bouillie informe en se disant qu'il passera mieux ainsi » (1999). Et ce, d'autant plus que les professeurs sont en perte d'autorité pour imposer une transmission. En éducation, poursuit-il, la « pédagogie suggère, encourage le contournement de la difficulté. L'éducation, au contraire, invite à la maîtriser le plus simplement du monde » (2014). Il déplore l'enseignement de petits savoirs pratiques, faciles et amusants (journal ou radio étudiante, théâtre, etc.) qui sont « plein de petits orgasmes... sans le désir d'apprendre, sans l'amour des savoirs élémentaires » (1999). Aux stratégies pédagogiques et aux théories qui les fondent, il oppose la passion d'enseigner, l'amour de la matière et le goût de transmettre des savoirs. Il donne en exemple le cas d'un enseignant passionné de sa matière, « tout simple [qui] n'a recours, pour enseigner, à aucune de vos saloperies de trucs, aucune de vos saloperies de recettes pédagogiques » (2000).

Lui-même se vante d'avoir opté pour une pédagogie particulière alors qu'il enseignait le journalisme à l'UQÀM. Pour optimiser ses efforts, il accordait tout d'abord la note B à tous ses étudiants, de façon à ce que les plus fainéants puissent s'absenter sans risque d'échec. À ceux qui restaient, il faisait passer quelques exercices d'écriture afin d'éliminer les cas désespérés d'une part et de dire aux meilleurs qu'il n'avait rien à leur apprendre. Avec cette façon de faire, du groupe de départ de quarante il ne lui restait qu'une petite vingtaine. « Je donnais à ceux-là pendant trois mois tout ce que j'avais, tout ce que je pouvais. Je ne me souviens pas qu'ils se soient plaints. Les 17 autres ? Je ne sais pas. M'en crisse » (2010).

* * *

Il aimerait se laisser convaincre par ceux qui réfutent son pessimisme, lequel concerne des questions aussi variées que le manque de culture, la surconsommation ou la faillite de l'éducation. Il rapporte ainsi les propos d'une écrivaine qui tente de le persuader que l'époque n'est pas aussi lamentable qu'il en préjuge, que les gens lisent plus qu'au temps de Balzac, que « le niveau intellectuel moyen est même à la hausse... Si on a l'impression d'une grande médiocrité c'est seulement à cause de l'éclairage » (1990), parce que, contrairement au passé, les médias nous montrent l'individu moyen et ses sottises gigantesques autrefois cachées. Même s'il consent que tout cela est sans doute vrai, il demeure néanmoins sceptique et ne peut trouver consolation à son désenchantement. Si les barbares « d'aujourd'hui sont moins nuls que ceux du temps de Balzac... ils sont aussi, hélas, plus triomphants. Plus fiers de leur médiocrité. Et les sondages leur disent assez qu'ils ont raison puisqu'ils sont les plus nombreux » (1990).

Sa déception est présente dans nombre de ses propos attaquant non seulement le dysfonctionnement du système scolaire mais aussi sa récupération, sinon son détournement, en faveur d'intérêts commerciaux. Il dénonce à cet effet le financement, et donc l'orientation utilitaire, de programmes de recherche universitaires par des entreprises privées, sans que cela ne soulève le moindre débat social et même sous les applaudissements des ministres de l'Éducation.

Une de ses batailles concerne justement l'utilitarisme d'une éducation ouverte sur le monde, et surtout sur le monde du travail, une approche fonctionnelle qui ne débouche sur rien, surtout quand le chômage est à la hausse ou que les métiers se transforment à grande vitesse en raison des chocs technologiques et économiques. Dans ces circonstances, l'école devient un lieu de stationnement et de démobilisation, un lieu de décrochage intellectuel même si les élèves sont physiquement présents. Au contraire de cette ouverture utilitaire dénuée de tout horizon intellectuel, il préconise de refermer l'école de façon à la :

> ... protéger du monde extérieur, comme un sanctuaire. Il faut qu'on y retrouve la sérénité d'enseigner les savoirs élémentaires (ce qui n'empêche pas un contenu moderne). Il faut que les enfants sachent que l'école est le lieu obligé où ils apprendront à lire, écrire et penser. Un lieu obligé où ils ne seront ni des petits rois ni des grosses vaches. (1995)

Selon Foglia, l'éducation a une mission civique capitale, bien plus importante que celle de former des ingénieurs bilingues. En bon rhétoricien qui suggère la réponse à la question qu'il soulève, il se demande si elle ne doit pas plutôt « dispenser l'ensemble des savoirs qui forment la culture, cette culture qui fait qu'un ingénieur appartient d'abord à une communauté particulière avant d'appartenir à une profession particulière ? » (1996). L'éducation doit aussi être politique avant que d'être économique, afin de procurer un minimum de culture, voire de conscience, sans quoi la démocratie ne devient qu'une simple agrégation de votes, « et les idées une affaire de marketing » (1992).

Sans en faire un modèle universel, il ne cache pas sa satisfaction d'apprendre l'existence, dans certains cégeps, de cours du soir fréquentés par des travailleurs manuels et des techniciens, qui vont y retrouver le plaisir d'apprendre la philosophie ou la littérature. Cela rejoint l'idée qu'il se fait de l'éducation, qu'il oppose sans ménagement :

> ... aux faux-culs des chambres de commerce qui rêvent tout haut d'une école productive qui ne s'embarrasserait plus de cours de philo pour des ébénistes. Une école néo-libérale

subordonnée à l'économie néo-libérale. [...] Dès leur deuxième année, les étudiants deviendraient automatiquement membres de la Jeune chambre de commerce de leur localité. Le bonheur mon vieux. (1992)

Il anticipe avec un certain effroi le jour où les universités formeront avant tout « des putes au service d'une technocratie qui ne voit jamais de problème dans les coupes à blanc, le labourage mécanique des sols de forêts et l'épandage de poisons » (1999). C'est ce qui attend les universités financées par le secteur privé, craint-il. Elles seront une « pépinière d'experts au service de l'industrie et des affaires, [alors] qui formera les élites indépendantes et critiques qui remettront en question nos pratiques ? Qui formera les Richard Desjardins de demain pour filmer derrière les lisières, derrière les apparences ? » (1999), évoquant ici *L'Erreur boréale*, le documentaire pamphlétaire du poète et chansonnier contre les abus de l'industrie forestière.

Conscient que son discours peut sembler rétrograde et réactionnaire, Foglia l'insolent, l'anticonformiste, le provocateur prend parfois les devants pour revendiquer une éducation qui favorise le jugement critique et non une simple transmission d'un savoir décroché de la réalité. Il souhaite que le plombier, l'ébéniste, la coiffeuse ou l'infirmière soient des citoyens plus responsables, « capables de déjouer le message publicitaire qui est en train de les baiser » (1994), comme l'exigent les temps présents. Il oppose ce jugement critique à l'ânonnement des vers de « Mignonne, allons voir si la rose », de Ronsard, poète du XVIe siècle, « cet immense con couvert de gloire... devenu sourd à force de se crosser dans un jardin de roses » (1994). Et le voilà qui ajoute : « Mignonne, va donc voir pourquoi mes enfants décrochent ? Parce que t'as mille ans de retard, vieux con » (1994). Sans le savoir, Foglia vient de se créer un ennemi qui l'attaquera violemment quelques années plus tard, comme nous le verrons plus loin, au moment de traiter de son rapport à la littérature.

* * *

Pour l'instant, revenons à l'éducation qui devrait tendre vers la formation du citoyen, de «l'homme dans le plombier (et former sa fiancée dans la coiffeuse). Mais il fait tout le contraire, ce putain de système éducatif: il forme le plombier dans l'homme» (1996). Sans verser dans la théorie du complot, il se demande néanmoins si l'idéal pour les pouvoirs économiques et politiques ne réside justement pas dans le refus de doter les citoyens de la capacité d'organiser leur pensée et de réfléchir de façon critique sur leurs conditions d'existence, ce qui pourrait leur permettre de s'émanciper et, peut-être, de consommer moins. Il le dit en 1996, y revient en 2010 et en 2012, preuve de la constance de ses convictions en la matière, quand il souhaite des citoyens capables de «comprendre des énoncés complexes, abstraits... Capables d'organiser leur pensée, de formuler une critique. Former le goût qui mènera à une consommation moins effrénée, surtout à une consommation des loisirs (de la culture) moins désespérément stéréotypée» (2010). Par ses chroniques, Foglia joue le rôle d'un précepteur singulier qui forcerait ses pupilles lecteurs à réfléchir à des questions cruciales.

Aux étudiants du «Printemps érable» qui lui demandent de se ranger derrière eux dans leur lutte contre la hausse des droits de scolarité, enjeu dont il se «crisse», il répond favorablement à leur exercice de liberté, de désordre, d'insoumission et de solidarité. Il leur dit surtout que l'enjeu le plus important est ailleurs. Il se trouve dans la formation du citoyen critique, résistant «aux diktats du divertissement». Mais il constate que la lutte étudiante est avant tout économique, alors que personne ne se soucie de la qualité de la formation culturelle et critique des gens de métiers aussi différents que les coiffeuses, les plombiers ou les chauffeurs d'autobus. Comme si ces métiers manuels étaient victimes de préjugés, même parmi les jeunes manifestants. Bien avant que d'être une préparation à entrer à l'université, l'éducation doit préparer à entrer dans la vie, préparer les travailleurs de demain pour qu'ils soient «plus que des veaux, je veux dire plus que des consommateurs, que des gobeurs d'information, que des pitonneurs de twits. Leur donner la curiosité. Leur donner envie de résister» (2013). Il lui importe que tous puissent faire la distinction «entre culture et loisir, entre émancipation et consommation» (2012).

L'école a donc une responsabilité intellectuelle et critique avant que d'avoir l'obligation de former la main-d'œuvre de demain. Même s'il s'est moqué de Ronsard et de certains apprentissages périmés, il ne tourne pas le dos à l'étude obligatoire des grands classiques de la littérature ou de la philosophie, pour « donner à chacun les outils d'une pensée critique » (2005). Cela est plus important et pertinent que les discours sur l'accès pour tous à l'université, qui laissent faussement croire qu'il existe une égalité des chances et des capacités intellectuelles. Ce n'est que pure chimère.

Le projet éducatif foglien mise sur la culture et sur la langue française. Encore une fois, le chroniqueur constate l'échec d'un système incapable de fournir les outils de base que sont la langue et le langage, la langue pour dire les choses, le langage pour organiser la pensée. Ne pas être en mesure de lire convenablement, c'est une condamnation sociale, morale et intellectuelle. « C'est le monde qui nous échappe » (1996). C'est l'incapacité de lire et de comprendre un message le moindrement complexe, l'impossibilité d'apprendre comme les autres, c'est déjà l'exclusion et la marginalisation. Il s'indigne que tel soit le lot de dizaines, voire de centaines de milliers de ses concitoyens de tous milieux, certains étant plus lourdement handicapés que d'autres. Commentant des statistiques selon lesquelles près de 60 % des étudiants universitaires ont des difficultés à lire et à écrire correctement, il y voit un phénomène social problématique, celui de l'entrée « dans une nouvelle grammaire qui fait accorder les participes passés avec des compléments d'images et de sons » (1993). Pour l'expliquer, il cible de nouveau une certaine pédagogie qu'il déclare laxiste, car au lieu d'enseigner le français en soi, on enseigne son utilisation en poésie, en théâtre, en publicité et même en journalisme. « Imaginez une école de musique où on n'apprendrait pas à lire la musique parce que c'est trop difficile. Ni à jouer du violon parce que c'est trop long. On fredonnerait du Mozart comme ça, à peu près » (1995).

* * *

Changeons donc l'école, en tenant compte des enfants d'aujourd'hui, certes, mais sans délaisser sa mission qui est d'apprendre à apprendre, et en venir à aimer cela. Ce qui est long et difficile. Ce qui, surtout, implique une révolution, une mutation à rebours : retrouver le goût de l'effort sans lequel rien de durable n'est possible. Cela veut dire aussi retrouver le goût universel, fruit d'une longue conquête, le goût « que l'on formait jadis à l'école... le goût n'existe plus. Tout relève maintenant des inclinations ou des répugnances personnelles » (2000). Face à ce relativisme postmoderne, pourquoi chercher à développer ou à reconquérir ce goût universel que Foglia oppose aux simples préférences des uns et des autres, le plus souvent dictées par le marketing et le populisme ? Mais changer, c'est déstabilisant, c'est exigeant aussi, et les jeunes se détournent de tout effort, affirme-t-il, sans trop se soucier d'en faire une démonstration documentée.

De même, pour expliquer le fléau du décrochage scolaire, il énonce une théorie que d'aucuns trouveraient risible. Les premiers responsables en seraient les parents, pour n'avoir jamais envoyé leurs enfants se coucher du premier coup, fabriquant ainsi « des enfants-mollusques qui n'ont aucune résistance à l'effort, à la contrariété » (1992). Comment exiger l'effort dans une société du confort, qu'il compare de façon nécessairement désavantageuse à sa jeunesse, époque presque bénie où le « doute nous tenait en éveil [alors que] la satisfaction les tient endormis » (1983). Il faut « se faire un peu chier pour l'apprendre » (1999), décrète-t-il. Pas par masochisme ni par plaisir d'éprouver ou de sanctionner, simplement parce que, selon lui, rien ne peut arriver juste par « la joie, le plaisir, le rire, le jeu, l'humour, l'humeur, la citation, sauf une débile euphorie perpétuelle » (2012).

Le voilà donc, en conséquence, qui affirme sans nuance que la « pédagogie moderne tient pour un crime la moindre tape sur les fesses, la moindre contrariété. Les programmes scolaires sont revus pour ne pas trop le fatiguer [l'élève]. On est dans cette société-là, une société dont le roi est un foutu bébé » (2005). Dans le même esprit, il accuse la société de surprotéger ses enfants au point de détruire l'école qui devrait être leur premier lieu d'apprentissage. L'école, selon lui, est en train de devenir « une cour de récréation permanente où l'enfant découvre la vie sans contrainte. Grandit sans contrainte (et sans maturité)» (2005). Dans des lettres ouvertes, certains s'insurgent contre sa posture. Une enseignante et chargée de cours universitaire réplique que de telles attaques, contre les réformes pédagogiques notamment, sont l'œuvre d'une élite qui a réussi dans le modèle ancestral de l'enseignement magistral, sans se préoccuper de tous les laissés pour compte. Ces derniers ne peuvent pas intervenir dans le débat, sans compter que Foglia et les siens, peut-on comprendre, ne connaissent rien des réformes qu'ils discréditent à pleines colonnes[32].

Sans l'avouer, Foglia manifeste plus que de la simple nostalgie. Au-delà de son désenchantement, c'est un sentiment de perte et de dégradation qui l'anime. Il perçoit:

> ... la stigmatisation de l'effort [comme] une des tendances majeures de notre époque moumoune. Prenez l'éducation: surtout ne pas demander d'efforts aux enfants. Surtout ne pas les fatiguer. Prenez la culture: son unique fonction semble être de produire des merdes qui ne fatiguent pas le consommateur. Prenez cette chronique, vous n'êtes pas trop fatigués, j'espère? (2002)

Quel contraste avec son enfance à l'école républicaine où tous se plaignaient de «l'aridité des matières, contre les devoirs, nous n'étions pas toujours prêts à travailler. Mais nous savions que rien n'arrive sans effort. Cette culture de l'effort était perpétuée par l'école, mais elle exsudait de la société tout entière» (1995). L'école, déjà comme un reflet de la société dans laquelle elle baigne: exigeante et laborieuse au sortir de la guerre, laxiste et ludique en temps de surconsommation.

Aux parents «effrontés» qui préfèrent soumettre leurs doléances aux fonctionnaires du ministère de l'Éducation ou aux professeurs, il réplique du tac au tac que la nullité de leurs

---

32. Voir notamment le texte de C.-Larochelle, Josée, «Contre la vague anti-pédagogique», *Le Devoir*, 23 mai 2006 (http://www.ledevoir.com/societe/education/109749/contre-la-vague-anti-pedagogique), page consultée le 21 mai 2015.

mollusques est la conséquence de leur propre turpitude, qui consiste à les laisser passer «une grande partie de leur vie éveillée devant la télé. Cette passivité, cette minéralité, cette habitude prise de recevoir un savoir sans effort, cette pédagogie magique, comme la pensée du même nom qui les prépare si mal à la douleur d'apprendre» (1992). Il n'y a vraiment rien de bon à espérer de la part de ceux qui «traités en géants quand ils ont cinq ou dix ans... ne feront jamais l'effort de devenir grands. Vont rester petits et cons» (1992).

Sans faire trop de cas de la complexité des choses et sans documenter le fondement de son opinion, chronique oblige, il compare le décrochage scolaire au zapping télévisuel devant quelque chose de contrariant, de compliqué ou d'ennuyant. Comme ils ne peuvent «pas zapper le prof, alors ils décrochent...» (1992). Aux parents qui ne veulent pas que leur «petit mongol décroche», il dit de fermer la télévision et d'ouvrir un livre. «Secouez-le fort quand il s'agite. Envoyez-le se coucher de bonne heure. Et de temps en temps, en allant le border, juste avant qu'il s'endorme, vous lui dites : — T'es un p'tit con mais je t'aime... Ça devrait suffire pour qu'il s'accroche» (1992). Cette sortie virulente contre les parents eux-mêmes lui vaudra une avalanche de messages de soutien et de demandes de reproduction de sa chronique, observe-t-il avec étonnement un peu plus tard. «Surtout que parlant d'éducation, je me suis senti si seul si souvent avec mes intuitions, que me voilà bien surpris, tout à coup, de me retrouver en si nombreuse compagnie» (1992).

Dans la même veine, il avait déjà établi un lien entre la médiocrité de certains enfants et celle de leurs parents, affichant ici à la fois ses préjugés et un certain mépris de classe à l'égard «des niochons, des épiciers, des promoteurs, des vendeuses de tupperware, des boss, des zoufs qui appellent les lignes ouvertes de sport pour affirmer que Lemieux devrait jouer et, comme on dit, bon sang ne saurait mentir...» (1989). On ne saurait soutenir sérieusement que son échantillon, tiré d'une catégorie particulière de citoyens, permet de telles généralisations, d'autant plus qu'on pourrait contester son évaluation de ces gens. Mais cela lui permet de dire que la médiocrité est devenue la norme de l'éducation aussi bien à la maison qu'à l'école.

Bien des années plus tard, il estime avoir peut-être dit une « connerie » en jetant toute la responsabilité sur les parents, ce qui lui permet de nouveau de parler de son enfance difficile, pour suggérer implicitement que les conditions de vie des années 2000 sont devenues trop faciles.

> Jamais personne ne m'a enseigné l'effort. Ni mes parents ni mes maîtres. Cela allait de soi. Tout, autour de nous, tout nous disait qu'on allait en arracher, qu'on aurait bien du pain noir à bouffer avant le blanc si jamais il y avait du blanc un jour... La vie de mes parents n'était que cela : un effort. *Beast of burden*. J'ai l'impression de vous parler non pas d'une autre époque, mais d'une autre planète. (2002)

En somme, plus de confort, plus de technologie et plus de permissivité parentale dilueraient le goût de l'effort. Plus de liberté aussi, grande revendication de la fin du XXe siècle. Cette « liberté d'être con est sans doute la liberté la plus revendiquée par une large majorité d'étudiants du secondaire puisque c'est la liberté de ne pas étudier, la liberté de refuser l'autorité, la hiérarchie, l'effort, le travail scolaire après l'école, et même pendant » (1999).

Paradoxalement, voici Foglia le libertaire qui en appelle à davantage de respect de l'autorité, révélant ses contradictions sans trop les analyser ou chercher à les dépasser. Se référant toujours à sa jeunesse, il écrit qu'au lieu de parler de respect comme le font les élèves des années 2000, ceux de l'école républicaine le mettaient en pratique, car « le respect venait avec l'air qu'on respirait » (2011). Ce n'était pas une matière à étudier au même titre que le français, c'était un mode de vie, « on avait le respect de l'école, le reste coulait de source » (2011). Dans les écoles, poursuit-il, l'autorité est indispensable, immuable. Elle permet la transmission des savoirs sans que les destinataires ne se posent trop de questions dans un premier temps, elles viendront plus tard. « Celui qui sait parle. Celui qui apprend ferme sa gueule et écoute. On tortillera de la pédagogie tant qu'on voudra, sans autorité, il ne peut rien arriver à l'école, même pas la révolte contre l'autorité, ça tombe sous le sens » (1999). Si elle n'affirme pas « son autorité intellectuelle, l'école se nie elle-même » (1999). Certains jours, derrière Foglia l'Insolent, on retrouve un peu les insolences du Frère Untel, ce qui n'est pas peu dire quand on sait le gouffre qui le séparait de Jean-Paul Desbiens, frère mariste et éditorialiste en chef à *La Presse* de 1970 à 1972.

* * *

Il célèbre par ailleurs le dévouement des professeurs à l'endroit desquels il ne cache pas son « affection indéfectible », car ils « sont les héros de cette société, 28 enfants devant eux qui aimeraient mieux aller jouer dehors... et la job d'avoir à mettre dedans quelques valeurs, quelques goûts, quelques connaissances et le sens de l'effort en surplus. Je vous le dis, les profs sont des saints » (2002). Encore une fois, il mobilise son histoire personnelle pour illustrer comment les choses ont changé depuis cette époque lointaine où les professeurs « étaient redoutés, mais ils étaient aussi sacrés, intouchables. Ils incarnaient le savoir. Aujourd'hui ils sont totalement dévalués par leurs élèves. Ils incarnent le monde *has been* des adultes. Ils ne comprennent rien. Ils sont vieux et nuls » (1995). De là sa grande admiration pour les enseignants du primaire et du secondaire qui « exercent la profession la plus importante du monde » (2001) et méritent qu'on leur vienne en aide. Plus que leur dévouement ou leur compétence professionnelle, il salue ceux et celles capables de donner de l'amour aux enfants.

En revanche, il se montre sans pitié pour les professeurs qui font des erreurs de français, tellement la langue est selon lui la compétence première à transmettre aussi bien par l'enseignement que par l'exemple. Ne pas faire de fautes, ça « fait toute la différence entre une école et un centre de croissance personnelle » (1998), lance-t-il même. « Un prof qui ne sait pas que drapeaux au pluriel prend un "x" est aussi incongru dans une école qu'un flic aveugle qui dirigerait le trafic à l'heure de pointe » (1998). Il n'est pas seulement une nuisance, mais un véritable danger public. Il trouve scandaleux que des professeurs ne sachent pas écrire et encore plus méprisable d'entendre dire que cela n'est pas important. Il y voit encore une fois la face hideuse de cette fameuse pédagogie qui marginalise le savoir au profit de la démarche, où la personnalité de l'enseignant compterait plus que ses connaissances.

D'une certaine façon, les professeurs sont victimes de la formation des maîtres, «ces quatre années de stratégies cognitives qui forment des nouilles cognitives qui vont aller enseigner des matières dont ils et surtout elles ne savent rien, tout particulièrement le français mais aussi l'histoire et la géographie» (2007). Il s'étonne de cette époque où les cancres sont aussi bien dans la classe que devant. Il anticipe avec inquiétude un réel naufrage social à cause de ces professeurs inaptes qu'il aime comparer à des phares essentiels à la navigation. «Le prof devrait être ce phare. Non seulement il ne l'est pas, non seulement sa batterie est à plat, ce con, mais il envoie les bateaux *drette* sur les brisants où ils naufragent. Tiens, toé, le petit marin, nage» (2012).

Déborder d'éloges pour les professeurs, c'est idéaliser leur rôle au point d'être sans indulgence pour ceux qui ne seraient pas à la hauteur de ses exigences. Par ailleurs, il se porte vigoureusement à la défense des bons professeurs et des directions d'école qui affrontent des parents responsables de bien des maux.

> ... je ne pourrais pas être prof, j'haïrais trop les parents. Surtout ces dernières années, je les tiendrais responsables de ces réformes qui ont détourné l'école de sa mission première : instruire, transmettre des savoirs. C'est pour leur plaire, finalement, qu'on transmet maintenant des compétences. Clientélisme, réformes démagogiques pour les flatter à travers leur progéniture, tout le monde il est des génies, plus personne ne redouble, youpi. Anyway. Ils me tueraient. Ou ce serait moi. (2003)

Les parents n'ont pas leur place à l'école, ajoute-t-il. Qu'ils se concentrent plutôt sur l'éducation à la maison, qui est leur royaume, et acceptent que l'école, justement, soit un lieu où leurs enfants vont échapper à leur influence et mieux s'insérer dans la société. Son école idéale serait protégée des modes et des rumeurs de la société, protégée des parents aussi. «Je leur dirais : vous avez tout le temps, toute la latitude et toute l'autorité nécessaire pour transmettre votre médiocrité à votre progéniture, laissez une chance à l'école de les élever un peu, je veux dire de leur donner un peu de hauteur » (2000).

Malheureusement, déplore-t-il en ne reculant devant aucune généralisation hâtive, les parents veulent que leurs enfants aient de bonnes notes avant que d'avoir une bonne éducation. Et pour cela, ils ne voient aucun problème à baisser les exigences. Les voilà donc, ces responsables des réformes scolaires, toutes plus laxistes et complaisantes les unes que les autres ! « Si on baisse la barre d'un cran à chaque réforme, ce n'est pas seulement pour s'ajuster au niveau des enfants, mais aussi à celui des parents (et de la population en général) qui se contrefoutent que leur rejeton ne lise aucun livre et ne sache rien, n'ont-ils pas des ordinateurs qui savent tout ? » (2012).

Pleinement cohérent avec son éthique de l'effort et schématisant probablement à outrance pour être plus persuasif et coloré, il part en guerre contre la réforme scolaire de la fin des années 1990. Il la conteste farouchement, car elle s'oppose à tout ce qu'il est et pense, « pas seulement ce que je pense de l'éducation, mais aussi ce que je pense de la place des enfants dans cette société obsédée par sa descendance, à la recherche d'une formule miracle pour fabriquer des petits prodiges » (2000). Il anticipe la fin programmée du redoublement qui fait l'affaire de tous, du fonctionnaire du ministère de l'Éducation jusqu'au ministre en titre, en passant par les parents tout heureux de ne plus se faire renvoyer la nullité de leurs rejetons. Il est en faveur du nivellement par le haut mais pas en augmentant artificiellement les notes, ce qui serait trahir la réalité. Niveler par le haut, ce serait combler « les déficiences des écoles dans les quartiers défavorisés. [...] Qu'on fasse de la discrimination sociale positive, qu'on manifeste une vraie volonté de combler le fossé des inégalités, qu'on pondère la petite misère. Pas les notes » (1996).

Et le voilà une fois de plus qui recourt à son enfance comme s'il s'agissait de la norme suprême à partir de laquelle il faudrait juger toute chose, privilège légitime du chroniqueur. En ce temps-là, « l'inégalité des aptitudes était un état de fait, accepté par tout le monde. Aujourd'hui on s'est mis dans la tête... qu'il n'y avait pas de mauvais élèves, il n'y a que des mauvaises méthodes, et des mauvais profs» (1997). Son école républicaine à lui «ne se bâdre pas de corriger les inégalités sociales, elle ne s'emploie pas à éviter des sélections qui surviendront de toute façon tout au long de la vie. Elle prend acte... Elle ne refait pas le monde. Elle l'enseigne» (2010).

* * *

Au-delà des stratégies pédagogiques qu'il exècre, la réforme est présentée comme une capitulation devant la difficulté d'apprendre l'orthographe, elle aussi dans le viseur des rénovateurs du ministère de l'Éducation. Foglia y voit une grave erreur de perspective. Ce fils de maçon considère que les mots sont un matériau de construction au même titre que pierres, briques et ciment. Là où il faut de l'émancipation, ce n'est pas dans la façon de les écrire mais dans leur utilisation. «... c'est là qu'il faut prendre des libertés... Tout est dans ce qu'on dit avec les mots. Et encore: dans la trame de ce qu'on dit. Et encore: dans la trame de ce qu'on est» (1990). Au professeur qui demande publiquement pourquoi il ne peut plus apprendre à ses élèves la grammaire de son grand-père, Foglia répond que son ancêtre n'avait pas le choix. Il devait apprendre la matière sans rouspéter. «Son petit-fils, c'est plus compliqué. Il faut recourir à plein de trucs pour lui apprendre des choses sans trop le fatiguer ni le traumatiser, le pauvre petit. Cela s'appelle de la pédagogie. C'est la pédagogie, la matière principale à l'école d'aujourd'hui, pas la grammaire» (1996).

Pour ce passionné de sport où on apprend à perdre avec honneur, comment accepter ce qui se passe dans une école qu'il connaît, où les enfants peuvent encore jouer aux billes mais à la condition de toutes les récupérer à la fin, pas question d'en perdre ou d'en gagner? «Parce que, a expliqué la direction à une mère éberluée: parce que quand certains enfants perdent, ils pleurent. Tout l'esprit de la réforme est là: empêcher les enfants de perdre» (2007), alors que l'éducation devrait aussi leur apprendre cela.

À ceux, et il s'en trouve, qui l'accusent de conservatisme en raison de son opposition à une réforme présentée comme progressiste et de gauche, il suggère que cette réforme pourrait plutôt avoir une finalité de droite, celle de «former des demi-analphabètes fonctionnels, bien intégrés au milieu, je veux dire au marché» (2007). En revanche, l'école qu'il préconise serait en apparence «de droite derrière ses murs et ses règles qui en font un lieu protégé de l'actualité et des modes du temps, avec des savoirs à apprendre plutôt que des habiletés à intégrer, mais de gauche quant au résultat, en cela qu'elle formerait des citoyens critiques de leur milieu et capables de s'en libérer» (2007). On retrouve cette conception de l'effort et du travail comme conditions d'émancipation et de liberté. L'école doit former l'esprit critique avant que de fabriquer les pions et les petits généraux de l'économie de marché.

Il va encore plus loin quand il propose une école comme lieu d'humiliation si les résultats ne sont pas au rendez-vous. On l'a vu, Foglia s'insurge contre une réforme qui, selon lui, est une légitimation de la médiocrité ambiante et fait de l'école un lieu obsédé par la survalorisation de l'estime de soi. Il trouve au contraire normal, voire bénéfique, «d'avoir honte quand t'as l'air d'une dinde devant tout le monde. C'est normal d'être un peu humilié. Ce sont de bonnes petites morts à expérimenter à l'école. Après t'es vacciné. C'est comme la rougeole, la deuxième fois ça gratte moins fort» (1992). C'est comme une leçon de résilience. Ce mot devenu à la mode à partir des années 2000 évoque une réalité qui existait même quand il était enfant. «On prenait une claque sur la gueule, on se relevait et on en mangeait une autre. Tout le monde il était résilient. On n'en parlait pas» (2008). Mais il y a toujours des limites entre les humiliations nécessaires et les abus physiques. Ayant lui-même été l'objet de moqueries et de rejet, il observe que la différence réside dans:

> ... cette pathogène impuissance des directions d'école, incapables qu'elles sont de gérer leur cour et les alentours. Nouvelle dynamique, nouvelle ère, l'école est malade de son refus de sanctionner. Chercher à comprendre quand il faudrait exclure, discutailler avec des petits tortionnaires, les excuser, leur donner une dernière chance... Sont prêts, sans qu'on sache très bien si c'est par pédagogie ou pour avoir la paix, sont prêts à tolérer cette jungle qu'est devenue la cour de

l'école, une jungle où les règles sont dictées par des babouins tarés qui ont la haine de l'étude. (2009)

Foglia en appelle à un retour de l'autorité afin que les enfants obéissent et apprennent. Assurément, il ne souhaite pas le retour d'une période où les élèves étaient corrigés à la baguette et au martinet, « ce fouet à plusieurs lanières qui laissait d'infamantes zébrures sur les cuisses. J'ai connu la fin de cette époque-là » (1996). Il s'inquiète même de ceux qui auraient la nostalgie « de l'école forteresse, comme une envie de régime pénitentiaire... » (1996). Il se rappelle trop bien cette époque où « on apprenait par la peur, à coups de règle sur les doigts. Était-ce mieux que la lénifiante merde psychopédagogique d'aujourd'hui ? Franchement, je n'en sais rien. De la merde c'est de la merde, c'est sûr. Mais les coups de bâton ne font avancer que les ânes » (1996).

Foglia, pédagogue et précepteur, avec ses valeurs quelque peu obsolètes, n'est pas facile à estimer en 2015. Mais il affiche en cela une caractéristique forte de sa personnalité, son refus d'adhérer aux dogmes en vigueur, au risque parfois de s'opposer pour le plaisir de déplaire.

Chapitre XIII
L'opposant

« Quand j'avais 15 ans, quand j'avais 30 ans, j'étais contre mon époque autant que je suis contre celle d'aujourd'hui. Et pour les mêmes bonnes raisons, connards » (2003).

« Tu vois, je suis tellement content d'être le dernier socialiste en ville, avec quelques dizaines de milliers d'autres quand même... Je vais te dire un truc étonnant: je suis bien plus à l'aise aujourd'hui, que lorsque la gauche triomphait, qu'il n'était d'autres idées que les idées de gauche, alors oui nous étions messianiques, alors oui nous étions ridicules. Je vais te dire un truc, ducon. La gauche est essentiellement une culture d'opposition. Ne souhaite pas qu'elle disparaisse, qu'il ne reste plus personne pour faire freaker les puissants sur son éventuel retour, parce qu'alors t'en mangerais une tabanark (*sic*), mon ami... » (1999).

Comme tout le monde, Foglia n'échappe pas toujours à la tentation simplificatrice quand une question le prend aux tripes, comme l'illustrent certains aspects de sa conception pédagogique. Mais son penchant naturel le porte souvent vers la complexité, le contre-discours, l'opposition qui n'épargne ni les abus de détenteurs de pouvoirs – pouvoir réel comme celui de la finance ou pouvoir symbolique comme celui des intellectuels – ni le populisme qui tente de se légitimer par le nombre. Ce populisme, c'est souvent celui de l'opinion publique, qu'il combat férocement. Prenant tantôt la forme du mépris, tantôt celle de l'arrogance et de l'insolence, sa contestation est néanmoins solidement ancrée dans des valeurs de gauche.

Sans s'identifier aux intellectuels spécieux et puristes dont les discours sont souvent trop éloignés de la quotidienneté qu'il affectionne, Foglia refuse de se fondre dans la masse. Sa méfiance des théoriciens comme des pragmatiques crée, certes, des malentendus. Il n'en faut pas plus pour qu'on le décrète arrogant, comme un peu tous ceux qui ne veulent pas faire partie du troupeau.

> Tu maîtrises bien ton discours? T'as l'air de savoir ce que tu dis? Au lieu de tout simplifier, tu apportes des nuances qui rendent compte de la complexité des choses? Tu ne te caches pas d'être un intellectuel? T'es rien qu'un arrogant.
> T'as pas une tête de mononcle comme la plupart des leaders politiques? T'es arrogant. T'as de l'ambition, c'est clair, des titres universitaires pour la porter, est-il assez arrogant, ce crisse-là? (2011)

On sent parfois poindre un peu la nostalgie d'une époque où on pouvait faire et dire les choses sans trop se préoccuper de la réaction publique, de cette majorité que l'on préférait silencieuse. Mais la technologie et une culture démocratique favorable à la participation ont tout changé, poussant parfois à exiger le consensus, voire l'illusoire unanimité, qui devient toujours la chape de plomb du conformisme.

> On ne peut plus aller pisser ou construire un hôpital sans demander à la majorité ex-silencieuse ce qu'elle en pense. Que survienne un drame et on la convoque aussitôt pour une séance de thérapie collective. Que se lève le moindre débat, elle ne supporte rien de moins que l'unanimité. Un dissident ne peut être qu'un original qui veut « se rendre intéressant » et attirer l'attention. Sans doute un chroniqueur. (2005)

Pour Foglia, il y a peu de différences entre la foule et l'opinion publique, toutes deux sont bêtes, carnassières, désespérantes. Il faut donc s'en méfier, mieux : s'y opposer la plupart du temps. Il en veut pour exemple les débordements auxquels il a assisté à l'été 1990, au moment de la crise d'Oka. Il s'agissait d'un affrontement entre des Mohawks traditionalistes de la réserve de Kanesatake et les autorités politiques québécoises et canadiennes, la police et même les Forces armées canadiennes. Pendant ce conflit, le pont Mercier a longtemps été bloqué, ce qui perturbait passablement la vie de milliers de travailleurs de la Rive-Sud devant se déplacer à Montréal. Exaspérés, et encouragés par des animateurs radiophoniques, nombre de citoyens se sont mis à protester à leur tour contre les Mohawks. Foglia y voit une violence omniprésente. Il observe que lorsqu'on « appelle le peuple aux barricades, c'est toujours la foule qui se présente. Le peuple est plutôt doux, assez courageux, plein de gros bon sens. La foule est lâche et féroce. Le peuple peut avoir des colères légitimes. La foule n'a que des envies de meurtre. Le peuple s'indigne, la foule hurle » (1990). Il sait trop bien que les mêmes individus peuvent constituer deux groupes si différents que le même citoyen peut rapidement troquer sa docilité pour l'exaltation quand le contexte l'y dispose. Il témoigne de ses observations de la barricade de Châteauguay où il a côtoyé des « grandes gueules avinées exhibant leurs tatouages et leurs pectoraux, hurlant leurs slogans débiles, chaque fois que je me suis approché de cette race pourrie de petits lyncheurs de cul, j'ai été saisi d'une irrépressible envie de tuer. Dans la foule, je deviens moi aussi la foule » (1990).

Il se désole par ailleurs de voir que le peuple, pour lequel il semble ressentir de la sympathie, soit manipulé et instrumentalisé par les politiciens en quête de votes et les artistes à la recherche de public ou méprisé « par les intellectuels parce que justement c'est un grand nombre. C'est en s'excluant de ce nombre qu'on devient snob ou qu'on rejoint l'élite » (2004). Il aime ce peuple qui descend dans la rue pour s'opposer à un George W. Bush va-t-en-guerre mais s'attriste de son contentement à prétendre au gros bon sens en raison de son nombre. « Un nombre divin, vox populi... Un nombre qui a parfois la noblesse d'une audience, parfois la vulgarité d'une cote d'écoute. Un nombre que l'on confond souvent avec la démocratie» (2004).

Quand le peuple devient l'opinion, devient foule, se fait carnassier et vengeur, Foglia s'en désolidarise sans hésitation. En 2012, alors que la grande majorité des élites politiques et médiatiques du Québec, tout comme les médias sociaux, se scandalisent du jugement déclarant le cardiologue Guy Turcotte non criminellement responsable du meurtre de ses deux enfants, Foglia est un des rares à s'inscrire en faux et s'opposer au consensus. Il célèbre non pas le verdict, qui l'indiffère en soi, mais le courage des douze citoyens ordinaires saisis:

> ... d'horreur comme vous et moi par le crime de ce type, mais justement, un crime si monstrueux que selon eux (selon moi aussi), il ne pouvait avoir été commis que dans un moment de démence. [...] Peut-être les jurés ont-ils erré: je les applaudirais alors quand même d'avoir osé, en toute conscience et liberté, d'avoir osé aller contre l'opinion publique. Même quand la justice se trompe, elle ne se trompe pas tout à fait quand son verdict va contre l'opinion publique. Cette grande bête d'opinion publique.
> Écoutez-la, ces jours-ci, l'opinion publique. Le monstre vient de lui échapper et elle jappe, et elle tire sur sa laisse. Vous voulez que je vous fasse lire mes courriels? Le mot justice y apparaît 123 457 fois. Il n'y est pourtant question que de vengeance. (2012)

Il est intimement convaincu de longue date que «la justice de la foule n'est jamais la justice. C'est un autre despotisme» (2002) et qu'il y a tout lieu de s'en méfier. Méfiance, donc, face à cette opinion publique erratique et frivole, inconstante et malléable aussi, ce qui la rend d'autant plus méprisable. Foglia la compare parfois à de la gélatine qui se forme et se déforme au gré des émotions et des événements, toujours en proie aux entreprises de propagande qui caractérisent les sociétés démocratiques, sociétés de d'information et de communication. En réalité, elle ne cherche pas à s'informer, ce qui exigerait un effort intellectuel, la mobilisation de concepts, un tri rationnel des arguments et des points de vue, « elle veut seulement être émue et rien ne s'use plus vite que l'émotion » (2003). Elle témoigne aussi de « notre abrutissement collectif... notre capacité à avaler n'importe quoi » (2002).

Conséquemment, ceux qui gouvernent ne cherchent nullement à élever le débat quand ils ont affaire à une clientèle si peu exigeante, à laquelle ils s'adaptent sans remords. Une clientèle réduite aux statistiques douteuses de sondages aux questions simplistes. Ses chroniques sonneront la charge contre les journalistes et animateurs radiophoniques qui carburent ou enflamment cette opinion de masse qui est en quelque sorte la :

> ... mythification du gros bon sens, point de départ et d'arrivée d'une réflexion qui resuce jusqu'à l'écœurement les mêmes fausses évidences sur le social, le politique, la justice, les Indiens, la morale... Cette imposture qui prétend éclairer l'opinion publique quand elle ne fait que conforter ses préjugés, ajuster ses œillères, creuser ses ornières. La sensationnelle banalisation de la pensée. (1992)

Individualiste, original, opposant, objecteur de conscience certains jours, Foglia fait tout ce qu'il peut pour ne pas se mêler à la rumeur publique « brune (comme la marde) noir et brun » (1994), qui évoque la décrépitude morale des collaborateurs de son enfance, durant la Seconde Guerre mondiale, en France. Exceptionnellement, il va saluer cette opinion, par exemple quand elle s'émeut du fait que les services de l'Immigration souhaitent renvoyer une jeune femme dans son pays d'origine, laissant au Québec ses deux enfants. La réaction populaire est si forte que la ministre fédérale est forcée de corriger la décision aberrante de ses fonctionnaires, « dans un geste qui participe tout autant du sens commun que du calcul électoral » (1999), bien entendu.

* * *

Mais cela est rarissime. Le reste du temps, l'opinion publique est le lieu de toutes les rectitudes qui s'agrègent et se massifient au point de s'imposer par le nombre, comme lorsqu'elle s'attaque aux égarements d'un juge misogyne au franc-parler. Foglia est tout à fait d'accord pour dénoncer les propos du juge «plein de marde», mais il ne peut demeurer insensible face à l'unanimité qu'il dévisage comme une masse de droiture, qui «est souvent, par son énormité même, sans commune mesure avec l'incident qui la fonde. On a l'impression d'un rouleau compresseur qui passe et repasse sur une coquerelle» (1995). Il craint ce «système purificateur [qui] devient réprobation publique, puis morale publique» (1995).

Cette rectitude, il la dénonce de nouveau quand elle veut reprendre des œuvres d'art ou de littérature qui témoignent de conceptions et de préjugés surannés, en conflit avec l'ère du temps et la modernité. Le plus bel exemple est sans doute l'usage du mot «nègre» dans différentes œuvres littéraires, que d'aucuns voudraient bannir ou voir modifiées en fonction des sensibilités et des bons sentiments en vogue. Foglia cite le cas des *Aventures de Huckleberry Finn*, un classique de l'écrivain américain Mark Twain, dans lequel on trouve:

> 219 fois le mot nigger (et ses variantes). Oui: 219 fois. Un abruti s'est fait un devoir non seulement de les compter, mais de réécrire les aventures de Huck en remplaçant 219 fois le mot nègre par le mot esclave. Aux applaudissements ravis de quelques nonos comme lui? Pas du tout. Aux applaudissements ravis d'éditeurs, de censeurs, de critiques, de lecteurs. Un assez large consensus que je nomme le consensus hygiénique parce qu'animé par une incroyable volonté de propreté, voire de pureté. (2011)

Une autre fois, il dénonce une note de l'administration du cégep du Vieux-Montréal qui sensibilise les professeurs «contre les préjugés pouvant découler de la *NUANCE ÉPIDERMIQUE*. Oui madame, la nuance épidermique! Ou comment parler ti-nèg' pour ne pas dire Noir» (2002).

Même chose quand il s'agit de parler des homosexuels, qu'il n'hésite pas à qualifier de «fifs», ne serait-ce que pour souligner que le problème n'est pas le mot mais les attitudes de rejet qu'il évoque et surtout pour arguer que ce n'est pas en interdisant le mot qu'on règle la question du rejet social. Quand il traite de « fif » un de ses amis gais, il y discerne « un mot de vieille complicité. Faut pas supprimer les mots. Faut les retourner comme des vieilles chaussettes et mettre son affection dedans » (2010). Toute rectitude est pour lui une menace, une lèpre, une perte de sens et l'abdication de l'intelligence, écrit-il. Lui-même prend un malin plaisir à choquer bon nombre de lecteurs en parlant des nègres dans des dizaines de chroniques. Il assure pourtant ne pas le faire « par obstination, voire par coquetterie langagière, par "attitude", par posture anticonformiste » (2008). Il ne veut pas provoquer, sinon une réflexion sur l'hypocrisie qui se cache souvent chez ceux qui préfèrent parler des Noirs plutôt que des nègres mais qui n'en pensent pas moins pour autant.

> Si j'avais le sentiment qu'en disant Noir au lieu de nègre, j'aidais en quelque façon à combattre le racisme, je dirais Noir. Il ne me dérange pas du tout d'être conforme. Ce n'est pas la conformité qui me rebute dans la rectitude. C'est encore une fois la petite morale infantile, le petit catéchisme, le positivisme merdique, la magie à deux sous. (2008)

Il va donc parler des sourds plutôt que de non-entendants, des aveugles plutôt que des non-voyants, des mongols et des handicapés, toujours pour lutter contre « cette vaste entreprise de décervelage. Pour que les mots ne servent pas de cache-pots » (2008). Il abhorre aussi bien la rectitude que le manque total de retenue et de respect dans le langage, mais s'il doit absolument prendre parti, il est plutôt du côté des impolis. Il ne cache pas avoir certains préjugés confus à l'endroit des nègres, comme un vieux fond culturel, mais ce n'est pas en disant « Noirs » que ce préjugé sera éradiqué. Et il estime qu'il s'agit de simple respect de ces personnes que de les nommer simplement, car la vraie question est ailleurs. « Finalement ce n'est pas très important les noms qu'on donne aux gens. On peut bien les appeler comme on veut, ce qui importe c'est de les aimer un peu » (1988).

C'est dans la nature du genre journalistique de la chronique que d'exprimer des opinions qui peuvent déranger. Dans bien des cas, cela repose sur un répertoire discursif qui peut étonner et détonner. Dès le début de sa carrière, Foglia se distingue en parlant de cul ou en envoyant chier ceux qu'il prend en grippe. Pas étonnant que plusieurs se plaignent de sa vulgarité, une accusation qu'il réfute régulièrement, même s'il lui arrive d'admettre qu'il est « un chroniqueur un peu vulgaire » (2003). Souvent invité à s'adresser aux élèves des écoles du Québec, parce que ses textes y sont lus, analysés et commentés, il est un peu surpris d'entendre des adolescents lui reprocher l'emploi de gros mots et d'être mal engueulé, déplore-t-il. « ... rarement me parlent-ils de la chose elle-même mais toujours du mot dont je la désigne, surtout quand il est gros. C'est exactement la définition du puritanisme qui est moins la condamnation de la chose, que sa constitution en un objet de discours convenable » (2002).

Le recours à la vulgarité des mots est une stratégie pleinement assumée chez lui. Il aime son effet cathartique. Lorsqu'on y a recours par manque de vocabulaire ou par ignorance, « ce n'est plus alors de la vulgarité, c'est de la connerie » (2005). Ailleurs, il propose sa propre distinction entre grossièreté et vulgarité. « Traiter quelqu'un de con, c'est grossier. Prendre quelqu'un pour un con, c'est vulgaire » (2004). Il dénonce la politesse formelle qui consiste à « appeler quelqu'un Monsieur même quand on est en train de l'enculer » (2003). Chez lui, la vulgarité n'est pas avant tout dans les mots qui, au contraire, sont souvent des paravents, des apparats cherchant à occulter la réalité. Il donne l'exemple des Hells Angels, un club de motards criminalisés dont le journal *La Presse* venait de révéler le règlement interne. « Article deux : Aucun Noir ne peut être membre. Y'ont pas dit : Aucun nègre. Ils ont même mis un « N » majuscule à Noir. Sont blood, non ? [...] Alors moi des fois je dis nègre, exprès pour ne pas être un Hells » (2002).

Il concédera occasionnellement « être bien inutilement malpoli, mais bordel de merde, vous ne sentez donc pas que c'est le fond de l'air qui est vulgaire ? » (2002). Il semble faire subtilement allusion à son passé, en parlant d'un certain couple :

... très mal assorti... Lui toujours mal engueulé, d'une insondable vulgarité, ne sachant rien des usages du monde et surtout n'en voulant rien savoir. Elle, au contraire, très raffinée... du moins, prenant pour du raffinement le maniérisme dont l'avaient pétrie les bonnes sœurs d'un couvent de province... Dans leur entourage, parents et amis plaignaient la pauvre jeune femme d'avoir à subir un tel rustre... «Votre butor de mari ne sait pas vivre», la plaignait-on souvent, tandis qu'elle soupirait à fendre l'âme. (1985)

* * *

Plus grave que la vulgarité telle qu'il la conçoit, il y a le discours public motivé par la haine, par la vengeance. Discours élaboré, alimenté et instrumentalisé par bon nombre de démagogues auxquels il ne peut qu'opposer ses chroniques. Ce sont des gens qui «puent de la tête», comme ce proche du premier ministre Stephen Harper qui suggère «de laisser une corde dans la cellule de quelques criminels. Je pense à ces lecteurs qui, sur les affaires de justice, se mettent soudain à dégager une odeur d'hyène, cet animal carnassier qui se nourrit surtout de charogne. Au fait, on écrit aussi la hyaine» (2012). Il y a aussi ces meutes qui hurlent à la moindre grève des transports publics, malgré le maintien de «services essentiels très moumounement assurés par le syndicat» (2007), qui donnent comme «une envie de me jeter par la fenêtre, mais il n'y a même plus de fenêtre» (2007). Et d'énumérer les bienfaits sociaux du syndicalisme que la meute déteste comme la peste, alors que ce sont «les grèves (et quelques désordres) qui ont sorti les enfants des usines, qui ont apporté des vacances payées, la sécurité au travail, des fonds de retraite aux travailleurs» (2007).

Foglia cherche-t-il systématiquement à se poser en opposant face à la majorité? Répondre à une telle question consisterait à lui livrer un certain procès d'intention. Mais n'en demeure pas moins qu'il se trouve fréquemment dans la posture du contradicteur public. Une grande part de sa notoriété repose sur sa manière – talentueuse – d'agir de la sorte, de le faire mieux que les autres chroniqueurs. Si bien qu'à la réapparition des débats sur la laïcité, l'intégrisme religieux et les accommodements raisonnables, fin janvier 2015, il s'en trouvait pour s'ennuyer de lui, comme l'avouait sur Twitter Louis Cornellier, essayiste et chroniqueur littéraire au quotidien *Le Devoir*.

L'autre visage de la vulgarité est la médiocrité, ce «cadenas mis sur l'imagination» (1987), savamment entretenue par des endoctrinements commerciaux, économiques et consuméristes qui font miroiter une richesse collective dépourvue de tout progrès social. Cela a de quoi le faire hurler, lui qui dit avoir vu «tout l'été monsieur et madame tout le monde tondre leur gazon, leurs gros culs tressautant sur des petits tracteurs à 3 000 $, et c'est cela justement la richesse collective, et seulement cela : remplacer sa tondeuse à gazon par un tracteur» (1993). Son rôle d'opposant l'épuise, comme il le confesse lors d'un retour au Québec, «après avoir séjourné dans un endroit où je ne connaissais personne, et donc où je ne haïssais personne. C'est tellement reposant de ne haïr personne» (2011). Haïr est sans doute excessif, mais le terme trahit bien son exaspération.

Un jour, visitant une ferme laitière très sophistiquée sur le plan technologique, il observe les vaches conditionnées à se mettre en file pour se faire traire par un robot, en échange d'une portion de moulée qu'elles adorent. Il les compare aux gens qui font la queue devant les grands magasins pour se procurer le dernier iPhone ou iPad. «Le même principe. Et surtout, la même dichotomie entre le génie qu'il a fallu pour concevoir le nouvel iPhone et la bovine gloutonnerie du consommateur qui fait la queue pour avoir son nanane» (2010). Il s'étonne pareillement de ces femmes qui se précipitent pour acheter dans des «boutiques exclusives la guenille originale qui les fera différentes, mais toutes achètent la même, comme si être soi c'était d'abord être l'autre» (2002).

Être comme les autres, quelle idée vulgaire pour celui qui se vante d'avoir acheté sa première voiture neuve à 65 ans, une toute petite voiture de rien au demeurant ! La meilleure façon de se distinguer du nombre est bien de refuser de se livrer à la surconsommation, placée au cœur du système économique qui selon lui n'a rien de libéral, car il repose sur l'assouvissement de besoins factices, plutôt que de libérer l'individu. Rien de plus con que ce besoin d'exister par la consommation, désignée comme un progrès, faisant du citoyen un acteur de développement.

Et à l'inverse, quand, sans être frugal... quand, dans la vie, vous tirez votre satisfaction non pas de l'acquisition mais de la conservation, quand vous êtes assez allumé pour échapper à la pub et à l'obsolescence programmée de la technologie... alors c'est que vous êtes contre le progrès. Je suis, bien entendu, contre le progrès. (2009)

Il se sent un peu bizarre de ne pas participer à la consommation débridée du temps des Fêtes, de ne pas ressentir le plaisir d'acheter, de considérer que Walmart « est le colossal aboutissement d'une civilisation qui mesure le progrès à la grandeur des parkings de ses centres commerciaux » (1994). Ces centres d'achats gigantesques « ne sont pas sans rappeler les magasins d'État des anciens pays communistes : ils proposent un bonheur obligé et cheap à une clientèle captive. Lénine is alive and well and living in Plattsburgh » (1994). Dans le même ordre d'idées, il décrit Disneyland comme la « Quintescence (*sic*) du "cheap", Disneyland touche à l'ignoble en macdonalisant le rêve des enfants. Disneyland c'est le raccourci de l'épicier vers la Fête. Le cancer du côlon de la culture populaire » (1997).

Foglia est conscient du poids dérisoire de ses chroniques qui ne font que chatouiller « l'orthodoxie du libéralisme » (1999), puisque cela lui vaut l'épithète de con pour les uns, de poète pour les autres, « mais ils veulent dire la même chose » (1999). Il est conscient que la portée des discours se mesure avant tout au pouvoir économique de leurs auteurs ou propagandistes. « Si tu ne diriges pas une PME, si tu n'élèves pas 10 000 truies dans ta cour, si tu ne vends pas de motomarines, si tu n'en achètes même pas, veux-tu bien me dire ce que t'es ? T'es rien. Tu sais pas vivre. T'es rien qu'un mangeux de graines. Ferme donc ta gueule ! » (1997).

* * *

Il ira jusqu'à détourner la question de Karl Marx qui demandait de quoi la société avait besoin. « La question que pose la mondialisation commence par : de quoi n'a-t-on pas besoin ? Et aussitôt elle le fabrique » (1997). Cette orgie de consommation inutile, voire délétère, elle est en bonne partie causée, encore une fois, par une opinion publique atone, facile à manipuler, mobiliser, séduire et tromper. Chez Foglia, on observe de nouveau une conception passive de l'opinion publique, proche du paradigme critique de l'École de Francfort ou des théories hypodermiques de la communication selon lesquelles on peut injecter des croyances, des attitudes et des opinions à des gens incapables de s'en préserver. Le problème est que ces théories sont souvent développées par des gens qui, paradoxalement, prétendent y résister grâce à un esprit critique et à une lucidité qu'ils refusent aux autres. On sait par ailleurs que les publics sont beaucoup plus actifs et critiques dans leur façon de décoder les messages persuasifs auxquels ils sont exposés. Mais le chroniqueur n'est pas nécessairement disposé à faire de telles nuances dans son œuvre. Il souligne la différence entre la publicité, qui est « lavage de cerveau », et la propagande qui serait un lavage de cerveau « à l'eau sale » (1997), mais dans les deux cas il doute de la capacité de résistance de ses lecteurs.

La publicité, « c'est de la dope, quand t'en prends tous les jours, ça rend con » (1999), sans compter que « Ça pue. Ça pollue. Ça respire mal. Ça appauvrit l'imaginaire collectif. Ça macdonalise l'esprit » (1999). Parfois, exceptionnellement, une idée de génie permet à la publicité de ne pas être « totalement pute » (2008), quand elle « parvient à transgresser son mensonge » (2008), mais c'est bien la seule concession qu'il accepte de lui faire. Par définition, le métier de publicitaire consiste à prendre « l'humanité pour un champ de betteraves » (1980). À un autre moment, il feindra n'avoir rien contre elle, qui « n'existe tout simplement pas dans mon univers, la pub paie mon salaire, c'est un miracle, comme la petite lumière qui s'allume quand j'ouvre la porte de mon frigo » (2007).

On comprend d'autant mieux sa consternation en se voyant lui-même instrumentalisé par la publicité, même si c'est pour faire vendre un livre qu'il a adoré et recommandé à ses lecteurs. Il trouve indécent que son nom, sur la page couverture d'une réimpression, soit deux fois plus gros que celui de l'auteur. C'est sans ménagement qu'il traite de conne du marketing l'éditrice responsable de ce choix. Ce faisant, il est en cohérence parfaite avec sa conception du marketing, à savoir qu'il est manipulateur, trompeur, abusif et cynique. Une pratique «qui confine au viol – au viol oui, j'ose vous le demander, vous n'êtes pas tannés de vous faire enculer par le marketing? –, vous n'êtes pas tannés de laisser ces spécialistes en "communications stratégiques" faire de notre vivre-ensemble un immense piège à cons?» (2009). Marketing, publicité, relations publiques et propagande, voilà les bâtards d'une même famille qui ne cherchent qu'à tromper les gens, à les manipuler. Il reprendra ailleurs certaines affirmations, dont celle du célèbre Noam Chomsky selon lequel les relations publiques ont réussi à «annihiler le sens critique de l'opinion publique... réussi à l'amener à "vouloir ce que l'on voulait qu'elle veuille"» (2001).

Il en prend pour exemple canonique le cas du scandale des commandites qui visait à persuader les Québécois que le Canada était le meilleur pays du monde, afin de combattre la menace indépendantiste. Le vrai scandale pour lui ne loge pas dans les détournements de fonds publics en faveur du Parti libéral du Canada, par l'intermédiaire d'agences de communication, de publicité et de relations publiques. Il est vulgaire de verser des dizaines de millions de dollars «à des professionnels en bullshit pour qu'ils mettent en marché votre pays comme on met en marché des céréales, des toasters et des serviettes hygiéniques» (2002). À ce jeu de la persuasion, les premiers gagnants sont ceux qui détiennent les pouvoirs politiques et économiques. Ce qui le conduit à cette conclusion en forme d'aphorisme: «La propagande, c'est la pub du pouvoir» (2002).

* * *

On ne s'étonnera pas outre mesure de constater ici aussi une posture d'opposition parfaitement assumée face au pouvoir, qu'il soit politique, judiciaire, policier, économique ou religieux. Dans l'œuvre foglienne, le pouvoir est constamment associé à des abus érigés sur une «vérité révélée. Ils savent... Ils savent quoi? Tout. Mais, surtout, ils savent ce qui est bon pour le peuple. Alors que le peuple bien sûr, ce con, ce nul, ne sait pas lui-même ce qui est bon pour lui» (2005). Ses attaques n'épargnent personne, à commencer par les fonctionnaires et l'administration publique en général. Contrairement à bien des commentateurs qui les considèrent comme des nuisances et des paresseux, Foglia élabore une critique fondée surtout sur leurs décisions, souvent des brimades et des interdits. On voit ici poindre la dimension libertaire du chroniqueur, quand par exemple il critique l'interdiction de circuler à vélo sur un pont, pour diminuer les risques d'accident, plutôt que de créer des aménagements sécuritaires. À d'autres moments, il constate que l'administration publique part en guerre contre le fromage non pasteurisé alors que des besoins sociaux graves et pressants demeurent ignorés.

> ... les technocrates sont des gens sérieux, travailleurs, et généralement efficaces. On les voit rarement perdre leur temps en discussions oiseuses sur la violence urbaine, le chômage, les maladies industrielles, la pauvreté et autres problèmes insolubles. La listériose, mon vieux, ça c'est concret. Tu fais chauffer le lait, c'est réglé. Après ça, tu mets un casque sur la tête des cyclistes. Et un jour, l'administration publique reconnaissante finit par te nommer sous-ministre. (1996)

Une des grandes frustrations de cet ethnologue est de constater combien les fonctionnaires sont éloignés du terrain, collés à leurs théories et à leurs procédures administratives. D'une certaine manière, sans en être conscient, il est lui-même victime d'un manque de proximité avec le quotidien des fonctionnaires, qui seraient sans doute nombreux à lui répondre qu'eux aussi ont un rapport quotidien avec les gens et leurs besoins mais sont néanmoins contraints de suivre des procédures rationnelles dans l'allocation de ressources limitées. Bref, qu'il se trompe probablement de cible en les attaquant. Un jour, affichant toute son admiration pour les préposés aux soins qui assurent les tâches les plus ingrates mais aussi les plus essentielles à la dignité humaine – laver, moucher, faire manger des personnes âgées, par exemple –, il cite une préposée qui n'a aucun problème à mettre les mains dans la merde de ses pensionnaires mais qui ajoute : « J'ai toujours eu les mains dedans jusque-là. Tu vois, pour moi, la merde c'est le plan de carrière des gestionnaires, c'est ma boss qui arrive pomponnée et entre dans son bureau sans dire un mot » (2000).

La justice, ses tribunaux, ses juges et ses avocats sont autant de pouvoirs et d'acteurs d'un théâtre qu'il considère sévèrement. Au tribunal, on retrouve des acteurs :

> ... prisonniers de leur rôle... honnêtes, mais de cette honnête-té-là d'acteur justement, qui va au bout de son personnage sans en questionner jamais la légitimité. [...] Comme l'actrice qui joue Phèdre ne peut pas se retirer au milieu du deuxième acte parce qu'elle vient de découvrir qu'elle joue un rôle de salope. Son devoir, au contraire, est d'être la plus salope possible pour être la Phèdre la plus vraie possible. C'est pour cela qu'on la paie... Ainsi en est-il de l'avocat qui argumente avec la même passion, la même « vérité de rôle ». Une vérité qui ne concorde pas forcément avec la véracité des faits, ni avec les évidences ou même le simple bon sens... (1989)

Il sait que la justice est ce lieu où se règlent parfois les questions les plus pathétiques ou abjectes, ce qui lui fera écrire que c'est une « machine qui fonctionne à la merde. Tant que tu mets de la merde dans la machine, la justice est en marche... » (1989). Mais, constate-t-il dans le cadre d'un reportage sur le fonctionnement du Tribunal de la famille, lorsque vient le temps d'analyser une situation, la justice devient froide et inhumaine. Les humains y deviennent « objets de justice... la petite fille n'est plus une petite fille mais une preuve. Et est-ce qu'une preuve a besoin d'une mère ? Je vous le demande » (1989). Dans une des causes dont il fait état, Foglia n'hésite pas à dire que les vrais motifs du verdict de culpabilité envers une mère accusée d'avoir donné un bec sur la vulve de sa petite fille, ce sont les préjugés moraux du juge. Foglia l'indigné se joint à Foglia l'opposant pour décréter l'innocence de la mère. « Ça arrive à tout le monde de se tromper. L'ennui, quand c'est un juge, c'est que l'erreur se transforme en injustice. Et que l'injustice transforme des cauchemars passagers en haines déraisonnables » (1989).

Dans quelle mesure l'évaluation négative qu'il fait du fonctionnement de la justice et de ses tribunaux se fonde-t-elle sur sa propre expérience ? Il serait téméraire de vouloir ramener son discours à une forme de règlement de comptes, mais il est certain que son passage mouvementé devant la justice a considérablement marqué Foglia. Il sait qu'en cas de conflit autour de la garde des enfants, il en faut de peu pour que tout bascule, que la justice comme les justiciables deviennent de véritables monstres sans compassion. Il se souvient avec douleur de cet épisode de sa vie, où il a dû batailler ferme avec la mère de ses enfants dont il voulait la garde. Il en parle avec trop de sincérité pour ne pas le croire marqué, peut-être traumatisé, par cette expérience.

> ... j'en garde un souvenir de grand tumulte intérieur et de surdité totale aux avis et aux conseils des amis. Ce trou noir dans lequel on se débat. Cette mer d'injustice dans laquelle on se noie. Tous ces gens, ce juge, ces avocats qui ne vous connaissent pas mais décident de votre vie. La Chambre de la famille est une usine à fabriquer des barils de poudre.
> [...]
> La justice familiale, qui a à traiter de désamours, d'enfants, des grands tumultes intérieurs et des dépressions qui viennent avec, est de toutes les justices la plus difficile à rendre parce qu'elle a à choisir entre des innocents et des innocentes. (2012)

À certaines occasions, on voit ressurgir Foglia l'éthicien qui se montre plus circonspect, moins blessant ou cinglant, comme s'il voulait suggérer des comportements plutôt que de se contenter des injures. Par exemple, il observe qu'il y a « des juges qui s'imaginent qu'ils sont là pour éclairer le débat d'une grande lumière divine. D'autres qui illuminent la cour des feux de leur colère. Alors que la seule petite lumière qui devrait les habiter est celle, frileuse et vacillante, du doute raisonnable » (1992). Dans un autre cas, il ne cache pas son contentement de voir un juge relativement timide, visiblement pas un féru de justice triomphante ou moralisatrice, demeurer au plus près que possible des faits. Il en paraît soulagé, voire rassuré. «C'est d'ailleurs comme cela que la justice coule le mieux, avec modestie et entêtement. Torrent, elle emporte. Cascade, elle écume. Fleuve, elle inonde... Il suffit qu'elle soit un maigre filet obstiné entre les pierres de la Cité» (1993). Cette attitude moraliste reflète vraisemblablement les convictions profondes du chroniqueur, qui doit cependant adopter une ligne éditoriale plus décapante et moins nuancée s'il souhaite maintenir l'intérêt d'un grand nombre de lecteurs.

Commentant un cas d'agression sexuelle reprochée à un médecin, Foglia évite de se prononcer sur la culpabilité de l'accusé mais affirme catégoriquement que certains juges «ne devraient jamais avoir à juger des histoires de cul. Comme on ne demande pas à un Esquimau de réparer une tondeuse à gazon parce qu'il ne sait même pas à quoi ça sert» (1992). On imagine en souriant la réaction outrée du magistrat devant cette insolence... Il cite à cet effet une partie du jugement où le magistrat, justement, affirme la pudibonderie et le puritanisme que lui connaissaient les habitués du Palais de justice.

Commentaire du juge: «On pourrait dire qu'elle a témoigné contre ses propres intérêts en admettant s'être déjà masturbée, mais elle l'a fait avec courage et dignité ce qui a FORTEMENT impressionné le tribunal». Les majuscules sont de moi. Dans sa tête puritaine, la masturbation est un geste si honteux, si inavouable, qu'en l'avouant la jeune fille le convainquait de sa sincérité pour tout le reste... (1992)

Voilà donc le genre de justice à laquelle s'oppose Foglia. Dont il se méfie. D'autant plus que les juges ont de plus en plus leur mot à dire sur une multitude de questions morales, médicales, sociales, etc. Autant d'occasions d'imposer leur arbitraire sous les apparats d'une jurisprudence qu'ils renforcent.

* * *

C'est autant pour provoquer que pour témoigner de sa personnalité oppositionnelle qu'il avoue voler des livres et des épiciers ou braconner sur quelques petites rivières de sa campagne. Il connaît bien la réprobation qu'il attise avec de tels aveux publics, mais il s'en moque royalement. « L'épicier dit que cela fait monter les prix. Le sociologue dit que c'est parce que les prix ont monté. Le psy dit c'est à cause de la libido. Et le flic ne dit rien, ce qui est toujours mieux que de dire des conneries. Moi je dis tout simplement que c'est parce que c'est interdit... » (1990).

Dans le cas de l'histoire glauque d'un village où des parents et notables se livraient à la pédophilie et à la prostitution de leurs propres enfants, scandale que Foglia avait publié en exclusivité en 1992, il s'oppose cette fois à l'opinion publique qui a soif de vengeance, tout comme à l'appareil judiciaire qui risque d'envenimer la situation en emprisonnant des gens qui ont besoin d'aide plutôt que de répression.

> J'ai déjà avancé dans cette chronique que, s'il était important que ces histoires lamentables soient dénoncées publiquement, la criminalisation des suspects était futile. À quoi sert-il d'envoyer en prison de pauvres gens qui ne font plus courir aucun danger à la société et qui ont besoin d'aide presque autant que leurs victimes? À quoi servent ces procès qui coûtent une fortune? Pourquoi la Couronne et la défense ne s'entendent-elles pas pour donner à ces affaires une conclusion « curative » plutôt que punitive? (1994)

Mais que faire quand la justice, dont il se méfie, peut seule se dresser devant la hargne de l'opinion publique, qu'il craint peut-être plus que tout? Il ne peut alors que se rallier à la justice, malgré ses rigidités, ses procédures, son moralisme déplacé, ses effets de toge. Il l'évoque ainsi au moment de l'affaire O. J. Simpson, qu'il croit lui aussi coupable de double homicide, comme la majorité des Américains sondés à ce sujet. Mais voilà Simpson libéré en raison du doute raisonnable. Plutôt que de hurler avec les loups, Foglia préfère y discerner une saine protection contre les certitudes et les convictions partagées.

> La justice est justement le rempart que dresse une société démocratique contre la certitude de la multitude. La justice doute pour tout (*sic*) ceux-là qui ne le font pas. La justice balance en son âme et conscience. Elle se traîne, se tortille, avocasse. Et c'est très bien qu'elle le fasse, c'est très bien qu'elle tète avant de trancher. C'est ce qu'on attend d'elle. (1995)

Il a le même réflexe en 2002, quand le jury délibère pendant plusieurs jours avant de convenir de la culpabilité de Maurice «Mom» Boucher, chef de motards criminalisés. Il trouve que la bonne nouvelle n'est pas dans la culpabilité, mais dans le doute des quelques jurés qui ont obligé les autres à les convaincre.

Au fil des années, celui qui se permettait toutes les insolences et critiques contre les tribunaux et ses juges en vient progressivement à faire la paix avec une justice dont l'imperfection ne le scandalise pas systématiquement. Comme une petite réconciliation d'un opposant qui a mûri avec une justice qui, elle aussi, a changé avec le temps.

> On s'en étonnera: je fais plutôt confiance à la justice. Je la trouve trop lente, trop chère, trop procédurière, mais au bout du compte, quand elle finit par trancher après avoir entendu la preuve, les témoins, les plaidoiries, je crois qu'elle tranche le plus souvent... en toute justice. (2013)

* * *

À la fois éthicien, athée, moraliste, moralisateur, indigné, olympien utopiste, chantre de l'effort comme levier de la pleine réalisation de soi, et indéfectible opposant aux abus des pouvoirs. Celui qui cumule toutes ces étiquettes, dans leur complexité et leurs contradictions, est-il si dissemblable de quiconque scrute avec lucidité les travers de sa société? Il l'est, certes, par sa verve et son talent d'écriture exceptionnels, avec ses coups de gueule, ses rages, ses indignations, ses insolences parfois excessives sans doute, mais qui ont visiblement réussi à toucher le cœur et la raison de centaines de milliers de Québécois pendant près de quarante ans.

Ainsi, Foglia l'immigrant ne nous est pas étranger. Il est aussi des nôtres. Sans chercher à être comme nous, tellement il affirme sa singularité. Il veut échapper au consensus mou, au petit despotisme de l'opinion publique, aux certitudes et illusions que la propagande et les idées reçues élèvent comme autant d'obstacles à la lucidité, à la connaissance d'une réalité sans fard. On peut voir sa carrière et son œuvre comme un dialogue franc et constant avec la société québécoise. Une conversation sur tous les tons, tous les styles et tous les sujets, certains plus récurrents que d'autres. C'est la liberté première de tout créateur, aussi chroniqueur soit-il.

Troisième partie

Le chroniqueur

« Dans les débuts de cette chronique, il y a bien des années, vous étiez tous des nouveaux lecteurs, évidemment. Et je faisais souvent l'unanimité contre moi, par le style. Et puis bon, il semble que vous vous soyez habitués.
Le style dans la chronique c'est l'image à la télé » (1999).

« Écrire, c'est écrire juste. Et écrire juste, c'est ne pas écrire trop » (2002).

« Dans une récente chronique, vous avez employé le mot euphorisme, que je ne trouve pas dans le dictionnaire. Qu'est-ce qu'un euphorisme ? Euphorisme, du mot euphorie, madame : l'euphorisme est pour dire plus que l'enthousiasme ordinaire. Par exemple, si je dis : vive Josélito Michaud, c'est de l'enthousiasme. Si je dis : vive Josélito Michaud et les locomotives, c'est un euphorisme » (2012).

Le style fait le chroniqueur, quand il a trouvé son style, justement. Là est tout le secret. Il y a bien entendu le travail, l'observation ethnologique du quotidien, l'effort, la culture. Mais tout cela doit disparaître, devenir transparent, ne plus s'interposer entre le texte et le sens, entre le chroniqueur et son lecteur.

Selon Louis Cornellier, Pierre Foglia et Pierre Bourgault ont été les deux chroniqueurs ayant dominé le milieu journalistique québécois, aussi bien par leur style que par l'originalité de leurs propos. Il parle de Foglia comme de la :

> Mauvaise conscience du journal *La Presse* qui en a bien besoin, bourru mais sensible, provocateur mais rarement poseur, parfois présomptueux mais souvent capable de s'amender. Foglia demeure inclassable, surprenant jusque dans ses contradictions. Un cavalier seul, qui choque et charme, irrite et ravit, vers lequel on s'avance comme devant un défi[33].

Deux chercheurs qui se sont intéressés à certains de ses reportages, Philippe Marion (Université catholique de Louvain) et Philippe Sohet (UQÀM), conviennent à leur tour qu'il a « acquis le statut de véritable institution dans le panorama médiatique québécois[34] ». Cornellier le sacre « prince des chroniqueurs[35] » et le présente comme un humaniste vulgaire et indépendantiste, qui agirait comme paravent à *La Presse* que d'aucuns trouvent par trop fédéraliste. Peut-être est-ce pour cette raison que le tome II de l'*Histoire de* La Presse, qui couvre les années 1916 à 1984, année de son centenaire, ne fait aucunement mention de Foglia[36].

Selon Cornellier et comme on l'a constaté plus haut, Foglia est résolument en faveur de la dignité humaine mais avec des gros mots qui en désarçonnent plusieurs, dont l'essayiste Jean Larose[37], qui l'accuse d'encourager « la contre-culture de consommation », ce que Cornellier estime être une attaque de mauvaise foi. Cette

---

33. Cornellier, Louis. *Lire le Québec au quotidien : Petit manuel critique et amoureux à l'usage de ceux qui souhaitent bien lire les quotidiens québécois*, Montréal, Typo, 2008, p. 49 de l'édition électronique.

34. Marion, Philippe, et Sohet, Philippe, *op. cit.*, p. 560.

35. Cornellier, Louis, *op. cit.*, p. 58.

36. Felteau, Cyrille. *Histoire de* La Presse *: Le plus grand quotidien français d'Amérique, 1916-1984, Tome II*, Montréal, La Presse, 1984.

37. Larose, Jean. *La Souveraineté rampante*, Montréal, Boréal, 1994.

réaction d'une certaine intelligentsia s'explique par le fait que :

> ... *l'humanisme vulgaire* est un cocktail dur à avaler : il défend la culture devant ceux qui la refusent et la désacralise devant ceux qui bavent devant elle et s'en servent à des fins de distinction[38].

D'autres affirment que la reconnaissance de Foglia se fonde sur un registre du langage bien à lui : «des expressions vulgaires ("tortiller du cul", "petit caca songé", "branche-toi, Chose", "tu l'as dans le cul"), des marques stylistiques proches de l'oralité, de très courts paragraphes, des phrases sans verbe[39]».

Si les spécialistes de littérature québécoise ne lui ont pas encore consacré de recherches, c'est essentiellement parce qu'il a toujours refusé d'écrire un livre ou de proposer une sélection de ses chroniques[40], selon Élise Boisvert Dufresne[41]. Elle note que «Trop proche du simple gagne-pain, l'écriture journalistique se détache donc des visées "pures" et "gratuites" de l'œuvre littéraire, où l'art ne travaille que pour l'art[42]». Elle évoque également la pudeur de Foglia à se considérer comme un écrivain ou à convenir de la légitimité littéraire de son œuvre. À Nathalie Petrowski, qui le rencontre pour le magazine *Châtelaine*, il assure que faire œuvre littéraire ne lui importe pas. La littérature ne «correspond pas à un besoin profond chez moi. Je n'ai aucune raison valable d'écrire un roman. D'abord je n'ai rien à dire ou plutôt tout ce que j'ai à dire, je le dis dans le journal. Puis deuxièmement, je ne suis pas un écrivain

---

38. Cornellier, Louis, *op. cit.*, p. 59.
39. Garand, Dominique, Archambault, Philippe, et Daigneault-Desrosiers, Laurence. *Un Québec polémique*, Montréal, Hurtubise, 2014, p. 44.
40. Exception faite, bien entendu, de l'ouvrage *Le Tour de Foglia et chroniques françaises*, une compilation annotée et commentée de chroniques que Pierre Foglia a consacrées au Tour de France, publiée en 2004 par *La Presse* et *Vélo Mag*.
41. Boisvert Dufresne, Élise (2012). *La lecture à l'œuvre : Conditions et présupposés d'une lecture au service de la littérarité. L'attribution d'un statut littéraire aux textes essayistiques d'André Belleau et de Pierre Foglia*, Mémoire présenté à la Faculté des études supérieures et postdoctorales de l'Université Laval dans le cadre du programme de maîtrise en études littéraires pour l'obtention du grade de Maître ès arts.
42. *Id.*, p. 88.

même si j'aime écrire[43]». Il préfère parler d'écriture populaire avec une facture réaliste, puisque le journalisme est à l'opposé de la fiction. Mais il est moins catégorique à ce sujet dans d'autres entrevues accordées au fil des années.

Boisvert Dufresne est consciente que le statut d'écrivain de Foglia, admis par certains, est contesté surtout chez les spécialistes de littérature, parmi lesquels sa réception n'est pas assurée. Elle conclut que la publication de chroniques dans un journal, conjuguée à l'absence de revendication littéraire de la part de Foglia lui-même, fait en sorte que son œuvre ne peut pas s'inscrire en toute légitimité dans le champ de la littérature québécoise. Elle estime même que son œuvre est «perçue comme communicationnelle, transitive, se passant assez bien de commentaire, d'analyse ou de conservation pour les générations à venir[44]».

Cette reconnaissance qu'une certaine intelligentsia universitaire lui refuse, le romancier Dany Laferrière, avant de devenir un immortel de l'Académie française, la lui accorde sans hésitation. Il voit en Foglia «le poète des petits matins pluvieux[45]» qui peut vous peindre un art de vivre en trois phrases. Pour le romancier, la chose est jugée, Foglia est un incontournable. «... il est devenu, dans certaines maisons, aussi présent que le téléphone ou la télé, et parfois aussi nécessaire que l'électricité (il y a des gens qui ne jugent un politicien, ne lisent un livre, ne vont au restaurant ou au cinéma que sur recommandation de Foglia[46])». Il souligne que ce:

> ... travail pour décanter le texte de sa gangue (son emploi du joual reste admirable de précision et de sobriété), on a vu Foglia le pratiquer pendant des années pour finir par parfaire cette chronique au point qu'on ne peut plus la lire sans vouloir l'imiter. C'est ainsi qu'il a fallu endurer toute une génération de petits Foglia[47].

---

43. Petrowski, Nathalie, *op. cit.*
44. Boisvert Dufresne, Élise, *op. cit.*, p. 115-116.
45. Laferrière, Dany. «Le roman de Foglia», *La Presse*, 6 juin 2004.
46. *Id.*
47. *Id.*

L'éloge fera rougir le principal intéressé qui y reviendra en avril 2008, rappelant que Laferrière «a écrit sur moi des choses si gentilles qu'en les lisant, j'avais l'impression d'être mort... Et il m'a embaumé vivant, ce con[48]». Mais au-delà de cette réaction de fausse modestie calculée, il sait très bien que nombre d'intellectuels ne prennent pas au sérieux ses mots sortis d'un journal fédéraliste populaire, et ne le considèrent pas mieux qu'une «vieille bicyclette avec des poignées dans le dos» (2004).

48. Voir http://veloptimum.net/autres/Foglia/SUR/ChatelaineDec89.html, page consultée le 23 mai 2015.

Chapitre XIV
Le styliste

«... il y en a tant et tant qui mérite notre mépris, qu'il faut bien le distribuer avec parcimonie[49]» (1986).

«Le style vient en écrivant juste. Il te saute sur les genoux comme un chat que tu n'as pas appelé. Il ronronne sans que tu le flattes» (2005).

«Ce que je maintiens c'est qu'on a de moins en moins le sens de l'insolence et qu'on a oublié qu'un peu de méchanceté fait parfois du bien» (1987).

Chez Foglia, le style est tout, ou presque. C'est une projection constante au-delà de soi, en y mettant tout ce qu'il y a en soi. La résultante d'une démarche de réflexion et d'écriture qui dévoile plus et mieux dans une économie de mots. C'est chez lui un florilège d'images, de comparaisons, d'aphorismes, de jeux de mots, d'hyperboles, d'analogies et de métaphores sur des tons variés, du plus léger au plus grave, s'étendant du mépris à la tendresse. Une fois, parlant d'un livre qui raconte une histoire sans intérêt, il se rend compte qu'il en est imbibé et habité de plus en plus, au fil des

---

49 Paraphrasant Chateaubriand, dans *Mémoires d'outre-tombe.*

jours et des semaines. Il y reste accroché, question de climat et de style.

> Qu'est-ce que le style? Ah. Si je vous dis que le style, c'est quand il n'y en a presque pas, vous allez m'accuser d'être à la mode minimaliste. Le style est un mystère. Je ne sais pas ce que c'est. Je sais seulement que des tas de gens, moi le premier, pourraient écrire exactement le même livre que celui-ci et que ce serait pas un champignon magique, ce serait de la tarte aux œufs, du veau marengo, un pogo, un autre récit de voyage. (2002)

Dans son arsenal, le styliste a une préférence marquée pour les aphorismes, ces petites phrases qui condensent une réflexion, des observations. Un précipité philosophique sans prétention dans son cas. Foglia est passé maître dans l'art des aphorismes qui oscillent entre métaphysique et autodérision. Il réussit ainsi à formuler ses convictions fondamentales en évitant le plus souvent le lieu commun. Par cette figure de style, il étonne et séduit son lecteur. En quelques mots, il crée un effet de profondeur dans un texte qui aurait pu demeurer sans relief. Chez lui, les aphorismes sont au croisement de la morale, de la critique et de la rhétorique. Ce sont aussi de «petites pensées moralisantes, ou drolatiques, ou absurdes, ces petites réflexions à courte vue du genre: un métaphysicien est un monsieur qui cherche, dans une chambre noire, un chapeau noir qui ne s'y trouve pas» (1986).

Il en joue donc avec sérieux quand, par exemple, il concède que l'on doit aimer son prochain, mais pas trop, et toujours «se souvenir de celui-là qui allait les bras ouverts, passionnément, embrassant aussi bien le lépreux que le Nègre, minouchant même le Juif... Se souvenir qu'un jour, celui-là n'a pas pu refermer ses bras. Parce qu'on avait planté des clous dedans» (1986). Sur le même thème de l'altruisme, il estime que «le problème au fond, c'est qu'il est bien difficile d'aimer son prochain quand il est trop proche» (1999). À plusieurs reprises, ses propos se chargent de gravité. Sentences aux mots qui prennent un poids existentiel nouveau. Il y a chez lui une véritable recherche esthétique, un goût de la beauté qui n'est pas superflue tellement elle permet de «frapper d'insignifiance tout ce qui nous emmerde dans la vie» (1999). Une sortie de secours du quotidien médiocre, à ne pas confondre avec la densité du quotidien que l'observation ethnologique révèle souvent davantage que nombre d'essais sociologiques bavards. Ainsi observe-t-il, par exemple, l'abandon de la pratique religieuse au Québec en illustrant le cas d'un curé qui doit officier dans plusieurs villes et villages de l'Estrie, pour conclure que les «curés de campagne d'aujourd'hui ont plus d'églises que de fidèles» (2003).

Dans le registre de la gravité, la mort est une occasion d'amener son lecteur plus loin que la chute de sa chronique. Et tant mieux si cela lui donne l'occasion de s'en prendre à des policiers, comme dans le cas de Richard Barnabé, battu par des policiers, et qui vient de mourir après vingt-huit mois dans le coma.

> Deux ans et demi de vie végétative. Après l'acharnement policier, l'acharnement médical. Il y a des gens comme ça que la Mort laissent (*sic*) en vie. Comme si elle voulait nous dire quelque chose. Mais quoi? Survivre. Je viens de finir *Reality Show*... un roman noir très spécial d'où je tire cette réflexion: Tous les films de guerre sont basés sur le même principe: le spectateur survit. Je voulais vous dire: ce n'est pas le cas de toutes les chroniques. (1996)

Une autre fois, c'est la mort brutale du coureur automobile Gilles Villeneuve, abondamment couverte et commentée dans les médias du Québec, qui lui inspire un aphorisme plus léger, non dénué de pertinence. «Il exerçait un curieux métier qui consiste à courir après un quart de seconde en risquant d'attraper l'éternité» (1982). Chez Foglia, sa vulnérabilité rend souvent l'humain plus intéressant. Davantage l'échec que la victoire, la crainte que la bravoure, une certaine douleur de vivre qu'un progrès, dans lequel il voit une forme d'anesthésie, un déni de l'effort, toujours lui.

Foglia, c'est aussi une légèreté apparente et une autodérision révélatrice. À quelques reprises, en entrevue comme dans ses chroniques, il tente de convaincre que son utilisation du «je» ne doit présumer de rien, qu'il n'est pas ce « je ». À ceux qui lui disent aimer ce qu'il est, il répond qu'ils « se trompent. Ils ne peuvent pas savoir comment je suis. Je ne suis pas très représentatif de moi-même » (1986). Mais il est permis d'en douter quand on se penche sur son œuvre marquée de thématiques récurrentes, de convictions répétées. Sa parade n'est que tentative d'échapper à ce personnage devenu trop grand, et peut-être encombrant. Il y a donc lieu de se livrer de temps à autre à un travail d'autodérision, ne serait-ce que pour se rendre à soi-même un peu de la monnaie de sa pièce pour les attaques féroces livrées aux autres. Il rejette ainsi toute prétention à la postérité en revendiquant son statut de « looser (sic). Et c'est ma manière de perdre sans désespérer tout à fait » (1989). À une lectrice qui l'idolâtre tout en lui demandant s'il est humble, il répond « Oui madame, mais c'est dur. Quand on est beau et fin et qu'on a du génie, l'humilité est un combat de tous les instants » (1996). Il revendique cette autodérision qui « consiste à se traiter de con pour décourager les autres de le faire. Lalalère » (2000). À une autre lectrice qui se plaint de la difficulté de la langue française, il y souscrit en donnant l'exemple de ce « chroniqueur aussi brillant qu'aimable qui parlait l'autre jour dans sa chronique de l'homme de Néerdental au lieu, bien sûr, de l'homme de Néandertal. Excusez-le, il n'est pas allé à l'école longtemps » (2013).

Pour les amateurs d'aphorismes, Foglia est la référence. Celui pour qui « le hasard est grand et le monde est petit » (1993), nous dit par ailleurs que les « barmen savent les mêmes choses que les ethnologues mais ils les savent en couleurs... » (1990). Ailleurs, il se rit « des idées tordues dans les phrases toutes droites » (1987) des politiciens conservateurs.

C'est de cette façon qu'il formule ses rares espoirs dans l'humanité, comme lorsqu'il déambule dans le quartier le plus pauvre du sud de Bogota, avec ses toitures de tôle, ses murs faits de planches, ses rues en terre, la fumée qui s'échappe de fours à briques. « On est dans la boue, le dénuement, l'âpreté. On est au cœur de la pauvreté, de la malnutrition, du manque d'eau, d'hygiène. Et dans ce cloaque il y a un enfant qui sourit à un chien. Ça ne prouve rien vous me direz. Si. Ça prouve que l'espoir est inusable» (1990). De même, il salue le courage extrême de ces hommes et femmes qui ne renoncent pas à leur dignité et acceptent de mourir pour leurs convictions intimes plutôt que de se faire collaborateurs ou délateurs. «Depuis que l'Homme et sa fiancée sont sortis des mains de Dieu, ils n'ont cessé de tendre leurs moignons aux lions plutôt que de renoncer à leur foi, ils n'ont cessé de se jeter par la fenêtre du 18e étage en criant vive la liberté plutôt que de se rendre à la Gestapo, au KGB, à la CIA, aux ayatollahs» (1995).

Le bonheur n'est pas en reste pour celui qui imagine un gouvernement improbable avec en son sein «évidemment un ministre du bonheur qui serait obligatoirement un mourant pour nous rappeler que le bonheur est urgent» (1994). Urgent et éphémère, il ne dure qu'un instant. Pour le goûter, il faut se débarrasser de nombreuses envies de consommation qui donnent l'illusion de rendre heureux. On le trouve quand on y renonce, recommande-t-il à ses lecteurs. «Je suis en train de vous dire que le bonheur ultime, c'est de renoncer au bonheur» (1996). Paradoxalement, il n'est «pas un événement, même pas un événement heureux» (1998). Bien entendu, il n'a jamais la sonorité pétaradante d'un moteur. Il se retrouverait plutôt quand on «marche fin mars dans une érablière, quand le printemps s'annonce goutte à goutte au fond des chaudières. Cling, cloung, cling cloung. Concentration de succulence» (1999). Chez lui, on s'en doute, le bonheur «est fait de riens, emportés aussitôt par le courant du quotidien» (1985). Ce bonheur modeste, ajoute-t-il, «est l'art le plus délicat qui soit» (1987).

Au-delà de l'espoir fragile et de la recherche d'éclats de bonheur, Foglia est bien souvent pessimiste, au bord du désespoir. Désespéré de l'humain, de l'homme surtout, qui, après le chien, «est sans aucun doute l'animal de la création qui bave le plus» (1981). Toujours dans le registre du bestiaire, il lui arrive de parler de l'homme et de sa fiancée comme d' «animaux bien plus étranges encore, puisque tortues à l'envers, ils portent leur carapace en dedans, lisses et mous au dehors» (1989). Foglia aime bien recourir au bestiaire pour emballer ses aphorismes, écrivant par exemple que «L'homme n'est pas un loup [pour l'homme], n'insultez pas les bêtes » (1986). Il serait cependant « un méchant lapin, qui du haut de son tas de fumier se bouche le nez, l'hypocrite, comme si ce n'était pas le sien » (1987).

Dans certaines circonstances, frustré et enragé par des crises sociales que les autorités résolvent néanmoins sans grabuge, comme la crise d'Oka en 1990, l'humain a soif de vengeance. « L'idée de droit ne suffit pas au bonheur de l'homme ordinaire. Il lui faut aussi un peu de sang » (1990). Même chose aux États-Unis, où le peuple, convaincu de la culpabilité de O. J. Simpson, aimerait bien qu'il soit exécuté. « Les Américains veulent tuer l'homme qui a tué l'idée qu'ils se font du bonheur. Le regret de ce qu'on n'a pas eu rend souvent méchant » (1994). Par boutade et provocation, Foglia en rajoute, bien entendu. « Moi mon vieux je n'ai pas besoin de raison pour haïr mon prochain. Je le hais par prévoyance. Si je l'aimais, me semble que je serais tellement déçu souvent, que moi aussi, de temps en temps, je le tuerais » (1994).

On ne s'étonne donc pas que son expérience de l'humanité lui « laisse croire qu'il n'y a plus que la bonté à être inhumaine » (1984). Ni quand il énonce comme une vérité que « s'il y a quelque chose qui unit les hommes au-dessus des races, des religions et des frontières, c'est bien la connerie » (1985). Pas étonnant puisque, constate-t-il sans cacher son affliction, le « génie ne s'attrape pas par "contamination" ; la bêtise, oui, souvent. Le monde est mal fait » (2006). Et si le style foglien est davantage ironique que tragique, cela ne surprendra que « ceux qui ne savent pas que l'humour est la politesse des désespérés » (1998).

* * *

Un autre procédé rhétorique cher à Foglia est la comparaison. Les images qui en jaillissent la rendent terriblement efficace, notamment pour écorcher ceux que le chroniqueur aime détester, au grand plaisir de ses lecteurs, sauf s'ils sont dans sa mire ! Il évoquera ainsi une grande soirée pour laquelle les femmes « avaient sorti leurs falbalas, leurs tulles transparentes (*sic*), leurs filets à trous laïtou. Elles s'étaient juchées sur des talons si hauts qu'elles s'agrippaient aux bras de leurs époux comme des naufragées s'agrippent à des épaves » (1990). Dans un tout autre registre, il relate une longue sortie à vélo, dans une campagne jusque-là bucolique où sa présence n'importunait que quelques hérons. Jusqu'à ce qu'il croise :

> ... un cortège de grosses motos avec des mononcles pétant de bonheur posés dessus comme des crapauds sur des feuilles de nénuphar. Sur le siège arrière, bobonne servait le café dans le gobelet de la bouteille thermos pendant que Céline Dion à genoux dans la sono suppliait qu'on lui donne sa chance... J'imaginais les hérons en train de noter dans leur cahier d'observation des humains : « Dimanche 30 avril, homos vroumvroumatus à deux roues et à ventre mou et leur fiancée à mamelles frémissantes ». (1989)

On aurait tort de se limiter à des exemples qui occultent ce qu'il y a chez lui de tendresse, servie avec un brin de provocation, afin de rendre la chose plus épicée. Parfois, on y retrouve l'ombre d'une lubricité qu'il sait de nature à scandaliser une partie de son lectorat bourgeois et un peu coincé. Il le reconnaît en évoquant sa rencontre avec de jeunes étudiantes, lui quelconque « vieux débris », et elles si attirantes. « Je filais vaguement coupable et vaguement lubrique au milieu de ces petites filles en mini-jupes. Ciel qu'elles sont belles au printemps avec leurs grandes pattes de gazelle, écourtichées et maquillées comme des petites putes à peine sorties du couvent » (1988).

Si ses comparaisons ont autant de force d'évocation, c'est en raison d'un style minimaliste qui facilite la compréhension sans rechercher de factices effets littéraires. C'est sa façon d'honorer son lectorat en respectant autant que possible l'obligation journalistique de décrire le réel. Un jour, le voici en entrevue avec l'ex-lutteur Paul Vachon, qui se présente aux élections fédérales pour le Nouveau Parti démocratique du Canada, dans le comté estrien de Brome-Missisquoi. À toutes ses questions, le « gros homme a répondu point par point. Posément, lentement, avec cette façon qu'ont les très gros de respirer après chaque chapelet de mots comme s'ils découvraient l'oxygène » (1988). On s'y croirait nous aussi, à cette rencontre, juste par ce petit détail, cette observation tout ethnologique rapportée avec une empathie évidente. Même chose dans le cas de cette femme qui a injustement perdu la garde de sa jeune fille, et dont l'univers bascule rapidement. « Elle ne s'en apercevra pas tout de suite. C'est comme quand on se coupe avec un truc rouillé, ça prend un certain temps avant de se gangrener » (1989). Foglia évoque non seulement la blessure affective, mais ce qu'elle peut avoir de toxique pour sa victime, à laquelle on peut s'identifier en lui substituant nos propres traumatismes. Dans un registre moins dramatique, il parle d'un physicien rencontré en ex-URSS, Eugene Andryushin, qui représente pour lui le « portrait de l'intelligence [avec]... ce genre de face un peu longue, cette douce stupeur de panda égaré dans le trafic et cette voix convalescente qui écoute les mots avant de les dire, pour savoir ce qu'il y a dedans, comme si c'était des coquillages trouvés sur la plage » (1992).

Dans d'autres circonstances, la comparaison se veut quelque peu vulgaire, au sens commun du terme, car on sait que chez Foglia, la vulgarité est ailleurs. Elle existe en dehors de tout discours, dans des façons d'être et de paraître. Ainsi relate-t-il sa rencontre avec deux jeunes serveurs du restaurant de son hôtel, lors d'un reportage en Irak, à l'époque encore glorieuse de Saddam Hussein. « L'un étudiant en journalisme justement, l'autre presque avocat. Ils étaient ravis que je leur fasse un brin de conduite, jusqu'au moment où je leur ai demandé ce qu'ils pensaient de Saddam. C'est comme si je leur avais introduit un fer rougi dans le cul. Bonsoir, monsieur. Ils sont partis au galop » (2000).

Là où Foglia est sans doute le plus prolixe avec ses comparaisons, c'est dans la description poétique de ces choses banales et quotidiennes auxquelles il est si attentif. Ses randonnées à vélo sont des moments de méditation, haletante certes, dont profite son lecteur. Telle cette fin de journée où, après une brève pause consacrée à la rêverie, le voilà qui se laisse glisser vers le petit village de Dunham, à quelques kilomètres de sa résidence. « Il faisait presque noir. Vers l'ouest, le soleil était posé sur la ligne d'horizon comme une pomme rouge sur le bord d'une fenêtre » (1990). La campagne, dont il a déjà écrit que c'est là où « on se fatigue tandis qu'à la ville on s'use» (1987), n'est pas sa seule source d'inspiration. La preuve en est cette observation urbaine de Montréal. «Six heures, derniers gargouillements, la ville est vide comme une baignoire, je veux dire avec des cernes de crasse» (1987). Entre la ville et la campagne, Foglia a fait un choix définitif qui se reflète jusque dans ses figures de style et les thématiques qu'il exploite. La météo, cette obsession toute québécoise, n'y échappe pas. «Ce matin l'hiver exagère, moins trente exactement. Ce matin ma nouvelle maison en plein champs (sic) est comme un grand navire prisonnier des glaces» (1996). C'est cette même existence champêtre qui inspire cette autre comparaison, ce jour où il confesse s'ennuyer «comme une chaudière accrochée à un palmier entaillé par erreur» (1993).

Dans un registre plus dramatique, le voici près du lieu du drame survenu à Lac-Mégantic, à l'été 2013, où un convoi ferroviaire de produits pétroliers a déraillé avant de s'enflammer et de se consumer en explosions et incendies, détruisant totalement le centre-ville de cette petite municipalité, et tuant quarante-sept personnes. Pour des raisons de sécurité, il est contraint de regarder la scène de loin, avec des jumelles. Ce qu'il voit, ce sont les wagons carbonisés, «un entassement de petits cylindres gris, comme un grouillement d'asticots sur la carcasse d'une bête morte» (2013).

* * *

S'il a moins recours à l'analogie, probablement en raison de sa nature plus poétique, Foglia excelle dans le maniement de la métaphore, en quelque sorte une version condensée de la comparaison classique. «Il m'arrive de vous en pousser des pas pires... C'est le vélo qui fait ça. L'écriture s'emballe. On pédale avec les mots et les images... et, hélas, on ne trouve pas toujours le bon braquet pour monter la côte difficile de la littérature...» (1992).

La métaphore est une façon de rapporter le sens d'un mot ou d'une expression à d'autres. Il s'agit d'une transposition dans un nouveau contexte d'un sens emprunté. Des spécialistes qui se sont penchés sur l'écriture «de la familiarité» de Foglia y ont vu une recherche de «l'effet de l'inattendu[50]». Ce qui est plus que légitime dans la chronique d'humeur qui a, selon certains, des visées avouées de séduction, davantage que d'information[51]. Elle est aussi une façon de communiquer des émotions ou le jugement de l'auteur en espérant susciter des dispositions semblables chez son lecteur de connivence. Ou simplement lui signifier combien il est étranger à cet autre lecteur trop conformiste. Chacun y trouvera la réaction qui lui sied : qui son accord, qui son objection. Ainsi, Foglia aborde à sa façon la récession économique que d'aucuns comparent à une maladie passagère, alors que d'autres y voient une fatalité ou un simple accident. Lui est sensible avant tout à ceux qui en souffrent. «La récession, c'est le progrès qui s'est cassé la jambe et qui marche sur des béquilles. C'est un accident bête dont personne ne semble responsable. Surtout pas eux, les faiseurs de richesse. Juste un accident» (1992).

Grâce à la métaphore, on ressent une empathie certaine quand il se trouve devant un enfant sourd, pour qui «un chat n'est pas un chat. Le mot lui-même n'existe pas, je veux dire la musique que fait le mot en sortant de la bouche, le phonème : chat, chat, chat... Répétez-le aussi longtemps que vous voudrez, pour Alexandre les mots ne sont que des bulles de silence» (1989). Et puis il y a ceux qui, victimes de lésions neurologiques, ont perdu le langage et peuvent compter sur une femme qui «les ramène à la parole, mot à mot. Anne-Marie est un petit remorqueur qui tire de tous ses câbles sur des grands navires échoués sur des plages de silence» (1995).

De ses nombreux reportages à l'étranger, le chroniqueur rapporte des impressions, des moments furtifs qui émaillent ses carnets de voyage. Par exemple, cette seconde où le phare d'un «scooter illumine une madone assise en amazone sur le porte-bagages de son amoureux... C'est fou ce que les filles sont belles à Saïgon. Sorbets au citron dans la moiteur paludéenne. Si minuscules madones au ventre si plat qu'un noyau de cerise les mettrait

50. Marion, Philippe et Sohet, Philippe, *op. cit.*, p. 563.
51. Lochard, Guy. «Genres rédactionnels et appréhension de l'événement médiatique : Vers un déclin des "modes configurants"?», *Réseaux*, n° 76, 1996, p. 83-102.

enceinte *(sic)*» (1990). La même année, le voilà à vélo pour se rendre au mouroir de mère Teresa à Calcutta, dans cette ville qui est «un cauchemar à toute heure mais à 5 h du matin, c'est un cauchemar encore endormi... J'enfilais des petites rues désertes et à cause de tous les gens couchés sur les deux trottoirs, j'avais l'impression complètement folle de rouler dans le mitan d'un grand lit» (1990). À la mort de la religieuse, il avance que sa présence a noirci la réputation de cette ville, souvent réduite à son extrême pauvreté.

> Une ville organisée, cultivée, universitaire. Belle. Qui sait que Calcutta est une belle ville? Où l'on mange magnifiquement, que ce soit aux étals de rue où dans les petits bouis-bouis de rien, des sploutches écœurantes. Qui sait que le peuple bengali est un des peuples les plus attachants du continent asiatique?
> Depuis 30 ans, Calcutta attend que mère Teresa décrisse (d'une manière ou d'une autre) pour cesser d'être un mouroir. (1997)

Au plus près de lui, Foglia trouve régulièrement matière à frapper l'imagination du lecteur. Comme cet autobus scolaire qu'il suit un jour de 1990. «Grosse poule jaune qui s'arrêtait à chaque maison, pondait son œuf, petite fille ou petit garçon, qui partait à courir vers la maison...» (1990). Ce qui contraste avec cet autre autobus scolaire qu'il suit dans Charlevoix, douze ans plus tard, autobus «presque vide qui disait mieux que des statistiques que les jeunes sont partis d'ici» (2002).

Il n'aime pas la mer, tout simplement parce que «c'est beaucoup d'eau pour rien» (1995), tandis que les paysages stimulent sa prose. Surtout ceux autour de son village de Saint-Armand, où il lui arrive de rentrer lentement «par des petits chemins de terre à cette heure singulière où la lumière semble sortir des choses plutôt qu'elle ne les éclaire» (1988). S'il est perméable à la beauté, la laideur l'agresse, même dans les petites villes. En 1998, en pleine crise du verglas qui a si atrocement amputé les plus beaux arbres de la Montérégie, il repasse par un chemin où s'imposent à son regard des «grappes d'arbres suppliciés qui dressent leurs moignons dans le ciel d'hiver avec une théâtrale ostentation. Ce paysage laid d'avance, ce paysage dont je connaissais par cœur toutes les laideurs, a l'air d'avoir été remodelé par un Dieu en pleine crise d'épilepsie» (1998).

Et puisqu'il est passionné par le sport, on ne s'étonnera pas de le voir célébrer le but égalisateur dans un important match de soccer. Ce coup franc victorieux, il le décrit comme «parfaitement brossé au-dessus du mur allemand, sa balle avait la sereine trajectoire d'un pigeon qui rentre au nid» (1994).

* * *

Dans un registre plus léger, le chroniqueur qui veut dérider son lecteur ne se prive pas de recourir aux jeux de mots et calembours faciles, joutant tantôt sur la sonorité, tantôt sur l'homophonie ou la polysémie. Ce qui lui permet du même coup quelques saillies bien senties, contre Hydro-Québec par exemple qui essaie malhabilement de justifier l'installation de pylônes électriques auxquels s'opposent des citoyens soucieux de leur environnement visuel. «Hydro ne ment pas que sur les pylônes, elle ment sur toute la ligne» (1999).

Dans certains cas, on croirait l'entendre critiquer ses propres tentatives moins heureuses, quand il compare à du tourisme sémantique au rabais «les jeux de mots qui sont une forme de voyage super organisé dans le dictionnaire» (1987). Peut-on lui adresser ce jugement lapidaire quand on le surprend à écrire, au sujet d'une jeune fille qu'il va rencontrer pour une entrevue, qu'elle «travaille dans un de ces salons érotiques où les clients vont prendre leur pied d'une main, tandis que de l'autre il tire (sic) sur le rouleau de Scottowels»? (1998). On observe le même voyage organisé dans le dictionnaire quand il évoque la création d'une association de pornographes anonymes au même titre qu'il existe des Alcooliques et des Joueurs anonymes. «Ce sera un premier pas vers la dévictimisation de ces grands malades qu'il faut absolument aider à sortir du trou. Les pornographes anonymes, une association où les membres pourront se prendre en mains, au lieu de prendre leur pied comme d'habitude » (1983). Idem en 1994, évoquant cette fois sa rencontre avec une naturopathe qui prétendait avoir le pouvoir de guérir toutes les maladies, même le fameux cancer du côlon qui effraye tant Foglia !

Elle m'a expliqué que la vie était comme une table à quatre pattes. La patte émotion. La patte alimentation. La patte environnement. Et la patte... la patte... merde, j'ai oublié. Mais c'est peut-être plus réaliste ainsi. La vie est une table à trois pattes, on vient de vous servir un bol de soupe, et comme un con vous mettez vos coudes sur la table... Au fait on écrit naturopathe ou naturopatte ? (1994)

Même chose pour ce chien qui « n'entend rien aux miaulements et vice-verchat » (1998), ou encore quand il évoque des discussions avec son barbier qui s'avère « aussi réducteur que ses ciseaux, et il a la vilaine habitude de couper ses idées en quatre » (1985). En marge de ces jeux de mots quelque peu rudimentaires, il lui arrive parfois de se livrer à un exercice plus risqué, comme cette fois où il relate des échanges plus qu'improbables, avec des élèves d'une classe multiethnique de Montréal.

Ashish ne m'aurait pas parlé si je ne lui avais pas posé cette question qu'il n'a pas comprise : « Fais-tu la livraison, Ashish ? » Eh bien non, il ne livre pas. D'ailleurs, il ne vient pas du Népal, il vient des Indes, où c'est illégal.
Une toutounette brune m'a tendu un bout de papier sur lequel elle avait barbouillé avec des crayons de toutes les couleurs : « Je m'appelle Millicent-Ann. J'ai sept ans. »
— Millicent, je ne devine pas d'où tu viens avec un nom pareil, aide-moi...
— Je viens des Philippines.
— Ah bon. Quelle langue parlent tes parents ?
— Le tagalog...
— De chez Sears ? (1997)

* * *

Dans l'œuvre de Foglia, on retrouve une abondante production d'attaques personnelles, avec des arguments fallacieux charriant parfois du mépris, comme une façon d'affirmer une fois de plus ses conceptions morales, politiques, sociales et culturelles. En attaquant les gens, individuellement ou collectivement, il expose ses préjugés, dégoûts, révoltes et répugnances comme autant de révélateurs de ses préférences. Certes, on a parfois l'impression que l'attaque est gratuite, comme ces fois où il use de l'hyperbole pour dénoncer l'arrogance de joueurs de soccer italiens « si insupportables qu'après deux conférences de presse et deux entraînements avec eux, tu ne peux faire autrement que de souhaiter qu'ils perdent et que leur autobus tombe dans un ravin en les ramenant à leur hôtel... » (2002).

Ses phrases assassines n'épargnent personne ou presque. On observe en effet que la famille Desmarais, qui concentre des pouvoirs économiques, médiatiques et politiques considérables, a le privilège d'être à l'abri de sa vindicte. Ce tabou qui consiste à épargner son employeur, même Foglia l'insolent ne pourra le transgresser. Au décès du pape Jean-Paul II, Foglia a raconté qu'on lui avait demandé d'être la fausse note dans un cahier spécial hagiographique qui allait paraître le lendemain. Mais quand décédera Paul Desmarais, le grand patron de *La Presse*, il n'y aura aucune fausse note signée Foglia dans les dizaines de pages hagiographiques qui lui seront consacrées.

Pour les autres, y compris ceux avec lesquels il partage des convictions politiques ou des passions sportives, il sera cependant sans pitié. Toujours prêt à dégainer une phrase assassine. À ce jeu, les vedettes de la culture populaire sont ses cibles de prédilection. Le cas de la chanteuse Michèle Richard est devenu un classique depuis ce jour où, rendant hommage au vulgarisateur scientifique et animateur de télévision Fernand Seguin qui venait de décéder, il demande s'il n'est pas mort en regardant *Garden Party*, une émission de télévision animée par Michèle Richard et Serge Laprade, archétypes parfaits de ce que Foglia déteste. L'occasion lui semblait trop belle pour retenir le fiel qu'il déverse sur celle qui « est une lasagne, un toaster, une tondeuse à gazon, une nageuse est-allemande déguisée en camion de pompier et la preuve biologique

que les marchandes de boudin sont aussi des mammifères. Ça n'a rien à voir, je sais bien, mais je le dis pareil » (1988). Cette attaque fait un tel boucan qu'il est obligé d'y revenir quelques jours plus tard, pour rajouter une couche d'insolence vinaigrée à la blessure narcissique infligée, dans un simulacre de contrition.

> Je vais sans doute vous surprendre mais je regrette beaucoup ce qui est arrivé. Je n'ai pas regretté sur le coup, c'est vrai. Au plus gros du remous, je ne voyais là que cinq petites lignes un peu piquantes certes, mais pas de quoi en faire une affaire d'État ni de justice...
> Et à ce moment-là, ce n'est ni par défi ni par entêtement que j'ai refusé de joindre mes excuses à celles de *La Presse*. Je me serais excusé volontiers, mais de quoi? Je ne voyais pas l'offense.
> Le temps a passé. J'ai relu souvent les cinq lignes incriminées. J'ai regardé presque tous les soirs l'émission de madame Richard, et finalement les regrets sont venus. J'ai soudain réalisé tout ce qu'il pouvait y avoir de désobligeant dans les comparaisons que je fis ce jour-là.
> Aussi est-ce avec la plus sincère contrition que je demande pardon, aujourd'hui, aux lasagnes, aux nageuses est-allemandes et aux camions de pompier (*sic*). (1988)

Ces attaques s'inscrivent dans la continuité de celles formulées en 1984, quand il la traitait de nouille. La suite sera du même tenant : quand il prétend avoir besoin de matériaux pour une fausse expérience de fusion de l'atome, qui était alors un sujet d'actualité. « La seule affaire qui nous manque, c'est un peu d'eau lourde. Mais j'ose pas demander à Michèle Richard de me garder un peu de l'eau de son bain... » (1989).

Une autre icône de la culture populaire qu'il passe à la moulinette de ses insultes est Janette Bertrand, celle qui « porte à son point d'achèvement sa philosophie électroménagère? (Ou de *La philosophie dans le boudoir* à la philosophie dans la bouilloire)... » (1989). Du reste, il observe chez elle une transformation esthétique qui lui semble moins que naturelle, constatant « qu'elle a beaucoup rajeuni ces dernières années, même que je suis à veille de la *cruiser*. Je vais aller l'attendre avec des bonbons à la sortie de son secondaire...» (1986). Il y revient presque dix ans plus tard, quand elle est médiatiquement omniprésente, comme un modèle culturel que le Québec adore et dans lequel il se reconnaîtrait. «Le Québec s'apprête à empailler Mme Bertrand comme Anthony Perkins a empaillé sa mère dans *Psycho*» (2005). Il cherche ainsi à s'inscrire en faux en son nom et au nom de centaines de milliers d'autres qui, au contraire, voudraient montrer leur cul à «cette culture-là. Mon cul la pop-psychologie de banlieue. Mon cul les Cowboys [fringants]. Mon cul Céline [Dion]. Ma troisième raison d'écrire c'est ça, montrer mon cul à la majorité silencieuse qui nous assourdit» (2005).

On s'en doute, Céline Dion, la diva internationale dont s'enor-gueillissent des millions de Québécois, est une autre souffre-douleur du style Foglia. Au printemps 1990, constatant qu'elle est la première francophone qu'il retrouve mise en valeur chez son disquaire, qui est surtout reconnu pour célébrer le rock'n'roll an-glophone, il fait quelques petites concessions esthétiques avant le coup d'assommoir. «Belle pochette, Céline. Belle fille. Beau cul. Pourtant, pourtant, comment se fait-il qu'au lieu de bander je pen-sais à un jambon aux ananas? Ça doit être Pâques» (1990). Tou-jours sur le mode de l'analogie alimentaire, il poursuit alors son lent travail de dénigrement entrepris en 1986, où il écrivait «quand j'entends Céline Dion, c'est comme si on me les bourrait de confi-ture aux nouilles» (1986). Une autre fois, l'analogie sera domes-tique, mais tout aussi cruelle, quand il avoue à ses amis ne rien trouver de drôle dans l'imitation que Michel Courtemanche fait d'un lavabo qui se débouche, mais que, cependant, il trouverait «drôle qu'il imite un lavabo qui se débouche s'il nous disait avant: "Mesdames et messieurs, je vais maintenant vous imiter Céline Dion"» (1996).

Après l'insignifiance, c'est au tour de la suffisance et de ceux qui l'incarnent, selon lui, d'être dans la mire du styliste insolent et irrévérencieux. En cela, il est fidèle à sa façon d'insulter car une «insulte, comme ça, à plat, c'est comme une balle de fusil posée sur la table. Ça ne sert à rien. Ça prend un fusil pour la tirer, je veux dire un ton » (2002). Son contentieux avec la journaliste et auteure Denise Bombardier remonte à 1990. Avec ironie, il lui reproche d'avoir failli perdre par sa faute le contrôle de sa voiture après l'avoir entendue, à la radio, déclarer qu'elle était très intelligente.

> J'ai donné un coup de volant comme je le fais souvent pour éviter une bibite sur la route. Ma fiancée s'y est d'ailleurs trompée :
> — Une souris ?
> — Hon, hon. Un nombril... (1990)

En 2009, bon nombre de chroniqueurs réagissent plus que mal au fait que le cinéaste Roman Polanski soit très peu inquiété par la justice, et soit en quelque sorte protégé par certaines élites artistiques et journalistiques, au sujet de vieilles accusations de détournement de mineure, voire de pédophilie. Foglia affiche de nouveau sa marginalité en constatant la différence marquée entre les cultures européenne et états-unienne en matière de sexualité et d'histoires de cul, favorisant implicitement la tolérance européenne face au puritanisme états-unien. Il n'en faut pas plus pour que Denise Bombardier, elle aussi polémiste de haut vol, s'en prenne à lui publiquement. Elle récoltera sarcasme et mépris, dans le plus pur style foglien.

> Vous rappelez-vous, madame, la première fois que nous avons été en contact ? C'est par un petit mot de votre main. C'était avant les courriels. Je parlais déjà de livres dans mes chroniques. Vous m'aviez invité, en deux ou trois lignes, à m'intéresser aussi à la littérature d'ici. Vous veniez de sortir votre premier roman autobiographique, mais c'est sûrement un hasard.
> [...]
> Vous me dites snob ; c'est épouvantablement vrai. Vous me dites pervers ; c'est assez évident. Vous me dites lettré ; vous exagérez à peine. Vous me dites intelligent, même très intelligent ; j'en rougis, mais bon, j'eusse trouvé plus crédible que cela vienne de quelqu'un qui l'est aussi. (2009)

Le fait qu'il soit souverainiste ne protège nullement les militants qui lui inspirent mépris et ironie. Dans le cas d'Yves Michaud, journaliste souverainiste, ex-ministre libéral et importateur de vins, Foglia opte pour le dédain en le présentant comme «un être tout à fait déplorable, rien que de l'entendre parler de vin me donne envie de boire du lait, rien que de le voir à la télé me fait penser que j'ai oublié de porter les vidanges au chemin» (2000). Quelques mois plus tard, il réagit à la démission du premier ministre péquiste Lucien Bouchard qui sera remplacé par Bernard Landry, ce qui n'a rien pour plaire à Foglia. À Lucien Bouchard, découragé de l'indifférence des Québécois face à l'idée de l'indépendance, il réserve un petit sarcasme.

> Mais je voulais quand même vous dire une gentillesse avant que vous partiez: j'ai trouvé votre constat sur la souveraineté courageux, déchirant et juste. Juste un truc que j'ai pas compris, quand vous dites «mes efforts sont restés vains», quels efforts?
> Allez bonne route. Je ne vous embrasse pas, toutes sortes de gens vous ont abondamment liché ces jours-ci, j'aurais peur d'attraper quelque maladie. (2001)

Comment s'étonner, après une telle démonstration, de le voir repousser encore les limites de sa mauvaise foi assumée? «Des fois! Ah des fois, comme j'aimerais être capable de tout le mépris qu'on me prête» (1987). Il n'empêche qu'il nous confiera regretter certaines chroniques, qu'il n'identifie pas, dans lesquelles il s'est montré inutilement méchant avec des gens. Cela faisait partie de la construction de son style et non d'un quelconque *personnage*.

> ... ça va vous sembler cucul mais je le referais plus, sauf pour des affaires vraiment importantes. J'ai des fois été méchant gratuitement... pas de la méchanceté gratuite au sens de pas méritée, mais elle n'était pas nécessaire... le style plus important, mon idée de faire mon petit malin, mon brillant... Il y a eu beaucoup de méchancetés qui n'étaient pas nécessaires[52].

---

52. Entretien avec l'auteur, 28 décembre 2014.

Foglia emploie une autre figure de style moins belliqueuse, l'ironie. Avec elle, il peut se permettre tous les cabotinages sur autant de sujets qu'il le souhaite. C'est souvent sa façon de déconner, compte tenu du fait que la première obligation du procédé n'est pas d'être drôle mais grinçant. «Surtout, l'ironie doit entretenir le doute... Si le sens est trop clair, l'ironie tourne au sarcasme... ironie de "irônéia" (*sic*), interrogation» (2002), explique-t-il, en citant un dictionnaire des procédés littéraires. Cela ne va pas sans risque de malentendu quand certains lecteurs, même parfois ses plus fidèles admirateurs, le prennent au pied de la lettre. En 2001, ironisant sur les homosexuels afin d'illustrer clairement la grossièreté de tels propos, il ne s'étonne aucunement de l'approbation prévisible de quelques homophobes qui n'ont pas compris qu'il voulait justement les dénoncer. Mais il est décontenancé par la réaction négative de ses lecteurs qui le fréquentent depuis des années, auxquels son ironie a complètement échappé. Ses admirateurs avaient peut-être oublié une autre chronique où il parlait des Jeux gais et ridiculisait le patinage artistique mis au programme, comme aux Jeux olympiques, à la différence que «les patineurs n'ont pas le droit de pleurer quand on ne leur donne pas de médaille parce que ça ferait trop tapette» (1994).

Pour Foglia, l'ironie est souvent prétexte à de l'humour absurde plus ou moins réussi, ou à l'expression d'une fausse naïveté. À bord d'un avion dont le décollage avait été plus que turbulent, il dira à sa voisine que «le type qui était en train de se raser dans le film s'est coupé... Elle n'a pas ri. Elle n'a pas compris ma joke je pense» (1988). Dans la même catégorie un peu surréaliste, le voilà qui parle de l'alligator, «un animal très timide, un rien le fait rougir contrairement au homard qu'il faut faire bouillir» (1988).

On y retrouve, bien entendu, quelques phrases qui ne visent qu'à scandaliser les lecteurs coincés qui prennent encore le plaisir à la fois risqué et lubrique de lire le chroniqueur parfois scatologique. Il cherche à les décoiffer un peu, peut-être même à provoquer des réactions qui serviront à garnir son *Courrier du genou*, dont on parlera plus loin. Évoquant la présence du roi de Suède aux Jeux olympiques de Séoul, il relate avec ravissement la légende que racontent les Suédois, selon laquelle le monarque «était si précoce qu'il a pogné le cul de la fée qui se penchait sur son berceau pour lui donner les qualités qui conviennent à un roi. Si bien que la fée s'est fâchée et ne lui a rien donné. Même pas la beauté» (1988). Une autre fois, c'est à un coureur cycliste qu'il souhaite «d'attraper le bohu-bohu, cette dent que le Bon Dieu fait pousser dans le cul des coureurs pas fins, pour les forcer à l'abandon en les empêchant de s'asseoir sur leur selle...» (1995).

Le voici avec un sujet de prédilection, que lui seul a pu exploiter pendant des années, pendant que la profession journalistique s'en délectait ou s'en désespérait, selon les prédispositions sociales et culturelles de chacun. Cela ne lui fait ni chaud ni froid, et on peut aisément s'imaginer son double plaisir à écrire librement et à scandaliser volontairement, afin de faire reculer les limites du langage dans cette société coincée qu'il a découverte en 1963. Il parlera ainsi de cette Anglaise qui ne cesse de lui répéter le mot «"gorgeous", le mot le plus laid et le plus con de la langue anglaise qui fait dans sa bouche comme un dernier glouglou au fond du bidet quand la pute se rince le cul à la fin de la passe» (1993). On prendrait presque en pitié ce cardiologue qui reconnaît Foglia dans la rue et lui offre un traitement de faveur si un jour il venait à avoir des problèmes cardiaques. «Je suis passé bien proche de lui répondre: "T'as pas mal dans le cul, j'ai le doigt propre?"» (1996). Pour rester encore un peu dans cette région de l'anatomie, il relatera une autre fois son passage aux «chiottes» d'un restaurant en France, où «la minuterie [...] fait tic-tac, tic-tac, tic-tac. On a l'impression de chier sur une bombe» (1993).

Il ne manque pas une occasion de tenir des propos scatologiques, surtout quand il s'agit de beurrer quelques-unes de ses proies préférées. Constatant que bon nombre de Français adorent le coureur cycliste Richard Virenque, Foglia explique qu'il est tout à fait normal de prendre pour héros «des gens de même nature que soi, mais plus gros. Moi je suis journaliste, mon héros c'est Réjean Tremblay. Si j'étais catholique ce serait le pape. Si j'étais un veau ce serait Laura (sic) Fabian... Vous avez compris le principe, quand on est un petit tas de marde on s'identifie à un plus gros, c'est tout» (1999).

On voit mal qui d'autre pourrait, dans un grand média québécois, se permettre de raconter que dans une salle d'attente, il a lu quelques articles, dont un sur la masturbation qui « si on la pratique régulièrement, retarderait le cancer de la prostate, mais ce n'est pas sûr. N'allez pas vous crosser toutes les cinq minutes et dire après que c'est moi qui vous l'ai dit. Parlez-en à votre médecin avant » (2010).

On le sait, Foglia aime l'insolence, apprise en partie en lisant *Libération* et le magazine *Rolling Stone*. À cette recette qu'il maîtrise parfaitement, il paie son écot constitué de grossièreté assumée et d'irrévérence, au point de basculer dans la satire, qu'il se fait un plaisir de servir à tout venant. Un jour, révolté de voir le gouvernement financer grassement des entrepreneurs pour l'achat de remonte-pentes puis les dédommager parce que l'hiver a été peu neigeux, il se demande jusqu'où ira cette générosité.

> Aurons-nous un ministère des intempéries qui remboursera en cas de pluie les golfeurs l'été et les skieurs l'hiver ? Les cultivateurs quand tombera de la grêle ? Les navigateurs quand tombera le vent ? Les arbres quand tombera la foudre ? Il ne restera plus ensuite qu'à rembourser les chômeurs et les assistés sociaux pour toute la marde qui est déjà tombée. Rappelons qu'en attendant ils sont priés de la manger. (1993)

Dans un même registre, à propos de politique, il déplore la présence de régimes despotiques dans plusieurs pays d'Afrique. Mais pas question d'opter pour le ton indigné, empesé, inquiet ou désespérant des auteurs sérieux, ou qui se prennent au sérieux. C'est ainsi qu'il rappelle la *belle* époque de ses dictateurs préférés, Franco en Espagne et Salazar au Portugal.

> ... je les haïssais avec amour... Il me revient tout à coup que Staline sévissait à la même époque, mais je ne pouvais pas alors deviner qu'il était, lui aussi, un dictateur, d'une part parce que j'avais 13 ans, d'autre part parce qu'il avait de superbes moustaches et qu'il était tout à fait impensable qu'un dictateur portât les moustaches et fut (*sic*) athée. En ces temps

de belles et grandes traditions, les dictateurs étaient férocement chrétiens, et blancs, cela va de soi.
Puis vinrent les tyrans nègres qui gâchèrent le métier...
Bref, on n'a jamais pris très au sérieux ces tyrans-là, d'autant
moins d'ailleurs, que plus de 99,9 p. cent de leurs victimes
étaient nègres elles aussi. (1986)

On a vu plus haut combien Foglia était révolté par les injustices, qu'il peut dénoncer avec férocité. Face à une situation aussi
aberrante qu'injuste, il choisit l'ironie grinçante. Il relate le cas
d'une femme qui se cherche un grand appartement pour elle et ses
enfants. Elle visite donc un logement dont le propriétaire est un
professeur qui enseigne la sociologie de la famille. Tout se passe
bien jusqu'au moment où il apprend que la femme a quatre garçons en bas âge. Voilà donc le bon professeur qui tente de la dis-
suader sous prétexte que son appartement ne sera pas assez grand,
avant «de lâcher cette énormité : "Quatre garçons? Mais *ÇA VA
USER MES PLANCHERS* !" Ne vous demandez plus ce qu'est la
sociologie de la famille. C'est l'étude de l'érosion des planchers
soumis au stress des familles nombreuses» (1996).

* * *

Il serait injuste et caricatural de réduire l'œuvre de Foglia à de tels
exemples, mais il serait encore plus douteux de les occulter. Ils
sont en quelque sorte la preuve qu'on peut être grossier par les
mots sans verser dans la vulgarité gratuite. Chez lui, la grossièreté
est une provocation, une façon de dire inhérente à son œuvre, bien
que marginale. Elle ajoute de la couleur et de la densité à ses propos qui, autrement, se mêleraient à la soupe déjà tiède de chroniques d'humeur dopées au narcissisme, compositions trop
souvent écrites à la hâte, où la bêtise et le premier degré se donnent
des airs d'intelligence boursouflée qui se dégonfle à la lecture le
moindrement méthodique et critique.
    Au-delà du mépris et de l'insolence, Foglia est capable de
douce ironie. Elle émane de ses chroniques pour le simple plaisir
de faire sourire, sans arrière-pensée ni mesquinerie. Il offrira ainsi

à ses lecteurs une histoire d'amour authentique et véridique, tout en reconnaissant que les « fausses histoires d'amour sont souvent plus belles, mais il faut aller les chercher en librairie et il y a de la TPS dessus » (1993).

Mieux, il est capable d'élans de lyrisme, de compassion, de tendresse et de sensibilité sans se répandre en sensiblerie dégoulinante ou en sentimentalisme mielleux. Lui qui n'est pas particulièrement habité par le sentiment de paternité ou l'adoration inconditionnelle des enfants, il perd toute défense au contact d'enfants victimes de fatalités. Cela ne peut être étranger à son rejet de toute injustice. Commentant un petit livre écrit par vingt et un adolescents aux prises avec le cancer, il énumère les prénoms des auteurs, mais :

> ... c'est toujours la même Alice au pays de la chimiothérapie qui parle... C'est tout au long du livre, la même voix aigrelette d'un enfant qui joue avec des mots graves qui ne sont pas de son âge. Comme le mot mort par exemple... Tout au long de ce livre il y a une toute petite voix sûrette *(sic)* d'enfant qui chantonne dans le noir : « J'veux pas mourireu, lalalèreu... » (1990)

Il en reproduit des extraits sans y ajouter aucun commentaire, sans contrepoint, ne voyant pas quels mots y manqueraient. « De toute façon il est déjà là le contrepoint, dans le non-dit criant de ces enfants, dans l'écho terrifié de leurs propres mots... C'est le petit Prince perdu au milieu du désert qui supplie : "S'il vous plaît, dessine-moi la vie"... Non madame, je n'ai rien à ajouter, mais je pourrais hurler si vous voulez » (1990). Une autre fois, il rencontre des enfants frappés d'autisme, ce « virus informatique qui au lieu d'infecter le disque dur des ordinateurs, déprogramme le cerveau des petits enfants à la naissance ou pas longtemps après » (1993), tente-t-il d'expliquer. Il ressort de l'école, tout ébranlé, avouant modestement qu'il « n'y a personne comme les petits enfants fuckés pour me mettre à l'envers. Je ne sais pas où regarder. Pas quoi faire. Je n'ose pas les prendre dans mes bras. Je voudrais tout de suite m'en aller... » (1993). Dans une autre classe d'enfants handicapés, il raconte qu'ils répètent souvent les mêmes phrases, comme si :

... c'était nous les débiles moyens. J'ai peur quand ils me touchent. Dans une classe, un garçon de 16 ans m'a pris dans ses bras. Je me suis raidi. Eh, oh, qu'est-ce que tu veux ti-gars ? Moi je suis d'un monde où on ne se touche pas. Sauf pour baiser bien sûr. Je viens d'un monde pas de caresses. Lâche-moi ti-gars. Je suis déficient tendresse. OK là ? Lâche-moi. Tu me fais mal. Je ne sais rien d'eux. Sauf qu'ils me font mal. (1986)

C'est pour ces raisons qu'on ne le trouvera jamais bénévole pour Leucan ou un organisme similaire. Il le reconnaît sans détour : « La bonté pour moi c'est comme la plongée sous-marine, je suis capable, mais pas trop longtemps » (2003).

À l'autre bout du spectre de la vie, ce sont les vieux qui l'émeuvent. Comme cette fois, à Moscou, où il fait la queue pendant presque une heure, comme tous les Soviétiques de l'époque, pour avoir un peu de pain à la boulangerie. Il est le dernier à pouvoir s'en procurer avant la fermeture causée par la pénurie. Il voit de vieilles dames, qui ont attendu en vain, donner des coups de pied dans la porte, sous le regard moqueur des deux boulangers à moitié ivres. « Il y a sûrement des choses plus tristes au monde qu'une vieille femme qui fait la queue pour acheter du pain. Il n'y en a pas de plus humblement dérisoire » (1992), écrit-il avec compassion. À Grenoble, il s'assied sur un banc public, dans un parc, à côté d'une vieille dame avec laquelle il engage la conversation, fidèle à sa méthode ethnologique. La vieille tient en laisse une chatte grise, qu'il caresse pendant qu'elle lui parle de sa maladie qui la condamne à moyen terme. Il la raccompagne lentement à sa maison où elle entre sans l'inviter, mais cela ne l'empêche pas d'avoir une certaine idée de ce qui s'y trouve.

Il y a un grand buffet à deux étages, avec des petits rideaux aux vitres du haut. Il y a un calendrier des PTT sur le mur. Un réchaud à gaz. Elle épluche ses légumes sur un journal déplié. La chatte ronronne sur ses genoux. La goutte qui tombe d'un robinet mal fermé donne de l'humidité au silence. Dans cette maison-là, la vie à (*sic*) le poids d'une (*sic*) pétale de rose sur l'océan. (1993)

Parfois, quand on lui raconte une histoire triste, le voilà qui se met à pleurer au grand étonnement de son interlocuteur, qui craignait qu'il ne trouve tout cela bien cucul, alors que ce sont justement ces récits qui l'émeuvent et le bouleversent. À la Saint-Valentin, il lui arrive de parler d'histoires d'amour, pas toujours faciles à lire en raison des drames que certaines renferment. Mais il le fait en pensant à ces personnes durement affectées par le malheur, et qui ont de la difficulté à supporter le poids de leur existence absurde.

Vous vous rappelez quand on était petit et qu'on arrachait les ailes des mouches? Je connais une fille comme ça. Les ailes arrachées. Deux yeux noirs plantés dans sa face blême comme deux olives noires dans une pizza medium. Une fille en chien de fusil qui dessine des chats. Une fille au sourire si bref et douloureux que, lorsqu'elle sourit, c'est comme si on ouvrait et refermait très vite un couteau.

Je connais une fille qui n'a vraiment rien à foutre de la Saint-Valentin. C'est quand même pour elle mes histoires d'amour d'aujourd'hui. (1999)

Il profite de telles occasions pour parler de la tendresse, qui est bien autre chose que l'amour.

Avant, c'était un mot précieux. C'était l'eau d'un puits dont la poulie grinçait un peu. C'était un lieu où l'homme allait en secret se rafraîchir un peu. Avant, on ne parlait pas de tendresse, on y allait silencieusement, et on en revenait moins en béton. Maintenant, on ne parle plus que de ça, la tendresse, la tendresse, la tendresse. La tendresse est devenue un état intermédiaire, entre deux érections, quelque chose comme la Florida de la passion. Le mot a tellement été mâchouillé que la tendresse est devenue de la tendreté. Comme on dit la tendreté d'un steak.

[...] L'amour on n'y peut rien, et la tendresse c'est de la viande ramollie. (1994)

Et puis, de temps à autre, il réserve un peu de son hypersensibilité pour un père de famille, comme celui qu'il accompagne dans un café italien pour voir à la télévision l'exploit de son fils aux Jeux olympiques, un fils avec lequel il est brouillé. Au père, vaguement inquiet, qui lui demande ce qu'il va raconter à ses lecteurs, Foglia répond que ce sera:

> ... l'histoire d'un père touché au cœur. Que j'allais raconter que des millions de gens ont vécu la performance de votre fils comme un grand moment de bonheur, mais que pour vous, ce moment-là a été plus chauve qu'une chimiothérapie; que j'allais raconter la rancune, ce poison du sang; que j'allais raconter que les athlètes sont souvent des infirmes, ils ne peuvent aller dans le réel qu'en béquilles; que j'allais raconter que je vous ai mis la main sur l'épaule et que je vous ai dit: Souriez, vous allez pleurer. (2006)

Chapitre XV
L'interactionniste

« Je me sens comme un babillard sur lequel vous venez épingler vos bouts de quotidien. Des fois vous avez carrément du génie. Si, si je vous assure... » (1988).

« Je reçois très souvent des insultes qui loin de m'insulter, m'affligent par leur manque de talent, leur grossièreté, la grossièreté est à la portée de n'importe qui, la méchanceté demande un minimum d'esprit. Il faut faire la haine comme on fait l'amour, autrement c'est pas la peine. Autrement il vaut mieux ignorer » (2002).

Si Foglia s'est autant démarqué depuis les années 1970, c'est sans doute en bonne partie parce qu'il a été, presque malgré lui, à l'avant-garde de pratiques devenues omniprésentes à compter du début des années 2000. Bien avant le web 2.0, les blogues et les médias sociaux, Foglia a entretenu une conversation avec ses lecteurs. Il a été en interaction avec eux, et bien souvent ce n'était pas pour les flatter dans le sens du poil.

Pendant plus de trente-cinq ans, il a animé une longue discussion avec son public qu'il aime et racole un jour et vilipende le suivant. Avec Foglia, on est plus que jamais dans le journalisme de communication, même si la bidirectionnalité n'est pas parfaite, car il demeure en tout temps celui qui aura le dernier mot. Il n'en demeure pas moins qu'il a vraisemblablement été le précurseur du journalisme de conversation, alliant complicité et proximité avec ses lecteurs. Une relation située cependant aux limites de l'affrontement et de la réserve, interdisant trop de familiarité.

C'est en 1980 qu'il inaugure son fameux *Courrier du genou*, à la fois parodie de courrier du cœur si populaire dans certains journaux et lieu de rencontre avec son public. Il y reçoit des lettres qu'il trie avant de répondre ou de réagir, chaque jeudi, se défendant bien d'en inventer. Il trouve dans ces lettres des « moments que les plus allumés d'entre vous me font la grâce de me confier, ces morceaux de quotidien, comme un miroir brisé mais dont chaque éclat reflèterait (*sic*) la totalité de la vie. Votre vie. De cela je Vous remercie. J'ai parfois pris quelques libertés avec vos textes, mais jamais avec l'essence de ce qu'ils ont à livrer » (2007).

Ces jours de *Courrier du genou*, « je n'écris point, je vous écris. Je vous réponds » (1980), explique-t-il pour stimuler la participation. Il se contente de choisir et de retranscrire les passages qui l'inspirent le plus, en y apportant un minimum de modifications. « ... j'ouvrais les guillemets, vous parliez plus ou moins longtemps, je corrigeais vos fautes, je rajoutais un peu de swing là-dedans, et voilà, vous aviez l'air intelligent, cela déteignait sur moi et tout le monde était content. Mais surtout, c'était une chronique vite faite » (2001).

Dès le premier mois, il reçoit une centaine de lettres, chiffre alors énorme pour un journaliste de presse écrite, compte tenu que le tout se fait encore par courrier traditionnel, avec papier, enveloppe et timbre. À certaines occasions, c'est lui qui sollicite des réponses à ses interrogations. Parfois, le *Courrier du genou* est consacré à des excuses à l'endroit de gens mécontents qui lui écrivent ou lui téléphonent. « Des fois ils ont un peu raison, des fois pas... mais en tout cas je m'excuse, je rampe comme un ver de terre, je ne dérougis pas de honte, excusez, pardon, je ne le ferai plus, je le jure... » (1980). Foglia avoue modestement : « Si j'étale ainsi mon ignorance, c'est que j'ai l'audace de croire que c'est aussi la vôtre » (1980), tout en étant conscient que parmi ses lecteurs s'en trouvent qui peuvent corriger ses errances. Grâce à ce cour-

rier, il veut entrer en communication avec son lectorat, «lui le récepteur de ma laborieuse grammaire, lui le chaînon muet depuis
des générations, lui le dernier maillon, le voici qui ôte son bâillon,
le voilà qui m'appelle pour que survive la communication» (1981).

Avec les années, le rendez-vous se transforme: d'hebdomadaire, il devient dispersé au fil des chroniques, en fonction de l'actualité, de l'espace disponible et de l'humeur de Foglia qui a des
jours de faible réceptivité, comme il le reconnaît. «Ne me posez
pas de questions difficiles le lundi. Le lundi est une journée pourrie. Une table en arborite avec un cerne de tasse à café dessus. Un
cure-dent mentholé. Une bretelle de soutien-gorge qu'il faut remonter tout le temps» (1998).

Ce *Courrier du genou*, il le répète à quelques reprises, est un
endroit pour causer, dans un «espace très particulier où j'ai l'extraordinaire liberté, et privilège pour un journaliste, d'écrire sans
commande, sans l'urgence d'un sujet. D'écrire pour parler plus
que pour écrire» (1988). Rien à voir avec la page traditionnellement réservée aux lettres des lecteurs, qui peuvent l'y attaquer
sans crainte de représailles ou de censure.

> ... c'est le territoire inviolable du lecteur. Règle générale, je ne
> m'y aventure pas. Je ne commente pas. Je ne relève pas. Je ne
> réplique pas. J'aurais l'impression de tirer sur la Croix-Rouge.
> Une exception: quand le lecteur me fait dire LE CONTRAIRE
> de ce que j'ai écrit. Ça, ça me fait toujours très chier. C'est
> comme si j'avais travaillé pour rien. (1995)

Bien des lecteurs ne le croient pas. Il doit donc y revenir de
temps à autre, pour expliquer que les lettres envoyées à la tribune
des lecteurs ne lui sont remises que pour lui permettre d'en
prendre connaissance. Puis il les retourne aux responsables, avec
ou sans commentaires qui ne seront pas publiés. «Il m'arrive de
faire des réserves quand le compliment est un peu lourd, jamais
pour des griefs, insultes, mise au point ou au poing. Je trouve normal que les gens que j'hais m'haïssent aussi, il m'arrive de me demander pourquoi ils me lisent, mais cela c'est bien leurs affaires...
Voilà. Achalez-moi pu avec ça» (1986).

À de très nombreuses reprises, il profitera de sa chronique pour épingler ce qu'on pourrait qualifier de notes de service. De cette façon, il rassure ses lecteurs inquiets de l'absence de sa chronique « devenue une habitude, voire un dû qui les autorise à la réclamer aux téléphonistes du journal sur le ton du consommateur lésé : "Pourquoi il n'écrit plus ? Qu'est-ce qu'il fait ? Où il est ?" » (1988), ce qui plaît bien à sa vanité, avoue-t-il. Quand les absences injustifiées s'additionnent, ils sont, semble-t-il, très nombreux à téléphoner à *La Presse* pour s'informer de la situation, ce qui le fait rugir un peu tout de même. « Eh bien je vous interdis, vous m'entendez, je vous interdis d'appeler à LA PRESSE pour vous plaindre de ce que je n'ai pas écrit. Est-ce que je vous appelle moi, pour me plaindre de ce que vous ne m'avez pas lu ? » (1983).

Il consent néanmoins à justifier bon nombre de ses absences. S'il n'y a pas eu de chronique un samedi, c'est « parce que mes histoires d'amour de la Saint-Valentin n'étaient pas présentables. Pas faciles les histoires d'amour. Il y en a même une que je ne savais pas comment terminer » (1987). Un autre samedi, il était absent « parce que je n'ai pas été capable de l'écrire. Voilà » (1992), ou bien il devait se rendre à l'enterrement du père de sa fiancée, etc. À certaines occasions spéciales, il dirige ses lecteurs vers les pages des sports, car le voilà sur les routes du Tour de France, aux Jeux olympiques ou dans une quelconque compétition internationale. Parfois, il les informe comme un laitier informerait ses clients de ses absences à venir. « Bon, à partir de tout de suite, je prends des vacances. Je reviens ne sais pas quand. Tchéquez de temps en temps » (2006).

Ses notes de service servent aussi à décourager les auteurs et musiciens amateurs qui espèrent se retrouver avantageusement présentés, voire encensés, dans ses chroniques, ou à défaut recevoir un encouragement plus discret de sa part, comme on chercherait la reconnaissance d'une idole. « Rappel : ne m'envoyez pas vos livres publiés à compte d'auteur. Ni les autres d'ailleurs. Ni la copie de vos réflexions refusées par le courrier des lecteurs. Je ne suis pas le désert pour recevoir vos cris » (1992). Les manuscrits, les CD et cassettes qu'il reçoit, il les jette ou les donne sans en parler. Il aimerait bien aussi chasser les inopportuns de sa boîte vocale, mais cela semble plus difficile. Il y a une limite à l'interaction, tout de même ! Et sans parler de ces « pouèmes que vous m'envoyez parfois et que je "delete" après deux vers, parce que si j'allais plus loin, je serais malade » (2001).

À ceux qui lui écrivent sans s'identifier, en espérant qu'il comprendra leur souhait de conserver l'anonymat, il répond sèchement. « Non, je ne comprends pas. Vous ne souhaitez pas vous retrouver dans le journal ? C'est tout simple : spécifiez que votre lettre est confidentielle. Ça finit là » (1999).

Parfois, il profite de sa chronique pour demander à telle personne rencontrée en reportage de lui rappeler son adresse qu'il a égarée, ou il s'excuse d'avance pour un rendez-vous qu'il ne pourra honorer. Exceptionnellement, on y retrouve un avertissement comme au début d'un film, pour prévenir le public qu'il sera exposé à des images choquantes.

Avertissement de tempête pour ma chronique de samedi prochain. Je vous avertis : ça va être plutôt insupportable comme texte. Je vous entends : oh la vieille pute ! Vous n'y êtes pas. Cela m'arrangerait vraiment que, samedi, personne ne lise ma chronique. Pourquoi l'écrire alors ? Parce qu'il faut parfois nommer les choses afin qu'elles existent. (2006)

Outre ces notes de service, Foglia nous livre de très nombreux appels à tous, qui sont autant de demandes d'aide du chroniqueur, une pratique appelée à devenir plus usuelle dans les médias avec l'arrivée du web 2.0, au tournant des années 2000. Lui s'y est mis dès le début des années 1980. À quelques reprises, il envoie des appels à tous de nature personnelle. Il peut s'agir de la recherche d'une nouvelle maison en Estrie pour lui, sa fiancée et leurs nombreux chats, ou encore pour récupérer des vêtements oubliés dans un hôtel d'Atlantic City. Il demande à ses lecteurs qui pourraient y passer par hasard de les récupérer pour lui. Pour en reprendre possession, il rencontre un peu plus tard une lectrice qui – il s'en rend compte avec consternation – a fait exprès le déplacement uniquement pour pouvoir le rencontrer à son retour ! À quelques reprises aussi, il lance ce genre d'annonce pour trouver des gens à qui donner des chats qu'il a en trop, ou qu'il a trouvés abandonnés sur la route.

Le plus souvent, il interpelle ses lecteurs pour l'aider dans une série de reportages. Fidèle à sa démarche ethnologique, il a besoin de cas, de témoins, de sujets humains pourrait-on dire, pour documenter ses textes qui porteront sur la dépression et la consommation de Prozac, le suicide ou la pollution sonore. Chaque fois, les réponses et suggestions abondent, ce qui lui permet d'effectuer un tri pour s'appuyer sur les histoires les plus intéressantes. Une des initiatives les plus originales aura été cette fois où, prétextant la pâleur du visage de ses lecteurs, il leur suggère de prendre des vacances en se proposant pour occuper quelques jours leur poste de travail. En échange de ce remplacement, il obtient la permission de raconter son expérience. Il en tirera une intéressante série de reportages variés.

Il aura moins de chance avec une autre initiative estivale où il se rend à la rencontre de lecteurs inconnus, pour faire du vélo avec eux parfois. Il y rencontre une banalité sans intérêt et a la franchise de l'écrire, au risque de peiner ceux qui avaient gagné à la loterie cette rencontre espérée par des centaines de volontaires. Il pressentait du reste que la chose serait difficile. « Je niaise pour cacher mon trac. Sérieux, je n'ai aucune idée de ce que va donner cette chronique d'été. Je *freake* un peu... Je ne sais pas sur quel ton, je ne sais pas quoi, ni comment. Vous êtes mieux d'être fins mes sacrements » (1990). S'il se dit déçu de son expérience, se sentant parfois piégé par des gens qui l'invitent afin de parader avec lui, il y trouve un petit réconfort, car les invitations récoltées lui donnent des idées de reportages originaux pour les mois d'hiver.

Un autre échec l'attend plus tard. En prévision de l'an 2000, il a l'idée de solliciter textes et photos pour refléter la fin de siècle au Québec, un peu sur le modèle de la reconstitution d'une journée en Amérique diffusée quelque temps auparavant par le magazine *Life*, explique-t-il. Il songe alors à l'écriture collective d'un livre, sans prétention, sans effet littéraire.

Racontez-moi un truc de rien du tout qui est arrivé à la job, dans la rue, quelque chose qui s'est dit au souper, un flash,

n'importe quoi que vous écririez dans votre journal personnel, si vous en teniez un. Ou carrément un événement dont
vous êtes témoin ou acteur – vous vous mariez, vous divorcez,
vous accouchez, vous vous êtes fait avorter ce jour-là. Racon-
tez simplement. (1997)

Les nombreuses contributions obtenues ne semblent pas
avoir été à la hauteur de ses attentes et le livre ne sera jamais
achevé.

Plusieurs mois après la crise du verglas de janvier 1998, il sollicite cette fois la collaboration de son public pour trouver des gens
dont la vie a été profondément changée à cause ou grâce au verglas. Il nous livrera alors plusieurs histoires touchantes, dont celle
de cette femme à la santé fragile, contaminée par le virus d'une
personne âgée d'un centre d'hébergement qu'elle aidait bénévole-
ment, par altruisme, et qui en mourra quelques mois plus tard.
C'est aussi grâce à un appel à tous qu'il écrira une série de textes
consacrés aux victimes de l'alcool au volant, à ces gens assassinés
sur la route, dit-il, «par des petits cons (des grands aussi) qui faisaient la course, ou qui étaient soûls ou gelés» (2011), réabordant
alors une de ses grandes sources d'indignation. Sur un mode moins
tragique, il cherche une jeune fille, dont il a perdu la lettre, «qui a
lancé une ligue ou une association anti-Foglia dans son école pour-
rait-elle communiquer avec moi? J'aimerais en faire partie»
(1994).

* * *

À l'instar de tous ceux qui vivent largement grâce aux faveurs de
leur public, Foglia n'oublie pas de le remercier de temps à autre.
En tout premier lieu, il remercie ses lecteurs d'être au rendez-vous,
car sa chronique a d'abord été une gageure. Pour qu'elle existe, il a
dû convaincre ses patrons qu'il existait d'autres lecteurs que ceux
du journaliste sportif Jacques Beauchamp, la grande vedette des
années 1970 au *Journal de Montréal*. «… c'est à vous que je pensais.
Je révélais votre existence à mes boss qui ne juraient en ce temps-
là que par l'homo sapiens de la rue Panet et surtout son épouse

Rita, déjà pâmée à l'époque devant Michel Louvain» (1988). Il ne se fait pas d'illusions quant au nombre de ses lecteurs. Même s'ils sont très nombreux, il sait compter et constate que la majorité est ailleurs. «Chaque fois qu'on passe au vote, qu'il s'agisse du gala Métro-Star ou des élections fédérales ou provinciales, on n'est jamais les plus nombreux» (1988).

Foglia ne considère pas son public comme un simple récepteur, il cherche sa participation, sa réaction, sa collaboration aussi. À plusieurs reprises, ses lecteurs enrichissent sa chronique, la font vivre plus longtemps par leurs commentaires et critiques. «Des fois, je vous aime. Des fois, vous êtes super généreux, vous ajoutez de la substance, vous illustrez, vous faites rebondir un sujet qui serait peut-être tombé à plat sans la pertinence de vos témoignages» (1999). Ce sont ses lecteurs qui alimentent son *Courrier du genou* «à leurs risques et périls» (1982), reconnaît-il. Malgré tout ce qu'il a pu leur lancer comme imprécations, ils sont toujours là, par dizaines de milliers, assidus ou fortuits. Parfois, son lectorat réagit moins et cela l'inquiète un peu. Mais le calme ne dure pas, et le public se manifeste à la première occasion, parfois pour le contester ou lui lancer «n'importe quoi qui me rappelle que vous êtes là et que je n'ai pas le droit de vous prendre pour des tatas» (1988). Bien entendu, les réactions ne lui sont pas toujours favorables, plusieurs lui réservent la médecine qu'il sert aux autres, mais cela est normal et même souhaitable de son point de vue. «... une chance qu'il y a tant de gens qui me haïssent et qui me lisent aussi, parce que sans eux, je ne suis pas sûr que je gagnerais encore mon pari» (1988).

Contrairement à la plupart de ceux qui vivent de leur public, Foglia n'est pas dans le commerce de la complaisance avec ses lecteurs, et s'il les rabroue lorsqu'ils l'attaquent, ce n'est pas tant dû au contenu de leurs piques qu'à leur niveau, qu'il juge souvent désespérant. «Faites donc un effort pour m'engueuler comme du monde. Déjà qu'en m'écrivant vous partez avec le handicap de savoir que vous n'aurez pas le dernier mot, essayez au moins d'avoir le premier!» (1982). Quand ses correspondants s'agglutinent autour des mêmes thèmes en se répétant *ad infinitum*, il lui arrive bien entendu de cesser de les lire. Il y a des jours où il aimerait pouvoir choisir ses lecteurs, car la conversation qu'il entretient avec eux repose sur des attentes réciproques souvent déçues, au point d'écrire : « je suis parfois plus fier des lecteurs que je ne n'ai (*sic*) pas que des autres » (2003), surtout quand il se retrouve exceptionnellement dans les pages sportives qui attirent leur lot de gérants d'estrade. Et s'il lui arrive de regarder ses lecteurs de haut, « c'est seulement que je viens de grimper dans les rideaux. Cela m'arrive quand je vous lis. Qu'est-ce que vous pouvez dire comme conneries ! » (1999). Surtout quand il est question de leurs solutions pour changer le monde, améliorer les choses, sortir des crises sociales que l'actualité ne cesse d'identifier, d'amplifier et d'oublier aussi vite. Il constate que leurs idées « tournent généralement autour de trois thèmes majeurs : baisser les salaires des députés, couper les couilles des pédophiles, et obliger les bénéficiaires de l'aide sociale à participer à une sorte de corvée nationale. Je l'avoue, des fois j'ai un peu honte de mes lecteurs. Mais bon, ça en prend » (2000). Il ira plus loin en admonestant ceux qui prétendent lui dicter des sujets de chronique, au risque d'en faire déchanter plusieurs.

> ... j'aime pas quand vous vous prenez pour mon boss. J'en ai déjà des boss. J'ai pas besoin d'en sentir mille autres dans mon dos. Savez, c'est pas vrai que les lecteurs sont les vrais patrons des journaux. On dit ça pour vous flatter. On n'en pense pas un mot. Vous connaissez la théorie de Noam Chomsky sur ce qu'il appelle le « malentendu » du lecteur ? Quand le lecteur achète son journal, il a l'impression qu'il achète de l'information, dit Chomsky. En réalité, c'est l'information qui s'achète des lecteurs – qui s'achète un tirage – pour le facturer aux annonceurs... Autrement dit, vous ne passez pas les plats, vous êtes le plat. Disons un plat de lentilles. Bref, contentez-vous d'être nombreux, c'est tout ce qu'on vous demande. (2001)

Au-delà de l'insolence, on observe bien entendu le retour d'un certain mépris, à l'endroit de ses lecteurs qu'il compare parfois à des morpions dont les critiques le démangent. Il trouve tout à fait normal que des abonnés à *La Presse* le détestent. C'est dans «la nature profonde de la bête, le morpion non plus n'aime pas le sujet dont il ne cesse, pourtant, de bouffer le cul» (2007). Il s'est rendu compte très tôt dans sa carrière de chroniqueur du type de gens qui pouvaient se retrouver au sein de son vaste public. Constatant des réactions homophobes suscitées par une chronique, il se désespère un peu tout de même. «Je souffre... et je prie Dieu qu'il me garde à l'avenir de penser à qui me lit. Comme le dit si bien l'adage, quand on parle du loup, on en voit la queue et parfois la tête... mais quand je pense à vous, voyez comme c'est dommage, apparaît toute la bête» (1981).

Quand on cherche chez lui un critique littéraire favorable, un lecteur compatissant, on risque le pire. On l'a vu plus haut dans une de ses notes de service, il ne veut rien savoir des manuscrits et ceux qui insistent y risquent une grande humiliation publique.

> Je vous maudis aussi de prendre ma compassion pour acquise. Les éditeurs jugent qu'il n'y a pas de place pour mon ouvrage, sous-entendu, mais vous M. Foglia, vous savez bien que c'est faux. Au contraire je trouve que les éditeurs ont très bien fait, pour une fois, de ne pas publier n'importe quoi.
> Mais je vous maudis surtout pour votre certitude bleu pastel d'avoir pondu un chef-d'œuvre ou presque. Jamais le moindre doute. Vous êtes sûr que votre manuscrit est très bon. On dirait que vous sortez tous du même putain d'atelier d'écriture Nouvel Âge où l'on vous a inoculé cette inaltérable estime de soi qui bonifie tout en vous, et vous fait vous attendrir sur votre propre merde. (1993)

Le chroniqueur est souvent pris à partie, chose inhérente à son statut de personnage public. C'est inévitable, surtout quand on est soi-même enclin à distribuer les blâmes et les attaques personnelles. Mais les contrecoups sont parfois démesurés, au point de recommander à certains de ses correspondants de prendre leur lithium avant de saisir la plume, ce qui vise particulièrement ces «obsessifs qui découpent mes chroniques et me les renvoient annotées d'insultes. Maculées d'un peu de vraie merde parfois, c'est arrivé. Ils sont rares, anonymes et réguliers, encore qu'il leur arrive de disparaître pour des périodes qui doivent correspondre, je suppose, à des "cures fermées" » (2007).

Très rares sont ceux qui peuvent ainsi rabrouer leur public sans risquer de le perdre. Cela nécessite une complicité authentique, longuement établie. Un contrat de lecture particulier qui reconnaît la liberté de parole comme de ton, dans un contexte particulier. On ne saurait imaginer l'échange de tels propos dans un lieu public, ou autour de la table familiale. Au lecteur, le chroniqueur demande parfois de s'extirper du sens immédiat du mot blessant pour y voir une affectueuse réprimande.

* * *

Cela ne peut se faire sans risque de malentendus. À plusieurs reprises, Foglia est obligé de revenir sur ses pas. Il s'agira parfois de détricoter une chronique où il a usé de l'ironie ou de la satire pour se moquer d'une situation, écrivant exactement le contraire de ce qu'il pensait, de façon caricaturale même. Il s'en trouve alors quelques dizaines, centaines ou milliers pour le lire au pied de la lettre et ne rien comprendre du propos réel. Son expérimentation de l'interactivité n'est pas toujours heureuse et aurait même de quoi désespérer de l'intelligence du lecteur moyen, pour ne pas dire sous la moyenne. Il aimerait bien, de temps à autre, rencontrer certains d'entre eux pour mieux comprendre à quel moment son effort de communication a échoué, avec la certitude de ne pas en être le responsable, car c'est lui le communicateur de métier. « Si je réparais des ordinateurs, j'irais voir dedans, je dirais ah tiens c'est ce circuit-là qu'est brûlé. Mais je ne répare pas des ordinateurs, je parle à du monde. Fait que laissez-moi une adresse que je puisse aller voir quel fil est fucké dans votre petite tête de vache » (1999). Parfois, il commence par une mise en garde, comme pour faciliter la réception et anticiper les risques de dérapage, proposant « un petit courrier tranquille. On n'ira pas vite. Pour vous dire, j'ai même pas ôté le frein à main » (2002).

Ne pas être totalement compris, être mal interprété, c'est quelque part la rançon du style qui risque de rendre le propos équivoque. Écrire à contresens, comme il le fait parfois, c'est inévitablement s'exposer à des lettres furieuses ou chagrinées. « J'ai beau le prévoir, je ne m'habitue pas, et à chaque fois je désespère un peu plus de l'homo lector » (1990). Après plus de trente-cinq ans de chronique, il est toujours ébahi de constater que certains de ses lecteurs ne savent pas à quoi s'en tenir avec lui. Un jour, voulant parler de l'euthanasie et du procès de Robert Latimer, condamné pour avoir mis fin par compassion aux jours de sa fille victime d'une grave maladie dégénérative, il évoque le cas de petit Robert, son chat moribond destiné à l'euthanasie. Il s'étonne alors d'avoir « reçu un million de lettres sur mon pauvre minou. Et pas une qui évoque l'affaire Latimer. C'est moi qui ai raté mon coup, ou c'est vous qui devenez un peu gaga ? Y'a des jours comme ça » (1998).

Il est toujours interloqué face à ses lecteurs qui le lisent en prenant toutes sortes de raccourcis et comprennent autre chose que ce qu'il a voulu écrire. Ceux qui lisent ses contresens au pied de la lettre le traitent parfois d'imbécile et le regardent « avec l'œil courroucé de la poule qui trouve une lame de rasoir dans sa moulée » (1982). Cette incommunicabilité, il la constate sans chercher à la comprendre autrement que par les défaillances de lecteurs un peu obtus. De ceux qu'il aimerait justement ne pas avoir, afin de ne pas devoir s'en préoccuper et écrire plus librement encore. Mais ils sont là. Il faut bien s'y résigner. Il proposera à la blague « une rubrique d'accompagnement de lecteurs qui s'inspirera de l'accompagnement aux mourants. Je tiendrai la main des lecteurs handicapés du cortex, voire moribonds, pour les aider à traverser les paragraphes difficiles » (1990). De toute façon, c'est souvent peine perdue. Il y a quelque chose de mystérieux et d'incompréhensible chez certains d'entre eux.

> Des fois j'écris un truc et je me dis oulala ! ça va gueuler. Rien.
> Pas un mot. D'autres fois... je crois avoir écrit une petite chronique tranquille et voilà que ma boîte vocale déborde de vos protestations, mon pigeonnier de vos fax, vos lettres me poursuivent pendant un mois. L'impression d'avoir mis le pied sur une fourmilière par inadvertance. (1997)

Même si sa règle d'or est « never explain », Foglia se rend compte que les choses ne sont pas aussi faciles quand on écrit pour des individus qui décodent ses chroniques en fonction de leur vécu, de leurs a priori. De leurs communautés interprétatives, comme le disent des spécialistes de la communication, selon lesquels les lecteurs ne font pas qu'interpréter passivement un texte, ils en reconstruisent aussi le sens. Et ils y injectent du même coup des significations étrangères aux intentions de l'auteur, cette transformation étant plus grande pour les textes dont le style offre des lectures multiples. Lui-même reconnaît que certaines réactions sont inattendues, ce qui l'intrigue et devient matière à chroniquer. « ... d'un point de vue ethnologique, si vous me permettez d'être l'ethnologue et vous les bougalous, cela devient presque une étude de comportement, et une nouvelle chronique, évidemment. C'est le côté pratique de la chose » (2002).

Il en vient même à conjecturer que plusieurs se trompent de chronique s'ils cherchent chez lui une mise en perspective sérieuse des choses, bien que nous sachions tous, rendus ici, que bon nombre de ses chroniques sont justement une mise en perspective critique de la société. Foglia adopte parfois cette parade qui consiste à sous-évaluer sa chronique, comme pour éviter de répondre aux objections que soulèvent ses propos quand ils concernent autre chose que ses chats, son vélo, sa fiancée ou son jardin. Il résiste aux attentes de lecteurs assoiffés de sens, de mises en perspective, qui aimeraient qu'il se transforme en éditorialiste se prononçant sur des enjeux majeurs. « À la rigueur, ils toléreraient que je leur parle de ma fiancée, mais il faudrait que ce soit Denise Bombardier. Oubliez ça, ça n'arrivera pas » (2005).

Quand il se livre à un long reportage de huit chroniques sur son voyage en Irak, il pourrait s'attendre à de nombreux courriels de la part de ses lecteurs, qui, justement, ont des attentes sérieuses à son endroit. Que nenni ! À peine deux courriels par jour ! Mais quelques jours plus tard, il en reçoit des centaines pour corriger une erreur concernant une chanson de l'artiste Adele. De quoi le rendre cynique, ou désespéré.

Il y a donc de part et d'autre des attentes déçues, malgré un contrat de lecture implicite que plusieurs respectent avec plaisir et satisfaction. La déception se transforme souvent en violence verbale, dans des courriels « marqués d'une agressivité haineuse [où] on me tient pour rien de plus que de la charogne faisandée » (2007). Parfois, le courrier courroucé « arrive avec la soudaineté des épidémies infantiles. Une poussée de fièvre et soudain, une foule de lecteurs me reprochent, en même temps, de ne pas gratter les boutons que l'actualité vient de leur donner » (1992). Il refuse d'être un pianiste à qui on fait des demandes spéciales. « C'est fou le nombre de lecteurs qui me prennent pour Jo Finger Ledoux. Joue-nous du kirpan, joue-nous de la Palestine. Joue-nous le Boléro. C'est fou le nombre de gens qui confondent chronique et piano-bar. Faites-nous du sens, M. Foglia, jouez du tambour s'ils (*sic*) vous plaît » (2002).

Dans d'autres cas, il se sent un peu comme un médiateur et juge qu'on solliciterait pour régler des conflits avec la police, le syndicat, la municipalité et parfois des conflits conjugaux, les pires de tous, dit-il. S'impose donc un petit rappel à l'ordre.

> ... j'adore vos histoires, et j'en vis. J'adore vos histoires, mais pas vos petits problèmes. Pas vos petites chicanes avec la ville, avec la banque, avec le Bell, surtout avec la banque... Je vomis les histoires de banque... Bref, je ne suis pas le protecteur du citoyen. Je ne suis pas les petites créances, je ne suis pas Zorro. Je ne suis pas Boutros-Boutros-Foglia. (1993)

Il sera même physiquement menacé par ceux que ses écrits vexent, le plus souvent des gens en région qui n'acceptent d'aucune façon de se faire dire qu'ils habitent un endroit hideux. À Rouyn, alors qu'il couvre les Jeux du Québec de 1973, il a l'audace d'écrire que cette ville est laide. Il n'en fallait pas plus pour se faire expulser de son hôtel. Il a pu se réfugier chez des collègues de Radio-Canada, mais eux-mêmes lui ont demandé de partir pour s'éviter des ennuis avec la population locale. Le chef du Parti Crédit social, Réal Caouette, avait envoyé un télégramme au patron de Foglia pour lui dire de le rapatrier à Montréal afin de le protéger d'éventuelles représailles. «Les trois nuits suivantes j'ai dormi dans ma voiture, bref, j'ai couché dans mon char à Rouyn bien avant Desjardins qui n'était encore qu'un gamin. L'Abitibi m'a banni à vie» (2003).

* * *

Il y a entre Foglia et une partie des lecteurs de *La Presse* un litige sérieux, insurmontable, une petite haine parfois. Il prend du reste un certain plaisir à évoquer ces lettres de gens qui l'invectivent et qu'il insulte en retour. Il dit même préférer ce courrier hargneux, étant «de ces gens que les compliments embarrassent et que les coups de pied au cul stimulent» (1981). Au correspondant qui lui confie que son père le traite de «pseudo-intellectuel» et sa mère de «vulgaire», alors que lui-même le prend pour un imbécile, Foglia réplique sèchement: «Et ta grand-mère, petit con, a dit rien? Elle est sénile ou quoi?» (1989). Aux lecteurs qui le haïssent et prétendent ne le lire que très rarement, il répond ne pas les croire une seule seconde. Ils font partie de ceux qui:

> ... se mangeraient la langue plutôt que d'avouer qu'ils sont parmi mes plus fidèles lecteurs. C'est pourtant le cas. Ils me lisent compulsivement, comme on se gratte un bouton. Comment je le sais? Mais parce que je suis comme eux. J'ai moi aussi mes fixations «négatives». Mais moi c'est surtout à la radio. Des gens qui me pompent énormément l'air, mais que j'écoute, je ne sais pas pourquoi. (1993)

Il trouve bien pathétiques ces lecteurs offusqués de le retrouver dans un journal aussi prestigieux que *La Presse*, journal libéral, fédéraliste, propriété d'un milliardaire, quotidien populaire sans être populiste. Un journal familial de bon goût dans lequel il fait tache. Surtout quand ils avouent le lire régulièrement, alors qu'il leur serait si facile de passer tout droit quand ils feuillettent le journal. Une lettre illustre assez bien ce phénomène de lecture compulsive. Son auteur, d'origine suisse, lui demande pourquoi:

«... plus je vous lis, plus je vous déteste, mais curieusement, plus je vous déteste, moins je résiste à l'envie de vous détester un peu plus, donc à vous lire un peu plus... »
C'est effectivement un bien grand mystère... Mais, à mon avis, moins grand que le mystère du gruyère. Vous qui êtes Suisse, expliquez-moi donc pourquoi plus il y a de gruyère plus il y a de trous, cependant, plus il y a de trous, moins il y a de gruyère ? Ah. (1996)

Cette réponse paradoxale et humoristique le soulage sans doute des répliques qu'il distribue à ceux qui le « tiennent pour un baveux, un cynique, un chien » (1993). Pire, un profanateur, comme l'accuse un correspondant choqué par une chronique écrite peu de temps auparavant, intitulée « La Sainte Vierge », de laquelle se dégage une « odeur de latrines. Agenouillez-vous monsieur, levez les yeux vers elle, ouvrez-lui votre cœur, sa miséricorde est grande », cite Foglia, en prenant soin d'identifier l'auteur, avant d'asséner sa réplique : « Je suis à genoux, monsieur. Je lève les yeux. J'ouvre mon cœur. La Sainte Vierge apparaît et je lui dis : — Connaissez-vous un certain... à Cowansville ? Hon, si t'avais vu la gueule qu'elle a fait, Henri ! » (1995).

Il peut même se montrer menaçant, faire peser sur un correspondant trop téméraire le risque de subir publiquement un anathème, tel ce vétérinaire de Trois-Rivières, qu'il identifie également, auquel il conseille de ne pas trop jouer avec le vitriol. « Envoyez-moi encore deux ou trois de vos fax débiles et je ferai en sorte que vous fassiez une fois pour toutes la différence entre s'amuser et se brûler » (1993).

* * *

Il semble qu'en se tenant assez loin de la scène médiatique, comme pour se mettre à l'abri des bruits de la ville et des échos de ses propres écrits, Foglia sous-estime la portée de ses paroles, de ses attaques. Il sait très bien être lu par des centaines de milliers de personnes mais évalue assez mal les répercussions de ses écrits ou cherche à s'en protéger pour ne pas avoir à s'autocensurer. Que ce soit par stratégie, fausse modestie ou inconscience, il répète n'avoir aucun pouvoir ou influence. Il l'affirme à «tous les gens qui m'ont dit depuis vingt ans combien cette chronique était influente et mon pouvoir effarant» (1999). Certes, sa parole n'est pas toujours décisive, ses écrits ne révolutionnent pas la société québécoise et son pouvoir sur la chose publique est en effet minime. Mais ses mots sont parfois si cruels qu'ils blessent profondément ses victimes et leur entourage. Au nombre de ses victimes, on retrouve notamment un jeune journaliste sportif qu'il situe entre la larve et l'endive. «Ce gars-là est ventriloque. C'est son gros intestin qui parle. Et ça sort comme une chiasse» (1993). Le journaliste qui avait Foglia pour idole est complètement détruit. Il lui faudra des mois pour s'en remettre. L'humiliation publique est si grande qu'elle constitue une forme de diffamation gratuite que bien d'autres auraient combattue devant un tribunal. Quand il sera informé des ravages qu'il a causés, Foglia s'en excusera personnellement auprès du principal intéressé.

On retrouve dans son œuvre des *mea culpa* sous formes d'excuses plus ou moins explicites, ainsi que des doutes sur son pouvoir de nuisance. Ainsi, ayant reproché à un éditeur de vendre trop cher un petit recueil de nouvelles, l'auteur lui écrit en toute simplicité pour dire qu'il est d'accord, et ajoute que sa pauvreté est telle qu'il n'a même pas les moyens d'acheter son propre livre. «Pour vous dire que je reçois aussi des lettres toutes simples et toutes belles comme celle-ci qui me fait filer cheap, et me donne envie de m'excuser. De quoi? Je ne sais pas au juste mais ce n'est pas les raisons qui manquent. Tiens, mettons qu'ici, je m'excuse de me conduire, parfois, comme un épicier» (1986).

Un autre jour, on a droit à une forme minimale d'excuse à la suite de la visite d'une jeune femme à la cafétéria de *La Presse*. Elle lui montre des pages du journal où il avait publié, quelques semaines plus tôt, un long reportage sur les Québécois en Floride. Reportage dédaigneux à propos de ces voyageurs examinés à ce «point d'achèvement de la quétainerie balnéaire». Elle lui montre une des photos représentant «un couple dans la soixantaine, un Elvis Gratton et sa Grattonne. Un rôti de porc frais en bermudas, et sa gousse d'ail en gougounes», relate-t-il. La jeune femme lui dit qu'il s'agit de ses parents et ajoute:

— Je vous croyais sensible M. Foglia. Capable de ressentir la bonté, la simplicité, la modestie, la vulnérabilité, toutes ces moindres vertus qui font la grandeur des petites gens. Mais vous n'avez vu que leurs bermudas ridicules. Je suis déçue. Je voulais vous le dire. Voilà. Ne me raccompagnez pas. Je vous remercie pour le café.

Elle est partie.

J'ai filé cheap quelques heures. Quelques jours peut-être. Je l'ai oubliée.

Je n'avais jamais repensé à cette jeune femme et à son père jusqu'à l'autre soir. Je me suis endormi devant la télé, et comme la tête me partait en arrière, j'ai entendu ma fiancée dire à ma fille : « Ton père est fatigué »...

Je pars pour la Floride demain. (1995)

Une façon minimaliste de reconnaître son tort, sans excuse franche, en indiquant que lui aussi peut se retrouver dans des postures qui le désavantagent. Mais il ne faut pas en attendre bien plus de sa part, sauf rares exceptions.

Il arrive par ailleurs des situations dramatiques où il est mis en cause, malgré lui. Par exemple quand on retrouve certaines de ses chroniques dans les effets de gens qui se suicident. Il en est profondément troublé, se demande quel rôle il a pu jouer, quelle aide il aurait pu, aussi, apporter à ceux qui l'avaient lu. Et mal lu surtout, au point de se sentir plus légitimés de s'enlever la vie. C'est ce qui arrive à la fin des années 1990 avec le suicide d'un jeune homme de Coaticook qui avait découpé deux de ses chroniques. La première racontait, justement, le suicide d'un jeune étudiant du Collège Brébeuf que la direction avait dénoncé à ses parents après avoir trouvé de la marijuana dans ses affaires. Dans cette chronique, il évoquait « la difficulté de passer à l'âge adulte », en citant des chansons lourdes de sens. Foglia se demande alors s'il avait commis « une chronique trop vibrante ? Doit-on engueuler publiquement les suicidés ? Les traiter de cons et de loosers (*sic*) pour que leurs copains ne se mettent pas à rêver d'un néant romantique ? » (1998). La seconde chronique relatait les réactions suscitées par la première. Intitulée « Il n'y a pas de suicidés heureux », il y voit un titre sans équivoque pour parler «de l'apprentissage difficile du bonheur. À ce point difficile? Le ti-cul y a-t-il vu une montagne qu'il ne gravirait jamais?» (1998). Sous le choc, il se demande pourquoi le jeune de Coaticook n'a pas, plutôt, «découpé cette autre chronique dans laquelle je disais que les jeunes se suicident par pure connerie? Dans laquelle je disais que Kurt Cobain (*Nirvana*) n'était qu'un joyeux tôton, qui voyait dans la mort une manière de relancer sa carrière» (1998). Il est troublé mais affirme qu'il écrirait de nouveau ces chroniques, convaincu qu'elles ne valorisent pas un «néant romantique, ni qu'elles peuvent pousser au suicide qui que ce soit» (1998). Surtout que la seconde se voulait plus optimiste. Il en veut même au jeune qu'il apostrophe dans le vide:

> ... bougre de petit con, pourquoi ne m'as-tu pas écrit? Ou téléphoné? Je t'aurais écouté. Et si tu m'avais demandé, je t'aurais dit combien j'haïs la mort. J'en ai assez peur que t'aurais eu peur aussi. Je t'aurais parlé de tous les morts que j'ai vus morts. Dont quelques enfants. Dont un dans la rue. Il pleuvait. La pluie faisait des rigoles autour d'elle. (1998).

En réagissant de la sorte, Foglia lance un message à ceux qui auraient des tentations suicidaires. Derrière ces phrases lancées à la va-vite pour réfuter quelque influence que ce soit, on devine l'inquiétude. Sa réaction de 1998 est tout à l'opposé d'une de ses notes de service, cynique, publiée quelques années plus tôt, quand il avisait son public qu'une «autre bonne raison de ne pas m'écrire c'est par exemple pour me raconter votre suicide raté. Comme cet anonyme: Je voulais faire un show de mon suicide. C'est tout ce qui me reste, scénariser ma mort. Quelque chose n'a pas marché, et je ne sais pas quoi... As-tu essayé en mettant une balle dans le revolver?» (1994).

À la suite de sa chronique concernant le jeune de Coaticook, il remercie tout de même ses lecteurs «qui ont pris la peine de m'écrire qu'au fil des années, cette chronique leur avait plus souvent donné le goût de vivre que des idées noires. C'est généreux de me l'avoir dit à ce moment-ci» (1998). Vers la même époque, il reçoit dans sa boîte vocale l'appel d'une jeune femme, visiblement désespérée, qui réagit à une autre chronique où il avait abordé la question du suicide, en citant un passage de *La Steppe*, de Tchekhov. Elle ne s'identifie pas et s'excuse de l'avoir dérangé pour des âneries, dit-elle. Foglia va ainsi tenter de la rejoindre. «J'aimerais beaucoup vous parler, mademoiselle. C'est important, je crois. Appelez-moi. S'il vous plaît» (1998). Plusieurs années plus tard, il répond ainsi à un courriel disant : «Mon père, prof de littérature, s'est suicidé hier. Comme c'est étrange que je vous écrive ce matin pour vous demander si vous accepteriez de lui rendre hommage (il vous aimait bien), par une ligne de Y majuscules dans votre chronique. YYYYYYYYYYYYYYYY» (2011).

* * *

Depuis la fin des années 1970, Foglia a incarné l'interaction avec ses lecteurs, jouant ici de la conversation complice, là de l'invective, de la diffamation, du mépris, de la remise en question. Pendant quelques décennies, il a eu le plein contrôle de ses échanges en procédant à un tri méticuleux des lettres qui lui étaient adressées. Il pouvait ainsi choisir lequel de ses correspondants, majoritairement des femmes soit dit en passant, aurait accès à l'espace public. Ce contrôle était le même que celui exercé par l'ensemble des médias traditionnels par le biais des lettres des lecteurs ou des tribunes téléphoniques à la radio et à la télévision. Avec l'arrivée d'Internet, vers 1995, les choses changent radicalement.

Dans un premier temps, il devient facile de lui écrire, souvent sous le coup de l'émotion. Elle est révolue l'époque où ses lecteurs devaient écrire sur papier, prendre une enveloppe, l'adresser, l'affranchir et se déplacer pour la mettre à la poste. Autant d'opérations qui leur donnaient le temps de se calmer un peu. Face à cette révolution technologique, Foglia est pris de court. Il résiste à Internet, comme bien d'autres qui y voient tout d'abord un simple gadget sans grand avenir. Il perçoit qu'il peut perdre le contrôle de ses interactions ou se faire assaillir quotidiennement par des centaines de courriels, plutôt que les quelques dizaines de lettres hebdomadaires. En 1998, il sent le besoin de publier une nouvelle note de service. « Ce que j'ai à vous dire est tout simple et facile à retenir : je ne suis pas branché. Je n'ai pas de E-mail. Je n'ai pas de site. Je ne suis pas contre Internet. Ni pour. Je ne suis pas là, c'est tout. Voulez-vous avoir la gentillesse de me crisser patience avec ça. Merci » (1998).

Mais cela ne durera pas. S'il lui avait fallu attendre presque un mois pour recevoir cent lettres en 1980, au tout début de son *Courrier du genou*, et s'il était habitué à recevoir un peu moins de dix lettres pour une chronique controversée au milieu des années 1980, Internet lui réserve un déluge de réactions. Il doit affronter des dizaines puis des centaines de courriels par semaine avec leur lot d'insultes, certes, mais aussi de finesse et de plaisir. Il demandera à ses lecteurs de calmer un peu leurs ardeurs épistolaires quand il sera obligé de lire jusqu'à deux cents courriels les jours de chronique et cent les autres jours. Il ne cache pas son « sentiment d'avoir perdu la maîtrise d'un attelage emballé, holà, on se calme le pompon » (2003). L'abondance n'est pas une garantie de pertinence, ni même de sensibilité de la part de ses correspondants. Il croit que l'écran inhibe l'expression de sentiments, contrairement au papier sur lequel on peut même pleurer. C'est de cette façon qu'il s'explique la rareté de messages touchants, nombreux sur papier mais stéréotypés dans les courriels.

Par ailleurs, bon nombre de lecteurs n'ont plus besoin de lui écrire pour voir leurs propos publiés. Ils peuvent réagir et interagir directement sur la page Internet de ce qui était alors *Cyberpresse.ca*. C'est le règne de l'interactivité et de la réactivité par technologie interposée, bien plus que de l'interaction entre locuteurs. Il sera débordé de messages et obtiendra que ses chroniques soient retirées pendant quelque temps du site *Cyberpresse.ca*, qui deviendra plus tard *lapresse.ca*. Mais il n'est pas à l'abri des courriels, qu'il reçoit par l'intermédiaire d'un hyperlien qui invite les lecteurs à lui écrire. Cela permet une réactivité et une spontanéité favorables à l'expression débridée, fébrile et excessive, aux sautes d'humeur. Il préférerait que l'invitation à lui écrire soit formulée autrement : « "pour écrire modérément à notre chroniqueur". Ou encore : "pour écrire à notre chroniqueur dans deux ou trois jours, quand vous y aurez pensé un petit peu" »

(2000). Sans compter, ce qui le fâche, la familiarité de certains qui l'interpellent comme s'ils étaient des connaissances de longue date : « hey Foglia lis ça. Ça vous écorcherait beaucoup la gueule de dire Monsieur Foglia... On n'est pas allées (*sic*) au cégep ensemble, me semble » (2002). Mais un lecteur lui rétorque d'arrêter de se plaindre, car des promotions de son employeur disent justement aux gens « lisez Foglia dans *La Presse* », sans y mettre davantage de formules de politesse. Sa popularité est telle que, certains jours, l'abondance de courriels menace le service technique de la salle de rédaction. Le voilà contraint d'expliquer qu'il ne pourra répondre à tous, ce qui « me prendrait jusqu'à Noël, et on n'est même pas certains, ni vous ni moi, de vivre jusque-là, alors... » (2001).

Avec les années 2000, le journalisme n'est plus une activité professionnelle aussi différenciée qu'avant. Aux journalistes des médias traditionnels qui ont investi Internet s'ajoutent des milliers de journalistes amateurs ou de journalistes citoyens qui entreprennent de publier sous un format interactif, le blogue. Face à cette nouvelle concurrence, les rédactions doivent réagir et proposer eux aussi des chroniqueurs-blogueurs et tenter de tirer profit de la notoriété de leurs journalistes. Pierre Foglia est une vedette indéniable, au point que des automobilistes passent « par hasard » devant sa maison de campagne, espérant le voir et échanger quelques mots avec lui. À *La Presse*, on voudrait bien qu'il se mette au blogue lui aussi, ne serait-ce que pour réagir rapidement à l'actualité en offrant quelques mots incisifs. Mais le blogue est tout à l'opposé de l'écriture lente qui est la sienne. En plus, quand il regarde ceux de ses confrères, il constate que n'importe qui peut s'y inviter, « peut y aller à pied, s'asseoir sur votre galerie, jaser. Cette promiscuité, ouache ! On dirait une commune. Vous n'avez pas connu les communes ? Moi oui. C'est pour ça » (2009). Il ajoutera :

> Je n'ai pas de blogue. Il faut dire que je suis probablement le journaliste qui en a le moins besoin. Le ton direct et complice des blogues de mes confrères, ça fait très longtemps que c'est le ton de cette chronique, qui n'a jamais été autre chose qu'un blogue, et cela bien avant que le mot même existe. Sauf que

mon blogue, et je m'en félicite, est sans interaction avec le lecteur. (2009)

En réalité, il est de tout temps dans l'interaction, c'est-à-dire un échange qu'il peut contrôler. Où il a le dernier mot. Le blogue est un lieu où la discussion peut se faire sans lui. Elle peut lui échapper. Il n'est donc pas question de s'y adonner. Son employeur essaie tout de même de transformer ses chroniques en blogue, en permettant aux lecteurs de réagir publiquement à la fin. Il l'apprend par une dame rencontrée dans la rue, devant l'édifice de *La Presse*. Il ne s'était pas rendu compte que les gens pouvaient commenter ses chroniques depuis quelques semaines, des commentaires auxquels réagissaient les uns et les autres, « mais sans moi puisque je n'étais pas au courant. Anyway, c'est pas mon truc, j'ai des belles qualités, mais je ne suis pas du tout interactif. Vous n'imaginez pas à quel point je ne suis pas interactif » (2013). Il exigera qu'on mette fin à cette possibilité. Le genre de sommation que lui seul pouvait sans doute faire à *La Presse*.

Chapitre XVI
Le lettré

« Moi, dans la vie, je lis.
Le matin en me réveillant je termine le chapitre que j'étais en train de lire quand le livre m'est tombé des mains avant de m'endormir. Je lis en mangeant, en regardant le football, le hockey et le basketball. Je lis partout, douze livres en même temps » (1997).

« On se demande parfois à quoi sert la littérature. Moi, elle me sert à affronter la réalité » (2010).

« Je vais parler de culture. De goût. De désespérance. De la boule que j'ai dans le ventre » (2008).

La chronique d'humeur est le genre journalistique le plus proche de la littérature, avec ce que cela permet de libertés stylistiques et thématiques. S'y révèle la personnalité de l'auteur, sa façade aussi bien que son arrière-boutique, inventaire plus ou moins poussiéreux où s'empilent souvenirs d'enfance et expériences parfois traumatisantes. Autant de capital dans lequel le chroniqueur doué peut puiser pour faire vivre ses textes. Une façon d'éclairer le présent à la lumière du passé. C'est souvent le contraste de ces deux temporalités qui enrichit le propos de

Foglia, le rend captivant compte tenu du parcours de vie singulier qu'est le sien.

Ses années d'école, minimales, on le sait, se concluent par une formation professionnelle de typographe, en France. Sa véritable école aura été, dit-il, la lecture. Plus précisément la littérature, cette lecture non utilitaire et pourtant salvatrice, paradoxe mis à part. « La littérature, les lettres m'ont formé le goût et le jugement – je vous entends ricaner, disons si cela peut vous calmer : m'ont formé le sens critique » (2013), avoue-t-il candidement.

Foglia est un lettré sans être un intellectuel, un chroniqueur populaire qui se défend d'être populiste. On pourrait définir sommairement le populisme comme l'instrumentalisation stratégique des sentiments et des ressentiments de gens dont on veut se servir (pour les opposer à de supposées élites notamment), plutôt que de s'intéresser véritablement à leurs problèmes réels en vue de les surmonter. A contrario, on peut, comme chez Foglia, désirer aider ses concitoyens, s'intéresser à leurs perceptions et frustrations, sans pour autant retourner contre eux leurs préjugés.

Pour les intellectuels patentés, Foglia est un charlatan. Pour ceux qui ne jurent que par l'adhésion du plus grand nombre comme critère suprême de la valeur des œuvres culturelles, il est un snob. Dit autrement, « le chroniqueur d'un grand média ne peut pas être snob ; pour les littéraires, les vrais, le chroniqueur d'un grand média est forcément un joyeux tata... » (2013). En s'exprimant ainsi, Foglia se révèle « maître du *chleuasme*, procédé rhétorique qui consiste à s'accuser soi-même, mais en pariant sur le principe que "faute avouée est à demi pardonnée[53]" ». Il s'adonne au *chleuasme* quand, faussement modeste, il révèle n'avoir pas fait d'études, fait dans l'autodérision, se traite de vieux con, etc. Autant de formules qui cherchent à produire de la proximité avec un public dont il se sait souvent très éloigné, sans être nécessairement hautain. À l'opposé de Jean Larose, ou d'un Jacques Godbout et d'autres du même genre, qui « circulent dans un univers de préciosité [...] Foglia [est

---

53. Garand, Dominique, Archambault, Philippe, et Daigneault Desrosiers Laurence, *op. cit.*, p. 41.

un] lettré qui ne se met pas au-dessus du langage populaire[54] », selon Dominique Garand, Philippe Archambault et Laurence Daigneault-Desrosiers, qui se penchent sur la polémique au Québec. Ils évoquent à leur tour un commentaire du critique littéraire du journal *Le Devoir*, Robert Saletti, dans un compte rendu du livre où Larose s'en prenait violemment à Foglia. Après avoir dénoncé la grossièreté de l'attaque de Larose, il observe que Foglia est sans doute le « plus littéraire de nos chroniqueurs[55] » et le journaliste non spécialisé qui traite le plus la littérature, à sa façon, bien entendu.

Revenant sur cet épisode quelques années plus tard, Foglia répond à l'accusation d'anti-intellectualisme de Larose en lui donnant à moitié raison. Ce qui l'indispose chez les intellectuels de métier, indispensables par leur capacité d'abstraction, c'est leur façon hautaine de considérer leurs idées tout en dédaignant celles des autres. Il se reconnaît chez ceux qui déplorent « la trop petite place qu'occupe la pensée (et la culture) dans la cité... Mais, c'est leur posture qui m'énerve. Leur façon de mettre en scène leur intelligence. Cette impression qu'ils donnent souvent d'avoir plus envie de briller que de convaincre et de changer les choses » (1999). Et il y a aussi ce gros défaut, leur propension malhonnête à « déclarer anti-intellectuelle toute personne qui les conteste en moins de temps qu'il n'en faut au B'nai Brith pour déclarer antisémite n'importe quel nationaliste québécois » (1999). Ce qu'il reproche à certains, c'est de se faire les gardiens d'une rectitude qui les rend plus redoutables que les humoristes, évoquant sans les nommer ces « bien-pensants accrochés aux poils du cul de la norme, comme des morpions au pubis d'une vieille linguiste » (2005). Les principaux intéressés se reconnaîtront, s'ils s'avilissent à lire Foglia... Ce sont aussi eux qu'il accuse, dès 1993, d'être heureux de constater que la démocratisation de l'éducation n'a pas donné les fruits attendus. Qu'il se trouve toujours des masses de citoyens nuls, incultes, qui leur permettent de continuer à régner avec leur maîtrise de la langue. Ils peuvent ainsi vaquer, satisfaits, dans leurs salons, se lamentant, pour mieux se valoriser, de l'indigence de la langue populaire.

---

54. *Id.*, p. 45.
55. Saletti, Robert. « Tourmente dans la tour d'ivoire », *Le Devoir*, 26-27 novembre 1994.

De toute façon, lui-même ne revendique pas le statut d'intellectuel, prétendant ne pas en avoir les «outils critiques», pas plus que celui d'artiste. «Mon mince talent d'écriture ne relève pas de la création mais de la technique d'écriture et du dictionnaire des synonymes (incorporé à mon traitement de texte)» (2008). Il affirme cependant être un lettré, sans la noblesse d'un Larose, précise-t-il, mais de la même race à bien des égards.

Avec la même détermination qu'il oppose au pavoisement intellectuel, Foglia rejette le populisme qu'il associe aux discours conformes à l'ère du temps, lourds d'ignorance et débordants d'assurance trouble et narcissique qui freine l'autocritique. À son confrère Richard Martineau, alors chroniqueur au magazine culturel *Voir*, qui vient d'écrire un essai critique contre les baby-boomers, dans lequel il les accuse de bien des maux en attendant visiblement de prendre leur place, Foglia reconnaît la justesse de plusieurs de ses propos. Mais c'est pour mieux lui reprocher son ignorance, quand celui-ci ironise en écrivant que les baby-boomers croient que rien n'existait au Québec avant eux.

> ... je devine que tu te moques, mais tu ne devrais pas. Parce que c'est pas une joke. C'est vrai mon vieux. C'est vrai qu'avant nous il y avait pas grand-chose. Tu les as pas connus toi. Moi si. Une petite classe de lettrés et en dessous, des brutes, des bêtes. C'était ça le monde quand on est arrivé, nous les baby boomers. Et qu'est-ce qu'on a fait tu penses? Tout. On a tout fait. C'est pour ça que vous n'avez plus rien à faire. Vous êtes-là (*sic*) bon, ça va, tant pis. Mais c'est vraiment sans importance. (1990)

* * *

On ne sera étonné qu'à moitié de constater que Foglia a de la culture une conception non pas élitiste mais exigeante. Ce qui la rend inaccessible à plusieurs, c'est le refus d'y consentir les efforts nécessaires. C'est l'acquisition continuelle d'une nourriture intellectuelle pour satisfaire l'appétit de la curiosité, l'effort et la joie d'aller au bout d'une œuvre difficile et de pouvoir en revenir comme affranchi de limites dont on ignorait l'existence. Chez lui, les premières expériences remontent à Boris Vian et Louis-Ferdinand Céline. Pensant vraisemblablement au premier, il écrira un jour que c'est lorsque le trompettiste cesse de jouer qu'on découvre s'il est bon. « Dans les premières secondes où il ne joue plus, on ne doit pas entendre le silence. S'il a bien joué, on doit entendre la solitude » (1998). L'antisémitisme de Céline sera vraisemblablement sa première expérience critique en littérature, qui consiste à juger de la valeur d'une œuvre indépendamment de son créateur. L'incapacité de se livrer à une telle dissociation lui « apparaît comme l'une des plus grandes infirmités dont puisse souffrir un esprit. Mais oui, il m'arrive d'en souffrir aussi, mais je me soigne » (2012).

Être cultivé, ce n'est pas ingurgiter des tonnes de livres, multiplier les sorties au musée ou cumuler les soirées de cinéma. Ce n'est pas la comptabilisation d'une consommation de loisirs culturels. C'est un moment de participation à un discours, l'occasion de se trouver « en présence de mots, de sons, de formes qui viennent nous arracher au quotidien, aux habitudes, je sens que vous allez regimber, qui viennent nous arracher à la consommation, tout particulièrement à la consommation de la culture » (2007). Comme il le préconise dans les sports et en éducation, Foglia mobilise cette même éthique de l'effort, du dépassement, de l'extirpation et de la projection hors de soi en matière culturelle. Il prône cette « tentative que l'on fait de devenir adulte de temps en temps, de fermer un peu la gueule à l'enfant en nous, l'enfant qui veut toujours jouer, toujours manger des bonbons sucrés à s'en rendre malade, l'enfant qui veut toujours jouer à des jeux merdiques, la valise, le banquier, le paquet voleur » (2007). Autre manifestation de son désenchantement et de son inadéquation sociale, il est d'avis que si manquer de culture rendait autrefois « circonspect. Aujourd'hui, cela rassemble » (2008). Foglia se sent souvent bien seul et s'en accommode.

La culture qu'il vénère ne fait pas dans le show-business, encore moins dans le divertissement populaire qu'il compare à une « dictature... qui draine tout le fric, toute la pub, toutes les attentions, toutes les énergies, tout le talent aussi... et ne laisse rien à l'autre culture – celle qui s'arrache aux pesanteurs de l'attendu, du convenu, de la tradition –, cette culture-là réduite à des salles, des écoutes et des tirages confidentiels» (2005). Des artistes, il n'attend pas une confirmation de ce qu'il est, il ne réclame pas l'apaisement mais revendique plutôt l'inédit, «qu'ils ouvrent des brèches dans mes limites à moi» (1995). Qu'ils s'interposent avec ses sensibilités, ses manières de percevoir et de ressentir toutes particulières. Le véritable artiste est «quelqu'un qui sait qu'il va mourir, et qui se réinvente magnifique, avant de mourir» (2000). Il ne nous éloigne pas de ce que nous sommes, comme pour nous en distraire, mais il nous y ramène, sans possibilité d'échapper au questionnement, nous imposant l'obligation de la conscience et de la réflexion. Foglia est surtout sensible aux mots, très peu à la peinture qu'il considère être un «art superfétatoire». Les peintres l'impressionnant rarement. «Ils encadrent des fleurs qui fanent aussitôt, ils fardent les paysages de plus de fond de teint qu'une vieille putain, ils empaillent des personnages, ils épinglent des oiseaux sur des ciels plats... diable, que ne font-ils de la photo?» (1987).

La culture populaire ne trouve pas en lui un récepteur complaisant, mais il lui accorde de la considération, compte tenu de son importance auprès de millions de Québécois. Si la «culture cultivée» est l'esprit d'un peuple, la culture populaire «est le lieu où se construit un peuple... [elle] en est le cœur» (2002). Il ne comprend pas pourquoi on chercherait à les opposer, à en rejeter l'une pour ne valoriser que l'autre. En affichant ce respect, il se dissocie de nouveau d'une certaine élite qui le méprise en retour. La culture populaire, plus que simple divertissement, doit assurer la transmission d'un vivre-ensemble spécifique et légitime. Il voit chez certains joueurs de hockey des incarnations du peuple québécois, à certains moments charnières. «Mais qui osera dire que les silences, la sourde colère de Maurice Richard c'est juste du hockey? Qui ne voit pas que Guy Lafleur a été le Québec des années 70, le Québec des années d'insouciance et d'indépendance. José Théodore est déjà d'un autre pays, qui le montrera?» (2002).

Quand elle devient racoleuse, marchande ou épicière, toute culture le désespère. Quand on en est à l'évaluer en fonction de critères commerciaux, il se désolidarise au risque, assumé, de passer pour «snob, élitiste, intellectuel» (1997). Lorsque la communauté artistique se réunit «dans un de ces galas de chimpanzés où l'on consacre la médiocrité télévisuelle» (1989), il rugit face à cette «insupportable vulgarité des congratulations confraternelles d'artistes, toujours les mêmes, qui s'échangent des trophées de six mois en six mois» (1989). Cette soif de reconnaissance, de célébrité, les concepteurs des émissions comme *Star Académie* ont réussi à la rentabiliser. Ils ont inversé à leur avantage le processus traditionnel d'une progression lente et laborieuse vers la célébrité, en créant une célébrité immédiate comme préalable à une maturation artistique plus qu'incertaine. On peut imaginer sa déception, lui qui se réjouissait, en 1990, de la découverte du groupe Vilain Pingouin par la jeune animatrice culturelle Julie Snyder, alors à Radio-Canada. Il la présentait affectueusement comme une «petite conne inspirée, la plus jolie chose qui soit arrivée à notre télé depuis fort longtemps» (1990). Mais elle est devenue la productrice de *Star Académie, La Voix*, etc. Tout ce qu'il déteste.

Parfois, la culture populaire n'est que répétition d'une recette éculée, sans recherche artistique, au point que certains soirs, «j'ai l'impression que quelqu'un a remplacé mon téléviseur par un four micro-ondes et que je suis en train de me faire réchauffer un reste de ragoût de la veille» (1996). Même constat pour le cinéma grand public, essentiellement venu des États-Unis, objet de consommation qui l'incite à demander quelle différence il y a «entre aller au Wal-Mart et au cinéma?» (2001). Il sait très bien que la distraction hollywoodienne est cent fois plus alléchante que les lenteurs existentielles d'un certain cinéma européen et qu'il ne faut plus se stupéfier de l'invasion mondiale de la culture américaine. Mais pas question de l'accepter sans rouspéter, lui qui dénonce l'industrialisation de la culture et l'obsession économique de celle-ci qu'ont les gouvernements successifs. Avec une conception aussi instrumentale, aussi marchande de la culture, il se demande à quoi sert un ministre de la Culture alors qu'un gestionnaire ou un sous-ministre suffirait. Et si on ne s'intéresse qu'au divertissement, il faut être cohérent et fusionner la culture, les loisirs et les sports dans un même ministère. «... et que crève la danse quand elle n'est pas folklorique, et que crève le théâtre quand il n'est pas comique, et que crève le cinéma qui ne raconte pas une histoire, et que crèvent les écrivains qui n'ont pas la bonne idée d'être Marie Laberge, ou journalistes, ou profs » (2003). Car c'est bien ce qu'il constate, la marchandisation d'une culture qui :

> ... s'abaisse, s'enlise, s'envase dans le non-être de personnages insignifiants, dans le vide qui n'est jamais celui des acrobates qui prennent des risques, mais le vide d'une littérature de sous-préfecture, dans le vide du ciel mon mari, ciel mon enfant, et touche pas à ma manucure, pan! pan! Et vroum-vroum, bien sûr. (2007)

Productions littéraires, cinématographiques ou télévisuelles affligeantes. On n'y retrouve que purées convenues. Et tout cela s'affiche sans gêne en galas, en remises de prix, sur le petit écran, en salons du livre aussi où est toujours laissé pour compte Foglia le lecteur. « Dans ce genre de foire, le livre se présente soit en tas (les titres du hit-parade), soit en prolifération pathogène d'étrons écrits qui ensevelissent à jamais les dix titres qui mériteraient qu'on s'attarde, mais que, bien sûr, on ne découvrira pas dans cette chiasse » (1992). Il y voit le résultat d'éditeurs qui, faute de chef-d'œuvre, publient n'importe quoi et réussissent à séduire le public.

* * *

À lire de telles charges, on aurait l'impression que Foglia manifeste la même condescendance que lui réservent les élites de la haute culture. Pourtant, son jugement n'est pas catégorique et on pourrait tout aussi bien le considérer comme un médiateur, un passeur entre différentes déclinaisons des cultures marginale et populaire. Il sera du reste parmi les premiers à parler d'une bande de déjantés qui font leurs débuts avec une émission hebdomadaire diffusée sur les ondes d'une station radiophonique communautaire: Rock et Belles Oreilles! Il est un admirateur sans équivoque de la « saine et joyeuse débilité des quatre animateurs qui, selon leur propre expression, "expriment des commentaires qui ne reflètent pas nécessairement leur opinion!"» (1983). Il admire chez eux, peut-on s'en étonner, cette «insolence dans leur façon d'apprendre à faire de la radio, qu'on souhaite presque qu'ils n'apprennent jamais vraiment» (1983). Ce groupe sera appelé à devenir une icône de l'humour québécois, à la suite des Cyniques des années 1960-1970. Rock et Belles Oreilles comptait notamment Guy A. Lepage, auquel Foglia a donné des cours à l'UQÀM, et qui a acquis une reconnaissance internationale grâce à la popularité de l'émission *Un gars, une fille*.

Foglia se situe lui-même entre les intellectuels et *Les Boys*, titre d'une série d'émissions de télévision et de films très populaires consacrés au hockey sur glace. Il dit s'ennuyer quelque peu dans cet entre-deux et observe le gouffre qui sépare ces catégories socioculturelles. Il se désespère de:

... cet abîme qui se creuse encore plus entre culture culturée et culture populaire. La première qui s'éloigne en se bouchant le nez, se repliant toujours vers les mêmes sanctuaires élitistes où sont éternellement reconvoqués Kant, Hegel et Heidegger. De l'autre côté, ou à l'autre bout, comme vous voulez, le gagnant de l'Oscar à Hollywood. (2007)

Deux univers tellement éloignés qu'il est impensable de trouver un espace commun et de discussion. Lui aimerait pouvoir jeter des ponts et favoriser la circulation, quitte à contourner les plus élitistes des élitistes qui ne cherchent souvent qu'à affirmer la supériorité de leur statut. Davantage que la politique certains jours, la culture provoque des antagonismes sans espoir de concession, en raison des distances que révèlent les débats. Par exemple sur le financement public de certaines œuvres, gaspillage pour les uns, «émancipation, arrachement à la pesanteur de la misère» pour les autres (2000).

Cet effort de médiation, on l'observe quand il dit apporter en voyage un livre de poésie d'Anne Hébert, dont il citera quelques vers de temps à autre. Il est l'un des très rares journalistes à oser émailler ses chroniques de propos sur la poésie, celle de Hébert, de Miron, de Ferron ou de Ferré. Parfois, il s'agira de paroles de chansons de vedettes anglo-saxonnes du rock'n'roll, preuve de son éclectisme. Il se montre occasionnellement lui-même particulièrement lyrique ou poétique, ce qui constitue une autre façon de servir la culture sans en faire un objet de discours. À ce titre, les paysages l'inspirent le plus, non seulement en raison de leur esthétique réelle, mais :

> ... surtout par leur prégnance en nous... Ce qu'il y a de plus beau dans ce paysage c'est qu'il n'attend personne. Une vallée, un ciel, un silence, une odeur de bouse, rien que cela, pas un hôtel, pas un truc, pas un machin, pas une seule concession à l'amusement des touristes. Quand on traverse ce paysage-là il se referme derrière nous comme la mer. (2001)

Il y observe les mêmes repères de la vie quotidienne, l'ethnologue revêtant pour les besoins de la cause les habits du lettré. Il nous promène avec lui, par exemple à vélo dans une campagne du Vermont où :

> Les belles et grandes maisons au centre de leurs parterres bien peignés suggèrent une qualité de vie faite de grands pans d'ennui cloués au rebours du temps par des petites vertus tenaces, des soirées de répétition avec la chorale à l'église anglicane, ou de bénévolat à la library municipale... (1992)

Ces beautés s'offrent à lui, au soleil comme sous les étoiles, ce qui le change des paysages urbains qu'il connaît très bien pour avoir vécu dans de grandes villes d'Europe et d'Amérique du Nord. « La nuit, la ville ne s'offre pas, elle se referme dès qu'on tourne le coin de la rue et rumine dans notre dos des rumeurs vaguement hostiles » (1981).

Dans cette admiration renouvelée de la beauté des paysages, Foglia révèle une hypersensibilité qu'il prend souvent soin de cacher derrière ses sursauts d'insolence, de mépris et de provocation. Tout porte à croire que, n'eût été l'obligation des sujets que l'actualité fait peser sur tout chroniqueur, il se serait bien contenté de nous parler de ses chats, de son vélo, de ses voyages et de la nature. En cherchant toujours le mot juste, l'image qui se déplie au fil de la phrase. Ainsi en est-il de ce moment du printemps où le vert tendre des nouvelles feuilles cède déjà la place à une teinte plus prononcée qui annonce l'été. « Il ne reste du printemps que le blanc des pommiers en fleurs comme un voile de mariée tiré sur mes collines » (2004). Foglia tire le meilleur de son talent littéraire dans ces observations de petits et grands espaces, encore que ces derniers soient chez lui source d'inconfort, telles ces montagnes du Tibet, où il se retrouve avec un groupe de cyclistes aventureux.

Paysage pulvérisé, ascétique, qui ne convient pas à tout le monde. Moi par exemple, j'y suffoque. Moins à cause de l'altitude qu'à cause d'une rigueur zen qui me tétanise. Il émane de l'aride moutonnement des montagnes nues une oppressante invitation à la méditation. Ce n'est pas ma manière. Moi je hurle et j'ai besoin que mon cri se plante dans le cœur d'un arbre, d'un humain, d'un chien. Tout seul sur la lune, tout seul dans le désert, tout seul sur le toit du monde je crève d'angoisse. (1993).

Il sait combien ses trouvailles littéraires sont appréciées d'un certain lectorat qu'il se plaît à satisfaire, allant parfois jusqu'à se donner en représentation, pour épater. Mais qui peut reprocher à un auteur de s'épancher, de chercher en lui-même quelque formule qui pourrait émouvoir ou faire sourire ? Cela fait aussi partie de l'interaction.

Et l'horizon est d'encre et de nuit. Ce que cela veut dire ? Rien. C'est de la poésie. Il n'y a pas de fer dans la poésie, comme dans les sardines. Par contre, il y a du phosphore dans la poésie ; c'est pour cela qu'elle illumine mon vieux cœur qui s'obscurcit. Ah ah. Je vous en remets une petite louche ? (2000)

Voici quelques exemples parmi des centaines d'occurrences similaires qui habitent l'œuvre de Foglia et le consacrent comme le plus polyvalent et le plus talentueux des chroniqueurs québécois de la seconde partie du XXe siècle. Si on se livrait à des analyses comparatives de son œuvre avec celles de grands journalistes et écrivains, nul doute qu'il s'y classerait très bien. Nul doute qu'il saurait se distinguer par la vivacité du style et l'expression franche du propos. C'est du reste ce que Claude Duneton, écrivain et chroniqueur au journal *Le Figaro*, affirmait en décrivant d'abord Alexandre Vialatte comme « assurément le plus brillant chroniqueur de langue française dans la seconde moitié du XXe siècle », avant d'en identifier un second, « vivant, c'est Pierre Foglia, qui vit à Montréal et publie ses billets dans *La Presse*[56] ». Ce qui n'est pas rien !

* * *

On ne saurait écrire sans lire. Au-delà de ce truisme se trouve la condition première de tout auteur ou chroniqueur. À défaut de quoi, le commentateur se condamne, ainsi que son public, à la redondance et au risque d'une conception mutilée du monde. Foglia est tout autre. Il aime lire, il aime les livres, il aime en parler, « c'est ce que j'aime le plus, après parler de rien » (1988). Il est conscient d'appartenir à une culture en voie de marginalisation, dans une société de consommation qui n'a pas besoin d'interdire les livres pouvant nuire aux épiciers. L'euphorie du divertissement populaire a déjà éloigné les gens de la lecture, celle des livres d'abord, et de plus en plus du journal. Dans sa vie, le livre lui est plus indispensable « que la bouffe ou des pneus neufs pour mon putain de char » (1990), c'est aussi « la plus indispensable des courroies de transmission de la culture » (1990). Il se permet un petit retour sur son bon maître Vialatte pour lequel le livre est avant tout aventure de l'esprit « qui réclame du temps perdu, le temps perdu ne se raconte pas. C'est le temps perdu qui fait les civilisations. L'autre, le temps gagné, moins fécond, ne fait que du progrès » (1993).

La lecture, telle qu'il la propose et l'expérimente, est une fois de plus prétexte à l'effort. Elle est exigence plutôt que détente, labeur bien avant le délassement. L'apprentissage permanent dans lequel il faut s'investir, ce qu'il énonce et dénonce ainsi :

---

56. Duneton, Claude. *Au plaisir des mots*, Paris, Denoël, 2005, p. 12.

Combien de gens débarquent dans un livre, youpilaye mon vieux, sans rien n'y (*sic*) apporter d'eux-mêmes. Le cul bien calé au fond du fauteuil, ils attendent tout de l'auteur. Ils achètent des livres comme ils achètent des billets de loto. Des fois ils gagnent, des fois pas. Ils ne se doutent même pas qu'il faut pédaler un peu. Que le plaisir se mérite. (1990)

Il est toujours à la recherche du livre d'exception. Celui dont l'effet n'est pas toujours immédiat, comme les « biscuits au hasch » (1996) au goût ordinaire mais qu'on apprécie réellement dans les heures qui suivent. Traitant d'un petit livre lu peu de temps auparavant, il le dit ordinaire et un peu pédant au premier abord, puis constate un effet à retardement. « ... deux jours après avoir refermé le livre, une semaine, un mois après, l'effet est encore là. Une trace, une présence et la curieuse impression que ça paraîtrait dans une analyse d'urine » (1996).

Il lui faut du style avant une histoire et tant mieux quand les deux cohabitent. Et si l'histoire, en plus d'être bonne, « laisse au lecteur la liberté de lui inventer un décor. Ou le contraire. Personnellement je préfère le contraire. Un bon livre c'est un décor qui laisse au lecteur la liberté de lui inventer une histoire. Mais dans tous les cas, un bon livre c'est un livre qui laisse beaucoup de liberté au lecteur » (1993). Foglia revendique la liberté de faire lui-même des liens au lieu d'être pris par la main par un auteur trop pédagogue. On comprend son rejet de ces livres écrits « parce qu'on a absolument quelque chose à dire (au lieu d'avoir absolument quelque chose à écrire, je vous expliquerai une autre fois) » (2010).

Il s'intéresse à la façon de raconter, ne recherche ni l'aventure ni les rebondissements, encore moins les intrigues qui le font décrocher tellement est visible le procédé. Ce qui correspond à l'antithèse d'écrire vrai, comme il attend de tout roman. Ce goût le fait se tenir loin des romans policiers, sinon pour examiner leur construction, généralement « un piège à cons, le con étant bien sûr le lecteur. C'est une littérature pleine de trucs, de fausses pistes, de faux indices, de rebondissements, j'ayiiiis les rebondissements, quand je veux rebondir, je ne lis pas, je fais du trampoline » (2003). Il préfère de loin les romans noirs, « noirs comme le sang séché.

Pas jaune comme un flic constipé, pas blême comme un tueur qui philosophe sur la déréliction des passions médiocres» (2008). Dans ces romans, l'écriture trouve toute sa place, ils «donnent à lire tandis que les romans policiers donnent à chercher : c'est qui le tueur ? Ça m'énarve» (2009).

Lui recherche simplement la littérature, sans artifice ou falbala stylistique, sans effet de cape. Avec des mots qui racontent la vie et la laisse respirer plutôt que de l'enrubanner. Il est partisan d'une lecture exigeante, le contraire des romans de gare où les «personnages ont un destin» alors que la littérature parle de ceux qui «essaient de s'en délivrer» (1998). Aller plus loin, s'extirper, encore. Parmi ses nombreuses tentatives d'expliquer, de définir ou de faire ressentir ce qu'est pour lui la littérature, il y a celle-ci : «... je trouve que la littérature, c'est beau comme un dimanche quand t'as rien à faire. Et aussi simple qu'un bulletin météo. Sauf qu'au lieu de dire qu'il pleut quand il pleut, tu dis qu'il pleut quand tu sens la pluie sur ta peau» (1999).

Il aime évoquer la philosophe Hannah Arendt selon laquelle «la culture donne accès au monde alors que le loisir donne accès à la plage. C'est vrai pour la littérature aussi» (1995), quand elle n'est pas le dernier Goncourt ou un livre célébré par le public ou la critique afin de bronzer dans la jubilation. Il est pourtant, malgré ses nombreuses dénégations, le critique littéraire le plus influent du Québec. Longtemps, il a consacré aux livres sa chronique du lundi, y appliquant une lecture innocente plutôt que professionnelle, sans ressentir le devoir d'informer ou de résumer. Et s'il n'a rien de bon à suggérer à son lecteur, il va l'entretenir de littérature, du livre comme vecteur de culture. Pas question de parler du livre à la mode, du livre événement, sinon pour s'y objecter, sauf rares exceptions. C'est du reste ce qu'il compte faire sporadiquement à compter de février 2015, moment où il annonce sa retraite à ses lecteurs.

Il aimerait pouvoir parler des livres lus en toute liberté, comme il le fait pour le vélo ou ses voyages, mais il avoue être indisposé «parce que je sais que vous attendez de ces chroniques un ou deux titres pour aller les commander chez votre libraire et, autant vous le dire : ça me gèle littéralement» (2001). D'autant plus qu'ils sont nombreux à lui faire parvenir des livres, en espérant l'adoubement qui multipliera les ventes. Aux éditeurs et attachés de presse, il demande de le laisser choisir et acheter ses livres en paix, pour conserver toute la liberté d'en parler ou pas, sans devoir s'en justifier à qui que ce soit. Cette pression l'incitera à moins parler de livres, lui qui souhaitait simplement écrire dans un but utile et mettre ses lecteurs sur une bonne piste. Et si d'aventure il est déçu d'un livre encensé par la critique, il se croit obligé d'exagérer son déplaisir pour contrer l'effet de mode.

Mais certaines limites s'imposent. On ne le verra pas sauter dans le train des critiques élogieux devant l'œuvre de Marie Laberge, une «dinosaure à plume. Plume au singulier s'il vous plaît. Elle en a juste une, dont elle se sert abondamment pour écrire des romans préhistoriques et même un peu périmés qui se vendent néanmoins très bien. On la félicite» (2001). Il peut être également cinglant pour ses amis qui ont le malheur d'écrire un livre qui lui déplaît. «Il y a des gens qui perdent leurs amis lorsqu'ils se marient. Moi c'est lorsqu'ils écrivent un livre» (1984), révèle-t-il à quelques reprises.

Foglia refuse le statut de critique littéraire, mais chacune de ses chroniques favorables a pour l'auteur heureusement élu un effet de vente indéniable. Comme il l'avait fait pour Rock et Belles Oreilles, il est aussi celui qui a révélé au grand public un auteur unique, sans savoir que moins de trente ans plus tard, il deviendrait un immortel de l'Académie française. En 1985, il parle de façon dithyrambique de ce roman qui met en scène :

> ... deux Nègres au Carré Saint-Louis. Un qui baise tout ce qui bouge, et l'autre aussi. Mais l'autre, en plus de sauter les petites Anglaises qui vont à McGill, l'autre en plus, écrit un livre [...] Avec un titre bien sympathique : «Comment faire l'amour avec un Nègre, sans se fatiguer»...
> L'auteur de ce mode d'emploi s'appelle Dany Laferrière. [...]
> On se rend vite compte que ce Nègre-là n'est pas le genre de farceur qui rit aux éclats. [...] Et qui écrit malicieusement un roman plus tendre que noir. Un roman pour sourire, mais aussi pour bander. Avouez que c'est rare, et presque trop beau.

Hélas, rien n'est parfait, un roman beaucoup trop court aussi...

Comme disait le cannibale : j'en aurais bien repris un petit morceau. (1985)

Être lettré, original, champion du style et le favori de centaines de milliers de lecteurs : tels sont les atouts de quiconque chercherait à passer la clôture pour se faire écrivain. Ce ne sont pas les propositions qui lui ont manqué, et toujours il les a rejetées, si on fait exception du recueil *Le Tour de Foglia*. Contrairement à d'autres journalistes, Foglia considère avoir eu le « bon goût » de ne pas en faire davantage. Faire un livre avec de vieilles chroniques, ce serait « comme déterrer les morts. Le journal d'hier est un cimetière, alors celui de l'année dernière... » (1983). Un peu téméraire, personne ne sachant ce que l'avenir lui réserve, il écrira que le problème avec les bons journalistes, « c'est qu'ils finissent souvent par écrire des mauvais livres. Je sens que celle-là va me retomber sur la gueule un jour ! » (1984).

Chapitre XVII
Le cycliste

« C'est ce que j'aime le plus du vélo, la mise à mort. Le vélo est un sport de durée. Comme la vie. À la fin on meurt... Herras (*sic*) a planté ses banderilles. Le taureau soufflait le sang par les naseaux. Le toréador a plongé son épée. Ullrich est resté cloué à la route. » (2001)

De tous les chroniqueurs québécois, Foglia a été le plus grand propagandiste du vélo, son meilleur avocat, celui qui lui a sans doute consacré les écrits les plus récurrents. Écrits hagiographiques ou colériques, critiques et naïfs, au risque d'y perdre une partie de sa crédibilité à force, parfois, de défendre l'indéfendable. C'est aussi en rendant un hommage sobre à un héros méconnu du cyclisme québécois, René Cyr, au moment de sa mort, « probablement d'avoir eu 94 ans, ça ne pardonne pas » (2015), que Foglia signe l'une de ses dernières chroniques, en février 2015, sur un petit air de chronique nécrologique professionnelle... Il annoncera sa retraite quelques jours plus tard.

Ce n'est pas en France que Foglia a eu la piqûre du vélo, mais bien au Québec, à la fin des années 1960, au contact de deux fous du cyclisme. De son enfance, il ne retient souvent du vélo que celui de son père qui s'en servait pour les mettre à l'abri des bombardements, dans des champs voisins, plutôt que dans des sous-sols d'édifices menacés de destruction. «Je viens d'un pays où personne ne parle de vélo. C'est un objet commun, d'utilisation courante, très présent dans le quotidien des gens, mais personne n'en parle jamais [...] Il n'y a pas de débat sur le vélo, comme il n'y a pas de débat sur la fourchette ou sur le parapluie» (1993), écrira-t-il. Il réagit du reste très mal aux nombreux débats sur les pistes cyclables, qu'il évite, ou la sécurité à vélo qui lui semble un oxymore, sans parler du port du casque (jusqu'au jour où il l'adoptera à la suite d'une chute). «Je trouve que ce sont des débats moumounes puisant dans la statistique des conclusions politiquement correctes» (1994).

À son arrivée au Québec, ce Franco-Italien ne sait rien de particulier sur la petite reine. Son univers sportif se limite alors à l'athlétisme et au basketball. Quand il entre au journal *La Patrie*, il y est reçu par «deux sautés de la pédale» (2007), Louis Chantigny et Pierre Gobeil qui semblent bien étonnés de son manque d'intérêt. «Cela devait bien faire 10 ans que je n'étais pas monté sur un vélo, et ne me demandez pas qui avait gagné le Tour de France cette année-là, ni celle d'avant. Vraiment rien à foutre» (2007). À *La Patrie*, Chantigny et Gobeil contaminent Foglia, et le trio commanditera une équipe cycliste et parlera vélo au restaurant jusqu'aux petites heures du matin.

Pour la grande majorité des Québécois, le vélo n'est encore qu'un vulgaire «bécyc à pédales», objet roulant étrange et mal toléré sur les routes. Pour d'autres, plus généreux ou avant-gardistes, c'est un moyen de transport pratique en plus d'être économique. Les plus marginaux l'adoptent comme véhicule d'entraînement ou de déplacements touristiques. On comprend que Foglia, dès les années 1970, passe souvent pour un original quand il parle de vélo dans ses chroniques. Même si, comme en février 1979, il s'y moque de «gourous» qui ont tenté de le convaincre du plaisir que représentait le vélo l'hiver, à Montréal. Ce qui était vu comme une mode passagère va pourtant durer et prendre de l'ampleur. Quant à lui, passionné et peut-être même enflammé par l'objet, il s'improvise assez tôt comme un expert qui recommande tel parcours ou telle marque de vélo à ses fidèles lecteurs. Il ne sait pas que les spécialistes du vélo, les mécanos surtout, le vouaient aux gémonies, car il leur revenait d'assurer l'entretien et les réparations de ces mêmes vélos qui s'avéraient d'excellents produits de marketing mais de piètres machines de cyclotourisme, aux composantes trop fragiles pour supporter de lourds bagages sur des routes douteuses[57].

* * *

Pour Foglia, le vélo est un nouveau moyen d'observation ethnologique qui s'ajoute à son attirail méthodologique, « c'est ma manière de voir les gens, les choses, mais finalement ce n'est pas si important la manière... Cependant, c'est sur un vélo qu'on est le plus vulnérable et donc le plus sensible à l'agressivité, à la violence ambiante... » (1989). Il constatera de cette façon que le Québec a longtemps été, et l'est encore dans certaines régions, « le pays le plus violent que j'aie jamais pédalé, après le Mexique et avant la Chine... » (1989). Il relate parfois des expériences traumatisantes, reconstituant sur le mode fictif le dialogue d'automobilistes idiots qui se vantent d'avoir tassé dans la gravelle le « bécyc » qui les empêchait d'arriver plus tôt « au chalâ, ou à la marinâ, ou au camping » avec leur bière (1989). C'est sans compter les camionneurs et autres « tôtons » du volant incapables d'attendre quelques secondes avant de doubler un cycliste sans le mettre en danger de mort. Le vélo, une manière de vivre, certes, ou de mourir !

Pour Foglia, c'est avant tout un mode de vie. Mais pas question de verser dans le discours excessif sur ses prétendues vertus métaphysiques ou spirituelles, écrit-il à une ex-présidente de Vélo Québec qui semble se mélanger les pinceaux.

> ... vous confondez ici, cyclisme et pédale transcendantale. Le cyclisme est l'art de se déplacer en pédalant dans la réalité, alors que la pédale transcendantale, c'est l'art d'aller nulle part, en pédalant dans le vide. Il est totalement faux par ailleurs qu'on devienne cycliste en mangeant du tofu et en

---

57. Note de l'auteur : J'ai été, à cette période et pendant plusieurs années, mécanicien de vélo dans un commerce alors fort réputé. Je me souviens très bien de ces nombreux cyclotouristes qui arrivaient, penauds, avec leur vélo aux roues et aux dérailleurs tordus par un excès de charge...

buvant de la camomille. C'est là au contraire une pitance qui amollit les mollets et parfois le cerveau. (1983)

Allergique à tout discours ésotérique, Foglia fait toutefois dans le vélo philosophique, au point de présenter l'épreuve du contre-la-montre comme une parabole de la vie. Pendant des années, on est à la course, à la compétition contre les autres jusqu'au jour où le médecin vous découvre un cancer du côlon, cancer fétiche de Foglia. Et on se retrouve seul face à la maladie. « Eh bien le contre-la-montre est le cancer du côlon du coureur du Tour de France. Une épreuve qu'il doit disputer seul. Une poignée seulement survivront. Les plus forts » (1999). Le vélo est un sport de démesure et de durée mais aussi un rappel constant de la fragilité de la vie, de l'insupportable fatalité qui nous attend au détour de la tumeur, de l'anévrisme ou du chauffard ivre venant au-devant de nous. Pour Foglia, rien de mieux qu'une « promenade à vélo dans un cimetière pour se donner le goût de chanter, pour se féliciter d'être en vie » (1983).

Pédaler, lire et écrire, les trois choses qu'il dit aimer le plus dans la vie. Son œuvre en est le meilleur témoignage, ses sujets de prédilection y sont abordés des milliers de fois. Le vélo est fréquemment prétexte à éruptions littéraires, comme lors de cette randonnée dans son coin de pays, avec cet « abrupt chemin entre les vergers [qui] me tirait des râles d'agonisant, tandis que le vent debout me renvoyait dans la face les morceaux de mes poumons que je crachais par intermittence » (1981). Ou encore ce jour, dans un col de France, « on était tellement tout seuls sur la route en corniche qui venait d'être lavée de frais par une averse, la montagne était si silencieuse qu'on a entendu passer un planeur qui froissait l'air comme du papier de soie » (1997). Il s'extasie parfois de ces routes découvertes, ressenties, accouchées à bout d'efforts. Grimper des cols, de tous les bonheurs qu'il connaît :

... aucun ne m'apaise autant que ces chemins qui montent vers les hauts pâturages où, ici, paissent des vaches presque rouges... Je sais de plus grands bonheurs, mais aucun qui ne m'éloigne plus des épiciers et épicières, merci Dieu d'avoir créé aussi la mer où les épicières vont se tremper le cul, comme ça on ne les voit pas en montagne. (2011)

Parfois, le plaisir est moins essoufflant, mais il sait en tirer une image qui hantera l'esprit du lecteur. « On pédale le long d'un canal, une péniche nous suit, elle-même suivie par des canards, on a l'impression de tirer silencieusement toute la ville derrière soi, par un fil » (1996). Pas toujours besoin d'aller bien loin pour s'extasier, la beauté est au détour du chemin de campagne estrien. « Si vous êtes gentil, un jour, je vous emmènerai pédaler jusqu'au sous-bois où gargouille ce ruisseau où, cet après-midi, j'ai trempé ma casquette. Vous verrez, le vélo est de toute éternité » (2007).

On ne saurait douter des mérites multiples du vélo qui demeure, pour lui, « le plus beau, le plus grand, le plus difficile de tous les sports » (2005). Ou, dit autrement, « le plus fucké de tous les sports » (2002). Mais à condition de choisir ses circuits, de ne pas se laisser séduire par les endroits touristiques, lieux abusivement populaires pour son besoin de solitude et ses inclinaisons esthétiques aussi bien que littéraires. À son lecteur, il recommandera de fuir les guides qui l'envoient dans des endroits conventionnels tels que la Toscane, la Corse ou la Provence. « ... pédale la littérature, pas le Michelin, prescrit-il. Il vaut mieux pédaler les écrivains, Lapouge, Rolin, Bouvier, Jerome Charyn pour les États-Unis et Julien Gracq surtout, pédale Gracq, mon vieux » (2005). Et s'il faut absolument désigner des contrées, que ce soit les Pyrénées-Orientales, le nord de l'Italie et même le Vermont. Fuir le conformisme, pédaler dans la marge, voilà le mot d'ordre !

* * *

Pendant plus de trente-cinq ans à titre de chroniqueur, Foglia a eu la chance exceptionnelle de pouvoir faire coïncider passions et travail : littérature, voyage et sport. Aussi ne faut-il pas s'étonner de le retrouver régulièrement aux compétitions cyclistes où il est en territoire ami, partageant ses impressions et observations avec organisateurs, entraîneurs et cyclistes. Il lui arrive épisodiquement de se désespérer du manque de culture cycliste des Québécois qui n'en ont que pour le hockey, le football et le baseball. Il se désole de l'indifférence de la multitude face à des exploits sportifs exceptionnels, alors qu'elle se pâme pour quelques secondes d'effort au baseball, par exemple. Si on pouvait peser les performances sportives, le baseball ne représenterait que quelques grammes contre les deux cent cinquante tonnes de l'exploit d'un cycliste qui remporte une étape du Grand Prix Cycliste de Beauce, au sommet de la longue pente raide qui mène à l'Observatoire du Mont-Mégantic, écrit-il. Foglia est du reste indigné, voire insulté, par la rareté des spectateurs qui se déplacent pour assister à de telles épreuves, au point de dénoncer cet « analphabétisme pour tout ce qui n'est pas hockey ou baseball [qui] a quelque chose de décourageant, et d'insultant pour les coureurs » (1992). Rien de plus frustrant, selon lui, qu'une passion non partagée qui le fait passer pour un original et risque de persuader les patrons de son journal de ne pas y consacrer davantage de ressources. Foglia sait pourtant mieux que quiconque que c'est en Europe que le champion cycliste est reconnu comme l'est au Québec le joueur de hockey.

Foglia gagne en notoriété grâce à ses papiers consacrés au Tour de France. Il va jusqu'à accepter que certaines chroniques soient publiées en 2004 dans *Le Tour de Foglia*, petit livre dont il a déjà été question. Séjourner en France pendant trois semaines, parler quotidiennement de la course, des coureurs, mais surtout du pays et de ses habitants, c'est comme un retour à l'enfance. À cette époque, pour connaître les résultats de l'étape du jour, il fallait se réunir devant un tableau de la place de la mairie du village et attendre un ardoisier qui venait les afficher.

> Abusant de son pouvoir, l'ardoisier arrivait exprès en retard, se frayait lentement un chemin dans notre groupe de badauds, un papier à la main. Comme on l'enviait! Il savait, lui. « C'est qui? C'est qui? » l'implorait-on. Il résistait. La craie suspendue, il étirait l'instant délicieux où on allait savoir. (1995)

Foglia couvrira le Tour à plusieurs reprises, tout en sachant que sur le plan journalistique, la meilleure façon de le faire n'est pas de suivre le peloton dans les voitures de presse mais de s'installer près des lignes de départ et d'arrivée pour côtoyer cette faune d'athlètes, de soigneurs et d'entraîneurs, avant de regarder l'étape à la télévision pour réellement voir et analyser le déroulement des choses. «... on ne voit pas le Tour de France, quand on y est. C'est la plus grande fraude de l'histoire du journalisme. Tous les ans, près de 2 000 journalistes racontent une course qu'ils ne voient pas» (2011). En effet, suivre le Tour dans la caravane, c'est se retrouver en autobus pendant plusieurs heures, loin devant les coureurs, pour finalement regarder la fin de l'étape à la télévision au centre de presse installé à la ligne d'arrivée. Mieux vaut regarder la télévision dans un endroit sympathique qui lui donnera matière à chroniquer. De toute façon, pour les résultats, il y aura toujours les textes des agences de presse et de plus en plus ceux de médias internationaux, par le truchement d'Internet. Cela lui permet d'éviter ce qu'il déteste le plus dans le Tour, sa caravane longue de quelques kilomètres. Caravane criarde qui précède le peloton sur la longueur du parcours, avec ses dizaines de véhicules de commanditaires à partir desquels on lance à la foule de spectateurs des épinglettes, sacs de friandises, casquettes de vélo et autres articles promotionnels. Le tout dans une cacophonie inimaginable de musiques plus abrutissantes les unes que les autres. On imagine le dédain de Foglia pour ce qu'il qualifie de «plus extraordinaire parade d'épiciers au monde» (1998), c'est une «foire bruyante. Une kermesse cheap. Un gueulage incessant. Un garrochage de bébelles. Tout plastique. Et un coulis de dégueulis pour les couleurs» (1992). Le Tour provoque en lui deux sentiments contradictoires : l'amour et le dégoût.

> Le Tour de France est à la fois ce que j'aime le plus, le vélo, et ce qui me pue le plus au nez, la fête populacière. La fête populaire, c'est quand le peuple s'amuse. La fête populacière, c'est quand on amuse le peuple. Quand on lui crie des mots d'ordre dans des haut-parleurs, quand on le méprise en lui lançant des bébelles et des morceaux de pizza fluo, quand les mains se tendent, à moi, à moi, ici, ici, quand les poupounes en bottes blanches, sur les chars allégoriques, sont décidément trop poupounes. (2006)

Le plus souvent, le Tour sera l'occasion de parler de tout sauf de vélo. Raconter l'histoire d'une ville, vanter la cuisine de telle région, revenir sur les lieux de sa jeunesse de typographe ou évoquer un héros de la France, comme cette fois où le peloton arrive « en placotant et en riant des côteaux (*sic*) de la Haute-Saône pour traverser Colombey-les-Deux-Églises sans un regard pour l'immense croix de Lorraine de 140 pieds de haut qui se dresse dans le paysage comme de Gaulle lui-même se dresse dans l'Histoire » (2000). Ses reportages insistent sur la part d'imprévu de ce sport qui n'est prisonnier ni d'un terrain ni d'une limite de temps comme le hockey ou le football. Une autre parabole de l'existence en quelque sorte. « ... un sport où la vie peut arriver. Un village, des fleurs sur un pont, des moutons dans la montagne. Une crevaison. Une chute. La vie je vous dis » (1994).

Pour l'ethnologue de la pédale, le Tour, « c'est tout bêtement aussi des histoires à raconter. Des histoires d'hommes qui vont au bout de leurs forces, de leur courage, de leur talent. Cela ne les rend pas meilleurs, ni nous. Mais leurs petites morts sur la route nous distraient un instant de la nôtre » (1995). Ce que d'aucuns considèrent comme la plus grande épreuve sportive au monde, en tout cas certainement celle qui se déroule dans les plus beaux décors naturels, est en même temps une « épreuve initiatique, un bain de souffrance rédemptrice. D'ailleurs il me vient tout d'un coup que la seule différence entre un vélo et la croix où est mort le Christ, c'est le dérailleur » (1995).

Il est donc tout naturel que Foglia ait pour ces athlètes une admiration presque inconditionnelle, surtout quand il les compare aux centaines d'autres rencontrés pendant sa carrière. C'est dans cette épreuve la plus inhumaine de toutes qu'il affirme avoir « côtoyé les athlètes les moins amidonnés de gloriole. Être journaliste sportif c'est souvent se sentir comme un trou-d'cul avec une plume au bout, à genou (*sic*) devant un gigantesque égo (*sic*) avec une auréole ou une médaille autour du cou » (1993). Rien de tel avec les cyclistes du Tour. Il y a entre lui et ces coureurs une connivence, une complicité, un même amour pour ce qui les dépasse et les ensorcelle à la fois, la plénitude d'une fin d'étape. « Dès lors qu'on leur fait sentir qu'on partage leur passion du vélo, ils parlent. Parce que le vélo, je vous l'ai déjà dit, est un sport de parole (donc d'écriture). C'est un sport à raconter, et les coureurs adorent raconter leur course» (1992). Il lui arrive bien entendu de rencontrer quelques récalcitrants qui refusent de jouer le jeu ou méprisent les reporters agglutinés autour d'eux, et Foglia de se demander alors «comment ils peuvent être aussi grands sur leur vélo et aussi petits quand ils marchent à côté» (1998).

Écrire avec eux et pour lui, avant tout, et tant mieux si les lecteurs de *La Presse* apprécient. Il fait tout pour les séduire en tout cas, racontant le drame au quotidien, celui de la contre-performance démoralisante, de l'effondrement psychologique, de la mort même. Ce drame liquide des petites secondes qui fuient dans un contre-la-montre, et qui va déterminer le podium final, des «secondes comme les gouttes d'eau du supplice du robinet: elles ne causent pas d'inondations, elles attaquent le cerveau» (2001) à chaque point de repère chronométré. À d'autres occasions, l'arrivée du peloton annonce un sprint massif, lieu de tous les dangers de chute, moment spectaculaire «un peu bestial, un peu lubrique... Soudain, à un kilomètre de l'arrivée, la mer des coureurs est agitée d'une houle mauvaise, puis la tête du peloton explose et jaillissent, une, deux, trois fusées... Ce genre de rut-là, vous voyez? L'impression que le peloton vient d'éjaculer» (1993).

Les drames sont autant d'inspirations où s'entremêlent lyrisme et tendresse. Lors du Tour de 1995, par une journée de grande chaleur où il a ôté son casque, le coureur Fabio Casartelli est victime d'une chute mortelle dans la descente du col de Portet-d'Aspet, dans les Pyrénées. Sous le choc, Foglia est dans un état second. Il laisse couler un humanisme dénué de toute vulgarité, laisse parler son hypersensibilité. Il écrit qu'au lendemain de l'accident, le Tour s'est réveillé «sonné et exsangue. Il avait perdu beaucoup de sang pendant la nuit, comme Casartelli après sa grande claque d'asphalte» (1995). Il ne saurait être question d'interrompre la compétition, mais l'étape qui s'annonce sera unique. A lieu un départ très solennel avec, sur le toit de la voiture du directeur technique de l'équipe touchée, le vélo de la victime, «dressé contre le ciel... Magnifiquement dérisoire. Son numéro 114, barré d'un crêpe noir... Mais il a bien fallu partir. Le mort lui, est resté » (1995). Le peloton de cent vingt coureurs endeuillés roule en groupe, solidaire et recueilli, retournant dans les montagnes « en une longue et silencieuse procession. On a vu alors ces professionnels de la souffrance souffrir autrement. Du cœur » (1995). Ce sera la plus belle image qu'il gardera de cette édition du Tour. Le même peloton laisse ensuite les coéquipiers de Casartelli franchir ensemble la ligne d'arrivée.

> J'ai vu des grands trucs dans le sport. Jamais rien d'aussi émouvant que ces six garçons passant la ligne d'arrivée ensemble, au ralenti. Le peloton complice, en arrière plan. J'ai vécu des beaux moments dans le sport. Celui-ci a de particulier de ne pas couronner un champion, mais 120 hommes se concertant pour s'élever au-dessus du babouin. (1995)

Le tout sera résumé en une formule poignante : « Un seul coureur s'est échappé hier. Il portait un maillot noir. Ils ne le rejoindront jamais » (1995).

* * *

S'il excelle pour faire vibrer et émouvoir ses lecteurs, Foglia est moins clairvoyant quand il se livre à des pronostics, lesquels sont souvent marqués par l'émotivité et les coups de cœur, dus à sa nature lyrique, bien loin de la prudence du connaisseur avisé. Par exemple, en 2004, il prédit que Lance Armstrong ne finira pas le Tour, alors que l'Américain remportera son sixième maillot jaune.

Là où il se montre souvent le plus lucide, cependant, c'est en matière de dopage. Pour lui, il ne fait pas de doute que tout le peloton se dope malgré les centaines de dénégations qui se font entendre année après année. Il suggère même de mesurer le taux d'hypocrites au lieu du taux d'hématocrite.

> ... ceux du Tour de France feraient tous péter la balloune. Tous des sacrés menteurs. Les coureurs et leurs pitoyables démentis quand ils se font prendre, les sponsors « qui ne savaient pas ! », les médecins qui savaient trop, les journalistes

qui savaient tout mais ne pouvaient rien dire parce qu'ils n'avaient pas de preuves... et n'en cherchaient surtout pas. (1999)

Les scandales de dopage se répètent tant que nombre d'acteurs du milieu réclament l'arrêt des tours professionnels pour quelques années, et Foglia se joint à eux en 2002, afin de freiner la dérive pharmaceutique et briser l'omerta du peloton. Pour repartir à neuf, car « le dopage occulte la course, on ne voit plus le vainqueur, on voit seulement le flic qui fouille dans sa poubelle » (2002). Il n'y voit pas un problème moral mais une culture de la performance, de l'enrichissement, du poids des commanditaires qui veulent être vus à la télévision, une obligation faite à tous les coureurs de se mettre au même niveau que leurs coéquipiers et adversaires, de pouvoir signer un contrat pour l'année suivante. Chaque fois que le dopage vient se planter dans l'actualité, Foglia se sent « comme un chroniqueur politique au Moyen-Orient devant une nouvelle flambée de violence entre Israéliens et Palestiniens » (2006), tellement parler du même sujet l'épuise. Par ailleurs, il ne dénonce pas le recours aux produits pharmaceutiques mais le mensonge qu'il institutionnalise et les risques que la clandestinité fait peser sur la santé des athlètes. C'est pourquoi ces scandales ne malmènent en rien sa passion, qui demeure indemne.

> J'aime ce sport à la folie et je me fous, m'entendez-vous, je me contre-fous qu'ils se shootent à l'eau de Javel, au beurre de peanut ou au pipi de ouistiti enceinte. Ma passion se nourrit de leur déraison même, quand ils se jettent dans les lacets serrés des descentes, quand la course explose, quand ceux de devant s'enfuient, leurs pédales légères qui ont l'air d'effleurer l'asphalte ; et ceux de derrière qui restent soudain scotchés à la pente. (2002)

Cette même lucidité va le convaincre très rapidement qu'Armstrong est le champion toute catégorie du dopage en même temps que le plus grand cycliste de l'histoire, ce qui constitue un avantage insurmontable pour ses concurrents. Dès 1993, il évoque une « résistance et un rythme cardiaque qui embrouillent la médecine sportive » (1993) et anticipe ses victoires à venir sur le Tour. Il ne cache pas son admiration pour ce miraculé qui revient au vélo. « Toujours aussi baveux. Toujours rouleur de mécaniques. N'empêche. Il a battu ses trois cancers 14 à 0. Il est remonté sur son vélo. Il a gagné le Tour de France » (2000). Chaque course qu'il remporte est un cadeau pour le monde du vélo et pour ceux qui luttent contre le cancer. Cette admiration n'empêche pas Foglia de se moquer d'Armstrong qui répète que ceux qui le pensent dopé sont les mêmes qui affirmaient qu'il ne remonterait jamais sur un vélo après ses cancers. « Ça fait beaucoup de monde, bonhomme ! Personne, absolument personne, même pas ta mère j'en suis sûr, pensait que tu remonterais un jour sur un vélo » (2000).

* * *

Autant il a été clairvoyant pour Lance Armstrong, autant il aura été naïf pendant des années face au cas de la cycliste québécoise Geneviève Jeanson, au point de dérailler et d'y laisser une partie de sa crédibilité. Il s'entiche de la cycliste de petit gabarit dès 1999, voyant en elle du caractère, de la détermination et un exemple vivant de sa conception de l'éthique du travail et de l'effort. Il la dit « méticuleusement entraînée par André Aubut » sans se douter une seconde de ce que cette expression pouvait cacher en termes de dopage et d'abus dans certains cas. Enfin, écrit-il alors, en voici une qui a eu la chance de tomber sur un entraîneur « qui lui a enseigné un truc qu'on n'enseigne plus aux enfants de peur de les traumatiser... que rien n'arrive jamais dans la vie sans beaucoup de travail ni un peu de souffrance. Prononcer ce mot-là aujourd'hui – souffrance – c'est s'exposer à passer aussitôt pour un sado-maso » (1999). Cela seul pouvait expliquer ses succès comme sa domination lors d'une course qui a été une « démonstration d'une grande limpidité qui ne laisse place à aucun doute : une championne est née » (1999).

Foglia tombe littéralement sous le charme de « cette jolie petite blonde, double championne du monde » (1999). Elle que personne ne connaissait quelques semaines avant ses exploits rencontre un succès soudain, qui ne soulève pas l'ombre d'un doute chez lui. « Ni magie. Ni soudaineté. Ni facilité. Du travail. De la souffrance » (1999). D'autant plus ensorcelé qu'elle déclare qu'à l'âge de 13 ans déjà, elle lisait ses reportages du Tour de France et se promettait, « dans sa petite tête têtue... "un jour, je gagnerai une course que Foglia racontera dans *La Presse*" » (1999). Dans son bilan sportif de l'année 1999, il avoue lui devoir sa « plus intense émotion sportive de l'année... Et je la remercie infiniment de ce bonheur-là » (1999).

Le charme est si fort qu'il se portera à sa défense pour la protéger des perfides interventions de l'Association cycliste canadienne et de la Fédération québécoise des sports cyclistes. Le milieu cycliste s'inquiète de l'influence suspecte de son entraîneur privé. Qu'à cela ne tienne, écrit Foglia, qui ne jure que par les résultats. C'est tout ce qui compte. Il présente ces inquiétudes comme de simples marques de jalousie envers le succès d'une athlète qui réussit sans se soumettre à tous « leurs entraîneurs nationaux, leurs stages nationaux, leurs programmes nationaux... Ils ne le prennent pas. Comme si les succès de Geneviève Jeanson les renvoyaient à leur médiocrité, à leur inefficacité, à leurs paperasses, à leurs grandes gueules, à leurs nostalgiques souvenirs d'anciens coureurs... » (1999).

Il s'entêtera ainsi pendant quelques années, ne ratant jamais l'occasion d'écrire quelques lignes, voire quelques paragraphes, au sujet de celle qui est devenue littéralement sa protégée. Pour elle, il n'est jamais à court de formules, de métaphores, d'hyperboles. Comme cette course qu'il décrit, sans même en avoir été témoin !

Depuis quelques kilomètres Geneviève Jeanson mène un train d'enfer. Elle « fatigue la bête » comme disent les toréadors, avant de porter son attaque. Seules les cinq ou six meilleures peuvent rester dans sa roue pour l'instant. Le peloton des 70 coureuses s'est disloqué dès les premiers lacets de la pente. Geneviève se dresse soudain sur les pédales. Elle a assez fatigué la bête. Elle attaque. « Placer une mine », disent les coureurs. Vous comprendrez mieux si je vous dis une grenade. Elle dégoupille une grenade et la laisse tomber derrière elle. Boum, un trou. Elle s'en va toute seule... Derrière, les filles ont figé. Médusées. L'onde de choc, mais aussi l'affront. (2000)

Il y a dans cette relation plus que de l'admiration de la part de ce fou de vélo. Il y a un éblouissement certain, voire de l'aveuglement. Il admet bien entendu que Jeanson « fait du bien à ma culture qui est toute sportive, comme vous le savez. Comment dire? Elle me fait du bien parce qu'elle n'est pas incorporée au Delaware comme les Expos, si vous voyez ce que je veux dire. Ses affaires sont limpides, pas compliquées » (2000). Elle se mesure à « la crème survitaminée du cyclisme féminin européen » qu'elle largue quand elle veut, dans la première côte. Après avoir bu ses paroles lors d'une conversation téléphonique où elle raconte ses exploits de l'épreuve du jour, il les reproduit en y mettant beaucoup de lui-même.

Geneviève l'a jouée en douceur. Au train. Comme si ce mur de Huy, avec ses passages à 20 %, n'existait pas. Où ça, un mur? Vous avez vu un mur quelque part, vous autres? Ça, ça écœure. T'es après vomir sur ton guidon et l'autre s'en va aux fraises avec son petit panier sous le bras en chantant la belle de Cadix a des yeux de velours, tchika tchik ayayaille. Bon, faut que je vous laisse monsieur Foglia, faut que j'aille faire pipi pour le contrôle antidoping. Va, ma fille, va. (2000)

Avec elle, et grâce à elle, il a enfin accès à une championne mondiale. Il la voit jusque dans sa soupe. C'est comme revivre un jour d'enfance.

J'ai douze ans. À genoux sur une chaise pour être à la hauteur du poste de radio, l'oreille collée au poste, j'écoute l'arrivée du Tour de France (ma mère croyait que plus le son était fort, plus ça coûtait cher d'électricité. C'est pour ça qu'on l'écoutait si bas). Cette année-là Fausto Coppi détruisait la course comme Geneviève a détruit le mont Royal samedi. J'avais douze ans, pas de vélo. Je n'avais jamais vu un peloton de ma courte vie. C'était bien avant la télé, évidemment. Mais je «voyais» Coppi monter vers Sestrières, je «voyais» la route, à l'époque presque un sentier muletier. Je «voyais» les autres derrière, abattus, résignés.

Et je voulais vous dire, Geneviève, samedi aussi, j'ai tout «vu». Les plus grands exploits ne sont pas grands de leur seule réalité. Ils sont grands surtout par leur résonnance (*sic*) en nous. (2001)

De telles chroniques dithyrambiques, il y en a tellement qu'on croirait lire son relationniste. Un jour, la voilà qui arrive chez Foglia, avec son entraîneur et un ami, pour une randonnée que les quatre doivent faire ensemble. La chose l'excite tellement qu'il raconte en avoir mal dormi la veille. C'est sa première rencontre avec la «petite» qu'il présente ainsi, pour la distinguer de Lyne Bessette, l'autre grande cycliste du Québec. Il en tire une autre chronique apologétique de cette athlète qui «s'est entraînée dans le désert. Elle a roulé dans les cactus (et peut-être même qu'elle en a mangé sans ôter les épines, pour se durcir le caractère, on peut s'attendre à tout de quelqu'un qui n'aime pas la crème caramel)» (2000). Il défend bien entendu son entraîneur, André Aubut. Il revient enchanté de sa lente randonnée de soixante-dix kilomètres avec cette «reine» qui, en plus, aime écrire...

Il va donc se réjouir des nombreuses victoires de Jeanson, s'attrister de ses quelques échecs et défaillances, au point de s'attendrir à sa «première défaite. Sa première claque qui fait mal. Elle a pleuré à chaudes larmes. Comme une enfant» (2000). Il en rajoute :

Pauvre petit hanneton glué à la pente du mont Royal [...] Il a fallu que cela arrive chez elle... Devant des milliers de personnes venues tout spécialement l'encourager. Ils l'avaient vu (*sic*) à la télé. Ils avaient entendu dire qu'elle s'était couverte de gloire en Italie, en Australie, en Belgique. Ils voulaient la voir gagner. Elle a craqué. Ce n'est pas un hasard. L'obligation de performer. La peur de décevoir. On appelle cela tout bêtement la pression. (2000)

Lorsque, cinq ans plus tard, Jeanson est victorieuse sur le mont Royal, il s'emballe au point de suggérer de graver son nom sur le roc de la montagne, pour marquer ce qui « ne fut pas une victoire mais un sacre, comme pour une reine. Geneviève-Première reine du mont Royal » (2005).

Pendant toutes ces années pourtant, des rumeurs parvenaient à percer la loi du silence du peloton. Sans y aller d'accusations franches, quelques-unes, comme Lyne Bessette, insinuent qu'il y a quelque chose d'anormal chez cette Jeanson. Foglia y voit tout de suite le fruit de frustrations, refusant catégoriquement d'envisager que sa protégée triche et prive Bessette de victoires. Dans le scénario qui est le sien, Bessette est la grande méchante hargneuse pour ses défaites et Jeanson la petite victime de son succès. Au fil des chroniques, Foglia ne cesse d'égratigner Bessette et son entourage, y compris certains journalistes proches de ce qu'il considère comme le clan adverse. Il accuse cette dernière de « bitcher » Jeanson, qui lui ferait de l'ombre. C'en est trop pour Bessette qui lui impose, par courriel, de ne plus jamais lui demander d'entrevue. À chaque occasion qui se présente, il en profite pour renchérir et se venger de ceux qui ont osé s'en prendre à la petite blonde. Il ne peut tolérer « le salissage organisé, et entretenu par la suite par une petite clique qui a fait de Jeanson une pestiférée dans le peloton bien avant les rumeurs de dopage, [c'est] une des pires écœuranteries que j'ai vues dans le sport » (2004).

Il racontera un jour comment il est passé au camp Aubut-Jeanson, contre le clan Bessette, puisqu'il était impossible « de tripper les deux en même temps, il fallait choisir son camp – les Capulet ou les Montaigu. J'ai fait un grand papier sur Bessette, j'en ai fait un autre sur Jeanson, j'ai choisi le camp de celle qui m'a dit merci » (2007).

* * *

En agissant de la sorte, au début des années 2000, Foglia ne sait pas qu'il s'est joint au clan du mensonge et de la tricherie, dont il se fait le complice par aveuglement. Sa conviction est telle qu'il se permet à quelques reprises de donner des leçons aux journalistes qui osent aborder la question du dopage de Jeanson, journalistes immanquablement liés au clan adverse dans sa vision mani-chéenne. Car c'est bien de cela qu'il s'agit pour lui, quand quelques journalistes mentionnent qu'un orthopédiste est convoqué de-vant le Conseil de discipline du Collège des médecins du Québec, pour avoir prescrit de l'EPO à une athlète dont le nom ne peut être dévoilé pour des raisons légales. Foglia compte parmi les pre-miers informés de cette affaire. Quand il l'apprend, il se rend à la clinique du médecin, qui ne semble pas tant préoccupé par ces accusations, pensant même atténuer les ennuis de son entourage en plaidant coupable. Foglia raconte l'avoir alors invectivé, car cela menaçait de «foutre en l'air la carrière d'une super athlète» (2003). Pour lui, il s'agit d'une histoire non pas de dopage mais de médecin stupide, écrit-il à l'intention de l'animateur radiopho-nique René Homier-Roy, de Radio-Canada, qu'il prend alors en grippe.

Face à ces faits troublants, il se dit absolument convaincu que «"X" n'est pas dopée» (2003). Même s'il est interdit d'identifier l'athlète, tout le monde comprend qu'il s'agit de Jeanson, une pauvre victime. «On est en train de détruire la réputation d'une athlète exceptionnelle que je crois innocente dans tous les sens du mot innocent, ce qui n'exclut pas une grande part de bêtise» (2003). C'est la raison pour laquelle lui et un autre journaliste, Pierre Hamel, de *Vélo Mag*, ont décidé de ne rien publier à propos de cette histoire, jusqu'à ce que d'autres médias s'en chargent. Il ne fallait surtout pas risquer de détruire la carrière de Jeanson à cause de ce médecin accusé de lui avoir administré de l'EPO une seule fois. «Déjà que le milieu cycliste la tient à l'écart, déjà que la rumeur l'assassine depuis le début de sa carrière, accoler l'EPO à son nom, c'était lui donner la lèpre pour toujours» (2003).

Puis arrivent divers incidents qui auraient dû l'alerter, dont un «oubli» de Jeanson de se présenter à un contrôle antidopage, des tests qui révèlent des taux dangereusement élevés d'hémato-crite dans le sang, indicateurs d'un dopage sans toutefois consti-tuer une preuve formelle. Foglia s'agrippe à cet espoir, mais autour de cette histoire tournent des journalistes aguerris qui flairent le scandale. Il sent quand même que l'étau se referme, et le chroniqueur devient alors davantage un conseiller au service de son idole qu'un journaliste au service du public, voire de son journal, qu'il prive d'informations privilégiées. Il conseille à Jeanson de prendre les devants, de s'identifier comme la fameuse patiente «X», puisque de toute façon d'autres médias vont le publier d'un jour à l'autre. Il continue à croire en son innocence pour un temps encore. Par sentiment et par amitié, il ne «l'imagine pas mentir avec cet aplomb» (2003) quand elle dément toute accusation de dopage.

Mais cela ne peut durer plus longtemps. Les indices s'accumulent, les langues se délient. Il est bien obligé d'admettre que «les faits commencent à être pesants. Et si la fille... continue d'être attachante, la voilà qui file des petits mensonges, par exemple sur son taux d'hématocrite qu'elle garde secret tout en soutenant qu'il est très près de la limite. Or on sait de plusieurs sources maintenant qu'il est au contraire très, très haut...» (2003). Cela renforce la thèse du dopage.

Il n'est jamais aisé de changer d'opinion, surtout quand on risque d'y perdre la face, de devoir admettre publiquement son aveuglement. Cela prend du temps, des mois et des années. Il faut que nos défenses se révèlent de moins en moins efficaces, moins crédibles même à nos yeux. Il se réjouit certes d'un test d'urine négatif mais sait en même temps que cela ne prouve rien. Surtout qu'il s'avère que l'entraîneur Aubut connaissait très bien le médecin accusé et que ce dernier était en réalité proche du clan Jeanson. Foglia doute que sa protégée ait consulté ce médecin par hasard. D'une chronique à l'autre, il oscille entre la lucidité douloureuse et le confort du déni.

Il fait parfois appel à la pitié pour qu'on laisse tranquille cette athlète de 22 ans qui «vient de passer à travers une série d'épreuves assez difficiles pour une jeune femme de son âge... Bref, on est en train de la démolir. Qu'on foute en l'air sa carrière c'est un moindre mal. Il y a une vie après le vélo, encore que Pantani ne serait pas de mon avis» (2004). Il évoque à dessein ce champion déchu mort d'une overdose de cocaïne, voulant ainsi rappeler aux personnes en position d'autorité «que la santé de cette jeune fille dont [elles] prétendent se soucier tant, c'est aussi sa santé psychologique» (2004).

Mais en 2006, quand Jeanson est suspendue à vie, il ne peut plus fermer les yeux. Il se rend compte du ridicule dont il s'est couvert les années précédentes en gobant tous les mensonges qu'on lui servait et qu'il était disposé à accepter. «Cocu vous dites?» (2006). C'est vraiment ainsi qu'il présente les choses. Avec le recul, il voit toutes les irrégularités qui auraient dû l'alerter. «Mais il y avait Geneviève, à l'époque éblouissante. C'est peut-être pour ça que je n'ai pas allumé, parce que je l'étais déjà» (2006), confesse-t-il en invitant ses lecteurs à ne pas se méprendre sur leurs relations, puisqu'ils ne se sont vus que quelques fois. Il n'empêche, il y avait ces courriels, ces appels téléphoniques, ces complicités littéraires et sportives... Mais il ne cache pas sa tristesse pour cette:

> ... gamine qui pétillait et qui est devenue rouée, manipulatrice, une bonne femme quoi. Je suis triste de ce sourire d'ange qui cache un crocodile. Je suis triste qu'elle n'ait pas saisi la perche que je lui tendais quand je lui ai dit un jour: regarde Geneviève je suis ton ami, je te crosserais jamais, que tu prennes de la dope ou que t'en prennes pas je m'en CONTRECRISSE. (2006)

Le coup fatal lui sera asséné en 2007, quand elle se confessera au journaliste Alain Gravel, de Radio-Canada. Foglia, qui s'était porté si souvent à sa défense, accepte difficilement de ne pas être choisi pour recevoir ses confidences, ne serait-ce que par amitié. Il n'éprouve aucune sympathie pour l'entraîneur Aubut, mais le lynchage que lui réserve Jeanson le dégoûte. Ce serait trop simple qu'il y ait «d'un côté un bourreau, de l'autre une victime. Les choses sont beaucoup plus grises, beaucoup plus troubles. Victime ne veut pas dire innocente» (2007).

Bien des lecteurs vont compatir avec le cocufié, le naïf, et il veut les rassurer, peut-être même essayer de regagner un peu de crédibilité. «Je n'ai pas appris jeudi soir que Geneviève Jeanson se dopait. J'ai commencé à le croire bien après tout le monde, c'est vrai, mais ça fait quand même deux ans. Quand elle s'est fait prendre au tour de Toona, ça va, j'avais compris» (2007). Il prétend ne pas être fâché qu'elle lui ait menti, car elle l'avait fait avec tout le monde, y compris sa famille et ses commanditaires.

Il finira même par reconnaître la supériorité de Lyne Bessette, car sans EPO Jeanson aurait couru dans l'ombre de la grande, ne se serait pas enrichie avec des commanditaires importants. Il lui faudra encore quelques années pour s'en remettre, avant de commencer à égratigner son idole déchue. «Peut-être que toutes les histoires de sport devraient commencer comme ça : une fois, c'était un gars qui voulait se faire allonger la queue. Oui, mais quand c'est une fille ? Une fois c'est une fille qui s'appelait Geneviève » (2010).

Pour essayer de défendre cet aveuglement volontaire, que des membres du milieu cycliste désignent comme le syndrome Foglia, il réinvente le syndrome de la montagne, qui se résume à ceci : «quand t'es dessus, tu ne la vois pas» (2011). Il en a été victime au même titre que bon nombre de journalistes des États-Unis qui se sont fait avoir pendant dix ans par Lance Armstrong. Trop de proximité, trop de sympathie, trop d'adulation, de patriotisme dans certains cas. «D'où le syndrome de la montagne, auquel on pourrait donner mon nom puisque je suis le premier à l'avoir formulé, syndrome de Foglia comme on dit syndrome de Down sauf qu'il ne s'agit pas de trisomie 21 – un peu quand même – il s'agit d'aveuglement» (2012).

Au terme de cette aventure, Foglia acceptera de participer – chose rare – à une entrevue radiophonique l'opposant au journaliste sportif Robert Frosi, de Radio-Canada. Il s'y défend très mal et reconnaît avoir été pathétique. Il a accepté cette humiliation publique «pour des raisons qui n'ont rien à voir avec Jeanson, des raisons que, pour une fois, je vais garder pour moi» (2007). C'était peut-être une façon de payer sa dette à Frosi, qui avait été le premier à ébruiter l'affaire Jeanson et qu'il avait attaqué dans une de ses chroniques. Foglia tente de se montrer bon perdant. « ... comme je le dis souvent aux gens qui se plaignent parce que je viens de leur donner du bâton : arrêtez donc de geindre, vous n'en mourrez pas. Je n'en suis pas mort. Et cela a fait plaisir à tellement de gens » (2007).

Il n'empêche, dans l'œuvre de Foglia, il manque une chronique. Celle où il s'excuserait sincèrement, sans ironie ni faux-fuyant, auprès de Lyne Bessette.

Chapitre XVIII
Le libertaire

«Dans un autre pays que celui-ci j'aurais un camp, un parti, à peu près celui des pacifistes, des écolos et des syndicalistes, la gauche libertaire si vous voulez» (1997).

«Je vous le répète parce que cela revêt une certaine pertinence aujourd'hui: zéro fois. Jamais. Un million de fois dans le journal de ce potentat si ardemment fédéraliste je me suis plu à écrire, en toute liberté, que le Québec n'est pas, ne sera jamais le Canada, et qu'il devrait s'en affranchir.
Jamais un mot de sa part [parlant de Paul Desmarais, au moment de son décès]» (2013).

«On l'oublie souvent, en plus d'étouffer, la censure salit.» (2002).

Foglia n'a pas constamment le mot liberté à la bouche, à la plume ou au curseur. Avant de la revendiquer, il l'incarne. Il s'inscrit dans une tradition européenne proche du milieu libertaire, à ne pas confondre avec le libéralisme, le libertinage, le néolibéralisme et encore moins le libertarianisme. Si ces notions renvoient toutes à l'individualisme, elles en représentent des déclinaisons économiques, sociales, morales et amorales. Les libertaires sont plus proches des anarchistes, rejetant l'État et l'autorité tout en plaidant en faveur d'une égalité totale – notamment des chances – entre citoyens, ce qui passerait par l'abolition de la propriété privée et du libre marché. Les libertariens sont tout aussi assoiffés de liberté individuelle, mais celle-ci ne peut s'exprimer si on impose l'égalité, car cela revient à brider la capacité de chacun à tirer profit de ses talents, et des différences de cette capacité résultent inévitablement des inégalités.

Foglia est devenu un libertaire pragmatique, par opposition au libertaire utopiste qu'il a vraisemblablement été plus jeune, au temps où il admirait Rosa Luxemburg, «cette anarchiste qui s'ignorait (elle se disait communiste)» (2009). Cela suffit amplement, on l'a vu plus haut, pour se placer inlassablement en opposition avec l'ordre socio-économique de la société québécoise, et plus généralement des grandes sociétés occidentales. Cette posture philosophique, il ne prend pas la peine de la théoriser outre mesure, afin de ne pas trop ennuyer son lecteur. Mais il la lui sert à toutes les sauces au risque de se contredire, chose inévitable sur quelques milliers de chroniques.

Le libertaire en lui accueille donc favorablement une décision majoritaire de la Cour suprême du Canada, laquelle estime qu'interdire la publicité sur les produits du tabac brime la liberté individuelle. C'est pour lui une «réconfortante victoire remportée sur l'ordre moral, sur cette idéologie de la prévoyance qui veut notre bien contre nous-mêmes», écrit-il avant de proposer l'argument fallacieux de la pente glissante.

> C'est au nom de cette idéologie de la prévoyance qu'on veut nous empêcher de fumer, de doper, qu'on nous oblige à boucler notre ceinture, qu'on nous obligera demain à porter un casque en vélo, à manger des fibres pour ne pas attraper le cancer (qui coûte si cher), à faire de l'exercice, à embarquer un brigadier dans les autobus scolaires. Qu'on supprimera la violence à la télévision... (1995)

Il reprend ici son antienne contre tous ceux qu'il qualifie de curés de la santé, de la sécurité publique, du risque nul, de la société aseptisée en somme. Pas juste les curés, les «casques de bain» aussi, tous ces fonctionnaires occupés à réglementer votre vie. «Crisse qu'on serait ben dans la vie, sans les casques de bain» (1988). Ces fonctionnaires qui trouvent toujours dans l'interdiction ou l'empêchement la réponse à un problème, qu'ils ont souvent inventé du reste. Il n'en veut pas particulièrement aux individus qui œuvrent dans la fonction publique, mais il les trouve plus collés à la théorie et à leurs normes qu'aux solutions et au service public. Contre ces prescriptions, il revendique sa liberté individuelle qui consiste, par exemple, à porter un casque si on trouve raisonnable de le faire, et à l'enlever aussitôt que ça devient obligatoire. «La liberté n'est jamais une obligation civique, une vertu personnelle, une réponse satisfaisante à une question morale» (1999), énonce-t-il.

Foglia atténue fréquemment ses affirmations dans d'autres chroniques. La notion de liberté n'échappe pas à cette règle, car a-t-il seulement terminé de la célébrer qu'il en pose ailleurs des modulations, notamment quand il insiste sur le respect de certaines règles. Celles qui fondent le civisme par exemple, qui est avant tout acceptation de contraintes librement consenties. Quand la règle devient interdiction ferme, faisant fi de toute nuance, il y voit du fascisme, rien de moins. Comme pour ces fumeurs qui, par civisme, s'empêchent de fumer dans des lieux fermés, «mais voilà qu'on leur interdit de fumer en public, à l'air libre, aux terrasses des cafés par exemple. C'est du pur fascisme. Quand la contrainte se fascise, alors le civisme exige de la refuser» (2005). Une autre fois, évoquant la soif de liberté des militants iraniens à qu'il rend visite, il évoque l'exaltation qu'elle peut générer et les trouve chanceux «d'être au bord de quelque chose de grand, de quelque chose de fort. La conquête, c'est la plus belle part de la liberté. Après, quand on l'a conquise, il faut la limiter. C'est pas mal moins distrayant» (2001).

Il est par ailleurs conscient du fait que le mot peut servir de justification à la médiocrité, quand elle devient prétexte au laisser-aller, à la facilité. Visant les jeunes des écoles et des universités, il leur assène que la liberté qu'ils revendiquent est souvent celle d'être cons quand ils refusent tout d'abord de s'instruire ou de s'engager, ce qui est liberticide en soi. «Quel usage voulez-vous que le con fasse de la liberté d'opinion puisqu'il n'a rien à dire? De la liberté de circuler puisqu'il ne sait pas trop où aller? De la liberté de presse puisqu'il ne lit pas le journal?» (1999). Il voit dans le refus d'apprendre une demande de liberté stupide qui annihile toutes les autres. «C'est la première chose, jeunes gens, que je voulais vous dire sur la liberté: fermez donc vos gueules et apprenez» (1999), admoneste le précepteur. En même temps, il les encourage à dépasser ce premier niveau de conformisme, comme un musicien apprend ses gammes avant de composer. Il faut apprendre, puis renverser la vapeur, en toute lucidité cette fois, et non par paresse. «...quand vous aurez appris, désapprenez. Refusez les contraintes. Prenez des risques. La liberté comporte toujours des risques» (1999).

On retrouve chez lui une recherche constante de grandes libertés et de petites délinquances, qui se manifeste comme une contestation de principe de valeurs établies, qu'il ne faut pas confondre avec la réfutation de toutes valeurs. Le libertaire est aussi moraliste, faut-il le rappeler? C'est par provocation qu'il se vante, à quelques reprises, d'avoir volé des livres dans les librairies, mais c'est aussi pour assumer ses libres transgressions.

> Je banalise le vol à l'étalage? Vous avez tout compris, je vous félicite, c'est exactement ce que je suis en train de faire, et c'est exactement ce que c'est: un vol banal. Je fais autre chose aussi: j'assume ma condition d'individu à responsabilité limitée. Mon droit à désobéir aux lois du groupe. Mon droit à ne pas avoir le même centre de gravité (et le même sens de la gravité) que celui de la société. (1999)

Une autre fois, se retrouvant à Beijing au début des années 1980, dans le cadre d'un voyage à vélo, il se fait un plaisir de désobéir aux consignes des autorités interdisant de sortir de l'hôtel en soirée. Il ne se passe pas une heure entre cette interdiction et son évasion, qui lui permet de pédaler en solitaire dans la capitale chinoise. «J'étais déjà tout étourdi de bruit et de mouvement, déjà émerveillé, déjà conquis. À ma griserie se mêlait aussi le plaisir de l'école buissonnière, de l'interdit transgressé. Plaisir bien enfantin direz-vous, mais c'est là la faute des autorités chinoises qui nous traitaient comme des enfants » (1982).

* * *

Chez Foglia, le discours libertaire s'inscrit dans un combat contre la censure, la rectitude et le conformisme que voudraient imposer les censeurs avec leur conception du bon goût. Être libre, c'est transgresser ce conformisme ambiant, afin d'ébranler, voire d'insulter, ceux qui se sont autoproclamés juges du discours et des bonnes manières. « Rien n'est plus tartufe (*sic*) que le rire des censeurs. Plus ils pensent lourdement, plus ils réclament de la drôlerie fine. Plus ils écrivent comme des pieds, plus ils rient de la tête. Plus ils raisonnent comme des tambours, plus il faut leur jouer du pipeau » (1989). Elle est insidieuse et virale, cette censure. Une fois qu'elle a pu s'installer, tous peuvent être contaminés, brimés. Derrière des allures raisonnables ou ne portant pas à conséquence, comme enlever un gros mot ici et là dans une chronique, elle peut devenir sournoise et mutiler aussi bien le propos que le style. Il faut d'autant plus y être sensible qu'elle est l'œuvre des sources d'information, des entreprises, des gouvernements et autres pouvoirs institués.

À plusieurs reprises, il se livre à des attaques en règles contre ceux qu'il tient pour des censeurs, ces bien-pensants qui croient qu'il suffirait « de censurer la connerie pour qu'elle disparaisse » (2009). Même intransigeance pour ceux qui voudraient retirer un livre du marché, le faire bannir. « Quelle qu'en soit la teneur. On le critique. On le dénonce. Mais on ne le retire pas. C'est de la censure primaire. De l'intégrisme. De la chiure d'ayatollah » (1993). Tout cela, certes, dans les limites de la loi, surtout en matière de diffamation. Même avec ceux dont il se sent politiquement le plus proche, Foglia est sans indulgence. Il n'hésitera pas à s'en prendre à Pierre Bourgault, qui proposait que l'État impose temporairement des limites à la liberté d'information des médias au lendemain de l'indépendance, en cas de troubles sociaux. Foglia suggère qu'il faudra au contraire « se dépêcher de reconfirmer la liberté absolue de la presse », ne serait-ce que pour ne pas encourager une certaine faction radicale du mouvement indépendantiste, «punks fleurdelysés [...] d'aller faire les mongols à Radio-Canada ou à *La Presse* ou au *Devoir* ou ailleurs où l'on ne sera pas d'accord avec eux» (1990). Bref, ne rien faire qui puisse légitimer les attaques contre la liberté d'expression.

Une même conviction libertaire l'anime quand il s'oppose à ceux qui réclament le congédiement du commentateur sportif Don Cherry, en poste à la CBC. Cherry est connu pour ses propos misogynes, xénophobes et francophobes, ce qui en fait certes «un des pires imbéciles qui ait (*sic*) sévi dans le sport, un univers pourtant très riche en nuls, en intempérants bavards et en fatigants de toutes espèces» (1998). Pas question pour autant – ou pour si peu – de légiférer quelle connerie serait acceptable, ce serait se lancer dans une chasse aux sorcières sans fin. Il se désole même que la controverse entourant les propos de Cherry ait convaincu la compagnie Bell de ne plus commanditer sa chronique. Il invite son lectorat à faire abstraction de l'individu pour le ramener à un débat de principe. «On est devant un très puissant annonceur qui sanctionne un contenu éditorial. Aussi pourri que soit ce contenu, la décision de Bell va dans le sens d'une aseptisation de l'environnement éditorial [...] On est devant un puissant annonceur qui dicte sa morale» (1998). Cette morale des grandes entreprises, il la trouve «dix fois plus pathologique, cent fois plus redoutable que la connerie de Don Cherry. Elle soumet l'opinion. Elle lave plus blanc» (1998), écrit-il avant de céder encore une fois à la tentation de l'argument fallacieux de la pente savonneuse. «La prochaine fois que Bell retirera ses annonces, qui sait, ce sera peut-être parce qu'elle n'aime pas l'orientation politique du média ou parce qu'on y a parlé de cul, d'avortement, de cigarettes» (1998).

Mais lui-même n'est pas à l'abri de la tentation et saute brièvement dans le train des censeurs de l'animateur radiophonique Jeff Fillion. Cela se produit en 2004, à l'occasion du décès de l'acteur Jean-Louis Millette, aux funérailles duquel la comédienne Andrée Lachapelle lit un texte.

... texte bouleversant que ce Jeff Fillion a repassé à son émission mais en le ponctuant de bruits de pets. Des pets, oui. Des flatulences. J'eusse trouvé la chose tout aussi inacceptable s'il s'était agi d'un homme politique ou d'une personnalité controversée, mais Jean-Louis Millette? Cet aimable saltimbanque? Ce considérable artiste? On touche ici à l'ignoble. Pour la première fois de ma vie, j'appelle à la censure. Encore que dans mon esprit, il ne s'agisse pas vraiment de censure. Ce type est un étron. Il faudrait bien que quelqu'un tire la chasse. (2004)

Quelques jours plus tard, il s'en excuse. Lui qui défend le droit à la connerie, il reconnaît être allé trop loin, même si dans le cas de ce «con qui pète exprès devant un mort, il n'y a pas le plus petit espace de discussion, on est en deçà de tout. On est dans l'abjection. Seulement en parler, c'est se salir» (2004). Plus tard, il observera que le fait que «des dizaines de milliers de personnes soient descendues dans la rue pour le défendre, confondant ainsi la liberté d'expression et le droit des étrons à puer, ne fait qu'ajouter à la pestilence universelle» (2004), faisant référence aux protestations suscitées par la décision du Conseil de la radiodiffusion et des télécommunications canadiennes (CRTC) de ne pas renouveler la licence de diffusion de la station radiophonique en question.

* * *

Libertaire, indépendantiste de gauche employé par un milliardaire fédéraliste, dans un contexte où la liberté journalistique est conditionnée aux limites imposées plus ou moins subtilement par les propriétaires et gestionnaires de médias[58], il n'en faut pas plus pour que Foglia se voie dans l'obligation de se défendre contre ceux qui doutent de sa liberté réelle. On a vu plus haut une affirmation franche de sa liberté voisinant avec des exemples de chroniques *pro domo*, où il défendait ses patrons, la famille Desmarais. Pendant toutes ses années passées à *La Presse*, il a sans cesse repoussé les limites de l'espace de liberté mis à sa disposition,

---

58. Voir Bernier, Marc-François. *Journalistes au pays de la convergence : Sérénité, malaise et détresse dans la profession*, Québec, Presses de l'Université Laval, 2008.

parlant ici du joint fumé sur la place Tiananmen, ailleurs attaquant la religion. «... j'ai essayé tous les langages, la religion, le cul, le vol dans les librairies... le dire c'était épouvantable[59]», sans jamais se faire rabrouer ou censurer, confie-t-il. Il lui arrive parfois de se demander ce qui reste à être censuré dans une société où le consentement est soigneusement entretenu par des commanditaires, des annonceurs, des gouvernements, des médias et même des chroniqueurs comme lui. Il exprime alors une critique englobante, macrosociologique.

> La censure n'existe pas. C'est dommage parce qu'on désapprend le plaisir de la narguer. La censure n'existe pas en démocratie. L'autocensure suffit pour maintenir l'ordre. On est libre, c'est vrai, mais tout est prévu pour qu'on n'en profite pas. Si les Soviétiques étaient moins cons, ils fermeraient leurs prisons pour ouvrir des grands centres commerciaux où on pourrait acheter n'importe quoi : du Oka et des journaux avec des chroniques flyées. Ça leur coûterait moins cher en armée, en police secrète, en fonctionnaires. Et ils garderaient le contrôle pareil... (1980)

Il a une connaissance tacite de ce qui serait intolérable, comme attaquer directement la famille Desmarais, même s'il ne se limitait qu'à relayer la parole d'un lecteur, une pratique qui a déjà mené l'éditorialiste André Pratte, alors chroniqueur, au bord du congédiement. Comme tous les journalistes, et comme un peu tout le monde du reste, Foglia exerce son droit à l'autocensure. Cela prend parfois des allures de boutades peu convaincantes. En 1981, par exemple, des lecteurs attirent son attention sur des immeubles du centre-ville de Montréal, immeubles ayant une certaine valeur patrimoniale mais démolis parce que devenus vétustes par la faute de leur propriétaire... Power Corporation. Voilà exactement le genre d'événement qui, autrement, serait de nature à susciter sa réprobation. Mais il opte plutôt pour une chronique dans laquelle il légitime la destruction tout en se livrant à un procès d'intention envers ceux qui s'y

---

59. Entrevue avec l'auteur, 28 décembre 2014.

opposent, mettant en doute leurs motivations, ce qui lui permet d'éviter une mise en cause des intérêts de son employeur.

> Je ne vois pour l'instant que des financiers qui financent, des promoteurs qui promotent, des démolisseurs qui démolissent, des propriétaires qui vendent, ont vendu ou vont vendre, et à très bon prix merci. Il y a aussi ceux qui signent des pétitions mais je ne les crois plus : s'ils étaient les propriétaires des maisons qu'ils veulent voir restaurées, que vaudrait leur attachement au patrimoine ? [...] Dites n'importe quel chiffre en haut de 200 000... (1981)

* * *

Il entretient avec le système démocratique une relation marquée par le désenchantement, voire un désabusement proche du cynisme. Sa culture démocratique jacobine est celle où le citoyen n'était pas constamment consulté puisqu'il confiait le pouvoir à ses représentants pour une période déterminée et acceptait en quelque sorte le cours des choses. Les élus n'avaient pas la continuelle obligation de séduction et de satisfaction de clientèles spécifiques. Les minorités devaient se plier aux décisions de la majorité, et tolérer des solutions satisfaisantes pour le plus grand nombre, qui lui-même ne devait pas être sourd aux minorités. Cela a façonné sa conception de la démocratie qui « est la capacité d'une communauté à réaliser le projet choisi par une majorité, ce qui suppose une grande tolérance et beaucoup de médiation » (1997). Elle est culture du dialogue, donc, plutôt que décret ou arrogance, même s'il faut certains jours trancher dans le vif, au risque de faire des mécontents. Au moment de la fusion des municipalités décrétée par le gouvernement du Parti québécois, en 2000, Foglia s'y oppose comme bien d'autres. Mais il demeure cohérent avec sa conception jacobine.

> Combien de fois ai-je écrit dans cette chronique que les gouvernements n'avaient d'autre programme que de se faire réélire, de flatter l'opinion publique, de gouverner par

sondages. Gouverner, c'est forcément prendre le risque d'être impopulaire. Il me semble que c'est ce qu'il fait ici.

Je suis contre les fusions municipales. Si c'était à moi de décider, y'en aurait pas. Mais c'est pas à moi de décider. On a élu des gens pour ça. (2000)

À ceux qui l'interpellent, ou l'invectivent, en proposant une démocratie consensuelle, il dit préférer celle qui mise sur la « capacité commune de vivre avec nos désaccords. Après qu'on les a dits, haut et fort, non pas "se ranger", ni même se rallier, simplement accepter que les gens que l'on a élus pour cela, gouvernent, fût-ce contre notre raison » (2001).

Chez Foglia, il n'y a pas pour autant d'encouragement à la résignation et au silence. Pas question de fermer la gueule des perdants au lendemain d'une élection ou d'un référendum perdu, sous prétexte que la démocratie « aurait parlé », comme le veut l'expression populaire et populiste. « C'est un bien petit déplaisir, au lendemain des élections, de se retrouver avec le gouvernement que l'on ne voulait pas. C'est une sacrée claque sur la gueule, au lendemain du référendum, de se retrouver dans le pays qu'on ne veut pas. Je l'ai vécu déjà deux fois, je ne le souhaite à personne » (1998), avoue-t-il. De toute façon, il sait que la place des siens est dans l'opposition.

Il croit sans réserve à la souveraineté du droit de vote, « cette vérité moyenne exprimée par un scrutin populaire » (1997), tout comme il adhère à la définition classique de Winston Churchill selon lequel la démocratie est le pire des systèmes à l'exception de tous les autres. Mais il s'impatiente du temps qu'il faut pour convaincre le plus grand nombre à propos d'enjeux communs, liés au vivre-ensemble. Il constate surtout que les revendications de minorités (homosexuelles, ethniques, etc.) accaparent les débats de société, alors que lui souhaiterait une démocratie indifférente aux différences, sans les nier pour autant. Elles existeraient, simplement, et personne n'en ferait un plat.

On n'en a rien à foutre que tu sois pédé. Marie-toi et crisse-nous patience. On n'en a rien à foutre que t'ailles à la mosquée, si ça t'amuse. [...] Il y aurait donc cet état culturel minimum en deçà duquel personne n'aurait envie de débattre du mariage des gais, « qui va de soi », et il y aurait le débat sur la responsabilité. (2004)

Un prérequis démocratique, chez Foglia, peut sembler élitiste. Il repose sur la recherche d'une majorité éclairée plutôt que d'une majorité du nombre. Mais contrairement aux élitistes, il n'est pas question de réserver le droit de vote aux élites. Il souhaite plutôt des citoyens mieux informés, conscients et lucides. « Une démocratie suppose une majorité éclairée, mais pour exercer le pouvoir dans une démocratie fuckée, le nombre suffit » (1994). Pour cela, rien de mieux que les journaux d'idées, des sanctuaires à protéger, dit-il en 1993, au sujet du quotidien *Le Devoir* alors menacé de disparaître. Quand on est à gauche, on souhaite bien entendu que les choses changent, mais elles ne peuvent changer que si elles sont mûres, et « elles mûrissent plus vite quand on les éclaire » (2010).

Si les journaux d'idées sont des sanctuaires, les débats télévisés sont des dépotoirs qui confondent « idée et recette. Information et infopub. Contenu et image... On confond aussi démocratie et racolage, démocratie et parlage, démocratie et sparages, démocratie et n'importe quoi » (1997). Autant de stratégies de propagande pour manipuler le plus grand nombre, poursuit-il quelques années plus tard. « N'importe quel tôton peut battre le rappel des voix pour faire le nombre » (1999). Cela se fait en remplaçant l'argumentation par la publicité, le discours cohérent par l'image léchée et alléchante. Tout pour anesthésier l'électeur, le détourner de tout effort... Sa démocratie éclairée, on s'en doute, serait « sans bullshit, je veux dire sans pub » (2013). Il évoque, sans même penser sérieusement la revendiquer, une loi qui interdirait « la bullshit, l'enflure, le vide qui se donne pour du plein, la séduction. Bref, si on pouvait concevoir – hélas non, je le sais bien –, si on pouvait imaginer une loi électorale qui limiterait la COMMUNICATION comme elle limite le financement par exemple » (2013).

C'est dans cet esprit, et dans la continuité intellectuelle de bon nombre d'auteurs plus patentés que lui, qu'il s'oppose à la tyrannie de la majorité, la tyrannie du nombre, qui constitue toujours une menace pour les marginaux. Ceux dont les idées, les croyances, les orientations sexuelles les confineront toujours au statut de minorités plus ou moins visibles, plus ou moins désirées. Elles troublent l'eau étale de l'océan que constitue la majorité. Les majorités éclairées ne sont pas tyranniques, mais les majorités populaires sont menaçantes. Elles souhaitent pêle-mêle le rétablissement de la peine de mort, des lois plus sévères contre les criminels, moins d'immigration. « Moins de justice sociale, plus de téléthons. Moins d'aide sociale, plus de paniers de Noël. Moins de subvention à la culture, plus de subventions à l'âge d'or » (2001), énumère-t-il dans une sortie en règle contre la démocratie du nombre.

Ce qui le conduit à aborder la notion de démocratie directe, celle qui menace de destituer le politicien devenu impopulaire. C'est une « métaphysique du populisme » (2003), une forme d'intégrisme démocratique, ajoutera-t-il plus tard. C'est aussi méconnaître la dualité inhérente à la démocratie représentative, qui pousse chaque candidat à « se faire aimer pour être élu, puis forcément décevoir pour gouverner » (2010). De toute façon, répète-t-il parfois, il est impossible aux élus de respecter leurs promesses, pour la bonne raison que « pour se faire élire, ils doivent promettre de DONNER. Pour gouverner, ils doivent PRENDRE » (2003). Son rejet de toute forme de populisme est viscéral chez Foglia. Il se démarque ainsi de bon nombre de chroniqueurs racoleurs de gauche et de droite, sans compter les blogueurs et tous les partisans d'une tutelle de l'instant présent, de la contrariété et du ressentiment permanent, adeptes d'une « démocratie comme une envie de pisser, pour se soulager » (2010). En filigrane, toujours, cette éthique de l'effort de soi sur soi, ce devoir de surmonter ses emportements pour considérer les enjeux de façon plus rationnelle.

À certains moments, toutefois, Foglia cède à l'envie de voir dans l'expression de la grogne populaire un sursaut démocratique salutaire, qui s'élève et s'oppose à la démocratie formelle, au pouvoir de ceux pourtant élus pour prendre des décisions impopulaires. Quand des citoyens s'opposent vivement au passage d'une ligne électrique à haute tension dans son coin de pays, il cherche à ennoblir ce mouvement en le présentant comme la «démocratie des citoyens sur le terrain» de la part de «gens qui, en refusant de démissionner, ont redonné du ressort et de la vigueur à la démocratie» (1999). On peut le prendre en flagrant délit de contradiction lorsqu'il se réjouit, d'une part, de voir monter la grogne puisque avec elle monte aussi la démocratie (1993), pour y voir un obstacle à la volonté générale des années plus tard. «Une démocratie qui n'est pas gouvernée, une démocratie directe, une démocratie de souveraineté populaire, une démocratie de grogne n'a aucune capacité à servir le bien général» (2000).

Au bout du compte, là où il ne fait aucune concession, c'est dans son opposition à un système démocratique qui ne serait rien d'autre qu'un prétexte à la gloire de l'économie de marché. Dans la liesse généralisée qui suit la libération des pays de l'Est du joug communiste, il est un des rares à y voir avant tout le réflexe d'une «multitude d'épiciers [qui] parlent de la grande victoire de la démocratie en calculant déjà combien de télés couleur ils vont pouvoir vendre au Hongrois l'an prochain» (1989).

* * *

Pour faire perdurer un régime démocratique non éclairé, il faut la collaboration et le consentement de millions d'électeurs, à la fois complices et victimes d'une «perversion du processus démocratique» dans lequel «l'idée [est] de se faire élire et [non de] se faire élire pour ses idées. Toute la différence entre gagner et gouverner» (1994). C'est la victoire assurée des opportunistes, avec leurs spécialistes de la communication politique et du marketing, des sondages et de l'exploitation stratégique de consensus mous. Ou par la projection illusoire et fantasmagorique dans un avenir radieux, un mirage qui a perdu l'attrait du temps de sa jeunesse militante.

Moi j'ai déjà donné à l'avenir. C'est pour ça que ça ne me tentait pas beaucoup d'en parler. Et puis j'ai remarqué que lorsque les partis d'avenir prenaient le pouvoir, l'avenir, justement, ne devenait pas le présent pour autant. L'avenir reste l'avenir.

L'avenir, c'est toujours demain. Mais tu reviens le lendemain...
et c'est encore demain. Tu reviens une couple de fois, pis cout
donc, pas plus fou qu'un autre, tu comprends que l'avenir, le
mot le dit d'ailleurs, l'avenir c'est jamais aujourd'hui, jamais.
(1987)

Devant autant de calculs stratégiques qui minent l'esprit des
élections et cherchent à abuser de la vulnérabilité des citoyens,
Foglia le libertaire se rebiffe inlassablement. Pas question pour lui,
par exemple, de se plier aux mots d'ordre, aux injonctions et prescriptions de ceux qui invoquent le *devoir démocratique* de se rendre
aux urnes. À plusieurs reprises il affirme ce droit à la dissidence,
affirmant avoir souvent écrit « allez donc chier » sur son bulletin
de vote (1997). Son refus de voter, c'est sa protestation suprême
face à des politiciens qui « me font tous chier » (1998) et prennent
littéralement les électeurs pour des cons, ce en quoi, insinue-t-il,
ils n'ont pas tout à fait tort. Cela lui attire des critiques de la part de
ceux, qui, justement, profitent de ce mode électoral. On le dit anarchiste, voire méprisant face à la volonté du peuple, alors que lui
demande s'il existe « plus grand mépris du peuple que de le flatter
dans le sens du poil... que laisser croire au peuple qu'il est génial
parce qu'il est le peuple ? N'est-il pas plus grand mépris que de
laisser croire au peuple qu'il est roi... pour devenir le sien ? » (1998).
Par la séduction toujours, le mensonge parfois, le clivage ethnique
soigneusement entretenu et exacerbé au moment d'un référendum par exemple.

Justement, il lui arrivera de voter, et de perdre, lors des réfé-
rendums sur la souveraineté du Québec de 1980 et 1995. Au moment du référendum de 1992, à l'issue duquel les Québécois
rejettent l'entente de Charlottetown, il se vante d'être plutôt allé à
la pêche pour exprimer mieux qu'un vote son rejet du système politique. « Qu'on vote OUI ou NON, bleu ou rouge, on vote toujours
pour la putain de machine à baiser le monde » (1992). Lui qui vote
très rarement, et de moins en moins avec les années, se fera un
devoir de voter au moins une fois pour Québec solidaire, respectant ainsi une promesse faite à Françoise David, avec laquelle il
s'est trouvé en Irak, pour un reportage. Il vote pour un autre

modèle, un autre monde même, mais sans illusion, comme 5 % des électeurs.

> Cinq pour cent d'attardés, allez je sais bien ce que vous pensez, et ce que vous pensez n'est pas si loin de ce que je pense aussi, sauf qu'au lieu d'attardés, je dis romantiques. Je vais voter pour les syndiqués d'Olymel, je vais voter pour les préposés des CHSLD... je vais voter pour les employées des garderies, je vais voter pour un salaire minimum à 10 $, je vais voter pour que la démocratie se dote d'un service après vente (*sic*). Cela ne servira probablement à rien, c'est ce que je disais, romantique. (2007)

Il y a beaucoup de romantisme chez les libertaires, chez les anarchistes authentiques. Quelque chose qui ne s'étiole pas toujours avec le temps. Pour supporter le trop-plein de bêtise humaine, heureusement qu'il y a des chats, et l'omniprésente fiancée.

Chapitre XIX
Le matou

« Oui, je suis une manière de vedette. Mais comme je le suis devenu en parlant de mon chat aux gens, je me dis qu'après tout, si je suis une vedette, ce n'est pas mon problème. C'est le leur. » (1982)

« On s'imagine souvent que les gens aiment les animaux parce qu'ils sont déçus de l'Homme et de sa Fiancée. En somme, par dépit. Pas du tout. Les gens aiment les animaux parce que, les animaux, on peut faire leur bonheur sans leur demander leur avis. » (1996)

Il y avait presque un présage à illustrer d'une photo de petit lièvre dans la neige les premières chroniques de Foglia, parues à compter de décembre 1978, sous le titre *Foglia sous zéro*. Dans son œuvre, les animaux tiennent une place importante. Ils servent parfois de personnages grâce auxquels il proclame ses critiques sociales ou invente des aphorismes dont lui seul a le secret. Les animaux incarnent aussi des façons de vivre, de ressentir, d'aimer même. Ainsi, voulant illustrer le caractère routinier de la vie, en même temps qu'une certaine inaptitude à apprendre de ses erreurs, ou à sortir de ses comportements habituels et prévisibles, il compare l'homme à un « lapin qui trotte inlassablement sur le même sentier en s'arrêtant de temps en temps (mais surtout le samedi soir) pour zigouner sa fiancée. Le plus étonnant quand on y pense bien c'est que sur ce chemin il se bute toujours aux mêmes pierres » (1988). On l'a vu, les lapins revêtaient une grande importance dans son enfance en Champagne pouilleuse, étant bien souvent servis au repas dominical. « Je les nourrissais la semaine, et en retour, l'un d'eux me nourrissait le dimanche. Tous les dimanches. [...] Comme cela 52 semaines par année... lorsque je suis arrivé au Canada, j'ai été bien soulagé de constater qu'on y traitait les lapins comme les chats : en animaux de compagnie » (1984).

Il a pour cet animal sans malice une affection jamais démentie. « Mettez le mot lapin dans n'importe quel livre, je capote. Je n'écris pas de livre essentiellement parce que je n'ai rien à dire, c'est bien dommage parce que j'ai un crisse de bon titre : Plein des lapins » (2010). Il omet de signaler qu'il a déjà commis un petit livre pour enfants, en 1982, intitulé *Monsieur Jean-Jules,* où le personnage central du livre vogue de succès en succès, d'honneurs en honneurs, en racontant aux gens les histoires qu'ils souhaitent entendre, histoires qui commencent toutes par « Il était une fois ». Jusqu'au jour où il rencontre une enfant de 5 ans avec laquelle il tombe en amour et le lui dit simplement. Cette franchise lui vaut un refus tellement catégorique et cinglant qu'il en meurt sur le coup. En somme, on peut dire n'importe quoi aux adultes mais pas aux enfants, « surtout aux petites filles, c'est trop dangereux ».

Ses lecteurs le savent, un seul animal habite constamment ses chroniques : le chat. Et pourtant, pendant son enfance, rien ne présageait cette ferveur à l'endroit de ces animaux qui ont toujours cohabité avec les Foglia, même s'ils passaient une grande partie de leur vie à l'extérieur de la maison, sur ordre de sa mère. Ils étaient essentiellement considérés comme des bêtes utilitaires, dont la fonction consistait à chasser les souris. Surtout les chattes, qui seraient plus douées pour ce rôle. Le problème, toutefois, était qu'elles se faisaient engrosser à répétition, et qu'il n'était pas question de sacrifier le peu de ressources de la famille pour entretenir ces rejetons. Chaque année, à deux ou trois reprises, quand la chatte mettait bas, le petit Pierre et sa mère se rendaient dans le hangar, derrière le poulailler et près des cages à lapins, pour y dénicher les chatons à peine nés. Sa mère arrivait donc, « la pelle à la main, elle les ramassait comme on ferait pour des crottes de chien, et en cortège on se dirigeait vers les chiottes, au fond du jardin. En avant, ma mère avec les minous, vagissant sur la pelle, et nous les enfants, derrière. Floc, floc, les minous tombaient dans le trou » (1982). Une autre fois, la chatte met bas chez un voisin et arrive plus tard avec des chatons déjà bien enjoués. Ils se retrouvent vite dans un sac et Pierre reçoit l'ordre maternel de les jeter à la rivière, ce qu'il fait sans joie mais sans mauvaise conscience non plus. C'était ainsi. C'est tout. On est à des années-lumière des rituels qui, plus tard, vont accompagner le décès de chaque chat de Foglia et de sa fiancée. Chaque fois, écrira-t-il, « on l'enterre et on plante une fleur dessus. Quand on déménage, on déménage la fleur » (2011), afin de voir refleurir les souvenirs de ces félins qu'ils ont tant aimés.

De tous les félidés domestiques ayant meublé ses chroniques, Simone aura vraisemblablement été la plus célèbre. D'une certaine façon, elle a accompagné l'accession à la célébrité de Foglia pendant les années 1980. Elle lui arrive en même temps qu'un nouvel amour, celle qu'il présentera toujours comme sa fiancée, jusqu'à ses derniers textes. C'est elle, du reste, qui lui a apporté Simone, une rescapée de la SPCA, afin qu'il ne s'ennuie pas à la campagne où il venait de s'établir, comme à l'essai. « Je ne me suis pas ennuyé une seule fois depuis. Je ne l'ai pas dit à la jeune femme pour ne pas l'effrayer, mais les amours scellées par un chat ont sept vies aussi » (2000), écrit-il vingt ans plus tard, comme une déclaration d'amour renouvelée.

Parler des chats, c'est souvent parler des humains. Vanter le chat qui, dans « son suprême raffinement... enterre sa merde » (1985), cela permet de dire que bien des humains n'ont pas cette décence minimale. À d'autres occasions, la présence de Simone dans une chronique ne doit pas être perçue comme la preuve que le chroniqueur n'a rien à dire, « c'est souvent le contraire : j'ai trop à dire où (*sic*) j'ai peur de ce que je pourrais dire » (1982). En ces journées plus pesantes d'actualité ou lourdes d'insignifiance humaine, Foglia préfère se réfugier dans le quotidien de ses félins qui lui offrent un prétexte pour dire beaucoup par le biais d'un premier degré aux apparences superficielles. Ils reviennent dans ses chroniques comme des créatures qui légitiment un certain regard sur les choses de la vie et de la mort. Pour signifier son soutien à l'euthanasie ou au meurtre par compassion, le chroniqueur parle de ce chat qu'il s'apprête à piquer, et pour lequel il a déjà creusé un trou sous un noyer.

> Samedi, je le prendrai sur mes genoux. Je caresserai une dernière fois son museau du bout du doigt. Je planterai l'aiguille dans son flanc d'un geste sec du poignet. En moins de dix secondes, il sera mort. [...] Le petit Robert a beaucoup de chance de n'être qu'un chat. J'ai le droit de le tuer par amour. Si le petit Robert était un enfant atteint de paralysie cérébrale particulièrement débilitante comme la petite fille de M. Robert Latimer; si, comme elle, il souffrait atrocement, la loi l'obligerait à vivre. (1998)

En voyage en Chine, il constate dans un premier temps des ressemblances entre les Chinois et les chats. «La distance mon vieux. La distance que chats et Chinois installent entre le reste du monde et eux. Leur monumental refus de toute altérité. Leur xénophobie tranquille, sans mépris ni provocation. Cette idée que le Chinois partage avec le chat d'être le centre du monde et que tout le reste est banlieue» (1989). Mais c'était avant de découvrir avec horreur, au marché de Qingping, qu'on y vendait aussi de petits chats comme nourriture, au milieu de reptiles, volailles, poissons et lapins!

Son amour des chats a parfois des résonances philosophiques, comme cette fois où il s'adresse à une mairesse qui veut obliger les citoyens à tenir leurs chats en laisse. Il lui fait savoir que ces animaux représentent «la dernière passerelle à peu près domestique entre l'homme et l'univers sauvage, le dernier lien avec cette part obscure de nous-mêmes que la banlieue a complètement dégriffée. Bref, je vous encourage vivement à interdire les chats sur votre territoire, plutôt que de leur imposer la laisse» (2000). C'est parce qu'elles sont habitées par des chats que les villes peuvent être belles, décrète-t-il ailleurs. «... sans eux elles ne sont que de lourds pâtés de maisons agglutinées... Ce sont les chats qui donnent aux villes leur légèreté, ce sont eux qui tracent les ruelles par où elles respirent... » (1986).

Leur présence est essentielle à Foglia qui déclare que si on peut avoir des chiens, on ne peut qu'être avec des chats, on ne les possède jamais. « On a avec les chiens un rapport de maître, avec les chats un rapport de planète. Les chats sont des lunes indépendantes qui tournent autour d'un soleil qu'ils ont choisi » (2006). De temps à autre, l'humeur est plus légère et se prête à des calembours que certains considéreraient comme faciles et convenus, concernant l'incommunicabilité entre chiens et chats. « Le chien aboie comme il se doit. Et mes chats miaulent... quand le chien aboie c'est de la bouillie pour mes chats... » (1988).

Cet amour immodéré se matérialise chaque fois qu'il se porte au secours d'un chat, qu'il en recueille un ou plusieurs, qu'il utilise les pages de *La Presse* pour leur trouver un refuge. Même à vélo, il lui arrive de mettre pied à terre pour venir en aide à un chaton grelottant sur le bord de la route. Il le met dans la sacoche de son vélo, le rapporte chez lui ou à l'hôtel s'il est en voyage, le lave, le nourrit, lui trouve un nom original (Virgule, par exemple), et le voilà incapable de s'en séparer. « Appelez-moi mère Teresa-des-chats » (1995). Il n'ira cependant jamais jusqu'à idolâtrer le chat au point de devenir un des « intégristes zoophiles » (1994) qui sanctifient tous les animaux, lui-même ayant avec eux un rapport surtout alimentaire, à l'exception du félin, bien entendu.

Les chats apaisent l'angoissé qu'est Foglia. Il aime les regarder somnoler, vautrés, ignorant leur chance de pouvoir être indifférents aux choses, lui que tout semble irriter à certains moments. Une sorte de zoothérapie qui ne dit pas son nom. Il admet avoir appris de ses chats que « la paix est au prix d'une douce misanthropie » (2002). Celui que l'on voit ou entend exceptionnellement dans les médias électroniques a bien appris leur leçon. À force de devoir les accompagner jusqu'à la mort et d'enfleurer leur tombe, il apprend aussi l'importance du temps qui passe. « Dit autrement, les chats m'ont beaucoup aidé à ne croire à rien, sauf à la mort évidemment. Les chats, dans tout ce qu'ils font, nous disent qu'il faut se dépêcher de faire ce qu'on aime. La plupart des maîtres que j'ai eus, ces cons, ne m'en ont jamais appris autant » (2002).

Parler des chats, c'est une façon de mener son lecteur au-delà du sens premier du propos. Certains jours, l'usage rhétorique du félin est un moyen d'aborder des questions plus lourdes, comme La Fontaine en son temps avec ses fables. À d'autres moments, c'est sa façon de se retirer de l'actualité, de montrer qu'il est permis de vivre malgré les guerres et les injustices qui meublent les pages du journal. Comme un havre de paix offert au lecteur. Dans l'univers foglien, les chats trônent au sommet du royaume animal qu'il lui arrive de mettre au-dessus de la faune humaine, car les animaux « n'ont ni dieux ni diables [et] ne sont jamais ridicules » (2012). Ailleurs, il note que ce sont les propriétaires de chiens qui lui posent le plus souvent problème, rarement les chiens eux-mêmes, même quand un molosse le prend en chasse à vélo.

Le rapport de Foglia avec ses congénères est loin d'être facile, on l'a constaté d'abondance jusqu'ici. Et il ne peut que se détériorer quand l'humain en question est chasseur, ce « babouin » (1996) qu'il a en horreur, avec sa grossière indécence qui consiste à mettre ses trophées sur le toit de son camion! Ce n'est pas la chasse qui l'indispose, ce sont les chasseurs qui arrivent en barbares dans les forêts, sans respect des lieux ni amitié pour la nature. On retrouve à l'endroit des chasseurs une colère presque aussi vigoureuse que celle manifestée envers les automobilistes ivres. Parfois il s'inquiète du sort de tel chevreuil qu'il a l'habitude de voir autour de sa maison ou sur ses chemins de vélo de l'Estrie. Quand les campagnes de dénonciation de Greenpeace et Brigitte Bardot parviennent à nuire gravement au marché de la peau de phoque, il s'en réjouit et se range parmi ceux qui « considèrent que l'homme a fait un tout petit pas de plus en dehors de sa caverne, en cessant de couvrir sa fiancée de peaux de bêtes » (1995). On est loin de ses premières expériences de chasse au collet, quand il racontait, en 1979, comment le lièvre s'était étranglé en se débattant. Ou encore le plaisir ressenti à entrer sa main dans le ventre encore chaud de ce petit gibier qu'il allait apprêter au vin blanc. Il ne se prive pas, non plus, de favoriser une pêche pragmatique, pas sportive du tout. Il pêche pour se nourrir, sans permis, de préférence là où l'interdiction facilite les prises intéressantes. Il le fait sans laisser le poisson se débattre, se contentant de le sortir lentement de l'eau et donnant un sens nouveau à une sentence inspirée de son enfance. «On ne devrait jamais jouer avec la nourriture» (1996).

* * *

Son amour éperdu pour les chats et son courroux envers les chasseurs s'intègrent à une vision plus globale de la qualité de vie qui se manifeste notamment par le respect dû à l'environnement. Sans être militant, il fait preuve d'une indiscutable sensibilité vis-à-vis de la nature, qui n'est pas étrangère à celle éprouvée face à l'esthétique de certains paysages. C'est néanmoins avec scepticisme, afin de ne pas être récupéré par les mouvements écologistes, qu'il traite de ce thème. Une autre façon d'exprimer son combat de gauche contre un capitalisme abusif.

Vivant à la campagne, il constate les «petites barbaries quotidiennes» (1990) et l'acharnement des promoteurs immobiliers qui se rient des lois devant protéger le territoire agricole. Cela se fait dans l'indifférence des groupes toujours prêts à se mobiliser pour la défense de la forêt amazonienne ou la célébration de la Journée de la Terre, pendant que «n'importe quel taouin [peut] couper des arbres dans notre jardin. Au nom du progrès et de la libre entreprise» (1990). Il trouve assez pathétique, du reste, ces militants qui soulignent annuellement cette Terre comme des «anciens combattants radoteux» (1990) le font le 11 novembre, Jour du souvenir. Pathétique, aussi, la nouvelle Église de l'écologie «qui s'installe sur les ruines du marxisme avec de nouveaux curés et ses cortèges d'indignés professionnels, ses interminables listes de signataires de pétitions, de poètes "engagés", de granoles bolchéviques» (1990). Il tance en même temps les néolibéraux, qui professent un «anti-écologisme... tout aussi religieux et idéologique. Dans ce camp-là, il s'agit moins de savoir si la pollution fucke ou non la planète, que de s'opposer à tout prix, à toute remise en question de la société de consommation» (1990).

C'est encore elle, cette consommation illimitée, qu'il tient pour responsable des maux de l'environnement. Cette envie d'avoir plus, d'acheter plus et, inévitablement, de rejeter plus de déchets autour de soi, dans les cours à «scrap» qui sont des «hymalayas (*sic*) de merdes ferraillantes... Faut-il que l'homme en bouffe de la tôle, pour chier autant de rouille et de bouts de tuyaux, de ressorts, de rebuts électroménagers et de vieilles autos... » (1990). Les ennemis sont clairement identifiés : la surconsommation ici, l'obsessive croissance économique là. Les enfants sont sensibilisés au recyclage dès la maternelle, mais aucune institution d'enseignement ne va à « l'essentiel : l'expansion illimitée de la production. Y compris la production illimitée de produits écologiques » (2007), déplore-t-il. C'est le règne des épiciers qui étendent leur empire dégueulasse, et personne ne remet même en question leurs motivations égoïstes.

Un jour, il va jouer de l'ironie pour illustrer l'absurdité de ne pas prendre au sérieux les questions environnementales, qualifiant de communistes, de rouges, de « possédés du vélo, Pol Pot du recyclage » (2009) les scientifiques qui documentent le phénomène du réchauffement de la planète. Simulant une adhésion au discours dominant et paradoxal selon lequel on devrait « faire entrer l'écologie dans le capitalisme sans l'encombrer, sans le remettre en question. Sans le ralentir » (2009), il suggère de le faire en s'assurant « qu'aucune mesure écologique ne viendra mettre un frein au développement, c'est-à-dire à notre capacité de produire et de consommer » (2009). Il n'en fallait pas davantage pour semer l'inquiétude auprès de ses lecteurs qui se sentent trahis, pendant que le félicitaient des néolibéraux absolument mystifiés, y compris l'animateur radiophonique libertarien Jeff Fillion ! Consterné de cet autre malentendu, il y reviendra plus tard, rappelant la phrase sur l'importance de préserver la capacité de produire et de consommer : « Cette phrase, si tu ne dis pas avant, attention, Festival de l'humour devant, sur dix lecteurs, quatre vont te traiter de salaud. Quatre autres vont te féliciter : Enfin, t'as compris ! Et il y en a deux qui rient mais qui ne t'écrivent pas. Ils devraient, parce qu'à ce moment-là, t'es un peu désespéré » (2009).

Foglia est un des rares chroniqueurs, hormis Louis-Gilles Francoeur, longtemps chroniqueur spécialisé au *Devoir*, à aborder la question des pesticides et de leur influence sur le cancer. En se positionnant de la sorte, il se situe encore en marge des grands débats et des controverses ponctuelles pour se pencher sur un mal d'autant plus menaçant qu'il est moins perceptible, moins médiatique aussi. Un autre combat du vivre-ensemble et du bien-être général contre les intérêts particuliers. Dès 1992, il se demande combien de cancers sont liés à la pollution dans les pays industrialisés et aimerait bien qu'on évalue la situation avec objectivité, en « tassant les écologistes et les développeurs » (1992) qui ne lui inspirent aucune confiance, chaque camp ayant ses intérêts à protéger. Au tout début des années 1980, il s'indignait déjà des publicités pour Killex, un produit chimique destiné à tuer les « mauvaises herbes » comme les pissenlits, les trèfles ou les marguerites. « Quelle belle leçon de botanique pour les enfants à l'écoute. Quelle belle consécration pour la pelouse, cette dérisoire végétation des banlieues aseptisées, et mine de rien, en filigrane, quelle belle apologie de la médiocrité... seules les fleurs en meurent » (1981), observe-t-il, presque dégoûté. Les jours de découragement, loin de vouloir sauver l'humain de sa turpitude, il croit qu'il mériterait plutôt « de crever d'une overdose de biphényle polychloré » (1987).

Mis à part ces moments d'abattement, il tiendra face aux pesticides un discours homogène, demandant quand on s'attaquera à ce problème qui contamine champs, animaux, céréales, fruits et légumes du marché. Il ne se fait pas d'illusions sur le pouvoir de persuasion de ses chroniques sans conséquence. Même chose pour le tourisme, la modernité, le progrès, l'expansion, le libéralisme économique, autant de choses légitimées quotidiennement dans les médias, et rarement remises en question. Il constate aussi que le discours écologique, « toujours gonflé aux gaz à effet de serre » (2007), est souvent muet sur ces autres enjeux. Surtout dans ce Canada où on s'inquiète des risques liés à la consommation du fromage au lait cru, alors qu'on y permet des centaines de produits « qui nous font crever, et qui nous donnent la peste et des boutons, et des bubons polychlorés » (2007). Il note l'ironie de vivre dans un pays obsédé par les effets nocifs de la fumée secondaire, même sur la terrasse d'un bar, « tandis que les noires fumées des usines nous font une santé économique » (2006). Même chose pour les campagnes de sensibilisation qui favorisent l'usage du sac de papier plutôt qu'en plastique, ou le tri sélectif des déchets domestiques, alors qu'il serait impératif, plutôt, d'exiger des comptes auprès des patrons des Monsanto et DuPont de ce monde. C'est encore pour tenter d'être plus persuasif qu'il imagine la surprise qu'aura, dans mille ans, quiconque se penchera sur notre époque, pour comparer « l'extrême circonspection des chercheurs quand il s'agissait d'évaluer l'impact des pesticides sur la santé publique et leur hystérique empressement à nous protéger du virus du Nil... en utilisant un pesticide » (2005).

Face aux grands débats environnementaux, il est souvent peu loquace. Seule la question des pesticides l'anime. « J'ai cette inquiétude que les pesticides fuckent sans doute, fuckent forcément notre système (pas seulement immunitaire). De là la prolifération de certains cancers. Sans parler de l'asthme et du diabète, en croissance constante » (2010). Cette inquiétude, probablement liée à son angoisse de la maladie et du fameux cancer du côlon qui l'obsède, il accepte toutefois de la tempérer quand lui-même se retrouve aux prises avec une invasion de coccinelles « que les granoles ont mobilisées comme insecticides biologiques pour bouffer les pucerons » (2012). Quand elles arrivent chez lui, tard dans l'automne, il n'hésite pas à être « la même tête de vache que d'habitude qui dit une affaire et en fait une autre par exemple : [même si] les pesticides sont la cause de millions de cancers, cela ne m'empêchera pas, la semaine prochaine, de shooter toute ma maison d'un pesticide pour empêcher les coccinelles d'y rentrer par millions » (2012). Le voilà qui accepte de s'exposer à ce qu'il déteste le plus pour se protéger d'insectes qui ont proliféré à cause des écologistes, « cette race d'emmerdeurs qui défient la nature au nom d'un hypothétique lien spirituel entre l'homme et la nature. Je capote quand j'entends : "Notre mère la terre-Gaïa" » (1999).

* * *

Tenant ce discours sur des enjeux fondamentaux, il se défend en même temps d'être un de ces écologistes qui se trompent de combat : si eux s'opposent aux dommages d'un progrès qu'il faudrait dompter, lui remet en question « le progrès lui-même, sa nature, sa culture » (2010). Cela l'oblige à énoncer quelques prémisses, à savoir que l'écologie bien comprise n'est pas une religion de la terre, ni la protection des animaux menacés d'extinction, ni la déification de la nature. Elle est une question de mesure, de modération, surtout compte tenu des activités humaines en expansion illimitée. Bien avant les baleines, c'est le sort des humains qui l'inquiète. Étrange attitude, en effet, comme si l'humain pouvait vivre hors d'un écosystème plus vaste, plus complexe. Probablement dans le but de ne laisser aucun doute, il en discute à quelques reprises, affirmant par exemple que la contamination des nappes phréatiques le laisse de glace en cette époque de réchauffement global ou qu'il ne se soucie aucunement de l'avenir de la planète.

> Pas une crisse de seconde. Je n'y pense jamais. Je pense souvent à l'avenir de la planète mais à peu près jamais en termes écologiques, jamais pour me demander comment l'Homme et sa fiancée s'adapteront aux dramatiques changements climatiques annoncés. [...] Quand je pense à l'avenir de la planète, c'est pour me demander quelle en sera la culture dans sept ou huit siècles (le livre-papier aura-t-il complètement disparu?), qu'en sera-t-il du langage, de l'art en général, de Dieu (de l'idée de), de l'état de la pensée, de la beauté, du Tour de France, et de comment on assurera le service après-vente de la démocratie, mais me demander quel temps il fera? Jamais. Franchement? L'écologie me déconcerte. (2007)

La seule écologie qui lui importe est humaine, culturelle. À cette «science savante, compliquée, pleine de chiffres» il préfère le «droit des individus à la sainte paix, et aussi dans leur droit d'être entendus et justement dédommagés quand la sainte paix leur est niée. Parfois pour de très bonnes raisons. Parfois au nom des intérêts supérieurs de la nation» (2010). Les luttes de citoyens contre les retombées indésirables de projets hydroélectriques ou industriels le touchent davantage que la préservation du suceur cuivré ou du béluga. «Mon dada, c'est le vivre-ensemble qui, au-delà des règlements et des lois, est affaire de sensibilité. Ou plutôt d'insensibilité» (2010).

Ce vivre-ensemble passe par une autre lutte, contre la pollution sonore, qui est aussi pollution culturelle. Elle «incarne, plus que tout autre, la grossièreté, l'incivilité d'une époque, l'oppression du beauf qui fait vroum-vroum avec sa motoneige, qui pétarade avec sa motomarine ou son VTT, qui fait hurler la radio dans sa cour, qui laisse japper son chien pendant des heures, qui part sa tondeuse à 7 h du matin » (2004). Pour Foglia, cette pollution du voisinage est mille fois plus blâmable que celle des industries, aéroports et autoroutes. On peut difficilement s'y soustraire, même à la campagne. S'il y a des lois et des chartes pour protéger les droits des individus, il déplore que rien n'existe pour protéger les citoyens devant les formes assourdissantes du prétendu progrès économique, comme il l'a lui-même vécu quand une scierie est venue s'établir près de sa maison de Saint-Armand. « Il suffit au premier promoteur venu de prononcer la formule magique création d'emplois-taxes municipales-nombreuses retombées économiques pour que les individus vivant dans le périmètre menacé [...] perdent aussitôt le tout premier de leurs droits : le droit d'avoir la paix » (2007). Et rien à faire contre ces voleurs de quiétude, qui anéantissent des choses aussi importantes et intangibles que la sérénité, « le silence qui vous nourrit, ces instants de plénitude qui font que la vie vaut d'être vécue, quelqu'un fait en sorte que votre vie devient un mal de dents, et tout le monde s'en fout » (2010), ajoute-t-il, en faisant référence à l'implantation sauvage de puits de gaz de schiste mais aussi d'éoliennes et autres innovations du même acabit.

Il s'alarme des transformations qui menacent la campagne québécoise, ces paysages qui l'émeuvent, où il peut laisser en liberté ses nombreux chats. Tout cela fait partie de sa revendication d'un vivre-ensemble civilisé et d'une esthétique de la nature. Tout cela est menacé par le droit de produire des propriétaires de porcherie, la présence de séchoirs à bois « qui donnent l'impression d'avoir un DC-10 dans sa cour, les méga-scieries, les carrières et leurs camions de gravelle... les aménagements récréo-touristiques genre glissades d'eau et les villages de condos » (1998). Autant de désastres pitoyables qui donneront inévitablement à « la campagne québécoise [...] l'homogénéité des parcs industriels : du bruit et de la pollution partout » (1998). Pour Foglia, il y aura toujours trop d'entrepreneurs pollueurs et jamais assez d'urbanistes pour proposer des plans sensés d'aménagement du territoire. Il ajoute que, outre les pesticides et le bruit, « la laideur est une des formes les plus graves de pollution. Une des plus insupportables oppressions de notre temps » (1998).

Cette laideur prend deux formes : le tourisme et la banlieue. En France, aux États-Unis et au Québec, ce ne sont pas les exemples de carnage qui manquent. Paysages sacrifiés à la voracité de promoteurs qui créent de toutes pièces de fausses villes qui n'attirent que les étrangers après avoir chassé de leur territoire les gens du coin. Aux proportions naturelles comme aux reliefs non conformes aux activités touristiques projetées, on greffe des édifices gigantesques et on éventre le sol. C'est la « rationalisation esthétique » à l'œuvre (1996). Celle de promoteurs qui « ont tous la même façon d'être cons : plus ils construisent grand, plus ils rêvent petit » (2002). Les pires exemples québécois sont sans contredit le village nordique de Saint-Sauveur, qu'il compare à un « chef-lieu du crétinisme ludique » (1992), et Mont-Tremblant qu'il n'est pas loin de rebaptiser Faux-Semblant. « Une image qui dit tout : la pierre domine dans le village, mais c'est souvent de la pierre de culture, une apparence de pierre. Tout Mont-Tremblant est comme ça, les murs, les gens, l'esprit, tout est faux-semblant » (2002). Pour Foglia, les plus beaux villages sont ceux qui échappent aux circuits touristiques et se gardent de « s'offrir au premier venu. Les villages, comme les paysages, se méritent. Enfin, il n'est pas de beau village sans silence » (1998). Passant un jour par Louiseville, dans la région des Bois-Francs, il y voit un exemple de village autrefois joli qui n'a pu échapper aux « connards de petits hommes en affaires [...] venus en faire "un centre dynamique", et il y flotte maintenant un air délabré de gueuserie épicière » (1994). La collectivité en sort toujours perdante quand on efface son paysage, « ce bonheur gratuit déguisé en géographie » (2004).

L'autre plaie est celle des banlieues et des routes bâtardes qui, souvent, les relient, avec leurs chapelets de motels, d'entreprises, de garages ou de cantines qui meublent des dizaines de kilomètres de « débilités suburbaines » (1988). Avec leurs rues rectilignes sans âme, leurs bungalows « glauques d'une banlieue chauve » (1987), leurs pelouses débordantes de pesticides, les banlieues forment une géographie inhumaine, toujours à proximité du lieu de travail et d'un centre d'achat le plus gros possible. Elles sont une «épouvantable peste domestique» (1987) pour celui qui affectionne les «bonheurs de province [avec] des maisons dans les arbres où des chats dorment sur le perron» (1987). Vivre en banlieue, pour lui, c'est vendre son âme en retour d'une «piscine hors-terre et une entrée asphaltée» (1989).

On se doute bien qu'un tel discours est très mal reçu dans plusieurs régions du Québec qu'il ne se gêne pas de désigner comme autant de cas d'horreurs esthétiques. Il arrive que des lecteurs insultés lui répliquent directement ou par le biais de l'espace réservé au courrier des lecteurs. Mais il en faut bien davantage pour impressionner Foglia. Il pourrait même en être assez content, ne voyant aucun bénéfice à laisser les gens indifférents, bien au contraire. On l'a vu, pour lui, rien n'est plus normal que d'être détesté par ceux qu'il ridiculise ou méprise. Il semble presque fier de dire avec ironie qu'à «Drummondville, à Repentigny et en quelques autres blêmes banlieues, *La Presse* [...] est brûlée publiquement les mardis, jeudis et samedis» (1985), journées de parution de sa chronique.

Chapitre XX
Le vieux

« Je lui ai expliqué que c'était une créature avec une robe bleue dont l'homme s'ennuyait énormément quand il allait à l'étranger faire tourner des ballons sur son nez...
Ma description l'a laissé perplexe...
— Si la robe n'est pas bleue, a-t-il fini par me demander, est-ce que c'est quand même une fiancée ?
— Oui, mais c'est bien plus joli quand c'est bleu » (1990).

« Je t'aime. Deux mots qui ne me viennent pas aisément. Je ne m'en plains pas, remarquez, c'est mieux que de les avoir toujours à la bouche comme les gagas du nouvel âge (sic). Les mots du cœur gagnent à s'étouffer dans la poitrine : ils sont plus émouvants quand on les expire que lorsqu'on les énonce. [...] L'amour n'est pas une pompe à bras, ce n'est pas parce qu'on l'amorcera en y mettant de notre eau qu'on fera sourdre des profondeurs, un peu de son eau à elle, la pompe. » (1999)

« Vieillir, c'est se trahir à petits pas, par glissements successifs. » (2013)

« La mort, c'est mon sujet (et je suis un peu le sien). » (1988)

Tous les créateurs abordent les thèmes immuables de l'amour et de la mort, de leurs amours et de leurs morts, du temps qui s'empile à l'arrondi du dos et rétrécit l'horizon du regard. Dans l'œuvre de Foglia, il est peu question d'amour, même si sa fiancée y tient un rôle important. Il est cependant beaucoup plus prolixe pour aborder la mort ainsi que le sentier douloureux des maladies et de la vieillesse qui y mènent.

De ses amours, il dit peu, sinon ici et là pour écorcher sa première femme, sans jamais la désigner ni l'identifier. C'est elle-même qui se dévoile en se plaignant au Conseil de presse du Québec, qui la déboutera. Il a bien aimé quelques femmes, du moins pendant un certain temps l'idée qu'il s'était fait d'elles, sans trop les connaître, comme on « aime une idée de chat » (1999). Il se souvient de son premier drame amoureux, de la douleur atroce ressentie, de la douleur qui rend fou, et des quelques autres qui ont suivi. Et lui de réagir en se réfugiant dans le travail jusqu'à s'en abrutir, dormir lourdement, jusqu'au matin de la renaissance, un an plus tard. Pour lui, l'amour est le risque de la liberté, une grenade incertaine, un prétexte parfois à des meurtres. Il ne cache pas avoir frôlé les frontières de la violence et se reconnaît un peu dans ces hommes coupables de meurtres conjugaux, d'infanticides. Il ne se porte pas à leur défense contre la foule de hyènes qui célèbrent leur condamnation ou se révoltent d'un acquittement, il ne fait que profiter de la conjoncture pour essayer de susciter un petit doute, tenter de juguler un peu les fulminations populistes.

Il en profite cependant pour affirmer que l'amour, c'est plus qu'une question de baise, plus que simplement de la mécanique et de la physiologie. « ... le cul, c'est dans la tête. Sinon, c'est plate. Sinon, c'est des pistons et des cylindres. [...] Je veux dire que c'est là que ça fait du bien. Sinon, ça fait presque rien. Sinon, tu te maries, tu fais des enfants, tu les nourris à des heures régulières pour qu'ils ne soient pas malades, un jour t'as 70 ans et voilà, t'es passé à côté » (2010). Pour Foglia l'ethnologue, c'est une occasion de plus d'observer les rituels et parades de séduction de l'homme et de sa fiancée. Avec les années, il est un amoureux plus sérieux, plus conscient, moins naïf. Il sait que la chose n'est pas une plaisanterie, qu'elle porte à conséquence, qu'elle s'ouvre aussi bien sur le bonheur que sur la mort et qu'il est bien imprudent celui qui prétend savoir ce qui l'attend dans son aventure avec l'autre. Bref, « il n'y a rien de drôle là-dedans, mais [...] ce serait encore moins amusant de vivre tout seul » (1984).

À partir des années 1980, il en parle d'autant plus que lui arrive Suzanne (qu'il nomme parfois aussi Suzon), sa nouvelle compagne, lui qui sort d'un premier mariage ayant tourné au désastre. Il évoque les paroles de sa mère, à la veille de son mariage, qui lui disait que dans un couple, il n'y a pas de place pour trois personnes. « L'expérience devait hélas m'apprendre que ma mère était dans les patates. La vérité c'est que dans un couple il n'y a même pas de place pour DEUX » (1981). Il lui faudra plusieurs années avant de concevoir la pérennité de la vie à deux, lui qui écrivait encore, en 1988, que les relations entre hommes et femmes ont le défaut de durer quinze ans de trop.

Il reconnaîtra que sa fiancée « est venue bien tard dans ma vie pour m'apprendre que l'amour n'est pas une maladie, et que nul n'est tenu d'en mourir. Elle a bien du mérite de m'avoir (un peu) montré à en vivre » (1997). Près de trente ans plus tard, il relate sa rencontre de cette jeune femme sur la rue où ils habitaient alors, à Montréal, et qui lui avait emprunté sa voiture pour rendre visite à ses parents à la campagne. « Pour me remercier, elle m'a offert des fleurs et un chat que j'ai appelé Simone. Une longue histoire... » (2013).

Sa fiancée, qu'il nomme très rarement, parce qu'elle n'aime pas trop qu'il parle d'elle dans ses chroniques, est omniprésente par ses propos et commentaires rapportés, voire déformés, pour les besoins de la prose. Une femme de culture, nous dit-il, totalement indifférente aux choses du sport et de la politique, toute dévouée à sauver les animaux du voisinage cependant. Même quand elle se fait attaquer par un chien qui la fait chuter de son vélo, elle ne veut pas trop lui en imputer la faute de peur que le voisin ne règle à coup de fusil cet inconvénient canin.

Elle est comme ça. C'est madame bibite ma fiancée. Madame World Wildlife Funds. Madame Fondation pour la survie des races domestiques rares. Madame centre de réhabilitation des rapaces blessés de la Montérégie (c'est là qu'elle m'a trouvé). Elle est comme ça. Ma fiancée est, à elle toute seule, une ménagerie, un chenil, une volière, 12 SPCA. Pourquoi pensez-vous qu'on a huit chats? (1995)

Il nous la décrit aussi comme une femme totalement indifférente aux préoccupations masculines comme la compétition et la victoire. «Gagner? Elle a gagné une course dans sa vie: quand elle est née, et puis fini, elle a raccroché ses patins. Qui c'est qui gagne, qui c'est qui perd, c'est pas son vocabulaire» (2002). Lui qui se présente souvent comme un gestionnaire incompétent de ses finances personnelles, et indifférent aux questions monétaires en général, il ne faut pas s'étonner de lire qu'il la considère comme sa ministre des Finances, avec laquelle il a convenu d'une entente à l'amiable. «... tu prends mon chèque, tu fais ce que tu veux avec, tu paies les comptes, t'achètes des trucs et des machins, mais tu ne me parles jamais d'argent. JAMAIS. Je ne veux même pas entendre: "Tiens, il y a un nouveau gérant à la caisse." Qu'il crève ce con» (1994).

En reportage, il en profite parfois pour lui faire un clin d'œil, comme lors de ce Tour de France où il se permet un petit message personnel: «Le premier village traversé par les coureurs, hier, s'appelait Sainte-Suzanne et j'étais content. Mais j'ai trouvé ça un peu exagéré quand même, sainte, franchement...» (2005). Et le lendemain, il ajoute: «Petite note géographique (et sibylline), après être passé par Ste-Suzanne dans l'étape précédente, on est passé hier, en bas du col d'Ichère, par Pont-Suzon et son ravissant hameau nommé Suzon-les-Confitures. Voilà, excusez-moi» (2005).

À bien des égards, elle le pousse à une sociabilité minimale, étant son «lien civilisé avec le monde et avec les gens qui sont dedans» (2007). Elle réussit à le traîner ici et là, lui qui se contenterait facilement d'avoir quelques amis de *La Presse* et de ne mettre les pieds que chez les libraires et marchands de vélo. «Si elle me crissait là, il faudrait que je prenne d'urgence un cours de vie quotidienne, qu'est-ce qu'un NIP? Qu'est-ce qu'un thermostat?» (2007). Sociabilité minimale, car autant il est curieux d'observer l'homme et sa fiancée, autant on ressent chez lui le désarroi devant tant de banalité incarnée, de routines, de gens qui vivent comme en sourdine, sans risques, en se contentant d'une «épouse qui porte du 34B, des enfants qui passent avec une moyenne de 64, des repas à heure fixe» (2003). Il aimerait plus de rêve et d'audace de cet humain qui va son chemin, presque indifférent à son destin. «Mais l'Homme continue. Et tant que l'Homme va continuer, c'est pas la job qui me manquera» (1989).

Il manifeste son trouble à plusieurs reprises face à cet humain trop humain. Par exemple, quand il constate que les fabricants de tampons hygiéniques se vantent de produits qui absorbent jusqu'à quinze grammes de liquide. Il y a derrière ce banal fait de société une activité humaine qui le sidère.

> On imagine des réunions et des discussions entre fonction-naires et fabricants de tampons. Des dîners d'affaires. Des se-crétaires qui prennent des rendez-vous, tapent des lettres. On imagine des essais en laboratoire, des pesées méticuleuses...
> C'est l'ordre qui me fascine là-dedans. Et le luxe. Le luxe de l'ordre. La poésie du dérisoire.
> La planète croule sous les calamités, la pollution, la faillite po-litique et économique de continents entiers, la famine, le sida, la drogue, et par-dessus tout ça la guerre qui menace... pas grave, pas grave puisque la civilisation continue.
> L'humanité est déréglée? Qu'importe. Quelque part dans un pays industrialisé, l'homme, magnifiquement superflu, pèse les règles de sa fiancée: nous disons donc 22 grammes, moins le poids de l'éprouvette, moins le poids de la petite ficelle, cela nous fait 15 grammes de liquide net, youppi c'est un super plus. (1990)

Il se permet bien quelquefois une chronique enthousiaste pour célébrer l'humanité, mais elles sont très rares dans son œuvre. Il s'enflamme rarement pour la race humaine, et jamais lorsqu'il se retrouve devant des individus ou événements exceptionnels. Au contraire, c'est lorsque l'horreur est à son comble et qu'il observe un mince rayon de lumière qu'il lui arrive de se réjouir, le temps d'une chronique ou de quelques paragraphes. «La révélation de la beauté de l'homme et de sa fiancée m'est toujours venue par l'insupportable qui ouvre soudain sur l'espérance » (2004).

La plupart du temps il se laisse aller à son pessimisme, à regretter le recul permanent de cet homme et de sa fiancée, mais lui surtout quand il «recule sans arrêt la limite au-delà de laquelle de la merde, c'est de la merde» (2012), que ce soit en littérature, au cinéma ou ailleurs. L'optimisme n'est pas dans sa nature, on en retrouve peu de traces dans l'œuvre foglienne qui souvent se fait murmure solitaire, écriture à contre-courant, note en contrepoint dans un concert de médiocrité. Parfois, simplement une écriture *contre*.

* * *

Il veut cependant être lu, et pour cela crée de la proximité avec son lecteur, qu'il interpelle des centaines de fois en lui disant «mon vieux», jusque dans sa chronique de février 2015 annonçant sa retraite prochaine, comme une confidence, un propos amical. À ce lecteur, il confie régulièrement son appréhension de vieillir, sa peur de souffrir, son obsession de ce maudit cancer du côlon.

La vieillesse est un leitmotiv pour lui, constat d'une vie qui passe trop vite, surtout l'été. Il a à peine 55 ans que déjà il est obsédé par cette fin qui le rend plus conscient de l'importance de tout prendre au passage, de ne rien laisser de côté qui puisse receler une signification et un poids existentiels. Ce qui veut dire tourner le dos à l'inutile, aux modes et aux apparences, pour aller «de plus en plus directement à son plaisir. Directement et j'ajouterais, rudimentairement» (1995).

Cette vieillesse, il l'a épiée des dizaines de fois au fil de ses reportages et de ses rencontres. Constatant la propreté impeccable de l'appartement d'une personne âgée, il produira un aphorisme émouvant et lucide. «C'est l'ordre qui vient avec l'âge, quand on n'a plus la force de faire les choses, mais encore celle de les ranger» (1981). Dans la même veine, il dira plus tard que la sagesse est une qualité de vieux, de ceux qui peuvent encore nommer les choses à défaut de pouvoir les faire.

Rarement admet-il que la vieillesse est un naufrage. Chez Foglia, loin d'être ce bateau qui coule subitement, elle est davantage une transition qui peut se faire sans trop de douleur. «... on devrait préciser qu'on ne coule pas tout de suite, notre graisse nous porte comme une bouée, et nous voilà flottant, vieux beignet laissant des cernes huileux sur les flots bleus» (1986). C'est un peu, aussi, se retrouver «en banlieue de la vie» (1988), une mise au rancart plus ou moins rapide selon les aléas de la biologie, de la profession, des amours et des amitiés. Il en parle le plus souvent avec tendresse, avec pitié parfois quand vieillir se résume à végéter, en perte d'autonomie, la bave à la bouche comme la merde à la couche. Il est touchant quand il parle de ce vieux qui pleure de joie quand son pays remporte une médaille olympique. «T'sais les vieux, ils ont des grandes plages sous les yeux avec des rides dedans, suffit que ce soit mouillé et on se croirait au bord de la mer» (1990). Avec pitié pour les moins chanceux, agglutinés dans les CHSLD, dans un coma incertain, et ces autres «complètement gagas qui bavent devant la télé pas allumée à la cafétéria... wouache wouache, hein! Je vous comprends, allez. Moi aussi» (2000).

Devenir vieux passe toujours. Voilà une fatalité physiologique irréfutable, sauf accident. Mais être aîné, jamais! C'est un état culturel débilitant. Ce serait accepter le mensonge que véhicule l'expression «le bel âge», mots qui nient la réalité, estime-t-il. Il n'hésite pas une seconde à se distancier de la vieillesse docile qui se déplace en groupe pour exercer un de ses seuls pouvoirs, celui de consommer. Ce n'est pas un naufrage, constate-t-il, «c'est un foutu poulailler plein d'une volaille caquetante, impudente et enhardie de tous les privilèges que la société américaine accorde à ses "seniors" au seul mérite d'avoir survécu à leur connerie jusqu'à cet âge avancé» (1998). Alors qu'ils sont nombreux à dire et à répéter que le drame de la vieillesse est la solitude, lui l'espère de tout son cœur, c'est son souhait ultime. Vieillir avec d'autres vieux, c'est amplifier le tourment plutôt que l'engourdir. Il y a deux grandes catégories de vieux, dit-il, en indiquant sa préférence pour la seconde: «ceux qui font partie d'un club, d'un groupe ou d'un regroupement, d'une association, bref entre ceux qui vieillissent en troupeau, et ceux qui vont seuls (ou par deux) et qui sont bien dans leur solitude» (2013). Au risque assumé d'être traité de prétentieux, de snob ou de pécher par jeunisme, il refuse catégoriquement d'être considéré comme un aîné, un « néné » comme il le dit par dérision.

> Je n'ai rien d'un foutu néné. Les aînés sont grégaires, louent des autobus à Pâques pour aller à New York, jouent au volleyball le mercredi soir, prennent parfois des cours de danse sociale, ont leurs sites internet. Un néné n'est pas vraiment une personne, c'est plus une fonction sociale intergénérationnelle ; l'interaction intergénérationnelle est une forme de pédophilie socioculturelle qu'on enseigne à l'université. Wouache. (2008)

Avec sa fiancée, ses chats, son vélo et la littérature, vieillir lui est supportable. Mais chez cet « hypocondriaque hystérique à fixation psychotique sur le cancer du côlon » (1995), la maladie n'est jamais bien loin. Elle est voisine immédiate de la vieillesse. De chez elle, on est forcé de regarder la mort en face. L'obsession publique pour la santé, c'est l'utopie de mourir en parfaite santé plutôt que d'un cancer quelconque, alors que rien n'est plus naturel que la maladie, ce qui n'est pas une raison pour la souhaiter. Déjà qu'il anticipe qu'elle se glissera en lui en traîtresse, jusqu'au jour où un appel téléphonique qui sonnera comme des milliers d'autres résonnera comme aucun. Un « coup de téléphone d'un médecin qui vous dit, ben voilà, désolé, vous l'avez. Si cela doit arriver, je vous tiendrai au courant promis » (2006). Mais pas question de se répandre impudiquement dans un livre, encore moins à *Tout le monde en parle*, prend-il la peine de prévenir. C'est pourtant le même Foglia qui, l'année précédente, écrivait tout le contraire, sans doute afin d'exprimer une autre dimension de sa personnalité, plus réservée, et peut-être de se prêter à une distinction sémantique. S'il était malade, affirmait-il alors, il n'en parlerait pas à ses lecteurs.

> Je ne comprends pas qu'après tant d'années à me lire vous donniez encore dans l'illusion du « tout-dire ». Je vous ai dit que j'avais des chats, je vous dis que je roule à bicyclette, que ma fiancée fait les sudokus des journaux turcs, je vous dis quels livres je lis, de temps en temps ce que je pense, je vous

dis la confiture de mirabelles... je vous dis des choses infimes mais chaque fois, fouille-moi pourquoi, au lieu d'infimes, vous comprenez intimes. (2005)

En 2010, il réitère ce vœu de la discrétion, affirmant qu'il n'en fera pas un très beau livre comme celui de Gil Courtemanche (*Je ne veux pas mourir seul*). « Moi non plus. Mais je ne veux pas mourir non plus avec plein de lecteurs qui me diraient dans la rue : mon pauvre monsieur » (2010).

* * *

Il pense à la mort tous les jours, en raison de son âge, certes, mais aussi parce que ça tombe de plus en plus autour de lui. « Quand on est vieux on a des morts presque aussi souvent qu'on a des boutons dans le front quand on est jeune » (2003). Il y revient des centaines de fois dans son œuvre, pour l'affronter un peu mais aussi pour en tirer des réflexions sur l'importance qu'elle donne à la vie. Paraphrasant Julien Gracq, il est habité par l'intime conviction que « celui-là est plus vivant qui n'oublie pas la mort qui le cerne » (2013). Il se demande comment il serait possible de vivre dans l'urgence et d'avoir la lucidité des mourants quand on n'ose pas prendre acte de sa finitude, ne serait-ce que quelques secondes par jour. Cela peut lui arriver en joggant en silence, « dans le tumulte de mes pensées. J'appelle cela "soulever des pierres dans ma tête". Sous certaines il y a des vers qui grouillent. La mort encore, la mort toujours. Cours, cours. Combien de fois suis-je mort à l'idée de mourir ? » (1995).

Penser à la mort, c'est inévitablement se demander ce qu'on a fait, ce qu'on fera de ce qui nous reste de temps à l'attendre, plus ou moins bravement. Il propose des multitudes de petites choses comme lire, voyager, bricoler, aimer, etc. Tout pour :

... ne pas avoir les yeux fixés sans arrêt sur la mort. Si tu ne réussis pas ça, tu rates ta vie, même des fois tu te l'enlèves. Mais si tu réussis trop bien, tu deviens con. Je veux dire, si tu ne penses jamais que tout ça a une fin, si tu ne penses jamais à

375

la mort, ne serait-ce que trois secondes par jour, par semaine, par mois, tu deviens con. T'écoutes l'hymne national au garde-à-vous. Tu prépares l'arbre de Noël des anciens du Gaz Métropolitain. T'as des rêves inflammables, des exaltations. Tu pleures et c'est même pas toi qui coupes les oignons. (1996)

Pour tenter de dompter la bête fatale, malgré de faibles dénégations, il y consacre une série de reportages à la fin de 1990, qui le mèneront des salles d'embaumement aux unités de soins palliatifs. Une démarche au plus près, dans la plus pure tradition ethnologique. Il a beau nier et chercher ainsi à surmonter sa peur, à 50 ans le rapport avec les cadavres n'est plus le même qu'à 20 ans. On peut le constater dans le recours important à la satire et à une certaine légèreté dans ses textes. Assistant à la préparation de trois cadavres dans un salon funéraire, il se compare aux phobiques des avions qui vont s'asseoir à côté du pilote en espérant surmonter leur peur. « Je suis au bout de mon reportage. Et j'ai toujours peur » (1990), constate-t-il. Parlant de l'embaumement des cadavres, il les constate remplis de substances chimiques et interpelle ses lecteurs. « C'est vraiment ce que vous voulez ? Il ne vous suffit pas de vous faire emplir toute votre vie ? Mort, vous souhaitez encore qu'on vous bourre de toutes sortes de cochonneries ? » (1990). Quand le cadavre est bien maquillé, la bouche, cousue, et qu'il est prêt à être exposé, il imagine un membre de la famille dire combien il se ressemble, comme il a été bien arrangé. « C'est pas le sujet qui l'ostinera. Motus et bouche cousue comme on dit » (1990).

La satire, encore, invoquée à d'autres occasions, pour déjouer la mort et en rire un peu, comme il se doit, puisqu'il n'y a rien d'autre à faire hormis angoisser. Lisant dans *La Presse* un avis de décès qui vantait les huit trous d'un coup d'un amateur de golf, le voilà qui ajoute : « Permettez que je rectifie ? Neuf, avec le dernier » (1996). Mêlant la satire au commentaire social à saveur antimilitariste, il parle de ce soldat canadien tué en mission, à propos duquel chaque bulletin de nouvelles mentionne qu'il était un bon vivant. « C'était le 154e bon vivant canadien tué en Afghanistan » (2010). En réaction aux écologistes – apôtres de Gaïa qu'il ne porte pas particulièrement dans son cœur – qui s'inquiètent de l'utilisation d'ifs pour produire le taxol utilisé dans la lutte contre le cancer, il enjoint aux médecins de ne les écouter en rien, étant lui-même prêt à tout, même au lance-flammes, pour combattre la maladie dont il est obsédé. « Donnez-moi du tamoxifène docteur. De l'AZT. Et du taxol aussi. Abattez-les vos ifs, vos sapins. Fuck les sapins. Pour une fois qu'ils serviront à autre chose qu'à faire des cercueils » (1994).

Roulant parfois des mécaniques de la rhétorique, il veut laisser croire qu'il est assez déterminé pour mettre fin à ses jours si la maladie le prive de toute qualité de vie, s'adressant du même coup aux intégristes de la vie comme valeur suprême. « Ce ne serait même pas un suicide dans la mesure où se suicider, c'est se soustraire à la vie. Je me soustrairais, moi, à la maladie. Je ne vous dis pas que c'est bien, que c'est mal, je vous dis que c'est ma vie, ma souffrance » (2004). Une autre fois, mais il avait encore la témérité d'un jeune quinquagénaire certain de ne pas avoir à passer rapidement à l'acte, il parlera d'acheter un fusil à la moindre invasion de métastases. Ou bien il dira à quelqu'un qu'il en a assez et que le temps de lui injecter le trépas est venu. En se prononçant de la sorte, il devance de dix ans la législation québécoise qui encadrera la fin de vie. Pour qui se demande ce que signifie être progressiste, la réponse se trouve peut-être en partie dans cette anticipation du dépassement des tabous, dans ce défi à la sclérose morale, dans la contestation du statu quo quand ce dernier s'avère de plus en plus vidé de sens. Celui que les gens lui accordaient autrefois et lui refusent aujourd'hui.

Il lui arrive parfois de rêver à des révolutions profondes, radicales. « ... si tout le monde se réveillait le matin en pensant à sa mort. Juste deux secondes. Le temps de se dire what the fuck ? Imaginez si tout le monde était saisi en même temps de l'urgence de vivre. Imaginez la fiesta. Imaginez le rock'n'roll » (1990). Cette idée lui revient à quelques reprises. Elle serait porteuse de chambardements plus durables que toutes les théories économiques et politiques, même les religions y perdraient des plumes.

Si les grands de ce monde, et les petits tout autant, avaient conscience de leur « finitude », s'ils avaient à l'esprit que tout cela va finir, si nous avions tous notre mort imprimée en relief dans notre cerveau, il me semble que, au lieu de s'engueuler pour savoir s'il y aura ou non une vie après, on se dépêcherait de s'organiser pour qu'il y en ait une avant. (2008)

Il suffirait de ressentir quotidiennement ce souffle de vie, et l'haleine fétide de la mort, pour nous sortir du sillon que l'on creuse jour après jour, en feignant d'ignorer qu'il mène à la fin de la chanson.

Il lui arrive parfois d'évoquer des scénarios d'une mort presque aseptisée, comme une insolence à la maladie, «un doigt d'honneur à la mort» (2010) : une thrombose en plein sommeil ou avec «un livre à la main, ou qui aura glissé sur le plancher, ou dans l'herbe si c'est l'été, au bout de mes doigts, à côté de mes lunettes, corné à la page 117» (1992).

Lui l'incroyant, l'athée, voudrait tout de même se survivre pour se fondre dans les paysages émouvants de son coin de pays, ne serait-ce qu'à titre de caillou. Mais rien ne presse, même si tout avance. Même si le rouleau compresseur autrefois minuscule dans le rétroviseur est plus imposant et plus menaçant que jamais.

Lui pense constamment à la mort qui le poursuit. Le voilà dans sa dernière échappée, et paradoxalement il ne souhaite pas voir apparaître à l'horizon la ligne d'arrivée, plus que jamais *finish line*. Il pense à la mort, et ce n'est pas pour y surseoir qu'il pédale. «Je fais du vélo pour ne pas trop me faire chier en l'attendant» (2013).

Va mio vecchio.

Conclusion

« Je vous dis la beauté quand c'est une erreur, parfois je dis fuck Dieu et vous sursautez, mais je ne le dis pas pour ça... je vous dis d'antiques ponts de pierre, je vous dis que ce n'est jamais la faute des miroirs, je vous dis le rideau de la pluie, je vous dis l'arrivée du 400 haies, je vous dis que j'ai un bouton sur le nez, sans doute que si j'en avais un sur la queue je vous le dirais aussi, mais je ne vous ai jamais rien dit de moi. Pas que je sois secret. Simplement, cela ne serait pas intéressant, ou alors il faudrait que ce soit de la littérature, et je suis incapable de littérature. » (2005)

L'œuvre de Foglia, c'est la paradoxale mise en scène permanente d'un individu qui prétend pourtant être secret et ne pas se dévoiler. Il est vrai que, parlant de lui, il a surtout parlé des autres. Mais parlant des autres, il a beaucoup révélé sur lui-même. Ses passions et indignations, ses espoirs et désenchantements, ses coups de cœur et coups de gueule, ses millions de mots ne sont pas lâchés au hasard. Ils l'expriment dans toute sa complexité, ses contradictions et sa continuité.

On peut se demander ce que sera l'après-Foglia. Son départ coïncide avec de grands bouleversements médiatiques qui eux-mêmes causent plusieurs crises existentielles parmi les journalistes. Est aujourd'hui journaliste celui qui prétend l'être, sans besoin de la légitimité institutionnelle d'un média. Avec Internet, les blogues, les réseaux sociaux, les prochains grands chroniqueurs de notre vivre-ensemble se déploieront peut-être ailleurs que dans les médias d'information reconnus.

Mais on peut douter qu'aucun ne puisse profiter des conditions de travail exceptionnelles que le quotidien *La Presse* a pu accorder à Foglia. Certes, il aurait également joui de la liberté de tout dire au quotidien *Le Devoir*. Toutefois, seule *La Presse* lui permettait de toucher des centaines de milliers de lecteurs, de voyager dans des dizaines de pays, de couvrir de grands événements planétaires, des Jeux olympiques aux conflits armés, en passant par le Tour de France ou la chute de l'URSS. Pendant près de quarante ans, il a pu se consacrer à la lenteur d'écrire, avec le privilège de se taire quand les mots ne montaient pas en lui.

Dans une de ses dernières chroniques, Foglia note que la culture journalistique est à la dispersion, alors que lui privilégie l'approfondissement. Comme chroniqueur d'humeur, il proposait une façon de vivre, alors que d'autres cherchent à imposer une vulgate. Il parlait de vivre-ensemble, eux nous servent une doctrine.

Pour les chroniqueurs du présent et de l'avenir, ce n'est pas l'accès à l'espace public qui fait défaut, au contraire. Cet accès est toutefois de plus en plus fragmenté, dispersé. Le talent existe, il peut s'exprimer, mais bien souvent dans une sorte de confidentialité, un entre-soi rarement capable de s'affranchir du ghetto que créent les préférences et routines de lecture individualisées.

Foglia est peut-être le dernier chroniqueur à avoir pu profiter de la liberté d'être insolent dans un média qui avait les moyens de lui procurer un vaste public. Il en reste une œuvre riche qui lui survivra. Une œuvre qui n'a pas fini de susciter la réflexion, l'attendrissement, le rugissement et le rire.

Remerciements

Je tiens à remercier Erwan Leseul et Laurence Hurtel, d'Édito, pour leurs constants encouragements, leur rigueur et leur enthousiasme. Céline Hostiou a pour sa part accompli une révision linguistique exhaustive et salutaire.

Grands mercis à mon ami de longue date et ex-collègue François Bourque, pour sa lecture critique du manuscrit, qui m'a obligé à plus de clarté tout en atténuant mes angoisses.

Merci aussi à mon vieil ami André Cyr, qui a guidé mes premiers pas en journalisme et m'a fait découvrir Pierre Foglia.

Je souhaite remercier l'Université d'Ottawa qui, depuis quinze ans, m'offre des conditions de travail et de liberté essentielles à l'écriture soutenue qu'a exigée chacun de mes livres consacrés au journalisme. De même, je veux souligner la collaboration de Carolane Gratton, une assistante de recherche qui a participé au travail de collecte et de mise en forme de plusieurs chroniques de Foglia.

Comment dire merci, finalement, à Manon ma compagne? Première lectrice aussi fidèle qu'exigeante.

Table des matières